DIREITOS INDIVIDUAIS HOMOGÊNEOS

Evolução da tutela jurisdicional

VICENTE MARTINS PRATA BRAGA

DIREITOS INDIVIDUAIS HOMOGÊNEOS

Evolução da tutela jurisdicional

Belo Horizonte

2023

© 2023 Editora Fórum Ltda.

É proibida a reprodução total ou parcial desta obra, por qualquer meio eletrônico, inclusive por processos xerográficos, sem autorização expressa do Editor.

Conselho Editorial

Adilson Abreu Dallari
Alécia Paolucci Nogueira Bicalho
Alexandre Coutinho Pagliarini
André Ramos Tavares
Carlos Ayres Britto
Carlos Mário da Silva Velloso
Cármen Lúcia Antunes Rocha
Cesar Augusto Guimarães Pereira
Clovis Beznos
Cristiana Fortini
Dinorá Adelaide Musetti Grotti
Diogo de Figueiredo Moreira Neto (*in memoriam*)
Egon Bockmann Moreira
Emerson Gabardo
Fabrício Motta
Fernando Rossi
Flávio Henrique Unes Pereira

Floriano de Azevedo Marques Neto
Gustavo Justino de Oliveira
Inês Virgínia Prado Soares
Jorge Ulisses Jacoby Fernandes
Juarez Freitas
Luciano Ferraz
Lúcio Delfino
Marcia Carla Pereira Ribeiro
Márcio Cammarosano
Marcos Ehrhardt Jr.
Maria Sylvia Zanella Di Pietro
Ney José de Freitas
Oswaldo Othon de Pontes Saraiva Filho
Paulo Modesto
Romeu Felipe Bacellar Filho
Sérgio Guerra
Walber de Moura Agra

FÓRUM
CONHECIMENTO JURÍDICO

Luís Cláudio Rodrigues Ferreira
Presidente e Editor

Coordenação editorial: Leonardo Eustáquio Siqueira Araújo
Aline Sobreira de Oliveira

Rua Paulo Ribeiro Bastos, 211 – Jardim Atlântico – CEP 31710-430
Belo Horizonte – Minas Gerais – Tel.: (31) 99412.0131
www.editoraforum.com.br – editoraforum@editoraforum.com.br

Técnica. Empenho. Zelo. Esses foram alguns dos cuidados aplicados na edição desta obra. No entanto, podem ocorrer erros de impressão, digitação ou mesmo restar alguma dúvida conceitual. Caso se constate algo assim, solicitamos a gentileza de nos comunicar através do *e-mail* editorial@editoraforum.com.br para que possamos esclarecer, no que couber. A sua contribuição é muito importante para mantermos a excelência editorial. A Editora Fórum agradece a sua contribuição.

Dados Internacionais de Catalogação na Publicação (CIP) de acordo com ISBD

B813d   Braga, Vicente Martins Prata
Direitos individuais homogêneos: evolução da tutela jurisdicional/Vicente Martins Prata Braga. Belo Horizonte: Fórum, 2023.
311 p. 14,5x21,5 cm

ISBN 978-65-5518-536-2

1. Processo civil coletivo. 2. Tutela coletiva de direitos. 3. Class Actions. 4. Direitos individuais homogêneos. 5. Direito norte-americano. I. Título

CDD: 347
CDU: 347

Ficha catalográfica elaborada por Lissandra Ruas Lima – CRB/6 – 2851

Informação bibliográfica deste livro, conforme a NBR 6023:2018 da Associação Brasileira de Normas Técnicas (ABNT):

BRAGA, Vicente Martins Prata. *Direitos individuais homogêneos*: evolução da tutela jurisdicional. Belo Horizonte: Fórum, 2023. 311 p. ISBN 978-65-5518-536-2.

A Deus.

Ao meu amado e saudoso pai, Vicente Prata, que me ensinou a leveza dessa vida e à minha amada mãe, Maria Iracema, que me ensinou o valor dos estudos na formação de um cidadão.

À minha esposa, Marília, por toda dedicação e amor à nossa família.

Aos meus amores incondicionais, meus filhos Helena, Arthur e Miguel.

Aos meus amados irmãos, Bruna e João.

E a meus queridos sobrinhos.

AGRADECIMENTOS

Ao Prof. Dr. José Roberto dos Santos Bedaque, pela excelente orientação e disposição em contribuir para a produção deste trabalho, em todos os aspectos.

Aos Prof. Dr. Carlos Alberto de Salles, Prof. Dr. Marcelo José Magalhães Bonizzi, Prof. Dr. Juvêncio Vasconcelos Viana, Prof. Dr. Carlos Alberto Rohrmann e Prof. Dr. Daniel Gomes de Miranda, professores que, por meio de brilhantes sugestões a este trabalho, contribuíram no aperfeiçoamento desta obra.

Aos amigos da turma de doutorado, local onde as pesquisas para esse livro se iniciaram, que muito colaboraram para o presente projeto, sempre com indicações, observações e reflexões pertinentes.

À Universidade de São Paulo, pelo suporte concedido durante todo o período do curso, o qual me permitiu avançar nos estudos dos temas que contribuíram para a realização deste tão sonhado livro.

SUMÁRIO

INTRODUÇÃO 13
1   Finalidade deste livro 13

CAPÍTULO 1
O DIREITO PROCESSUAL COLETIVO 21

1   O Direito Processual Coletivo 21
1.1   Os fundamentos do Processo Civil moderno 21
1.2   A tutela coletiva do direito 31
1.3   Princípios da tutela coletiva 33
1.4   Panorama internacional para o Direito Processual Coletivo 38
1.5   Panorama brasileiro para a tutela coletiva 42
1.6   O direito material tutelado 47
1.6.1   Os direitos difusos 49
1.6.2   Os direitos coletivos 53
1.6.3   Os direitos individuais homogêneos 55
1.6.4   Os direitos individuais indisponíveis 58
1.6.5   Alguns elementos de diferenciação dos direitos tutelados coletivamente 60
1.7   Dos meios de tutela jurisdicional dos direitos coletivos *lato sensu* 64
1.7.1   Da ação civil pública 65
1.7.2   Da ação popular 68
1.7.3   Da ação de improbidade administrativa 69
1.8   Dos meios de tutela jurisdicional dos direitos individuais homogêneos 71
1.8.1   Da ação civil coletiva 71
1.8.2   Do mandado de segurança coletivo 76
1.8.3   Da legitimidade do Ministério Público para a tutela de direitos individuais homogêneos 78
1.9   Da tutela coletiva e do controle de constitucionalidade 81
1.10   O Direito Processual Coletivo 82
1.10.1 Legitimidade para a tutela coletiva 83

1.10.1.1	A associação civil na tutela coletiva de direitos coletivos *lato sensu* e direitos individuais homogêneos..	89
1.10.2	A coisa julgada na tutela coletiva..	97
1.10.2.1	A coisa julgada na tutela coletiva de direitos difusos..................	99
1.10.2.2	A coisa julgada na tutela coletiva de direitos coletivos *stricto sensu*...	100
1.10.2.3	A coisa julgada na tutela coletiva de direitos individuais homogêneos...	101

CAPÍTULO 2
O INSTITUTO DA *CLASS ACTION* 105

2	O instituto da *class action*	105
2.1	Quadro histórico de desenvolvimento da *class action*	105
2.2	As *class actions* no ordenamento jurídico de outros países.........	114
2.3	As *class actions* no ordenamento jurídico italiano........................	116
2.4	O regramento norte-americano das *class actions*	120
2.4.1	Requisitos para a proposição das *class actions*	121
2.4.1.1	Primeiro requisito: a impraticabilidade do litisconsórcio...........	123
2.4.1.2	Segundo requisito: questão comum de fato ou de direito...........	128
2.4.1.3	Terceiro requisito: tipicidade das reivindicações ou defesas	133
2.4.1.4	Quarto requisito: representatividade adequada...........................	135
2.4.2	Tipos de *class actions*	137
2.4.3	Certificação de classe...	139
2.4.4	Notificação dos integrantes da classe	142
2.4.5	Julgamento da *class action*	145
2.4.6	Outras questões relativas às *class actions*	147
2.4.6.1	Acordos	147
2.4.6.2	Advogado da classe..	149
2.4.6.3	Jurisdição para julgamento da *class action*.....................................	151
2.4.6.4	*Defendant class action*	154
2.5	Da indenização no ordenamento jurídico norte-americano........	165

CAPÍTULO 3
NORMAS BRASILEIRAS PARA A TUTELA COLETIVA DE DIREITOS E MEIOS DE SOLUÇÃO DE DEMANDAS REPETITIVAS......................... 169

3	Normas brasileiras de tutela coletiva de direitos individuais homogêneos...	169
3.1	Lei de Ação Popular – Lei nº 4.717, de 29 de junho de 1965........	173
3.2	Lei de Ação Civil Pública – Lei nº 7.347, de 24 de julho de 1985	175

3.3	Lei de Apoio às Pessoas Portadoras de Deficiências – Lei nº 7.853, de 24 de outubro de 1989 e Estatuto da Pessoa com Deficiência – Lei nº 13.146, de 6 de julho de 2015	177
3.4	Lei de Ação Civil Pública no mercado de valores mobiliários – Lei nº 7.913, de 7 de dezembro de 1989	179
3.5	Estatuto da Criança e do Adolescente – Lei nº 8.069, de 13 de julho de 1990	183
3.6	Código de Defesa do Consumidor – Lei nº 8.078, de 11 de setembro de 1990	185
3.7	Leis de Defesa da Ordem Econômica – Lei nº 8.884, de 11 de junho de 1994 e Lei nº 12.529, de 30 de novembro de 2011	191
3.8	Estatuto da Advocacia e da Ordem dos Advogados do Brasil – Lei nº 8.906, de 4 de julho de 1994	193
3.9	Estatuto do Idoso – Lei nº 10.741, de 1º de outubro de 2003	196
3.10	Lei do Mandado de Segurança Individual e Coletivo – Lei nº 12.016, de 7 de agosto de 2009	198
3.11	Do sistema de precedentes no ordenamento jurídico brasileiro e dos mecanismos de solução coletiva de conflitos indicados no Código de Processo Civil de 2015	201
3.11.1	Decisões em sede de controle de constitucionalidade e súmulas vinculantes	204
3.11.2	Do Incidente de Assunção de Competência	205
3.11.3	Do Incidente de Resolução de Demandas Repetitivas	207
3.11.4	Dos recursos especial e extraordinário repetitivos	208
3.11.5	Das súmulas do STF e do STJ e da orientação do plenário dos tribunais	209
3.11.6	Das ações possessórias coletivas	210
3.12	Da necessária introdução da *class action* no ordenamento jurídico brasileiro	213

CAPÍTULO 4
PROJETOS DE LEI PARA A TUTELA COLETIVA DE DIREITOS ... 215

4	Projeto de lei para a tutela coletiva de direitos	215
4.1	Elementos de comparação e suas propostas de leis	221
4.1.1	A legitimidade para a tutela coletiva de direitos	222
4.1.2	Dos efeitos da decisão em sede de tutela coletiva – A coisa julgada coletiva	227
4.1.3	Da tutela coletiva passiva de direitos individuais homogêneos	230
4.1.4	Das hipóteses de cabimento	234
4.1.5	Da notificação adequada	235

CAPÍTULO 5
ESTUDOS DE CASOS DE TUTELA COLETIVA 239

5	Estudos de casos de tutela coletiva	239
5.1	Estudo de caso das *class action* no ordenamento jurídico norte-americano	240
5.1.1	O caso Petrobras	240
5.1.2	Outros exemplos de *class action* nos Estados Unidos	248
5.2	Possíveis aplicações da *class action* no Brasil	251
5.2.1	Incêndio na Boate Kiss	251
5.2.2	Rompimento de barragens em Mariana e em Brumadinho	253
5.2.3	Incêndio no centro de treinamento "Ninho do Urubu"	255
5.2.4	A pandemia do COVID-19 e a tutela coletiva de direitos	256
5.3	Da necessidade de inclusão da legitimidade individual para a tutela coletiva de direitos individuais homogêneos	259

CAPÍTULO 6
PROPOSTA DE *LEGE FERENDA* 263

6	Proposta de *lege ferenda*	263
6.1	Do objeto da ação coletiva de tutela de direitos individuais homogêneos	264
6.2	Da legitimidade para a proposição de ação coletiva na tutela de direitos individuais homogêneos	265
6.3	Da representação adequada para a tutela coletiva de direitos individuais homogêneos	268
6.4	A coisa julgada em sede de ação coletiva para a tutela de direitos individuais homogêneos	270
6.5	Dos efeitos territoriais das sentenças prolatadas em sede de ação coletiva para a tutela de direitos individuais homogêneos	274
6.6	Da notificação dos integrantes da classe	280
6.7	Outros assuntos a serem incluídos na ação coletiva para a tutela de direitos individuais homogêneos	282
6.8	Consolidação da proposta de *lege ferenda*	283

CONCLUSÃO 289

REFERÊNCIAS 297

INTRODUÇÃO

"... o novo Código de Processo Civil, que como seu antecessor optou por ser um estatuto da tutela jurisdicional individual, nada dispõe sobre os processos coletivos ou a tutela coletiva de direitos".[1]

1 Finalidade deste livro

O presente livro corresponde à versão comercial da tese produzida no âmbito do Programa de Doutorado em Direito do qual o autor fez parte, especificamente na subárea de Processo Civil, tendo sido submetida à apreciação da Comissão de Pós-Graduação da Faculdade de Direito da Universidade de São Paulo (FDUSP), e aprovada com distinção.

O fato que levou à indagação do pesquisador-autor em buscar melhores meios de tutela coletiva de direitos surge da constatação acima indicada por Dinamarco em que se destaca que o Código de Processo Civil de 2015 continua sendo uma lei que privilegia a tutela individual de direitos.

Ocorre, porém, que o Brasil possui uma sociedade integrada em um mundo globalizado, sendo comum que ocorra a violação a direitos de forma coletiva, por exemplo, por empresas que infringem regras ambientais e financeiras. Diante desse quadro de globalização, é fácil encontrar, na sociedade, exemplos de danos coletivos que exigem um ordenamento jurídico capaz de verdadeiramente tutelar essas situações,

---

[1] DINAMARCO, Cândido Rangel. *Instituições de Direito Processual Civil*. v. I. 9. ed. São Paulo: Malheiros, 2017, p. 93.

cumprindo, assim, com a necessidade de acesso à justiça que os jurisdicionados reclamam.

O Brasil possui, sim, como apresentado no decorrer deste livro um microssistema de tutela coletiva de direitos, no qual inserem-se regramentos importantes como o Código de Defesa do Consumidor – CDC, Lei nº 8.078/1990, e a Lei de Ação Civil Pública – LACP, Lei nº 7.347/1985.

Assim, tem-se que o Código de Processo Civil é eminentemente um código de tutela individual de direitos também individuais, mas é um equívoco afirmar que o ordenamento jurídico brasileiro não apresenta normas específicas para a tutela coletiva dos direitos.

Sublinhe-se que o atual Código de Processo brasileiro deixou clara a preocupação do legislador e, indiretamente do Poder Judiciário, com a formação de uma doutrina legal sobre os precedentes judiciais. No entanto, essa mesma preocupação não ocorreu com os meios de tutela coletiva de direitos que, como exemplo, pode-se mencionar apenas o litígio coletivo pela posse de imóveis presente do art. 565 do novel diploma processual.

Partindo dessa constatação de que o Brasil possui um Código de Processo Civil essencialmente individual e ao observar a experiência de outros países, essa obra pretende apresentar pesquisas pertinentes com o instituto de direito processual civil norte-americano denominado *class action*.

A *class action* corresponde a um meio de tutela coletiva de direitos individuais existente no Estados Unidos e regulado pela norma 23 do Código de Processo Civil deste país, a chamada *Rule 23* do *Federal Rules of Civil Procedure*.

Sublinhe-se que o direito norte-americano utiliza, há muito tempo, o mecanismo de substituir diversas ações individuais por uma única ação de classe. Recentemente, por exemplo, um caso de *class action* foi proposto nos Estados Unidos contra a Petrobras, o que gerou reflexos no Brasil, em decorrência dos prejuízos que os investidores, adquirentes de títulos da empresa brasileira na Bolsa de Valores de Nova York (a classe prejudicada), sofreram diante de omissões da companhia sobre o real estado econômico-financeiro desta.

Esse tema também ganha relevância diante do projeto do atual Código de Processo Civil brasileiro que previa a conversão de ações individuais em coletiva, que foi vetado pelo Poder Executivo. Além disso, o tema do presente livro destaca-se diante de um cenário em que se vislumbram, pelo menos, quatro projetos de Códigos de Processo Coletivo, a saber: "Código de Processo Coletivo Modelo para Países de Direito Escrito – Projeto Antonio Gidi"; "Anteprojeto de Código Modelo de Processos Coletivos para a Ibero-América"; "Anteprojeto do Instituto Brasileiro de Direito Processual"; e "Anteprojeto de Código Brasileiro de Processos Coletivos".

A presente obra apresenta também uma comparação jurídica entre os institutos de tutela coletiva similares à *class action* do direito norte-americano nos sistemas jurídicos da Itália e do Brasil. Com isso, busca-se responder aos questionamentos do autor, levando a uma conclusão sobre a necessidade de se criar um instituto semelhante à *class action* norte-americana no Brasil.

A comparação entre ordenamentos jurídicos se restringe aos EUA, por ser o local em que mais se desenvolveu o instituto da *class action*, e à Itália, por sua forte influência no direito processual civil brasileiro; e ao Brasil, por ser o local em que se pretende criar um mecanismo semelhante à *class action*.

Tem-se, portanto, que o presente trabalho objetiva avaliar a aplicação, observando vantagens e desvantagens, da *class action* nos sistemas de tutela coletiva. Analisando, dentre outros aspectos, as situações fáticas que permitem a utilização desse instituto, bem como doutrina, jurisprudência e dados estatísticos sobre a referida ação.

Este livro traz grandes contribuições ao sistema brasileiro de tutela coletiva e, consequentemente, ao moderno Processo Civil. Isso, pois, em um primeiro plano, o instituto da *class action* do sistema norte-americano será estudado, observando, dentre outros, o aspecto histórico que levou a inclusão de um mecanismo que bem se amolda a demandas coletivas existentes nos EUA, mas que também ocorrem no Brasil.

Sublinhe-se que o Brasil possui mecanismos para a tutela coletiva de direitos individuais homogêneos, como as *class actions*, no entanto as ações existentes no Brasil não podem ser propostas pelos próprios indivíduos lesados e suas sentenças farão coisa julgada sobre todos apenas se ela for favorável ao grupo.

Essas duas características das ações coletivas brasileiras são os principais elementos que as diferenciam das *class actions* norte-americanas, o que motiva o presente trabalho a propor uma ação coletiva brasileira que inclua esses elementos trazidos da experiência americana, sem deixar de considerar os elementos do ordenamento jurídico brasileiro.

Ademais, este livro contribui com um estudo dos sistemas de tutela coletiva semelhantes às ações de classes na Itália. Buscando sempre trazer um crescimento do conhecimento pátrio sobre o tema, permitindo, dessa forma, diferenciá-lo dos mecanismos já existentes no Brasil.

Em um segundo plano, com um estudo crítico do panorama brasileiro e dos fundamentos do Processo Civil moderno, são apresentadas propostas para resolver situações de demandas coletivas para as quais ainda não existem mecanismos apropriados que garantam uma eficiente aplicação dos princípios do direito processual civil. Contribuindo, assim, com o avanço e o aprimoramento do sistema jurídico pátrio.

Dando continuidade a essa introdução, para o alcance dos objetivos previamente traçados para a pesquisa que culminou na elaboração do presente livro, o plano de trabalho possui três áreas. A saber, análise legislativa, estudo da doutrina e estudos de casos de aplicação das *class actions*.

Em um primeiro plano, foram feitas pesquisas, com profundidade, na legislação referente ao instituto da *class action* nos Estado Unidos, observando, para tanto, as modificações que ocorreram no decorrer da história, bem como as propostas de emendas à atual legislação. Nesta obra, também são analisadas a legislação sobre os mecanismos de tutela coletiva na Itália, país escolhido como delimitação do objeto de pesquisa pelos motivos já apresentados nessa introdução.

Em seguida, a pesquisa se aprofundou na legislação atual e histórica de tutela coletiva no Brasil, analisando também os vetos e projetos de lei que existem nessa área, sempre sob o enfoque da *class action*.

Nesse ponto, são apresentadas também as normas que vigem no Brasil e que se relacionam com a tutela coletiva de direitos individuais homogêneos, o que mostra que o país possui, sim, esse tipo de tutela. No entanto, esses mecanismos devem ser melhorados no sentido de que haja uma ação coletiva genérica que tutele todos os tipos de direitos individuais homogêneos que possam existir na sociedade.

Em um segundo momento, a pesquisa realizada para a elaboração deste livro debruçou-se sobre o estudo da doutrina referente às tutelas coletivas e aos fundamentos do Processo Civil moderno, tanto na literatura brasileira, como na estadunidense e na italiana. Nessa frente, são analisados tanto as obras específicas que tratam da *class action*, como as publicações gerais sobre tutelas coletivas e os trabalhos relacionados com as garantias e os princípios do direito processual.

A terceira frente de trabalho do presente livro consistiu no estudo de casos em que se aplicou diretamente a *class action* nos EUA, bem como os casos em que se aplicaram os mecanismos semelhantes àquele na Itália. Nesse ponto, também são analisadas situações existentes no Brasil em que bem se aplicaria a *class action* como uma melhor forma de solução de conflitos coletivos.

Para esse terceiro ponto, também foram analisados dados estatísticos sobre a aplicação desses mecanismos de tutela coletiva no Brasil, EUA e Itália. Oportuno, citar uma pesquisa realizada pela *Carlton Fields Jorden Burt, LLP*, um escritório de advocacia norte-americano com ampla atuação nos casos de *class action* nos EUA, na qual é apresentado o dado estatístico de que, em 2018, os gastos, em demandas de *class action*, foram de 2,46 bilhões de dólares, o que corresponde a 11,1% dos gastos com todos os litígios nos EUA.[2] Para o ano de 2020, a referida pesquisa indica o aumento desses gastos para 2,64 bilhões de dólares, o que mostra um aumento, pelo quinto ano consecutivo, em ações desse tipo.[3]

Para uma melhor compreensão da estrutura do presente livro, o qual foi desenvolvido para a obtenção do título de Doutor em Direito Processual Civil, tem-se que esta obra está dividida em seis capítulos, além da introdução e da conclusão.

No primeiro capítulo, é feita uma análise do Direito Processual Coletivo, apresentando seu histórico e seus princípios, incluindo seu exame no contexto do Processo Civil moderno. Também é realizada uma apreciação dessa ramificação do direito processual no mundo e no Brasil, indicando os mecanismos de proteção coletiva existentes na frente internacional, especificamente EUA e Itália, e na frente nacional.

Ainda no primeiro capítulo, é apresentado, de forma mais detalhada, o quadro dos direitos materiais tutelados, incluindo-se uma análise dos direitos difusos, direitos coletivos, direitos individuais homogêneos e direitos individuais indisponíveis. Nesse ponto, também são indicados os meios de tutela jurídica dos direitos coletivos *lato sensu*, bem como dos direitos individuais homogêneos.

---

[2] CARLTON FIELDS JORDEN BURT, LLP. *The 2019 Carlton Fields Class Action Survey*. Disponível em: https://www.carltonfields.com/getmedia/efc6c4a4-9460-4a9b-87d2-0afc214a9679/2019-carlton-fields-class-action-survey.pdf. Acesso em: 16 mai. 2019. p. 6.

[3] CARLTON FIELDS JORDEN BURT, LLP. *The 2020 Carlton Fields Class Action Survey*. Disponível em: https://www.carltonfields.com/getmedia/d179cb61-cc42-4e3f-871c-771fc13e4ee4/2020-carlton-fields-class-action-survey.pdf. Acesso em: 05 mar. 2021. p. 10.

Ademais, é feita uma diferenciação entre os mecanismos de tutela coletiva de direitos e os meios de tutela de direitos coletivos, o que se mostra essencial para a compreensão do trabalho como um todo. Essas duas expressões, por mais semelhantes que pareçam ser, referem-se a duas situações distintas.

Em outras palavras, a tutela coletiva de direitos corresponde aos meios coletivos de defesa dos direitos materiais, o que inclui os individuais homogêneos.

Por outro lado, a tutela de direitos coletivos está relacionada com os meios de tutela específica de direitos materiais coletivos, ou seja, são os meios utilizados na proteção dos direitos transindividuais difusos e dos direitos coletivos *stricto sensu*.

Observa-se que o adjetivo "coletivo" ora modifica o substantivo "tutela", indicando que a tutela é do tipo coletiva; ora o mesmo adjetivo altera a ideia do substantivo "direito", o qual indica a categoria de direitos que estão sendo tutelados.

Para o entendimento desse jogo de palavras, o qual auxilia na compreensão do tema, são apresentadas algumas ideias desenvolvidas pelo jurista Teori Albino Zavascki no trabalho que ele desenvolveu para a obtenção do título de doutor na Universidade Federal do Rio Grande do Sul.

No contexto de estudo das *class actions* norte-americanas, essas ações podem ser incluídas no rol dos mecanismos de tutela coletiva de direitos, podendo, portanto, serem utilizadas para a tutela de direitos individuais homogêneos.

Assim, como os direitos individuais homogêneos são, como o próprio nome indica, individuais, sua defesa pode ser realizada pelos mecanismos de tutela coletiva. Em outras palavras, a tutela dos direitos individuais homogêneos não representa uma tutela de direitos coletivos, posto que esse direito material, por mais homogêneo que seja, continua sendo individual.

Para compreender os mecanismos que cada uma dessas expressões engloba, seguem alguns exemplos: a) a tutela de direitos coletivos ocorre através de ação civil pública, ação popular e ação de improbidade administrativa; b) já a tutela coletiva de direitos pode ocorrer através da ação civil coletiva e do mandado de segurança coletivo.

Dando continuidade, o Direito Processual Coletivo também é analisado de forma detalhada no capítulo primeiro por meio do estudo de seus princípios, bem como de alguns de seus elementos de destaque, como a legitimidade para a tutela coletiva e a coisa julgada coletiva.

No capítulo seguinte, o instituto da *class action* é analisado de forma específica, observando, primeiramente, seu histórico e, em seguida, como ele ocorre no direito norte-americano. Nesse tópico, também são apresentados os institutos semelhantes àquele na Itália.

Ainda no capítulo segundo, são estudados e apresentados os elementos essenciais do regramento norte-americano para as *class actions*, como uma análise dos requisitos para a proposição desse tipo de ação, dentre outros pontos.

Para o terceiro capítulo, são apresentadas e estudadas as normas brasileiras para a tutela coletiva de direitos e os meios de solução de demandas repetitivas, o que é feito com o objetivo de demonstrar que há meios de tutela coletiva no Brasil, enfatizando a existência de mecanismos de tutela coletiva de direitos individuais homogêneos.

No quarto capítulo, em continuidade, apresentam-se os projetos de lei existentes para a tutela do Direito Coletivo no Brasil, sempre sob a perspectiva da *class action*. Nesse capítulo, em verdade, busca-se apresentar os principais projetos de lei em que se pretende melhorar o sistema jurídico brasileiro de tutela coletiva, bem como o sistema jurídico de outros países.

No quinto capítulo desta obra, é feito um estudo dos casos norte-americanos em que se aplicou a *class action* como o mecanismo adequado para a solução dos conflitos coletivos. A partir desse estudo, são apresentados também fatos da história recente brasileira em que, perfeitamente, o referido instituto de tutela coletiva poderia ser aplicado, contribuindo, assim, com o viés prático que se pretende obter a partir de toda a pesquisa elaborada neste trabalho.

No ponto referente ao estudo de casos, o principal caso que é analisado é o referente à *class action* proposta pelos investidores estrangeiros contra a Petrobras diante da omissão de dados financeiros da companhia com a finalidade de indenizar os membros da classe diante dos prejuízos sofridos após a revelação de um esquema de fraudes dentro da empresa brasileira.

Na análise do caso da Petrobras, são fundamentais as informações disponibilizadas ao público pelos escritórios responsáveis pela proposição dessa *class action*. Essas informações permitem uma excelente visão da aplicação prática dessa ação coletiva na defesa dos interesses de uma classe, o que contribui na consolidação do conhecimento adquirido através dessa pesquisa e apresentado nos capítulos anteriores da presente obra.

No capítulo sexto, é apresentada a Proposta de *Lege Ferenda*, em que é feita uma proposição de lei para incluir o mecanismo das *class actions* no ordenamento jurídico brasileiro, utilizando, para tanto, as informações obtidas na pesquisa realizada no processo de elaboração deste livro para que se crie uma lei adequada ao sistema brasileiro de tutelas coletivas.

Sublinhe-se que essa proposta de lei representa a contribuição prática que o presente livro apresenta ao ordenamento jurídico brasileiro.

Feita essa introdução, elemento essencial para a compreensão geral desta obra, passa-se a discorrer sobre a pesquisa elaborada e indicada nos capítulos brevemente analisados no presente tópico introdutório.

CAPÍTULO 1

O DIREITO PROCESSUAL COLETIVO

1 O Direito Processual Coletivo

1.1 Os fundamentos do Processo Civil moderno

Antes de adentrar-se na análise da *class action*, é oportuno que seja feita uma abordagem do Processo Coletivo, iniciando-se, para tanto, pelos fundamentos do Processo Civil moderno.

Dinamarco[4] apresenta o que vem a ser as grandes premissas dessa modernidade que transforma o Processo Civil como um instrumento de pacificação dos conflitos sociais. O Processo Civil evolui de um período em que suas principais preocupações consistiam em afirmar sua autonomia e definir os conceitos característicos desse ramo do Direito.

Nessa moderna fase do Direito Processual Civil, percebe-se uma aproximação das leis adjetivas com a Constituição, em um fenômeno em que a matéria constitucional tem irradiado suas definições, garantias e direitos para todas as searas da ciência jurídica, inclusive, para o Processo Civil.

Trata-se do fenômeno da constitucionalização do Direito, em que a Constituição da República funciona como o sol do sistema jurídico nacional, irradiando, em outras palavras, produzindo efeitos em todas as áreas do Direito.

Em razão disso, em diversas situações, o operador do direito recorre à Constituição para buscar os princípios e os fundamentos para

---

[4] DINAMARCO, Cândido Rangel. *Instituições de Direito Processual Civil*. v. I. 9. ed. São Paulo: Malheiros, 2017, p. 89-91.

a solução de diversos conflitos sociais. Dessa forma, encontram-se os fundamentos constitucionais para os princípios do devido processo legal, do contraditório e da ampla defesa.

Prosseguindo, os modernos processualistas filiam-se ao chamado *processo civil de resultados*, que se refere a uma preocupação dos aplicadores do direito com os escopos sociais do próprio direito. O direito passa a ter valor na medida em que é capaz de trazer resultados pacificadores para as pessoas que o procuram como meio de resolver seus conflitos. Sua eficácia é maior à proporção que faz com que a sociedade se sinta feliz com os objetivos alcançados e com a facilidade que encontra no acesso à justiça.[5]

Logo, a proposta de lei apresentada ao final deste trabalho ganha valor na medida em que é capaz de solucionar, de forma coletiva, diversos conflitos quanto a direitos individuais homogêneos.

Pensando na primeira premissa do moderno Processo Civil, a presente obra busca trazer ao ordenamento pátrio uma solução processual a ser aplicada nos casos de conflitos que envolvam a coletividade, dando mais efetividade ao direito, satisfazendo, assim, os anseios de felicidade e de acesso à justiça da sociedade.

Oportunamente, apresentam-se alguns dados colhidos pelo "Índice de Confiança na Justiça Brasileira – ICJBrasil", pesquisa elaborada pela Escola de Direito de São Paulo da Fundação Getulio Vargas, que busca avaliar o índice de confiança do brasileiro na justiça através das principais instituições e organismos da sociedade, como Poder Judiciário, governo, Forças Armadas, Igreja Católica e imprensa.

Segundo os dados colhidos no relatório elaborado no 1º semestre de 2017,[6] observa-se uma queda geral da confiança do brasileiro nas instituições. A queda no índice de confiança dos brasileiros na Justiça, o que mais importa ao presente trabalho, foi de dez pontos percentuais no período de 2013 a 2017.

Essa confiança diminui, induz-se, conforme já apresentado, na medida em que a sensação de felicidade e efetividade decorrente dos meios judiciais diminui. Isso faz com que deva ser uma preocupação

---

[5] Ibid., p. 90.
[6] RAMOS, Luciana de Oliveira *et al. Relatório ICJBrasil*. São Paulo: Fundação Getulio Vargas, 2017. (FGV DIREITO SP – Índice de Confiança na Justiça Brasileira – ICJBrasil, v. 24). Disponível em: https://bibliotecadigital.fgv.br/dspace/bitstream/handle/10438/19040/Relatorio-ICJBrasil_1_sem_2017.pdf?sequence=1&isAllowed=y. Acesso em: 04 fev. 2019.

dos aplicadores do direito e dos legisladores em produzir e aplicar leis que efetivamente estejam preocupadas em resolver os conflitos sociais.

Dinamarco[7] enfatiza que os traços do Processo Civil de resultados podem ser encontrados no arcabouço jurídico em que se encontra inserido o novo Código de Processo Civil, o que se observa como verdadeiro a partir da leitura da exposição de motivos desse novo código.

Como forma de corroborar com o que vem sendo exposto no presente trabalho, a "Exposição de Motivos do Código de Processo Civil" inicia afirmando que o Estado Democrático de Direito exige que os jurisdicionados tenham acesso a um processo civil que gere a oportunidade de que os direitos sejam reconhecidos e realizados.[8]

Evidencia-se que, caso o sistema de aplicação do direito seja ineficiente, ou seja, se o sistema processual o for, todo o ordenamento jurídico também o é, pois não adianta que um Estado possua as melhores normas materiais e as piores normas de processo. Essa situação implicará na inefetividade dos direitos materiais, por ausência de um direito processual capaz de tutelá-lo.

Em busca da maior efetividade, o Código de Processo Civil de 1973 passou por diversas modificações, verdadeiros remendos feitos com o objetivo de se compatibilizar a legislação com a realidade. Essas alterações fizeram com que o código fosse, aos poucos, perdendo sua sistematização, o que atrapalhou a funcionalidade desse código. Essa situação ensejou e conduziu à criação de um novo código.

Destaque-se que o trabalho da comissão de juristas responsáveis pela elaboração do Novo Código de Processo Civil partiu da premissa de busca da resolução dos conflitos mais evidentes do sistema processual brasileiro. Nesse contexto, havia sido incluído um sistema de resolução de conflitos que se assemelhava, como será abordado no decorrer da presente obra, com as *class actions*, tendo sido, porém, vetado.

Foram cinco os principais objetivos da comissão ao elaborar o novo código, a saber: criar uma sintonia entre o código e a Constituição da República; dar condições aos juízes de que decidam de forma coerente com a realidade fática; simplificar os sistemas internos do processo civil,

---

[7] DINAMARCO, Cândido Rangel. *Instituições de Direito Processual Civil*. v. I. 9. ed. São Paulo: Malheiros, 2017, p. 89-91.
[8] BRASIL. Senado Federal. *Código de processo civil e normas correlatas*. 7. ed. Brasília: Senado Federal, Coordenação de Edições Técnicas, 2015. Disponível em: https://www2.senado.leg.br/bdsf/bitstream/handle/id/512422/001041135.pdf. Acesso em: 04 fev. 2019. p. 24.

como o sistema recursal; permitir que cada processo possa, por si, ter o maior grau de rendimento; e dar coesão ao sistema processual brasileiro.

A comissão do novo código, em busca da efetiva satisfação das partes envolvidas em um conflito, criou e instituiu a possibilidade prévia de que elas encontrassem por si mesmas uma solução comum antes de, caso necessário, submeterem-se às soluções criadas e impostas pelo Judiciário. Para tanto, cite-se a necessidade de realização de uma audiência de conciliação e mediação antes de se apresentar a contestação.

O Novo Código de Processo Civil introduziu novos institutos no sistema processual brasileiro a partir de uma inspiração estrangeira. Esse fenômeno coaduna-se, nas palavras da comissão de juristas elaboradores do novo código, com o momento em que se vive: *a época da interpenetração das civilizações*.[9]

Sublinhe-se que a interpenetração das civilizações inspira a presente obra na busca da aplicação das *class actions* no ordenamento jurídico brasileiro, assunto que será apresentado oportunamente.

Destaque-se que se trata de uma inspiração e não de uma simples cópia das normas americanas, pois nunca se pode perder de vista que o Brasil possui sim mecanismos muito eficientes para a tutela coletiva de direitos. O que esse trabalho propõe são melhorias ao microssistema de tutela coletiva brasileiro.

O processo civil, percebe-se, segue um programa a ser cumprido em busca da efetividade da solução dos conflitos sociais. Tem-se um programa em sintonia com a evolução do direito, analisando o presente à luz do passado e em busca do futuro objetivado para as instituições do direito processual civil.[10]

Interessante apresentar alguns traços das chamadas ondas renovatórias do italiano Mauro Cappelletti,[11] pois, como se verá, a segunda dessas ondas tem ligação com as *class actions*.

Nesse contexto, a primeira das ondas renovatórias relaciona-se com o objetivo de permitir que as pessoas mais pobres tenham possibilidade de acessar a justiça, utilizando-se, para tanto, da assistência judiciária.

---

[9] Ibid., p. 37.
[10] DINAMARCO, Cândido Rangel. *Instituições de Direito Processual Civil*. v. I. 9. ed. São Paulo: Malheiros, 2017, p. 91-92.
[11] Ibid., p. 92-96.

A segunda onda tem a ver com a possibilidade de proteger os direitos transindividuais, como em matéria consumerista e ambiental, o que tem a ver com as *class actions*, como será abordado.

Por seu turno, a terceira onda de acesso à justiça busca um aprimoramento interno do direito processual através de melhorias que permitam a efetividade, a adequação e a tempestividade.

A segunda das ondas de acesso à justiça relaciona-se com a coletivização das tutelas jurisdicionais. No Brasil, essa tendência pôde ser observada com a tutela do meio ambiente realizada através da Lei de Ação Civil Pública, de 1985. Essa lei busca a responsabilização por danos morais e patrimoniais ocorridos contra o meio-ambiente, incluindo-se também os danos a bens e direitos de valor artístico, estético, histórico, turístico e paisagístico, e contra os consumidores.

Ademais, essa segunda onda renovatória também é identificada com a proteção consumerista ocorrida por meio do Código de Defesa do Consumidor, de 1990. Esse código objetiva a proteção e a defesa do consumidor, de ordem pública e interesse social, estando de acordo com os ditames constitucionais. Sublinhe-se que a Constituição Cidadã determina que o Estado promova a defesa do consumidor, sendo esse, inclusive, um dos princípios gerais da atividade econômica.[12]

O Brasil, aliás, destaca-se no cenário internacional pelos mecanismos de tutela coletiva de direitos consumeristas e ambientais, o que se apresenta no ordenamento jurídico brasileiro desde longa data.

Por oportuno, Dinamarco[13] indica alguns elementos do novo código que se relacionam com essa segunda onda renovatória, como as formas de ampliação dos efeitos das decisões judiciárias através do *incidente de julgamento de recursos repetitivos* no Supremo Tribunal Federal ou no Superior Tribunal de Justiça, art. 1.036[14] e seguintes do Código

---

[12] "Art. 170. A ordem econômica, fundada na valorização do trabalho humano e na livre iniciativa, tem por fim assegurar a todos existência digna, conforme os ditames da justiça social, observados os seguintes princípios: (...) V – *defesa do consumidor;*" (BRASIL. [Constituição (1988)]. *Constituição da República Federativa do Brasil de 1988*. Brasília, DF: Presidência da República, 1988. Disponível em: http://www.planalto.gov.br/ccivil_03/constituicao/constituicaocompilado.htm. Acesso em: 25 fev. 2019) (grifos do autor).

[13] DINAMARCO, Cândido Rangel. *Instituições de Direito Processual Civil*. v. I. 9. ed. São Paulo: Malheiros, 2017, p. 93-94.

[14] "Art. 1.036. Sempre que houver multiplicidade de recursos extraordinários ou especiais com fundamento em idêntica questão de direito, haverá afetação para julgamento de acordo com as disposições desta Subseção, observado o disposto no Regimento Interno do Supremo Tribunal Federal e no do Superior Tribunal de Justiça" (BRASIL. *Lei nº 13.105, de 16 de março de 2015*. Código de Processo Civil. Brasília, DF: Presidência da República: 2015. Disponível

de Processo Civil, e o *incidente de resolução de demandas repetitivas*, art. 976[15] e seguintes do CPC.

O *prestígio dos precedentes jurisdicionais* no novo código também mostra a tendência de ampliação dos efeitos das decisões jurisdicionais para outras causas e sujeitos que não tenham participado do processo que foi encerrado com aquela decisão.[16]

Essa valorização dos precedentes judiciais no Brasil recebe forte influência dos sistemas legais do *common law*, como o presente nos Estados Unidos, bem como está ligado com a tendência do Poder Judiciário de, com base na economia processual, buscar meios de reduzir a quantidade de processos em trâmite no Brasil.

Destaque-se que o novo código previa a conversão de ação individual em coletiva, o que poderia ser entendido como uma aproximação com as *class actions* norte-americanas, estando de acordo com essa segunda onda renovatória. Ocorre, porém, que essa norma foi vetada como explicado adiante.

No vetado art. 333,[17] do atual Código de Processo Civil, se leria que se converte, em coletiva, a ação individual que tivesse por objetivo

---

em: https://www.planalto.gov.br/ccivil_03/_ato2015-2018/2015/lei/l13105.htm. Acesso em: 25 fev. 2019).

[15] "Art. 976. É cabível a instauração do incidente de resolução de demandas repetitivas quando houver, simultaneamente: I – efetiva repetição de processos que contenham controvérsia sobre a mesma questão unicamente de direito; II – risco de ofensa à isonomia e à segurança jurídica" (BRASIL. *Lei nº 13.105, de 16 de março de 2015*. Código de Processo Civil. Brasília, DF: Presidência da República: 2015. Disponível em: https://www.planalto.gov.br/ccivil_03/_ato2015-2018/2015/lei/l13105.htm. Acesso em: 25 fev. 2019).

[16] DINAMARCO, Cândido Rangel. *Instituições de Direito Processual Civil*. v. I. 9. ed. São Paulo: Malheiros, 2017, p. 93-94.

[17] "Art. 333. Atendidos os pressupostos da *relevância social e da dificuldade de formação do litisconsórcio*, o juiz, a requerimento do Ministério Público ou da Defensoria Pública, ouvido o autor, *poderá converter em coletiva a ação individual* que veicule pedido que: I – tenha *alcance coletivo*, em razão da tutela de bem jurídico difuso ou coletivo, assim entendidos aqueles definidos pelo art. 81, parágrafo único, incisos I e II, da Lei nº 8.078, de 11 de setembro de 1990 (Código de Defesa do Consumidor), e cuja *ofensa afete, a um só tempo, as esferas jurídicas do indivíduo e da coletividade*; II – tenha por objetivo a *solução de conflito de interesse relativo a uma mesma relação jurídica plurilateral*, cuja solução, por sua natureza ou por disposição de lei, deva ser necessariamente uniforme, assegurando-se tratamento isonômico para todos os membros do grupo. §1º Além do Ministério Público e da Defensoria Pública, *podem requerer a conversão os legitimados* referidos no art. 5º da Lei nº 7.347, de 24 de julho de 1985, e no art. 82 da Lei nº 8.078, de 11 de setembro de 1990 (Código de Defesa do Consumidor). §2º *A conversão não pode implicar a formação de processo coletivo para a tutela de direitos individuais homogêneos*. §3º *Não se admite a conversão*, ainda, se: I – já iniciada, no processo individual, a audiência de instrução e julgamento; ou II – houver processo coletivo pendente com o mesmo objeto; ou III – o juízo não tiver competência para o processo coletivo que seria formado. §4º *Determinada a conversão*, o juiz intimará o autor do requerimento para que, no prazo fixado, *adite ou emende a petição inicial, para adaptá-la à tutela coletiva*. §5º Havendo

a solução de conflitos de interesses relativos a uma mesma relação jurídica plurilateral, devendo ser sua solução obrigatoriamente uniforme, o que garantiria um tratamento isonômico para todos os membros do grupo litigante.

O art. 333, em seu parágrafo segundo, previa, no entanto, que a conversão não poderia levar à formação de processo coletivo para a tutela de direitos individuais homogêneos, situação que mostra uma distinção do que previa o citado artigo com o que ocorre nas *class actions* norte-americanas. A distinção reside no fato de que, nas *class actions*, o procedimento de tutela coletiva pode albergar a proteção a direitos individuais homogêneos.

Ainda em relação ao artigo vetado, a despeito da ressalva anterior, percebe-se o disciplinamento da conversão de ações individuais em tutelas coletivas, o que gera uma aproximação com as *class actions* ao falar na busca por um tratamento isonômico para todos os integrantes de uma mesma classe, um mesmo grupo.

No entanto, concordando com o pedido da Advocacia-Geral da União, AGU, e com o posicionamento reforçado pela Ordem dos Advogados do Brasil, OAB, o art. 333 e o inciso XII do artigo 1.015[18] do Projeto de Código de Processo Civil foram vetados pelo Poder Executivo brasileiro.

Dentre os argumentos usados para tal veto,[19] cita-se a indicação de uma necessidade de regramento próprio para garantir a plena eficácia do instituto da conversão de ações individuais em coletivas.

---

aditamento ou emenda da petição inicial, o juiz determinará a intimação do réu para, querendo, manifestar-se no prazo de 15 (quinze) dias. §6º *O autor originário da ação individual atuará na condição de litisconsorte unitário do legitimado para condução do processo coletivo*. §7º *O autor originário não é responsável por nenhuma despesa processual decorrente da conversão do processo individual em coletivo*. §8º *Após a conversão, observar-se-ão as regras do processo coletivo.* §9º *A conversão poderá ocorrer mesmo que o autor tenha cumulado pedido de natureza estritamente individual*, hipótese em que o processamento desse pedido dar-se-á em autos apartados. §10. O Ministério Público deverá ser ouvido sobre o requerimento previsto no caput, salvo quando ele próprio o houver formulado" (BRASIL. *Mensagem nº 56, de 16 de março de 2015*. Brasília, DF: Presidência da República, 2015a. Disponível em: http://www.planalto.gov.br/ccivil_03/_Ato2015-2018/2015/Msg/VEP-56.htm. Acesso em: 05 fev. 2019) (grifos do autor).

[18] "Art. 1.015. Cabe *agravo de instrumento* contra as decisões interlocutórias que versarem sobre: (...) XII – *conversão da ação individual em ação coletiva;*" (BRASIL. *Mensagem nº 56, de 16 de março de 2015*. Brasília, DF: Presidência da República, 2015a. Disponível em: http://www.planalto.gov.br/ccivil_03/_Ato2015-2018/2015/Msg/VEP-56.htm. Acesso em: 05 fev. 2019) (grifos do autor).

[19] BRASIL. *Mensagem nº 56, de 16 de março de 2015*. Brasília, DF: Presidência da República, 2015a. Disponível em: http://www.planalto.gov.br/ccivil_03/_Ato2015-2018/2015/Msg/VEP-56.htm. Acesso em: 05 fev. 2019.

Essa justificativa, no entanto, desconsidera inúmeros debates que a doutrina e a jurisprudência brasileiras já possuem quanto à temática da tutela coletiva de direitos. Com efeito, há, sim, ações para a tutela coletivas de direitos individuais homogêneos no Brasil, mas a legitimidade para esse tipo de ação não foi conferida aos próprios indivíduos, o que acontece nas *class actions* norte-americanas.

O direito processual civil pode ser visto como uma técnica criada pelo povo, através de seus legisladores, para que o Estado, através do poder recebido do próprio povo, possa solucionar, imperativamente, os conflitos existentes entre indivíduos e grupos de pessoas.

Essa técnica faz-se necessária, pois, em muitas situações, é impossível que as partes cheguem a uma solução consensual para o conflito existente, o que é evidente quando direitos indisponíveis são objeto de tais disputas.

Dinamarco[20] defende que a solução imperativa de conflitos realizada pelo Poder Judiciário não é exclusividade do Estado, pois, segundo ele, os árbitros, em procedimento de arbitragem, também apresentam uma solução imperativa dos conflitos. A diferença, no entanto, é que a fonte do poder que o Judiciário tem para resolver conflitos é um poder estatal, enquanto a fonte do poder dos árbitros para solucionar conflitos é a própria vontade das partes.

Esta obra filia-se ao apresentado pensamento de Dinamarco, entendendo-se que os árbitros também são capazes de produzir tutela jurisdicional. Em outras palavras, não é apenas o juiz estatal que exerce jurisdição, mas também o árbitro.

A tutela jurisdicional é a consequência positiva obtida por quem tem razão através do uso da jurisdição, seja por meio de juízes estatais ou árbitros. Observa-se, dessa forma, que nem todos os que ingressam com um pleito terão acesso à tutela jurisdicional, pois essa somente será dada a quem tiver razão.

A tutela jurisdicional não deve ser vista como uma tutela de direitos, mas como uma tutela de pessoas ou de um grupo de pessoas.[21]

Com isso quer-se dizer que, apesar de comumente falar-se em tutela individual ou coletiva de direitos, o que realmente ocorre é a tutela jurisdicional das pessoas. Assim, as pessoas buscam do Estado

---

[20] DINAMARCO, Cândido Rangel. *Instituições de Direito Processual Civil.* v. I. 9. ed. São Paulo: Malheiros, 2017, p. 99-98.
[21] Ibid., p. 196.

a solução para os conflitos que não foram capazes de resolver de forma independente.

Destaque-se que o processo civil moderno não é um processo civil do autor, mas um processo que busca efetivamente a paz entre os litigantes.[22] Essa pacificação ocorre gerando a plena ou a parcial satisfação de uma das partes com a solução posta de forma imperativa.

Ao passar pela conceituação da tutela jurisdicional e ao observar que o processo civil moderno tem como fundamento a busca pela efetividade, podendo ser chamado de processo civil de resultados, a disciplina das *class actions* no ordenamento brasileiro poderia, como será apresentado, vir a ser mais uma forma de obtenção de tutelas jurisdicionais efetivas diante de situações particulares.

Sublinhe-se que a introdução desse tipo de ação no ordenamento jurídico brasileiro, com a permissão de que os indivíduos lesados possam pleitear a tutela coletiva dos próprios direitos e dos direitos da classe, possibilita que uma solução encontrada para um determinado caso possa ser utilizada por outro indivíduo que apresente situação semelhante, representando, assim, ganhos de economia processual e financeira, uma vez que a solução já estará posta pelo Poder Judiciário e terá eficácia *erga omnes*.

Com essa análise, tem-se o reforço da ideia de que o processo civil moderno passa de uma fase introspectiva, em que as preocupações eram voltadas para a conceituação e caracterização interna da disciplina, para uma fase exteriorizada pautada nos resultados sociais que os processos produzem.

Essa característica é evidente no Novo Código de Processo Civil brasileiro e pode ser observada através de sua exposição de motivos em que a comissão de juristas afirma que as normas jurídicas devem dar efetividade às garantias constitucionais.[23]

Quando se fala em aprimoramento do Processo Civil através de novas ferramentas que ampliam o acesso de mais pessoas ao Judiciário e que permitem que mais causas sejam postas em juízo, deve ser observado

---

[22] Ibid., p. 198.
[23] Conferir: "Todas as normas jurídicas devem tender a dar efetividade às garantias constitucionais, tornando 'segura' a vida dos jurisdicionados, de modo a que estes sejam poupados de 'surpresas', podendo sempre prever, em alto grau, as consequências jurídicas de sua conduta" (BRASIL. *Código de processo civil e normas correlatas*. 7. ed. Brasília: Senado Federal, Coordenação de Edições Técnicas, 2015b. Disponível em: https://www2.senado.leg.br/bdsf/bitstream/handle/id/512422/001041135.pdf. Acesso em: 04 fev. 2019. p. 28-29).

o cumprimento do trinômio *qualidade, tempestividade e efetividade*. Toda tutela jurisdicional deve ser, portanto, uma tutela de qualidade proferida em tempo razoável e que produza efeitos reais.[24]

Os fundamentos do moderno processo civil passam pela busca da garantia desse trinômio. Tem-se que, na proposta de criação/introdução de instituto semelhante às *class actions* no ordenamento jurídico brasileiro, deve ser observada a qualidade gerada com esse novo instituto, bem como a tempestividade e a efetividade que a tutela jurisdicional decorrente desse novo instituto é capaz de produzir na sociedade.

Com efeito, a solução genérica encontrada em uma ação coletiva de direitos individuais homogêneos poderá ser aplicada a diversas situações semelhantes, possibilitando que outros indivíduos recebam a tutela de seus direitos e possam, assim, ter acesso ao Poder Judiciário, o que é ainda um grande desafio encontrado na sociedade.

Esse tipo de ação, quando proposto pelo próprio indivíduo lesado, ganha mais efetividade, pois seu autor sofre os efeitos danosos do conflito posto em juízo. Ademais, a solução encontrada poderá ser utilizada inclusive por aqueles indivíduos que, por conta própria, seja por falta de conhecimento, seja por dificuldades financeiras, não conseguiriam tutelar os próprios direitos.

Em relação à tempestividade da tutela jurisdicional, sublinhe-se, inclusive, que é um dever do juiz o zelo pela duração razoável do processo, art. 139, II, Código de Processo Civil.

Assim, a solução encontrada através de uma *class action* possibilitará que os demais integrantes da classe, os quais foram representados em juízo, possam ter acesso a uma decisão que seja aplicada a cada situação particular, possibilitando ganho de tempo e, consequentemente, a tempestividade dos próximos atos praticados por esses indivíduos na tutela de seus direitos.

Feita essa análise quanto aos fundamentos do Processo Civil moderno, passa-se a examinar efetivamente a temática da tutela coletiva dos direitos para, em seguida, abordar especificamente as *class actions* do direito norte-americano.

---

[24] DINAMARCO, Cândido Rangel. *Instituições de Direito Processual Civil*. v. I. 9. ed. São Paulo: Malheiros, 2017, p. 205.

1.2 A tutela coletiva do direito

Antes de tecer maiores comentários e analisar alguns acontecimentos que contribuíram para o atual sistema de tutela coletiva do direito, cabe observar que nenhuma decisão judicial prolatada entre as partes produz efeito apenas entre elas. Na verdade, toda decisão traz efeitos sociais, algumas mais e outras menos.

Dinamarco[25] apresenta alguns institutos que caracterizam as pretensões de tutelas coletivas no direito brasileiro. Nesse sentido, cita-se a representação de inconstitucionalidade, criada em 1954, cuja decisão trazia caráter *erga omnes*, ou seja, produzia efeitos para além do processo.

Por seu turno, a criação da ação popular, em 1965, passou a produzir soluções que têm efeitos sobre interesses da comunidade como um todo. Da mesma forma, a introdução das súmulas também trouxe a possibilidade de que decisões produzam efeitos para além das partes processuais. Em complemento, a ação civil pública é mais um instituto com bastante importância prática dentro do microssistema brasileiro de tutelas coletivas.

No entanto, apesar dos citados institutos demonstrarem uma certa preocupação do legislador e do constituinte com as tutelas coletivas, percebe-se que prepondera a tutela individual no Brasil, deixando os problemas sociais coletivos sem o devido amparo.

Por oportuno, não se afirma que o ordenamento jurídico brasileiro não possua meios de tutela coletiva, o que seria um equívoco considerando os diversos meios de tutelar coletivamente direitos apresentados rápida e anteriormente, mas defende-se que falta uma sistematicidade do microssistema brasileiro de tutela coletiva, bem como faltam meios que permitam que os próprios indivíduos pleiteiem a tutela coletiva de seus direitos individuais homogêneos.

Essa situação é evidente e move o presente trabalho, tanto o é que será apresentada a proposta de introdução de uma lei que aplique, guardadas as devidas peculiaridades dos ordenamentos jurídicos, as *class actions*, tradicional no direito norte-americano, no sistema jurídico brasileiro.

Observa-se que o sistema de tutela coletiva possui, historicamente, duas fontes principais de origem, a saber: uma espécie de ação popular por meio da qual os romanos defendiam a *rei sacrae, rei publicae*, ou seja,

---

[25] Ibid., p. 270-271.

ação usada para defender a coisa pública; e a outra importante fonte do processo coletivo foi a ação coletiva das "classes". Essa última seria o antecedente das, então, *class actions*.[26]

Sublinhe-se que, conforme explicado por Leal,[27] a ação popular romana é a origem de todos os meios de tutela cível da coletividade no mundo ocidental. A referida ação possuía um caráter de sanção penal, uma vez que objetivava o pagamento de pena pecuniária em razão do cometimento de ilícitos.

No Brasil, o uso das ações coletivas foi afastado durante o período individualista influenciado pelo Código Civil de 1916, período em que se deu amplo espaço às ações individuais, sendo que deveria existir uma ação para cada direito individual. Atualmente, porém, a Constituição de 1988 fala não somente na proteção de direitos individuais, mas também na proteção dos direitos coletivos.

Como exposto, o sistema brasileiro de tutela coletiva é composto por diversos regramentos, como a Lei de Ação Civil Pública, a Lei de Ação Popular, alguns artigos específicos do Código de Defesa do Consumidor, bem como os institutos do Incidente de Resolução de Demandas Repetitivas – IRDR (arts. 976 a 987) e dos Recursos Repetitivos (arts. 1.036 a 1.041) no Código de Processo Civil de 2015, dentre outros, tema a ser mais bem abordado nos próximos tópicos.

Por seu turno, o instituto do direito norte-americano chamado de *class action* está inserido no âmbito das disputas complexas, *complex litigation*, e corresponde a um tipo de ação, conforme explica William B. Rubenstein,[28] em que um ou alguns representantes de uma classe reivindicam algo judicialmente e o resultado vinculará os demais integrantes da classe. Para Rubenstein,[29] a natureza representativa dessas ações é que garante um melhor entendimento do que elas são.

No Brasil, o instrumento que buscava incluir um procedimento parecido com a *Class Action* em nosso ordenamento era a conversão de ação individual em coletiva prevista no art. 333 e no inciso XII do artigo 1.015 do Projeto do Código de Processo Civil, atual Lei nº 13.105,

---

[26] NEVES, Daniel Amorim Assumpção. *Manual de Processo Coletivo*, volume único. 2. ed., rev. e atual. Rio de Janeiro: Forense; São Paulo: Método, 2014. p. 24-25.
[27] Para melhor compreensão sobre a ação popular romana, sugere-se a leitura sobre o tema na obra de Mafra Leal. LEAL, Márcio Flávio Mafra. *Ações coletivas*. São Paulo: Revista dos Tribunais, 2014. p. 36-46.
[28] RUBENSTEIN, William B. *Understanding the Class Action Fairness Act of 2005*. Disponível em: https://www.classactionprofessor.com/cafa-analysis.pdf. Acesso em: 17 mar. 2019. p. 2.
[29] Ibid., p. 2.

de 16 de março de 2015. Porém, essas disposições foram vetadas, como dito anteriormente, pelo Poder Executivo em razão de, dentre outros motivos, o novo CPC já possuir mecanismos que resolvam as questões repetitivas.

Ocorre que os mecanismos de tutela coletiva presentes no Brasil não são semelhantes à *class action* do direito norte-americano, nem mesmo os previstos no CPC para solucionar questões repetitivas. Perdeu-se, assim, a oportunidade de se incluir um importante instrumento de solução de controvérsias coletivas no Brasil e, consequentemente, um meio adequado para garantir a efetividade da aplicação do Processo Civil.

Aliás, os mecanismos inseridos no novel código de processo brasileiro para a solução de controvérsias repetitivas são meios que valorizam os precedentes judiciais, fazendo com que eles possam ser aplicados em diversas situações.

No entanto, apesar desses mecanismos terem potencial para alcançar diversas relações jurídicas, eles não são essencialmente mecanismos de tutela coletiva como o são, por exemplo, as ações civis públicas e as ações populares.

Feita essa abordagem inicial sobre a tutela coletiva dos direitos, passa-se a aprofundar alguns pontos necessários à discussão sobre os mecanismos de tutela jurisdicional coletiva, o que se faz a partir dos princípios informadores desse ramo do direito processual.

1.3 Princípios da tutela coletiva

Ao se analisar qualquer ramo do direito, faz-se necessária uma abordagem principiológica, a saber, dos princípios, normas incidentes sobre aquela ramificação. Partindo dessa necessidade, seguem alguns dos princípios que atuam no ramo do Direito Processual Coletivo.

Sobre todos os ramos do direito incidem os chamados princípios constitucionais, a saber, aqueles que decorrem da constituição e são aplicados nas mais diversas situações. Por outro lado, existem princípios que assumem feições diferentes a depender do ramo do direito que se esteja estudando.[30]

---

[30] GRINOVER, Ada Pellegrini. Direito processual coletivo. *In*: LUCON, Paulo Henrique dos Santos (Coord.). *Tutela coletiva*: 20 anos da Lei da ação civil pública e do fundo de defesa de direitos difusos, 15 anos do Código de defesa do consumidor. Atlas, 2006, p. 302-308.

O *princípio do acesso à justiça* possui feições diferentes no processo coletivo daquelas existentes no processo individual. A diferença basicamente está que, no processo subjetivo individual, estão em disputa interesses de um círculo restrito, envolvendo uma pessoa. Por outro lado, no processo coletivo, o acesso à justiça envolve o interesse de uma coletividade.

Esse princípio relaciona-se com o art. 5º, XXXV, da Constituição Federal[31] em que fica expressamente determinado que o ordenamento jurídico não deve excluir a lesão ou a ameaça a direito da apreciação do Poder Judiciário. Esse acesso à justiça deve ocorrer tanto na tutela individual quanto na coletiva e deve consistir na possibilidade de que os jurisdicionados tenham acesso a uma ordem jurídica justa.

O princípio do acesso à justiça é tão relevante dentro do Processo Civil Coletivo que o (PL) Projeto de Lei nº 5.139/2009, projeto que previa a sistematização da tutela jurídica coletiva no ordenamento brasileiro, elenca esse princípio no art. 3º, I, como princípio do amplo acesso à justiça e participação social.[32]

O acesso à ordem jurídica justa também se relaciona com o *princípio da duração razoável do processo coletivo*, princípio indicado no art. 3º, II, do PL nº 5.139/2009. Essa relação decorre do fato de que o acesso à uma ordem justa também deve ocorrer em prazo razoável, não fazendo sentido que a tutela jurídica somente produza efeitos quando não forem mais necessários na solução da controvérsia jurídica.

---

[31] "Art. 5º (...) XXXV – a lei não excluirá da apreciação do Poder Judiciário lesão ou ameaça a direito;" (BRASIL. [Constituição (1988)]. *Constituição da República Federativa do Brasil de 1988*. Brasília, DF: Presidência da República, 1988. Disponível em: http://www.planalto.gov.br/ccivil_03/constituicao/constituicaocompilado.htm. Acesso em: 25 fev. 2019).

[32] "Art. 3º O processo civil coletivo rege-se pelos seguintes *princípios*: I – amplo acesso à justiça e participação social; II – duração razoável do processo, com prioridade no seu processamento em todas as instâncias; III – isonomia, economia processual, flexibilidade procedimental e máxima eficácia; IV – tutela coletiva adequada, com efetiva precaução, prevenção e reparação dos danos materiais e morais, individuais e coletivos, bem como punição pelo enriquecimento ilícito; V – motivação específica de todas as decisões judiciais, notadamente quanto aos conceitos indeterminados; VI – publicidade e divulgação ampla dos atos processuais que interessem à comunidade; VII – dever de colaboração de todos, inclusive pessoas jurídicas públicas e privadas, na produção das provas, no cumprimento das decisões judiciais e na efetividade da tutela coletiva; VIII – exigência permanente de boa-fé, lealdade e responsabilidade das partes, dos procuradores e de todos aqueles que de qualquer forma participem do processo; e IX – preferência da execução coletiva" (BRASIL. CÂMARA DOS DEPUTADOS. *Projeto de Lei nº 5.139/2009*. Disciplina a ação civil pública para a tutela de interesses difusos, coletivos ou individuais homogêneos, e dá outras providências. Brasília, DF: Câmara dos Deputados: 2009. Disponível em: https://www.camara.leg.br/proposicoesWeb/fichadetramitacao?idProposicao=432485. Acesso em: 14 mar. 2019) (grifos do autor).

Verifica-se que esses princípios estão relacionados com o trinômio qualidade, tempestividade e efetividade, os quais são, como já apresentado anteriormente, fundamentos do moderno processo civil.

Ainda relacionado com o princípio do acesso à justiça está o *princípio da universalidade da jurisdição*. A jurisdição deve englobar, no máximo possível, todos os conflitos sociais que possam surgir em um determinado momento e em uma determinada sociedade.

Ocorre que, quando se trata da tutela individual, muitos interesses de cunho coletivo ficam sem o amparo da proteção jurídica. Nesse sentido, a existência de meios de tutelas coletivas permite que outras situações sejam englobadas pela tutela jurídica.

Logo, verifica-se uma maior efetivação da universalidade de jurisdição, o que garante o cumprimento do mandamento constitucional de que o Poder Judiciário não será excluído da apreciação de lesão ou de ameaça a direito.

O *princípio da participação* também ganha contornos próprios dentro da tutela coletiva. A participação, quando se trata de tutela individual, está adstrita à efetivação do contraditório e da ampla defesa.

Por outro lado, a participação na tutela coletiva se dá pelo processo, na medida em que permite a participação da coletividade na efetivação da justiça através dos legitimados para proporem a ação coletiva, ou seja, a participação acontece através do processo e não diretamente pelo contraditório e pela ampla defesa.[33]

Deve ser observado que o contraditório na tutela individual ocorre diretamente pelos sujeitos da relação processual, enquanto, na tutela coletiva, o contraditório é efetivado pelos portadores dos direitos coletivos e individuais homogêneos.[34]

Como exposto, a *participação no processo* coletivo é menor, a despeito de envolver um maior número de pessoas, pois quem participa do processo coletivo é o legitimado para propor as ações coletivas e não todos os titulares do direito material coletivo.

Por outro lado, observe-se que a *participação pelo processo* coletivo é maior, uma vez que um número maior de pessoas, titulares de direito material coletivo, podem acessar a justiça através dos mecanismos de tutela coletiva.

---

[33] GRINOVER, Ada Pellegrini. Direito processual coletivo. *In*: LUCON, Paulo Henrique dos Santos (Coord.) *Tutela coletiva:* 20 anos da Lei da ação civil pública e do fundo de defesa de direitos difusos, 15 anos do Código de defesa do consumidor. Atlas, 2006, p. 304-305.

[34] Ibid., p. 305.

A doutrina³⁵ chama a atenção ao *princípio do impulso oficial*, segundo o qual o processo segue seu trâmite, após a quebra da inércia pelo impulso das partes, pelo próprio impulso oficial do Estado, através do Poder Judiciário. Sublinhe-se que, no processo coletivo, encontram-se mais poderes atribuídos ao juiz.

A constatação dos maiores poderes do juiz no processo coletivo pode vir a ser observada através da previsão do art. 14 do Projeto de Lei nº 5.139/2009, em que o juiz teria o poder de fixar o prazo para resposta nas ações coletivas de acordo com a complexidade da causa ou com o número de litigantes na ação.³⁶

O citado projeto de lei também concede poder ao juiz para separar os pedidos em ações coletivas distintas, uma para a tutela dos interesses difusos e coletivos *stricto sensu*, outra para os direitos individuais homogêneos, sob a condição de que essa separação resulte em economia processual ou facilite a condução do processo.³⁷

Esses novos poderes concedidos legalmente ao juiz no caso da tutela coletiva, caso venham a ser inseridos no ordenamento brasileiro, servem de confirmação da necessidade de maiores poderes que o juiz possui nesse tipo de tutela quando se compara com a tutela individual.

---

[35] GRINOVER, Ada Pellegrini. Direito processual coletivo. *In*: LUCON, Paulo Henrique dos Santos (Coord.) *Tutela coletiva*: 20 anos da Lei da ação civil pública e do fundo de defesa de direitos difusos, 15 anos do Código de defesa do consumidor. Atlas, 2006, p. 305.

[36] "Art. 14. O *juiz* fixará o *prazo para a resposta nas ações coletivas*, que não poderá ser inferior a quinze ou superior a sessenta dias, atendendo à complexidade da causa ou ao número de litigantes. Parágrafo único. À Fazenda Pública aplicam-se os prazos previstos na Lei nº 5.869, de 1973 – Código de Processo Civil" (BRASIL. CÂMARA DOS DEPUTADOS. *Projeto de Lei nº 5.139/2009*. Disciplina a ação civil pública para a tutela de interesses difusos, coletivos ou individuais homogêneos, e dá outras providências. Brasília, DF: Câmara dos Deputados: 2009. Disponível em: https://www.camara.leg.br/proposicoesWeb/fichadetramitacao?idP roposicao=432485. Acesso em: 14 mar. 2019) (grifos do autor).

[37] "Art. 20. Não obtida a conciliação ou quando, por qualquer motivo, não for utilizado outro meio de solução do conflito, o *juiz*, fundamentadamente: I – decidirá se o processo tem *condições de prosseguir na forma coletiva*; II – poderá *separar os pedidos* em ações coletivas distintas, voltadas à tutela dos interesses ou direitos difusos e coletivos, de um lado, e dos individuais homogêneos, do outro, desde que a separação represente economia processual ou facilite a condução do processo; III – fixará os *pontos controvertidos*, decidirá as questões processuais pendentes e determinará as provas a serem produzidas; IV – *distribuirá a responsabilidade pela produção da prova*, levando em conta os conhecimentos técnicos ou informações específicas sobre os fatos detidos pelas partes ou segundo a maior facilidade em sua demonstração; V – poderá ainda *distribuir essa responsabilidade segundo os critérios previamente ajustados pelas partes*, desde que esse acordo não torne excessivamente difícil a defesa do direito de uma delas; VI – poderá, a todo momento, *rever o critério de distribuição da responsabilidade da produção da prova*, diante de fatos novos, observado o contraditório e a ampla defesa; VII – esclarecerá as partes sobre a distribuição do ônus da prova; e VIII – poderá *determinar de ofício a produção de provas*, observado o contraditório" (Ibid.) (grifos do autor).

Essa constatação é lógica e decorre das características do processo coletivo em que, com o objetivo de produzir decisões que vinculam uma grande quantidade de pessoas, faz-se necessário uma maior atuação do Estado-Juiz para permitir o justo acesso à justiça através da universalidade da jurisdição.

Sublinhe-se que, nos Estados Unidos, país ligado à tradição do *common law*, é normal a ampla possibilidade de atuação do Poder Judiciário na condução dos processos, verificando-se uma forte influência dos precedentes judiciais nesse país.

No Brasil, ao contrário, a atuação dos magistrados está adstrita às previsões legais, podendo fazer apenas aquilo que a lei permitir.

Pelo *princípio da economia processual*, deve-se buscar o máximo de resultados por meio do mínimo de atividades processuais. Considerando que a tutela coletiva do direito tem a possibilidade de atingir diversas pessoas, fica claro como o processo coletivo consegue cumprir as exigências quanto à necessária economia processual.

A economia processual pode ser vista sob uma ótica macro e micro.[38] Na visão macro, observa-se a economia que um processo pode vir a trazer em um universo maior de possíveis outros processos similares. Nesse caso, é visível a relação do processo coletivo com a ótica macro da economia processual, pois um processo coletivo pode evitar diversos outros processos individuais a partir da possibilidade de uso da decisão exarada em sede de tutela coletiva para resolver as questões no âmbito individual.

Na visão micro da economia processual, observa-se a economia que pode ser obtida dentro de um mesmo processo. Essa economia é encontrada quando, por exemplo, dentro de um processo, obtém-se uma solução final em um menor tempo considerando que, quanto maior a duração de um processo, mais gastos serão feitos pelas partes litigantes.

Pelo exposto, observa-se que os princípios do direito processual civil ganham algumas diferenças práticas quando são analisados sob a ótica da tutela individual e sob a ótica da tutela coletiva. Nesse sentido, a doutrina[39] afirma que os princípios, no âmbito coletivo de tutela dos direitos, possuem feições próprias que apontam para diferenças

---

[38] NEVES, Daniel Amorim Assumpção. *Manual de Processo Coletivo*, volume único. 2. ed., rev. e atual. Rio de Janeiro: Forense; São Paulo: Método, 2014, p. 82-83.

[39] GRINOVER, Ada Pellegrini. Direito processual coletivo. *In*: LUCON, Paulo Henrique dos Santos (Coord.) *Tutela coletiva*: 20 anos da Lei da ação civil pública e do fundo de defesa de direitos difusos, 15 anos do Código de defesa do consumidor. Atlas, 2006, p. 306.

substanciais existentes quando se compara o processo individual com o coletivo.

Ademais, os princípios se destacam no âmbito do direito processual coletivo, pois esse ramo do direito ainda não possui um conjunto de normas bem demarcadas no ordenamento jurídico brasileiro, logo os princípios servem como balizas para a aplicação desse tipo de tutela jurídica. Inclusive tem-se que, em razão dessa ausência de organização das normas de tutela coletiva, os juristas buscam a codificação do direito processual coletivo.[40]

Com efeito, os princípios coletivos podem ser utilizados, a partir das lições da doutrina, para resolver conflitos que surjam quanto ao tema diante da ausência da referida codificação do microssistema de tutela coletiva, o qual é formado por diversas leis esparsas.

1.4 Panorama internacional para o Direito Processual Coletivo

Ao analisar o panorama internacional para o Direito Processual Coletivo, faz-se uma análise comparativa entre ordenamentos jurídicos de países selecionados com o fito de identificar semelhanças e diferenças. Com isso, pretende-se observar como ocorre o direito que vige nos demais países a fim de encontrar meios e ideias para aperfeiçoar o direito interno. No presente caso, a atenção se volta para os meios de tutela coletiva de direitos, especificamente as ações denominadas de *class actions* existentes nos Estados Unidos.

Nesse sentido, Dinamarco explica que a *regra de ouro* do método comparativo é a *utilidade* que a comparação pode trazer no aprimoramento de, pelo menos, um dos sistemas jurídicos comparados.[41]

Sublinhe-se, no entanto, que, no presente trabalho, não se trata exatamente do método do direito comparado, mas de uma apresentação crítica sobre um tema específico conforme seu tratamento jurídico conferido em determinados ordenamentos jurídicos.

---

[40] ALMEIDA, Gregório Assagra de; MELLO NETO, Luiz Philippe Vieira de. Fundamentação constitucional do direito material coletivo e do direito processual coletivo: reflexões a partir da nova summa divisio adotada na CF/88 (Título II, Capítulo I). *Revista do Tribunal Superior do Trabalho*, São Paulo, v. 77, n. 3, p. 77-97, jul./set. 2011 Disponível em: https://juslaboris.tst.jus.br/bitstream/handle/20.500.12178/26900/004_almeida_mello_neto1.pdf?sequence=6&isAllowed=y. Acesso em: 25 abr. 2019.

[41] DINAMARCO, Cândido Rangel. *Instituições de Direito Processual Civil*. v. I. 9. ed. São Paulo: Malheiros, 2017, p. 122.

Para tanto, observa-se primeiramente como ocorre a tutela coletiva de direitos nos países da tradição do *commom law*.

A origem remota das ações coletivas nos países do *commom law* é encontrada na Inglaterra do século XII. Nesse período, verificam-se grupos sociais em busca da defesa dos direitos pertencentes aos membros daqueles grupos.[42]

Ainda no sistema do *common law*, na Inglaterra do século XVII, são encontrados os tribunais de equidade, *courts of chancery*, em que tramitavam as demandas coletivas através de representantes dos grupos litigantes. Sublinhe-se, porém, que os litígios coletivos já estavam presentes na Inglaterra antes mesmo dos casos do século XVII.[43]

Observa-se, nessas demandas, a quebra da necessidade de que todos os interessados participassem do processo como demandantes diretos.[44] Considera-se, a partir dessas demandas coletivas, o surgimento histórico das ações de classes, *class actions*.

Oportunamente, tratando-se ainda dos tribunais de equidade, tem-se que, no Reino Unido, as *courts of chancery*, hoje denominadas de *Chancery Division*, são uma das três divisões da Suprema Corte do Reino Unido.[45]

A Suprema Corte do Reino Unido é a mais alta instância para apelação do Poder Judiciário inglês, sendo, portanto, uma corte de apelação e não uma corte de controle de legalidade e constitucionalidade.

Em outras palavras, no sistema judiciário inglês, não existe um controle judicial de atos e leis como ocorre no Brasil, uma vez que, no Reino Unido, é forte a soberania do parlamento, o que limita a atuação da *High Court*.

A Suprema Corte do Reino Unido possui três divisões que são órgãos com competências próprias, a saber: a *Queen's Bench Division*, responsável por, dentre outros assuntos, decidir em litígios sobre danos pessoais, calúnia e difamação, e violação aos Direito Humanos; a

---

[42] Para mais informações históricas consultar a obra de Mendes. Consulta feita através de e-book. MENDES, Aluisio Gonçalves de Castro. *Ações coletivas e meios de resolução coletiva de conflitos no direito comparado e nacional*. São Paulo: Editora Revista dos Tribunais, 2014. n.p.

[43] Ibid.

[44] ZAVASCKI, Teori Albino. *Processo Coletivo*: tutela de direitos coletivos e tutela coletiva de direitos. 4. ed. São Paulo: Revista dos Tribunais, 2009, p. 23-24.

[45] Informações quanto à organização do Poder Judiciário no Reino Unido retiradas com base nas informações constantes em sua página oficial. REINO UNIDO. *Courts and Tribunals Judiciary*. Disponível em: https://www.judiciary.uk/. Acesso em: 10 mar. 2019.

Chancery Division, responsável por julgar disputas relativas a negócios, propriedades e terras; e a *Family Division*, órgão da Suprema Corte que atua como corte de apelação em assuntos relativos a direito da família. Na história inglesa dessas cortes, destaca-se a figura do Sr. Thomas Egerton, o Visconde de Brackley, 1540-1617, que foi responsável por garantir a independência das cortes de equidade das demais cortes do sistema inglês. Essas cortes foram originalmente organizadas como uma alternativa para a resolução dos casos não amparados pelas *common-law courts*.[46]

Esse pequeno histórico mostra um pouco das origens dos litígios coletivos nos países pertencentes à tradição do *common law*, dentre os quais menciona-se Reino Unido e Estados Unidos. No referido sistema legal, o Poder Judiciário tem forte atuação, sendo muito valorizados os precedentes judiciais, o que contribui para uma certa liberdade notada pelos magistrados na condução das *class actions* norte-americanas.

Sublinhe-se que a utilização das *class actions* foram aperfeiçoadas no ordenamento jurídico norte-americano, o que será objeto de análise do próximo capítulo. Nesse ponto, destaque-se que, segundo Taruffo,[47] existem dois modelos de jurisdição dos interesses coletivos, a saber, o *Verbandsklage* e o das *class actions*.

O modelo alemão do *Verbandsklage* é aplicado na Europa continental, enquanto o modelo das *class actions* é aquele de utilização norte-americana.

Zavascki[48] destaca que nenhuma das medidas em prol da defesa coletiva de direitos na Europa Continental conseguiu chegar na mesma dimensão e profundidade que as *class actions* obtiveram nos Estados Unidos.

O modelo alemão surge para atender uma demanda material por novos direitos, como os consumeristas e os ambientais. Nesse modelo euro-continental, existem exemplos na Itália, através do "*Statuto dei Lavoratori*", o Estatuto dos Trabalhadores, Lei nº 300, de 1970, em que se

---

[46] Para maiores informações, verificar *Encyclopædia Britannica* nos seguintes *links*: https://www.britannica.com/topic/Chancery-Division e https://www.britannica.com/biography/Thomas-Egerton-Viscount-Brackley. Acesso em: 11 mar. 2019.

[47] TARUFFO, Michele. Modelli di tutela giurisdizionale degli interessi collettivi. *In*: LANFRANCHI, Lucio. *La tutela giurisdizionale delgi interessi collettivi e diffusi*. Torino: Giappichelli, 2003. p. 53-66.

[48] ZAVASCKI, Teori Albino. *Processo Coletivo*: Tutela de direitos coletivos e tutela coletiva de direitos. 4. ed. São Paulo: Revista dos Tribunais, 2009, p. 28.

apresenta a legitimidade sindical para algumas demandas trabalhistas, bem como a *Loi Royer*, Lei nº 73-1193, de 27 dezembro 1973, na França.

Quando se observam os países filiados ao Sistema do *civil law*, do qual o Brasil é um exemplo, a partir da década de 70 do século passado, surge a preocupação em tutelar direitos coletivos e direitos individuais atingidos por atos lesivos em grandes proporções. Nesse primeiro momento, a inquietação dos juristas e legisladores se volta para preservação do meio ambiente e defesa dos consumidores.[49]

A preocupação com essas novas situações evidencia-se com o surgimento de leis nessas temáticas ambientais e consumeristas no Brasil, país protagonista dentro do Sistema do *civil law* por trazer inúmeros instrumentos de tutela de interesses coletivos.

No *civil law*, além das experiências já apresentadas para a tutela coletiva, também se pode indicar a Lei nº 26/84, *Ley General para la Defensa de los Consumidores y Usuarios*, lei espanhola que deu legitimidade a associações para defesa de interesses coletivo-consumeristas, incluindo a informação e a educação dos consumidores e usuários.[50]

Interessante se faz destacar que, em Portugal, a tutela coletiva foi determinada na própria Constituição de 1976 através do instituto da ação popular. Nesse sentido, preconiza a constituição portuguesa que "todos os cidadãos têm o direito de apresentar, individual ou coletivamente, aos órgãos de soberania, aos órgãos de governo próprio das regiões autónomas ou a quaisquer autoridades petições, representações, reclamações ou queixas para defesa dos seus direitos (…)" (art. 52.º, n. 1).

A constituição portuguesa determina que a lei deve fixar os meios para que as petições sejam propostas de forma coletiva. A Lei nº 83/95 e a Lei nº 24/96 vieram para regulamentar a ação popular coletiva portuguesa, o que foi feito, destaque-se, com inspiração na legislação brasileira já existente.

---

[49] Ibid., p. 27-30.
[50] *"Artículo Vigésimo. 1. Las Asociaciones de consumidores y usuarios se constituirán con arreglo a la Ley de Asociaciones y tendrán como finalidad la defensa de los intereses, incluyendo la información y educación de los consumidores y usuarios, bien sea con carácter general, bien en relación con productos o servicios determinados podrán ser declaradas de utilidad pública, integrarse en agrupaciones y federaciones de idénticos fines, percibir ayudas y subvenciones, representar a sus asociados y ejercer las correspondientes acciones en defensa de los mismos, de la asociación o de los intereses generales de los consumidores y usuarios, y disfrutaran del beneficio de justicia gratuita en los casos a que se refiere el artículo 2., 2. Su organización y funcionamiento serán democráticos"* (ESPANHA. *Ley 26/1984, de 19 de julio, General para la Defensa de los Consumidores y Usuarios.* Madrid, 1984. Disponível em: https://www.boe.es/buscar/doc.php?id=BOE-A-1984-16737. Acesso em: 13 mar. 2019).

No *civil law*, o Brasil destaca-se, portanto, no sistema de tutelas coletivas de direitos difusos e coletivos *stricto sensu*, especificamente na seara ambiental e consumerista.

No entanto, para a defesa dos direitos individuais homogêneos de forma coletiva, o destaque fica com as *class actions* do ordenamento jurídico norte-americano. Isso não significa que o Brasil não possua meios para a sua tutela, mas as alternativas brasileiras não se amoldam a todo e qualquer direito individual homogêneo, nem permite que os próprios indivíduos lesados proponham diretamente esse tipo de tutela coletiva.

Ainda no contexto europeu, em nível continental, merece destaque o Tratado da União Europeia, chamado Tratado de Maastricht, de 7 de fevereiro de 1992, que criou a União Europeia e, dentre inúmeros assuntos, tratou da proteção ao meio ambiente e aos consumidores, o que demonstra clara sintonia com as legislações que surgiram nesse período ao redor do mundo.

Diante do exposto, observa-se que os litígios coletivos não são novidades do mundo contemporâneo, mas, na verdade, encontram-se nas sociedades humanas desde os registros históricos do Império Romano, bem como são encontrados, para os países do *common law*, desde a Inglaterra medieval. Feita essa abordagem sobre o processo coletivo em alguns países, passa-se a análise da tutela coletiva no âmbito brasileiro.

1.5 Panorama brasileiro para a tutela coletiva

Partindo do Código de Processo Civil brasileiro de 1973, observa-se uma divisão clássica da tutela jurisdicional em tutela de conhecimento, tutela de execução e tutela cautelar. Esse sistema foi criado com o objetivo de amparar as situações de lesões a direitos subjetivos/individuais.

Nesse contexto, não se encontravam meios para a tutela coletiva de direitos individuais, a não ser a previsão de litisconsórcio ativo. Esse litisconsórcio poderia ser, inclusive, limitado quando a quantidade de litigantes prejudicasse a rápida solução do litígio ou dificultasse a defesa, regra ainda presente no novo Código de Processo. O antigo CPC também não previa meios para a tutela dos direitos e interesses transindividuais.[51]

---

[51] ZAVASCKI, Teori Albino. *Processo Coletivo:* tutela de direitos coletivos e tutela coletiva de direitos. 4. ed. São Paulo: Revista dos Tribunais, 2009, p.13.

Zavascki[52] apresenta as fases de modificações pelas quais o Processo Civil brasileiro passou. A primeira fase inicia-se em 1985 e consiste na criação de mecanismos novos com o objetivo de tutelar demandas de natureza coletiva, bem como os direitos e interesses transindividuais e, por fim, a ordem jurídica considerada em abstrato.

O ano de início dessa primeira fase corresponde ao ano da criação da Lei nº 7.347, de 24 de julho de 1985. Essa lei introduz a ação civil pública responsável por tutelar o meio-ambiente, os consumidores, os bens e os direitos de valor artístico, estético, histórico, turístico e paisagístico e quaisquer outros interesses difusos ou coletivos.

A partir da elaboração da lei das ações civis públicas muitas outras surgiram para a tutela de interesses transindividuais de pessoas portadoras de deficiências, de crianças e adolescentes, de consumidores, da probidade na administração pública, da ordem econômica e dos interesses das pessoas idosas, a saber, respectivamente Lei nº 7.853, de 1989; Lei nº 8.069, de 1990; Lei nº 8.078, de 1990; Lei nº 8.429, de 1992; Lei nº 8.884, de 1994 e Lei nº 10.741, de 2003.

Esse arcabouço jurídico tem como objetivo, eminentemente, a *proteção dos direitos e interesses transindividuais*, ou seja, aqueles cuja titularidade pertence a grupos ou classes de pessoas, sendo, portanto, subjetivamente indeterminados.

Por oportuno, informa-se que o Código de Defesa do Consumidor, Lei nº 8.078, apresenta um meio de *tutela coletiva de direitos subjetivos individuais*. Esse código disciplinou os chamados *direitos individuais homogêneos*. Esse direito é individual e particular de cada pessoa, mas tem a mesma origem, ou seja, tem uma homogeneidade na origem, o que permite sua defesa coletiva.

A tutela coletiva dos direitos individuais do Código de Defesa do Consumidor diferencia-se do sistema insculpido no Código de Processo Civil pelo fato daquele código utilizar a técnica da *substituição processual*, enquanto este utiliza a técnica do *litisconsórcio ativo*. Em outras palavras, o CPC protege tais direitos a partir da união dos lesados no polo ativo, litisconsórcio ativo, enquanto a tutela coletiva defende-os a partir de substitutos processuais, como o Ministério Público e as associações privadas com a função de defesa dos interesses lesados.

A sentença, destaque-se, proferida na tutela de direitos e interesses transindividuais tem eficácia *erga omnes* e a sentença de procedência

---

[52] Ibid., p. 14-22.

de uma ação de tutela coletiva de direitos subjetivos é genérica, ou seja, sendo procedente, os substituídos processuais podem promover, individualmente, o cumprimento da sentença através da liquidação e execução de seu direito individual.

Destaque-se que o meio de tutela coletiva de direitos individuais homogêneos indicado no Código de Defesa do Consumidor tem o objetivo de proteger os direitos consumeristas, não podendo ser utilizado na tutela de direitos individuais decorrentes de outras relações jurídicas.

Ademais, ao contrário das *class action*, a referida tutela de direitos individuais homogêneos presente no CDC não pode ser utilizada pelos próprios indivíduos lesados, mas depende da atuação de determinados substitutos processuais, como o Ministério Público.

Nesse contexto, pode-se citar a importância da Constituição Federal de 1988 na defesa coletiva de direitos individuais e na tutela de direitos transindividuais. Como exemplo daquele apresentam-se os artigos 5º, inciso XXI,[53] e 8º, III,[54] responsáveis por legitimar associações de classe e entidades sindicais na tutela de direitos de seus integrantes.

A Constituição de 1988 também ampliou a legitimidade ativa da ação popular para prever que essa ação possa ser promovida por qualquer cidadão, sendo esse um exemplo de melhoria que a referida constituição trouxe na tutela de direitos transindividuais, vide art. 5º, LXXIII.[55]

A segunda onda de reformas destacadas por Zavascki refere-se àquelas promovidas no próprio Código de Processo Civil em busca da efetividade do processo, gerando profundas reformas no sistema processual.

Oportuno apresentar que as reformas realizadas, nas últimas décadas, geraram verdadeira renovação no sistema processual brasileiro.

---

[53] "XXI – as *entidades associativas*, quando *expressamente autorizadas*, têm *legitimidade para representar seus filiados* judicial ou extrajudicialmente;" (BRASIL. [Constituição (1988)]. *Constituição da República Federativa do Brasil de 1988*. Brasília, DF: Presidência da República, 1988. Disponível em: http://www.planalto.gov.br/ccivil_03/constituicao/constituicaocompilado.htm. Acesso em: 25 fev. 2019) (grifos do autor).

[54] "Art. 8º É livre a associação profissional ou sindical, observado o seguinte: III – ao *sindicato* cabe *defesa dos direitos e interesses coletivos ou individuais* da categoria, inclusive em questões judiciais ou administrativas;" (Ibid.) (grifos do autor).

[55] "LXXIII – *qualquer cidadão é parte legítima* para propor ação popular que vise a *anular ato lesivo* ao patrimônio público ou de entidade de que o Estado participe, à moralidade administrativa, ao meio ambiente e ao patrimônio histórico e cultural, ficando o autor, salvo comprovada má-fé, isento de custas judiciais e do ônus da sucumbência;" (Ibid.) (grifos do autor).

Nessa toada, Zavascki[56] informa que a tutela jurisdicional pode ser classificada em três grandes grupos, a saber:

1) Tutela de direitos subjetivos individuais, que se divide em:
A) tutela individual realizada pelos próprios titulares do direito. Essa tutela é disciplinada pelo próprio Código de Processo;
B) tutela coletiva de direitos individuais que ocorre com a técnica da substituição processual. Como exemplo, citam-se as ações civis coletivas e o mandado de segurança coletivo.
2) Tutela de direitos transindividuais.
3) Tutela da ordem jurídica, como a decorrente do controle de constitucionalidade das normas e omissões legislativas.

A partir dessa classificação, pode ser encontrado o Processo Coletivo que seria aquela ramificação ou subsistema do Processo Civil em que se encontram tanto as tutelas coletivas de direitos individuais, quanto a tutela de direitos transindividuais e a tutela da ordem jurídica. O subsistema do Processo Coletivo possui objetivos, princípios e regras próprios.

Observa-se, nos países do *civil law*, como é o caso do Brasil, que a necessidade de proteger os direitos coletivos surge na década de 70 do século XX diante da necessidade de tutelar o *meio ambiente*, alvo de ações poluidoras crescentes em razão da constante industrialização; e os *consumidores*, em razão da busca das empresas, muitas vezes sem limites, por lucros. Nesse contexto histórico, encontra-se, no Brasil, a criação das leis já mencionadas em que se instituíram a ação civil pública e o código de defesa do consumidor.

Nesse período, é percebida uma revolução processual em curso diante da incapacidade dos métodos processuais tradicionais em resolver novos conflitos e antigos conflitos com novas configurações.[57] Os interesses tutelados extrapolam o individual, sendo necessários novos meios de tutelar esses direitos afetos a uma coletividade.

Oportunamente, Zavascki[58] indica que, nessa revolução processual, foi necessária uma nova abordagem para pontos sensíveis à tutela coletiva, a saber, a *legitimidade ativa* e a *coisa julgada*. Em relação à

---

[56] ZAVASCKI, Teori Albino. *Processo Coletivo*: tutela de direitos coletivos e tutela coletiva de direitos. 4. ed. São Paulo: Revista dos Tribunais, 2009, p. 21.
[57] Ibid., p. 28.
[58] Ibid., p. 28.

legitimidade ativa, deveria haver um despojamento das características individuais para permitir a participação de um grupo de pessoas no polo ativo. A coisa julgada, oportunamente, deve ter a possibilidade de vincular membros desse grupo, mesmo que esses não tenham sido ouvidos na ação.

Como observa-se nos pontos já expostos, o Brasil tem destaque, dentre os países de *civil law*, pela dianteira que assumiu ao criar leis de proteção de direitos que extrapolam o individual. Nesse cenário, já em 1965, encontra-se a Lei nº 4.717 que regulou a ação popular prevista, na Constituição de 1946, como um direito de qualquer cidadão para pleitear a anulação ou a declaração de nulidade de atos lesivos do patrimônio público.

A ação popular tutela bens de natureza difusa pertencentes ao patrimônio público, sendo, para tanto, considerado como patrimônio público aqueles bens e direitos com valor econômico, artístico, estético, histórico ou turístico.

A principal mudança no sentido da viabilização de mecanismos de tutela de direitos coletivos é a criação da Lei de Ação Civil Pública, a Lei nº 7.347, de 24 de julho de 1985, cuja função é permitir a responsabilização decorrente dos danos gerados ao meio-ambiente, ao consumidor, a bens e direitos de valor artístico, estético, histórico, turístico e paisagístico.

Antes de encerrar o presente tópico, é interessante mencionar algumas regras que norteiam a interpretação do direito processual coletivo comum, utilizando-se da divisão entre direito processual coletivo especial e comum que será adiante apresentada.[59] Sublinhe-se que essas regras interpretativas são normas hermenêuticas para a aplicação do direito processual coletivo.

Nesse sentido, a *primeira regra interpretativa* corresponde a integração entre o Código de Defesa do Consumidor (CDC) e a Lei de Ação Civil Pública (LACP) formando o microssistema de tutela coletiva com as regras gerais e básicas do direito processual coletivo. Essa primeira

---

[59] Essas regras interpretativas foram mencionadas com base em ALMEIDA, Gregório Assagra de; MELLO NETO, Luiz Philippe Vieira de. Fundamentação constitucional do direito material coletivo e do direito processual coletivo: reflexões a partir da nova summa divisio adotada na CF/88 (Título II, Capítulo I). *Revista do Tribunal Superior do Trabalho*, São Paulo, v. 77, n. 3, p. 77-97, jul./set. 2011 Disponível em: https://juslaboris.tst.jus.br/bitstream/handle/20.500.12178/26900/004_almeida_mello_neto1.pdf?sequence=6&isAllowed=y. Acesso em: 25 abr. 2019.

regra decorre da interpretação literal do art. 21 da LACP[60] com o art. 90 do CDC.[61]

A *segunda regra* corresponde à necessidade de compatibilidade das regras do Código de Processo Civil (CPC) com as normas de tutela coletiva a fim de que o CPC possa ser utilizado subsidiariamente no processo coletivo.

A *terceira norma interpretativa* determina que o CDC e a LACP fixam as normas de superdireito da tutela coletiva, justamente como consequência desses diplomas legais fixarem os princípios e as regras gerais do microssistema de direito coletivo. Em outras palavras, significa que essas duas leis trazem normas gerais a serem aplicadas em todo o processo civil coletivo, sendo, portanto, consideradas normas de superdireito.

A *quarta regra* apontada pela doutrina refere-se à aplicação dos princípios e regras constitucionais de interpretação ao direito processual coletivo. Essa quarta regra é uma consequência lógica do sistema constitucional brasileiro, em que a Constituição exerce influência sobre todos os ramos do direito pátrio.

O presente tópico foi apresentado com a intenção de indicar os elementos relativos à tutela coletiva de direitos no Brasil. Assim, passa-se, a partir do próximo tópico, a tratar do direito material tutelado pela sistemática processual coletiva com o objetivo de entender quais direitos podem ser objeto de tutela coletiva.

1.6 O direito material tutelado

Em continuação aos pontos prévios e necessários para a efetiva abordagem das *class actions*, faz-se importante a diferenciação entre direitos difusos, coletivos e individuais homogêneos.

---

[60] "Art. 21. Aplicam-se à defesa dos direitos e interesses difusos, coletivos e individuais, no que for cabível, os dispositivos do Título III da lei que instituiu o Código de Defesa do Consumidor. (Incluído Lei nº 8.078, de 1990)" (BRASIL. *Lei nº 7.347, de 24 de julho de 1985*. Disciplina a ação civil pública de responsabilidade por danos causados ao meio-ambiente, ao consumidor, a bens e direitos de valor artístico, estético, histórico, turístico e paisagístico (VETADO) e dá outras providências. Brasília, DF: Presidência da República: 1985. Disponível em: http://www.planalto.gov.br/ccivil_03/LEIS/L7347orig.htm. Acesso em: 25 fev. 2019).

[61] "Art. 90. Aplicam-se às ações previstas neste título as normas do Código de Processo Civil e da Lei nº 7.347, de 24 de julho de 1985, inclusive no que respeita ao inquérito civil, naquilo que não contrariar suas disposições" (BRASIL. *Lei nº 8.078, de 11 de setembro de 1990*. Dispõe sobre a proteção do consumidor e dá outras providências. Brasília, DF: Presidência da República: 1990. Disponível em: http://www.planalto.gov.br/ccivil_03/leis/l8078.htm. Acesso em: 25 fev. 2019).

Conforme explica Bedaque,[62] independentemente da existência de um processo, os direitos ou interesses são classificados como difuso, coletivo ou individual homogêneo. Se o direito não for satisfeito ou se os interesses estiverem sob ameaça, o Judiciário deve ser acionado através do mecanismo mais indicado para o caso concreto. Observe-se que o direito é anterior ao processo em si.

A diferenciação entre esses direitos pode ser observada, de forma legal, através do art. 81, da Lei nº 8.078, o Código de Defesa do Consumidor – CDC. Nesse sentido, a defesa coletiva divide-se em tutela de interesses difusos, de interesses coletivos e de interesses individuais homogêneos. Aliás, afirma-se que o CDC foi o responsável por incluir, no ordenamento pátrio, o sentido dos direitos difusos, coletivos e individuais homogêneos.[63]

Afirma-se que, com a promulgação da Constituição de 1988, o ordenamento pátrio colocou os direitos coletivos em um novo patamar de importância, pois essa foi a primeira Constituição a prever os direitos coletivos ao lado dos direitos individuais, sendo ambos colocados no plano dos direitos e garantias fundamentais.[64]

A importância que os direitos coletivos receberam com a Constituição de 1988 é percebida, a princípio, com a observação do nome do Capítulo I, do Título II, denominado de "Dos direitos e deveres individuais e coletivos". Destaque-se que esse é o capítulo constitucional que engloba o art. 5º dos Direitos e Garantias Fundamentais.

A doutrina[65] informa que é peculiar e salutar a medida adotada pelo constituinte brasileiro em colocar os direitos coletivos na categoria dos direitos e garantias fundamentais, sendo essa uma característica encontrada exclusivamente no ordenamento brasileiro.

---

[62] BEDAQUE, José Roberto dos Santos. *Direito e processo*: influência do direito material sobre o processo. São Paulo: Malheiros, 1995, p. 35.

[63] NUNES, Rizzatto. As ações coletivas e as definições de direitos difusos, coletivos e individuais homogêneos no direito do consumidor. *Revista Luso-Brasileira de Direito do Consumo*, Curitiba, v. 6, n. 21, p. 187-200, mar. 2016. Disponível em: http://bdjur.stj.jus.br/jspui/handle/2011/98586. Acesso em: 30 abr. 2019. p. 189.

[64] ALMEIDA, Gregório Assagra de; MELLO NETO, Luiz Philippe Vieira de. Fundamentação constitucional do direito material coletivo e do direito processual coletivo: reflexões a partir da nova summa divisio adotada na CF/88 (Título II, Capítulo I). *Revista do Tribunal Superior do Trabalho*, São Paulo, v. 77, n. 3, p. 77-97, jul./set. 2011 Disponível em: https://juslaboris.tst.jus.br/bitstream/handle/20.500.12178/26900/004_almeida_mello_neto1.pdf?sequence=6&isAllowed=y. Acesso em: 25 abr. 2019.

[65] Ibid.

Em complemento, não se encontra esse tipo de classificação na Constituição dos Estados Unidos, de 1787, nem nas Constituições da Itália, 1947, da Alemanha, de 1949, da França, de 1958, dentre outras.

Por seu turno, a Constituição de Portugal, de 1976 refere-se aos direitos e deveres das pessoas coletivas, no entanto, afirma-se que essa menção não tem o mesmo efeito de equiparação constitucional entre direitos individuais e coletivos, o que ocorre no caso brasileiro.[66] Na prática, no caso português, fala-se em pessoas coletivas e não especificamente em direitos coletivos.

Afirma-se que, com a Constituição de 1988, o Brasil superou a clássica divisão em direito público e direito privado, bem como foi ultrapassada a classificação tripartite em direitos público, privado e transindividuais. Essas classificações foram substituídas pela divisão em direitos individuais e direitos coletivos, ambos direitos fundamentais e, portanto, de aplicação imediata.

Nessa nova classificação dos direitos inseridas no Brasil com a Constituição de 1988, encontram-se, como exemplo, dentre os individuais, o Direito Civil, o Processo Civil Individual, o Direito Individual do Trabalho; por outro lado, dentre os direitos coletivos, citem-se o Direito Ambiental, o Direito Processual Coletivo, dentre outros.[67]

1.6.1 Os direitos difusos

Os interesses difusos, entende-se, que são decorrentes do desenvolvimento dos direitos humanos e que surgiram juntamente com os direitos coletivos a partir do reconhecimento dos direitos sociais. Afirma-se que os novos conflitos que surgiram nas sociedades modernas levaram à necessidade de reconhecimento de novos direitos materiais, como exemplo citem-se os conflitos entre os trabalhadores e os empregadores.[68]

---

[66] Ibid.

[67] Para melhor compreensão dessa nova divisão em Direitos Coletivos e Direitos Individuais, sugere-se a leitura de ALMEIDA, Gregório Assagra de; MELLO NETO, Luiz Philippe Vieira de. Fundamentação constitucional do direito material coletivo e do direito processual coletivo: reflexões a partir da nova summa divisio adotada na CF/88 (Título II, Capítulo I). *Revista do Tribunal Superior do Trabalho*, São Paulo, v. 77, n. 3, p. 77-97, jul./set. 2011 Disponível em: https://juslaboris.tst.jus.br/bitstream/handle/20.500.12178/26900/004_almeida_mello_neto1.pdf?sequence=6&isAllowed=y. Acesso em: 25 abr. 2019.

[68] DIREITO, Wanda Viana. A defesa dos interesses difusos. *Revista de Direito Administrativo*, [S.l.], v. 185, p. 26-40, 1991, p. 26-29.

Com efeito, os direitos coletivos *lato sensu* e os direitos individuais homogêneos são decorrentes do fenômeno social de coletivização, em que a sociedade passa por uma massificação das relações, o que produz também uma massificação de conflitos, fazendo-se necessário o reconhecimento de novos direitos.

Rizzatto[69] apresenta a diferenciação entre os direitos difusos, coletivos e individuais homogêneos através dos elementos subjetivos e objetivos.

Os direitos difusos são, quanto ao *sujeito*, transindividuais, ou seja, aqueles relacionados com um número indeterminado de pessoas que possuem relação com o mesmo fato.

Ademais, tem-se que os titulares dos direitos difusos não são determináveis. No entanto, isso não significa que, com a lesão a um direito difuso, um particular possa não estar sofrendo um dano individual, mas significa que todos são simultaneamente afetados pelo dano causado ao direito difuso.[70]

---

[69] NUNES, Rizzatto. As ações coletivas e as definições de direitos difusos, coletivos e individuais homogêneos no direito do consumidor. *Revista Luso-Brasileira de Direito do Consumo*, Curitiba, v. 6, n. 21, p. 187-200, mar. 2016. Disponível em: http://bdjur.stj.jus.br/jspui/handle/2011/98586. Acesso em: 30 abr. 2019. p. 193.

[70] Nesse sentido: "APELAÇÃO CÍVEL. AÇÃO CIVIL PÚBLICA. VÍCIO DE QUALIDADE DO PRODUTO. CDC. LOTES DE ÁGUA MINERAL EXPOSTOS À VENDA. DANOS COLETIVOS. DIREITOS DIFUSOS E INDIVIDUAIS HOMOGÊNEOS. 1. Legitimidade do Ministério Público para o ajuizamento de Ação Civil Pública na defesa de direitos difusos e individuais homogêneos disponíveis em que se verifique relevância social. 2. Caso concreto em que o vício de qualidade do produto está suficientemente caracterizado, na medida em que as garrafas d'água periciadas mostraram-se impróprias para o consumo. E sem embargo do esforço envidado pela parte demandada na tentativa de eximir-se da culpa, ao congratular-se dos padrões de qualidade que observa no seu processo produtivo, impende destacar que a responsabilidade por vício do produto, nos termos do artigo 18 do Código de Defesa do Consumidor, é objetiva e solidária, não tendo a parte recorrida logrado comprovar qualquer razão excludente. 3. *Dano a direito difuso. A mera colocação de um bem de consumo impróprio a comercialização é suficiente para violar, pela via da potencialidade, o direito básico dos consumidores à incolumidade da saúde e da segurança contra riscos do fornecimento de produtos (art. 6º, I, do CDC). No caso, o dano é presumido, haja vista residir no risco em potencial gerado contra a saúde da coletividade.* Precedente do STJ. 4. Danos a direitos individuais homogêneos. *Relativamente aos direitos individuais homogêneos, não é menos evidente a lesão causada, já que os 07 (sete) lotes de água imprópria para o consumo foram expostos à venda e comercializados – ao menos do contrário não há comprovação, ônus que incumbia à parte demandada, nos termos da decisão de fl. 156, que redistribuiu a carga probatória, com amparo do artigo 6º, VIII, do Código de Defesa do Consumidor.* 5. De ser rechaçada a indigitada repercussão pontual do caso como fator desautorizador da tutela coletiva, a uma, porque a lei não exige um número mínimo de lesados e, a duas, porque o caso concreto efetivamente revela a causação potencial de dano de origem comum a número plural de consumidores, nos exatos termos do artigo 81, III, do CDC. 6. Sentença reformada para julgar-se procedente o pedido formulado na inicial, condenando-se genericamente a parte demandada a indenizar os consumidores e consumidores equiparados pelos danos morais e materiais que venham a ser aferidos em

Um exemplo de direito difuso lesado é quando uma publicidade enganosa é veiculada atingindo toda a população submetida a essa publicidade.[71]

No caso da publicidade enganosa, um particular pode ser afetado e sofrer um dano individual, mas há também um direito difuso lesado em que todos os que tiverem acesso a essa publicidade são simultaneamente atingidos.

Destaque-se que, mesmo que não seja encontrado um particular atingido pela publicidade enganosa, não há impedimento para que o direito difuso lesado possa ser tutelado, pois seu sujeito ativo não é determinável.[72]

Em outras palavras, como o sujeito ativo do direito difuso é não determinável, não é necessário individualizar um sujeito lesado em seu direito difuso para propor uma ação para a tutela desse tipo de direito.

Ademais, quando se trata de direitos difusos, não existe uma relação jurídica base, mas, na verdade, alguma circunstância fática que atinge o direito de todos sem distinções.[73]

Os direitos difusos são, portanto, uma categoria de direitos que pertence a todos indistintamente, a exemplo do direito difuso a saúde e segurança em face de produtos adquiridos no mercado.

Do ponto de vista *objetivo*, os interesses difusos estão relacionados a um objeto indivisível de titularidade de pessoas indeterminadas. Como exemplo, cite-se o direito ao meio ambiente ecologicamente equilibrado, direito que está indicado no art. 225 da Constituição brasileira de 1988.

A Constituição de 1988 destaca-se, dentre as constituições brasileiras anteriores, ao consolidar a tutela dos direitos difusos no

---

futura liquidação, bem como ao pagamento de R$ 10.000,00 (dez mil reais) em benefício do Fundo Municipal de Defesa do Consumidor, a título de indenização pelos danos coletivos causados. RECURSO PROVIDO" (RIO GRANDE DO SUL. Tribunal De Justiça Do Rio Grande Do Sul (3. Câmara Cível). Apelação Cível nº 70069660645. Relatora: Marlene Marlei de Souza, 14 de março de 2019. Disponível em: http://www1.tjrs.jus.br/site_php/consulta/consulta_processo.php?nome_comarca=Tribunal+de+Justi%E7a&versao=&versao_fonetica=1&tipo=1&id_comarca=700&num_processo_mask=70069660645&num_processso=70069660645&codEmenta=8145281&temIntTeor=true. Acesso em: 03 de mai. de 2019) (grifos do autor). Observe que há um direito difuso lesado no caso acima, o que não impede que particulares sejam individualmente afetados com o mesmo fato.

[71] NUNES, Rizzatto. As ações coletivas e as definições de direitos difusos, coletivos e individuais homogêneos no direito do consumidor. *Revista Luso-Brasileira de Direito do Consumo*, Curitiba, v. 6, n. 21, p. 187-200, mar. 2016. Disponível em: http://bdjur.stj.jus.br/jspui/handle/2011/98586. Acesso em: 30 abr. 2019. p. 193.

[72] Ibid., p. 194.

[73] Ibid.

ordenamento pátrio. Nesse sentido, encontram-se normas a tutelar as Políticas Urbanas, a Política Ambiental e outras com o fito de proteger os direitos difusos pertencentes à toda a coletividade.

Um claro exemplo da Constituição de 1988 em tutelar direitos difusos está na proteção da propriedade privada, uma vez que essa é assegurada individualmente, como nas constituições anteriores, mas também é tutelada como direito difuso em sua função social.[74]

Em outras palavras, o direito individual à propriedade privada é protegido da mesma forma que o direito difuso à função social da propriedade também o é.[75] Dessa forma, tem-se que o direito individual da propriedade privada é limitado pelo direito difuso à função social da propriedade.

Um aspecto interessante relativo aos direitos difusos é que as condenações sofridas no âmbito dos processos de tutela desses direitos são revertidas a fundos que servem para a proteção dos direitos tutelados. Como exemplo, cite-se a condenação de uma empresa por publicidade enganosa, em que o valor da condenação será revertido ao fundo de defesa dos consumidores.[76]

---

[74] FIGUEIREDO, Lúcia Valle. Direitos difusos na Constituição de 1988. *Revista dos Tribunais – Doutrinas Essenciais de Direitos Humanos*, [S.l.], v. 5, p. 1277-1286, ago., 2011. p. 2.

[75] "Art. 5º(...) XXII – é garantido o direito de propriedade; XXIII – a propriedade atenderá a sua função social;" (BRASIL. [Constituição (1988)]. *Constituição da República Federativa do Brasil de 1988*. Brasília, DF: Presidência da República, 1988. Disponível em: http://www.planalto.gov.br/ccivil_03/constituicao/constituicaocompilado.htm. Acesso em: 25 fev. 2019).

[76] "AGRAVO INTERNO. AGRAVO EM RECURSO ESPECIAL. AÇÃO CIVIL PÚBLICA. PROPAGANDA ENGANOSA. ANÚNCIOS PUBLICITÁRIOS. INDUÇÃO DO CONSUMIDOR A ERRO. VIOLAÇÃO DE DIREITO COLETIVO DE INFORMAÇÃO. DANOS MORAIS COLETIVOS. SÚMULA N. 7/STJ. ART. 54, §3º, DO CDC. TAMANHO DA FONTE. NÃO APLICABILIDADE. REGRA QUE DIZ RESPEITO APENAS AOS CONTRATOS DE ADESÃO. 1. Não se aplica aos informes publicitários a regra do art. 54, §3º, do Código de Defesa do Consumidor, proibitiva do uso de fonte inferior ao corpo doze, a qual se dirige apenas ao próprio instrumento contratual de adesão. 2. Hipótese em que *se mantém a condenação da empresa ré ao pagamento de indenização por danos morais coletivos, a ser revertida para o Fundo de Defesa do Consumidor*, decorrente de propagandas específicas, juntadas aos autos, e consideradas pelas instâncias de origem como insuficientes ao esclarecimento do consumidor e até mesmo capazes de induzi-lo a erro. 3. O reexame das circunstâncias fático-probatórias, que levaram as instâncias ordinárias a concluir pela existência de propaganda publicitária capaz de induzir o consumidor a erro, encontra óbice na Súmula n. 7 do STJ. 4. Agravo interno a que se dá parcial provimento" (BRASIL. Superior Tribunal de Justiça (4. Turma). *AgInt no AREsp 1074382/RJ*. Relator: Ministro Luis Felipe Salomão. Relatora do Acórdão: Ministra Maria Isabel Gallotti, 18 de setembro de 2018. Brasília: STJ, [2018]. Disponível em: https://ww2.stj.jus.br/processo/pesquisa/?src=1.1.3&aplicacao=processos.ea&tipoPesquisa=tipoPesquisaGenerica&num_registro=201700635138. Acesso em: 06 mai. 2019) (grifos do autor).

No Ceará, por exemplo, os valores da condenação obtida com a indenização de danos a direitos difusos da coletividade são revertidos ao Fundo de Defesa dos Direitos Difusos do Estado do Ceará – FDID. Os valores existentes nesse fundo são utilizados em ações que promovam e defendam os direitos difusos.[77]

Observe-se que a criação desses fundos foi a alternativa encontrada para dar destino aos valores obtidos com essas condenações, uma vez que, conforme indicado anteriormente, os sujeitos titulares dos direitos difusos não são determináveis. Logo, não tem como destinar os valores decorrentes da condenação dos réus a uma pessoa específica, uma vez que a coletividade é titular desses direitos.

1.6.2 Os direitos coletivos

Os interesses coletivos também são subjetivamente transindividuais e objetivamente indivisíveis, porém, enquanto os *direitos difusos* possuem titulares indeterminados relacionados entre si em razão de um *fato*, os *direitos coletivos* têm titulares relacionados entre si ou com a parte contrária a partir de uma *relação jurídica base*. Os titulares de direitos coletivos são grupos, categorias ou classes de pessoas.

Como exemplo de direito coletivo, tem-se a lesão de um direito pertencente à titularidade dos professores estaduais. Observe-se a existência de uma relação jurídica-base comum a essas pessoas, a saber, a relação estatutária dos professores com o Estado.

Os *sujeitos* ativos de direitos coletivos são indeterminados, ou seja, não é necessário indicar, de forma específica, os titulares do direito coletivo que foram lesados, de forma semelhante ao que ocorre nos direitos difusos, porém são determináveis, o que significa que facilmente pode-se identificar seus titulares a partir da verificação do direito tutelado. O titular do direito coletivo pode ser determinado a partir da análise do direito objeto da lide.[78]

---

[77] Para mais informações consultar a página do Ministério Público do Estado do Ceará quanto à temática. CEARÁ. Fundo De Defesa Dos Direitos Difusos Do Estado Do Ceará – FDID. *Ministério Público do Estado do Ceará*. Disponível em: http://www.mpce.mp.br/fdid/. Acesso em: 07 jun. 2020.

[78] NUNES, Rizzatto. As ações coletivas e as definições de direitos difusos, coletivos e individuais homogêneos no direito do consumidor. *Revista Luso-Brasileira de Direito do Consumo*, Curitiba, v. 6, n. 21, p. 187-200, mar. 2016. Disponível em: http://bdjur.stj.jus.br/jspui/handle/2011/98586. Acesso em: 30 abr. 2019. p. 195.

Como exemplo das características indeterminada e determinável dos titulares de direitos coletivos, tem-se que, para a defesa do direito coletivo de todo o grupo de professores estaduais, não é necessário especificar todos os professores lesados, pois todos eles foram atingidos em seu direito coletivo, daí seu sujeito ser caracterizado como indeterminado. Percebe-se, porém, que esses titulares são facilmente determináveis, ou seja, identifica-se um sujeito lesado pelo simples fato dele ser um professor estadual.

Em outras palavras, no exemplo anterior, tem-se um direito coletivo pertencente aos professores estaduais, o que demonstra o caráter indeterminado do titular do direito, porém pode-se, facilmente, determinar seus titulares com a indicação de todos os professores pertencentes ao quadro de docentes estaduais.

Deve ser observado que o *objeto* do direito coletivo é indivisível, não pertencendo a um titular específico, mas à coletividade de professores ou consumidores, por exemplo. Por outro lado, caso o objeto tutelado fosse divisível, a situação seria de tutela de direito individual ou individual homogêneo.[79]

Rizzatto[80] adverte que, por vezes, os aplicadores do direito fazem uma confusão entre direitos coletivos e direitos individuais homogêneos. Esse engano decorre do fato de que a violação de um direito coletivo produz também a violação de direito individual ou individual homogêneo. No entanto, o contrário não é uma regra, pois nem toda violação de um direito individual produz a violação de um direito coletivo.

Para um melhor entendimento, cite-se o exemplo de um direito coletivo pertencente à classe de advogados ser violado e, como consequência, ocorrer também a violação de direitos pertencentes à individualidade de cada advogado.

No entanto, ainda nesse exemplo, caso seja violado o direito específico de um advogado não significa que toda a classe de advogados teve seus direitos violados. Logo, há uma diferença entre os direitos coletivos e os direitos individuais de cada membro da coletividade.

---

[79] Ibid., p. 196.
[80] Ibid., p. 197.

1.6.3 Os direitos individuais homogêneos

Por outro lado, os direitos individuais homogêneos, sob a ótica *subjetiva*, são, como explica a própria denominação, individuais e, *objetivamente*, divisíveis. Os sujeitos titulares desses direitos são individualmente identificados e possuem um direito divisível decorrente de uma origem comum. Como exemplo, cite-se a intoxicação de frequentadores de um restaurante decorrente de um alimento estragado servido aos consumidores.

Nos direitos individuais homogêneos, os sujeitos são determinados e sempre mais de um, pois, se fosse apenas um titular, estar-se-ia diante de direito individual simples. Ademais, destaque-se que não é o caso de litisconsórcio de titulares de direitos individuais, mas, na verdade, trata-se de um direito individual homogêneo que é objeto de uma tutela coletiva.[81]

Zavascki[82] apresenta um quadro comparativo desses direitos e elenca, ao final, algumas características decorrentes da natureza de cada um desses direitos coletivos, em *lato sensu*.

As características comuns dos direitos difusos e dos direitos coletivos *stricto sensu*, decorrentes da natureza transindividual e indivisível, que merecem destaque são as seguintes:

i) não podem ser apropriados de forma individual;
ii) não podem ser transmitidos para terceiros por ato *inter vivos*, nem por *mortis causa*;
iii) não são passíveis de renúncia ou transação;
iv) a defesa em juízo dos direitos difusos e coletivos *stricto sensu* é realizada sempre através da técnica de substituição processual. Em outras palavras, o sujeito ativo da relação processual não é o sujeito ativo da relação de direito material, daí decorre o motivo da indisponibilidade do objeto da demanda para o sujeito processual ativo.

---

[81] NUNES, Rizzatto. As ações coletivas e as definições de direitos difusos, coletivos e individuais homogêneos no direito do consumidor. *Revista Luso-Brasileira de Direito do Consumo*, Curitiba, v. 6, n. 21, p. 187-200, mar. 2016. Disponível em: http://bdjur.stj.jus.br/jspui/handle/2011/98586. Acesso em: 30 abr. 2019. p. 197-198.

[82] ZAVASCKI, Teori Albino. *Processo Coletivo*: tutela de direitos coletivos e tutela coletiva de direitos. 4. ed. São Paulo: Revista dos Tribunais, 2009, p. 36-37.

Uma característica diferente entre os direitos difusos e direitos coletivos *stricto sensu* é que, naqueles, a mutação dos titulares do direito material ocorre sem qualquer formalidade, bastando que as circunstâncias de fato sejam alteradas.

Por outro lado, nos direitos coletivos *stricto sensu*, existe uma certa formalidade plasmada na adesão ou na exclusão do sujeito da relação jurídica-base.

Logo, quando se fala em direitos coletivos dos professores estaduais ou dos advogados, por exemplo, existe uma certa formalidade na inclusão ou na exclusão de um membro nesses grupos, seja pela aprovação em um concurso para ocupar a função de professor, seja pela aprovação nos exames de admissão nos quadros da Ordem dos Advogados do Brasil.

As características decorrentes da natureza dos interesses individuais homogêneos são, em tudo, contrárias às anteriores elencadas. A saber, esses direitos fazem parte do patrimônio individual do titular, sendo, portanto, transmissíveis por atos *inter vivos* e *mortis causa*. Podem também, em regra, ser alvo de renúncia e transação.

Ademais, a defesa em juízo dos direitos individuais homogêneos ocorre, geralmente, pelo próprio titular do direito material. Destaque-se que, nesse caso, terceiros podem defender os interesses individuais homogêneos de outrem através da representação processual desde que haja a anuência dos titulares do direito defendido. Também pode ocorrer a substituição processual dos titulares do direito material se houver uma expressa autorização do ordenamento jurídico.[83]

Ainda no contexto de explicação do conceito de direitos individuais homogêneos, tem-se que são direitos similares, mas não iguais. A homogeneidade dos direitos individuais decorre de um núcleo homogêneo relacionado com a origem desses direitos. Nesse contexto, encontram-se, segundo a doutrina,[84] três elementos de identidade dos direitos individuais homogêneos, a saber: identidade na existência da obrigação, na natureza da prestação devida e no sujeito passivo.

---

[83] "Art. 18. Ninguém poderá pleitear direito alheio em nome próprio, salvo quando autorizado pelo ordenamento jurídico" (BRASIL. *Lei nº 13.105, de 16 de março de 2015*. Código de Processo Civil. Brasília, DF: Presidência da República: 2015. Disponível em: https://www.planalto.gov.br/ccivil_03/_ato2015-2018/2015/lei/l13105.htm. Acesso em: 25 fev. 2019).

[84] ZAVASCKI, Teori Albino. *Processo Coletivo*: tutela de direitos coletivos e tutela coletiva de direitos. 4. ed. São Paulo: Revista dos Tribunais, 2009, p. 142-143.

Oportuno faz-se diferenciar a representação processual da substituição processual. Na representação processual, o representante atua no processo em nome alheio e na defesa de direito alheio, sem ser parte no processo, mas apenas dando à parte a capacidade de estar em juízo. Por outro lado, na substituição processual, o substituto atua no processo em nome próprio para defender direito alheio, sendo, portanto, parte no processo.

Os direitos difusos e os coletivos *stricto sensu* podem ser chamados genericamente de direitos transindividuais ou direitos coletivos *lato sensu*, ao contrário dos direitos individuais homogêneos que são sempre subjetivos individuais.

A prática é, porém, complexa em razão de situações em que esses tipos de direitos se misturam. Por exemplo, no acidente do rompimento da barragem de Brumadinho, em 25 de janeiro de 2019, observa-se a lesão do direito difuso ao meio ambiente ecologicamente equilibrado, bem como a lesão de direitos individuais homogêneos das diversas pessoas atingidas física e moralmente pelo referido desastre.

Oportunamente, sublinhe-se que a doutrina chama a atenção de que a definição de direitos coletivos é diferente de defesa coletiva de direitos individuais. Lei e jurisprudência na prática demonstram que os operadores do direito, por vezes, jogam na mesma vala tanto os direitos transindividuais e individuais homogêneos, dando a todos o mesmo tratamento e supondo que a todos se aplicam, indistintamente, as mesmas regras de tutela, o que é um equívoco.[85]

Compreender bem as distinções entre direitos difusos, coletivos e individuais homogêneos, bem como saber diferenciar representação de substituição processual é muito importante na correta aplicação dos meios de tutelas coletivas.

Os direitos coletivos *lato sensu* são os difusos e os coletivos *stricto sensu*, não entrando nessa classificação os direitos individuais homogêneos. Porém, essa é uma classificação de direito material que se distingue do fato de existirem meios processuais de tutela coletiva dessas três classificações de direitos.

Para Rizzatto Nunes,[86] os direitos individuais homogêneos são uma espécie de direito coletivo. A presente obra não se filia a esse

---

[85] ZAVASCKI, Teori Albino. *Processo Coletivo:* tutela de direitos coletivos e tutela coletiva de direitos. 4. ed. São Paulo: Revista dos Tribunais, 2009, p. 32-33.

[86] Para uma melhor compreensão, consultar: NUNES, Rizzatto. As ações coletivas e as definições de direitos difusos, coletivos e individuais homogêneos no direito do consumidor. *Revista*

entendimento, pois entende-se que os direitos individuais homogêneos são, como indica o próprio nome, direitos subjetivamente individuais. O que ocorre é que esses direitos individuais homogêneos podem ser tutelados de forma coletiva, mas isso não implica que correspondam a direitos coletivos.

Aliás, as *class actions* norte-americanas e as ações de tutela de direitos individuais homogêneos dos consumidores são, justamente, meios de tutela coletiva de direitos individuais, o que não transforma o direito material de individual para coletivo.

1.6.4 Os direitos individuais indisponíveis

Além dos chamados direitos individuais homogêneos tratados no tópico anterior, existe também a categoria dos direitos individuais indisponíveis. Sublinhe-se, porém, que ambos são categorias de direitos individuais.

O direito individual indisponível pode ser tutelado pelo microssistema de tutela coletiva possuindo apenas um sujeito titular desse direito. Essa previsão ocorre por escolha do legislador e aparece na Lei nº 8.069/1990, o Estatuto da Criança e do Adolescente,[87] e na Lei nº 10.741/2001, o Estatuto do Idoso.[88] [89]

O Ministério Público tem legitimidade extraordinária para promover ações com o fito de tutelar os direitos individuais homogêneos.

Em complemento, no caso da tutela dos direitos individuais indisponíveis dos idosos, a União, os Estados, o Distrito Federal, os Municípios, a Ordem dos Advogados do Brasil e as associações

---

Luso-Brasileira de Direito do Consumo, Curitiba, v. 6, n. 21, p. 187-200, mar. 2016. Disponível em: http://bdjur.stj.jus.br/jspui/handle/2011/98586. Acesso em: 30 abr. 2019.

[87] "Art. 201. Compete ao *Ministério Público*: (...) IX – impetrar mandado de segurança, de injunção e habeas corpus, em qualquer juízo, instância ou tribunal, na defesa dos interesses sociais e *individuais indisponíveis afetos à criança e ao adolescente;*" (BRASIL. *Lei nº 8.069, de 13 de julho de 1990*. Dispõe sobre o Estatuto da Criança e do Adolescente e dá outras providências. Brasília, DF: Presidência da República: 1990. Disponível em: http://www.planalto.gov.br/ccivil_03/LEIS/L8069Compilado.htm. Acesso em: 27 mar. 2019) (grifos do autor).

[88] "Art. 74. Compete ao *Ministério Público*: I – instaurar o inquérito civil e a ação civil pública para a proteção dos direitos e interesses difusos ou coletivos, *individuais indisponíveis* e individuais homogêneos *do idoso;*" (BRASIL. *Lei nº 10.741, de 1º de outubro de 2003*. Dispõe sobre o Estatuto da Pessoa Idosa e dá outras providências. Brasília, DF: Presidência da República: 2003. Disponível em: http://www.planalto.gov.br/ccivil_03/leis/2003/l10.741.htm. Acesso em: 16 abr. 2020) (grifos do autor).

[89] NEVES, Daniel Amorim Assumpção. *Manual de Processo Coletivo*, volume único. 2. ed., rev. e atual. Rio de Janeiro: Forense; São Paulo: Método, 2014, p. 106-107.

legalmente constituídas há pelo menos um ano e que incluam, entre seus fins institucionais, a defesa dos interesses e direitos da pessoa idosa possuem legitimidade concorrente para tutelarem os direitos dos idosos.

Na doutrina, encontra-se entendimento que considera a tutela coletiva de direitos individuais indisponíveis como uma ampliação indevida e injustificável dos direitos submetidos ao microssistema do processo coletivo. Sendo esses direitos essencialmente individuais, os quais foram incluídos na sistemática de tutela coletiva por opção do legislador.[90]

No presente livro, no entanto, entende-se que não é injustificável ou indevida a escolha do legislador em tutelar coletivamente esses direitos, pois, em primeiro lugar, o Poder Legislativo tem liberdade para escolher o objeto de suas normas; em segundo lugar, trata-se de uma maior proteção dada a esses direitos, o que confere mais segurança para a tutela desses bens jurídicos.

Essa opção legislativa ocorre, sublinhe-se, pelo fato de as crianças, os adolescentes e os idosos serem grupos socialmente vulneráveis, o que exige uma maior proteção e atenção do Estado. Não se deve, portanto, considerar que uma maior preocupação dada pelo legislador na tutela desses grupos de pessoas seja algo indevido.

Interessante destacar que, caso existisse no Brasil um procedimento de tutela coletiva similar às *class actions* do ordenamento jurídico norte-americano, os direitos de um grupo de idosos ou de crianças que fossem lesados ou estivessem sob ameaça de lesão poderiam ser tutelados através desse tipo de ação coletiva.

A tutela coletiva dos direitos individuais indisponíveis gera, por vezes, confusão notada em julgamentos realizados pelos tribunais brasileiros em que se costuma inserir esse tipo de direito como uma espécie de direito individual homogêneo.

Esse entendimento é equivocado, porém, por misturar elementos objetivos e subjetivos dos direitos materiais, pois a indisponibilidade dos direitos individuais indisponíveis refere-se ao direito tutelado, ou seja, ao objeto juridicamente protegido, já os direitos individuais homogêneos referem-se à homogeneidade de seus sujeitos.[91]

Os direitos individuais indisponíveis das crianças e idosos são tutelados de forma mais efetiva pelo próprio Estado como meio de

---

[90] Ibid.
[91] Ibid.

garantir que a vulnerabilidade comum a esses grupos de indivíduos não permita que eles tenham seus direitos violados e fiquem sem o devido amparo legal. Essa maior proteção jurídica está de acordo com o direito fundamental de que a lei não pode excluir da apreciação do Poder Judiciário lesão ou ameaça a direito.

1.6.5 Alguns elementos de diferenciação dos direitos tutelados coletivamente

O trabalho realizado na diferenciação entre direitos difusos, coletivos e individuais homogêneos é uma tarefa que nem sempre foi de fácil aplicação pela doutrina e pela jurisprudência.

Até pouco tempo, afirma-se que os aplicadores do direito tinham uma tendência errônea em diferenciar o direito tutelado a partir da espécie de direito material discutida no processo. Essa equivocada tendência afirmava, por exemplo, que, se o objeto tutelado fosse a defesa do meio ambiente, estar-se-ia diante de um direito difuso. Por outro lado, caso fosse tutelado direitos consumeristas, seria o caso de um interesse coletivo.[92]

Essa tendência é considerada errada, pois, na prática, verifica-se que, por exemplo, na lesão ao meio ambiente, pode-se estar diante de lesão a direitos difusos, coletivos e individuais homogêneos e não somente lesão a direitos difusos pelo simples fato de tratar-se de uma tutela ambiental. Assim, para diferenciar corretamente essas categorias de direitos materiais deve-se observar o que segue.

Sob a ótica material, a diferenciação entre esses direitos está nos elementos abordados anteriormente. A saber, a transindividualidade e a indivisibilidade dos direitos difusos e coletivos. Além da ausência de uma relação jurídica base entre os titulares dos direitos difusos, o que não acontece nos direitos coletivos. Ademais, os sujeitos dos diretos difusos são indeterminados; porém os sujeitos dos direitos coletivos são indeterminados, mas determináveis.[93]

Essas características dos direitos materiais tutelados servem para dar compreensão ao sentido pretendido pelo legislador em separar

---

[92] BENJAMIN, Antônio Herman de Vasconcellos; MARQUES, Claudia Lima; BESSA, Leonardo Roscoe. *Manual de direito do consumidor*. 3. ed., rev., at. e ampl. São Paulo: Editora Revista dos Tribunais, 2010, p. 440-441.

[93] NEVES, Daniel Amorim Assumpção. *Manual de Processo Coletivo*, volume único. 2. ed., rev. e atual. Rio de Janeiro: Forense; São Paulo: Método, 2014, p. 107-108.

essas classes de direitos. Com efeito, observa-se que existe sim cada um desses tipos de direitos coletivos *lato sensu* no dia a dia da sociedade, o que facilita sua tutela efetiva e a busca por decisões judiciais amoldadas a realidade de cada um dos direitos coletivamente tutelados.

Os direitos individuais homogêneos, por seu turno, do ponto de vista material, têm o indivíduo como titular. De outro lado, o sujeito do direito difuso é a coletividade e do direito coletivo é uma comunidade. Ademais, a indivisibilidade dos direitos transindividuais não se encontra nos direitos individuais homogêneos.[94]

Quando se analisa a diferença entre esses direitos sob o ponto de vista processual, observa-se que a distinção entre os interesses tutelados é encontrada a partir da observação do pedido e da causa de pedir do autor.[95]

Dessa forma, a fim de exemplificar, se o pedido consiste na condenação em indenizar a coletividade pelos danos morais ambientais decorrentes do vazamento de óleo em uma bacia hidrográfica, trata-se de um direito difuso. Por outro lado, se o pedido for a condenação do responsável por esse vazamento em reparar materialmente todos os atingidos, tem-se um direito coletivo em que uma comunidade é ligada ao causador do dano por uma relação jurídica base decorrente do dano ambiental.

Ademais, em complemento, a doutrina[96] afirma que se pode cumular pedidos difusos, coletivos e individuais homogêneos em uma mesma ação coletiva. Essa possibilidade não era tão clara no passado recente da jurisprudência e da doutrina brasileiras em razão da dificuldade em perceber que um mesmo fato pode ensejar a tutela de direitos difusos, coletivos e individuais homogêneos.

Outro motivo para essa dificuldade em cumular os diversos pedidos na mesma ação era o decorrente da interpretação equivocada

---

[94] Ibid.
[95] BENJAMIN, Antônio Herman de Vasconcellos; MARQUES, Claudia Lima; BESSA, Leonardo Roscoe. *Manual de direito do consumidor*. 3. ed., rev., at. e ampl. São Paulo: Editora Revista dos Tribunais, 2010, p. 440-441.
[96] Ibid., p. 441-442.

do art. 3º da Lei nº 7.347/85,[97] pois entendia-se que esse artigo impedia a cumulação dos pedidos.[98] [99]

Após esses tópicos que pretenderam apresentar as diferenças mais marcantes entre os direitos coletivos *lato sensu* e individuais homogêneos, faz-se oportuno apresentar a crítica a essa classificação de direitos feita por Antonio Gidi.[100] Para ele, o legislador brasileiro foi muito talentoso na classificação e distinção entre direitos difusos, coletivos e individuais homogêneos.

---

[97] "Art. 3º A ação civil poderá ter por objeto a *condenação em dinheiro* ou o *cumprimento de obrigação de fazer ou não fazer*" (BRASIL. *Lei nº 7.347, de 24 de julho de 1985*. Disciplina a ação civil pública de responsabilidade por danos causados ao meio-ambiente, ao consumidor, a bens e direitos de valor artístico, estético, histórico, turístico e paisagístico (VETADO) e dá outras providências. Brasília, DF: Presidência da República: 1985. Disponível em: http://www.planalto.gov.br/ccivil_03/LEIS/L7347orig.htm. Acesso em: 25 fev. 2019) (grifos do autor).

[98] BENJAMIN, Antônio Herman de Vasconcellos; MARQUES, Claudia Lima; BESSA, Leonardo Roscoe. *Manual de direito do consumidor*. 3. ed., rev., at. e ampl. São Paulo: Editora Revista dos Tribunais, 2010, p. 441-442.

[99] Segue ementa de importante julgado em que se entende pela possibilidade de cumulação de pedidos na ação coletiva, bem como traz resumida diferenciação entre os direitos coletivamente tutelados: "PROCESSUAL CIVIL. *AÇÃO COLETIVA. CUMULAÇÃO DE DEMANDAS.* NULIDADE DE CLÁUSULA DE INSTRUMENTO DE COMPRA-E-VENDA DE IMOVEIS. JUROS. INDENIZAÇÃO DOS CONSUMIDORES QUE JA ADERIRAM AOS REFERIDOS CONTRATOS. OBRIGAÇÃO DE NÃO-FAZER DA CONSTRUTORA. PROIBIÇÃO DE FAZER CONSTAR NOS CONTRATOS FUTUROS. DIREITOS COLETIVOS, INDIVIDUAIS HOMOGENEOS E DIFUSOS. MINISTERIO PUBLICO. LEGITIMIDADE, DOUTRINA. JURISPRUDENCIA. RECURSO PROVIDO. I – O Ministério Público é parte legitima para ajuizar ação coletiva de proteção ao consumidor, em *cumulação de demandas*, visando: a) à *nulidade de cláusula contratual* inquinada de nula (juros mensais); b) à *indenização pelos consumidores* que já firmaram os contratos em que constava tal cláusula; c) à *obrigação de não mais inserir nos contratos futuros a referida cláusula.* II – como já assinalado anteriormente (REsp 34.155-MG), na sociedade contemporânea, marcadamente de massa, e sob os influxos de uma nova atmosfera cultural, o processo civil, vinculado estritamente aos princípios constitucionais e dando-lhes efetividade, encontra no Ministério Público uma instituição de extraordinário valor na defesa da cidadania. III – *Direitos (ou interesses) difusos e coletivos* se caracterizam como *direitos transindividuais,* de natureza indivisível. Os primeiros dizem respeito a *pessoas indeterminadas que se encontram ligadas por circunstâncias de fato*; os *segundos, a um grupo de pessoas ligadas entre si ou com a parte contrária através de uma única relação jurídica.* IV – *Direitos individuais homogêneos* são aqueles que tem a *mesma origem no tocante aos fatos geradores de tais direitos,* origem idêntica essa que recomenda a defesa de todos a um só tempo. Decisão: por unanimidade, conhecer do recurso e dar-lhe provimento" (BRASIL. Superior Tribunal de Justiça (4. Turma). *Recurso Especial nº 105215/DF 1996/0053455-1.* Relator: Min. Salvio de Figueiredo Teixeira, 24 de julho de 1997, Brasília: STJ, [1997]. Disponível em: https://ww2.stj.jus.br/processo/pesquisa/?tipoPesquisa=tipoPesquisaNumeroRegistro&termo=199600534551&totalRegistrosPorPagina=40&aplicacao=processos.ea#. Acesso em: 08 mai. 2019) (grifos do autor).

[100] GIDI, Antonio. *A class action como instrumento de tutela coletiva dos direitos*. São Paulo: Revista dos Tribunais, 2007, p. 69.

Entretanto, segundo o autor, essa classificação talvez se mostre inútil em situações que exijam o processo coletivo para tutelar uma outra espécie de direito que não se amolde aos três tipos de direitos que se encontram classificados no ordenamento jurídico brasileiro.

Para Gidi, teria sido melhor que o legislador brasileiro, com semelhança ao que ocorre nos Estados Unidos, tivesse condicionado a tutela coletiva de direitos apenas a uma existência comum de questão de fato ou de direito entre os membros de um grupo. Em complemento, ele afirma que seria melhor a extinção das espécies de ações coletivas existentes no ordenamento jurídico brasileiro.

Em consonância com o pensamento de Gidi, Lima,[101] em sua tese para obtenção do título de doutor, defende que deve ser superada a classificação tradicional na legislação brasileira de dividir os direitos em difusos, coletivos e individuais homogêneos.

Lima[102] propõe a divisão dos litígios coletivos com base na complexidade e na conflituosidade encontradas nas demandas de interesse coletivo. Para tanto, ele apresenta a classificação dessas disputas em litígios coletivos globais, locais e irradiados.

Ao contrário do que afirma Gidi e do que defende Lima, entende-se, na presente obra, que não devem ser extintas as atuais ações coletivas existentes no sistema jurídico brasileiro. Essas ações, bem como a classificação entre os direitos coletivamente tutelados representam inúmeros anos de pesquisa e aprofundamento social sobre assuntos tratados na doutrina e na jurisprudência.

No Brasil, existe um verdadeiro microssistema de tutela coletiva que deve ser organizado e aperfeiçoado para ter ainda mais efetividade, contribuindo, assim, com o acesso à justiça, objetivo atual principal do direito processual brasileiro.

Para tanto, é proposto um aperfeiçoamento dos mecanismos de tutela processual dos direitos individuais homogêneos com base na sistemática da *class action* norte-americana, sem deixar de lado os mecanismos de tutela coletiva já existentes no ordenamento jurídico brasileiro.

---

[101] LIMA, Edilson Vitorelli Diniz. *O devido processo legal coletivo*: representação, participação e efetividade da tutela jurisdicional. 2015. 719 f. Tese (Doutorado em Direito das Relações Sociais) – Faculdade de Direito, Universidade Federal do Paraná, Curitiba, 2015. Disponível em: https://acervodigital.ufpr.br/handle/1884/40522. Acesso em: 24 set. 2019.
[102] Ibid.

1.7 Dos meios de tutela jurisdicional dos direitos coletivos *lato sensu*

Afirma-se[103] que o direito processual coletivo brasileiro pode ser dividido em *especial* e *em comum*. O direito processual coletivo *especial* engloba os meios de tutela jurídica de constitucionalidade, ou seja, os meios de controle concentrado ou abstrato de constitucionalidade. Chama-se de especial, pois, nesse tipo de tutela, em tese, não há uma lide com partes contrárias, mas um controle objetivo de constitucionalidade.

Com efeito, esse mecanismo de tutela coletiva especial tem um caráter coletivo, pois o controle de constitucionalidade produz decisões que afetam a coletividade, pois essas decisões têm uma tendência à abstração, inclusive, nos casos de controle concentrado.

Entende-se que, quando um tribunal fala sobre a constitucionalidade de uma norma, ele está falando sobre determinado tema dentro de um processo, mas ele demonstra um entendimento que tem tendência a ser aplicado em outros casos, nem que seja apenas para influenciar na formação de decisões para situações diferentes.

Por outro lado, o direito processual coletivo *comum* corresponde aos meios de tutela jurídica de conflitos coletivos ou que tenham dimensão coletiva no plano concreto. Nesse ramo, encontram-se ação civil pública, ação popular, mandado de segurança coletivo, dentre outros.

Na obra em que são analisados os meios de tutela dos direitos coletivos, bem como a tutela coletiva de direitos, trabalho desenvolvido para a obtenção do título de doutor pela Universidade Federal do Rio Grande do Sul, Zavascki[104] apresenta um panorama comparado entre os diversos instrumentos utilizados no âmbito das referidas tutelas.

A tutela de direitos coletivos diz respeito aos meios utilizados na proteção dos direitos transindividuais difusos e dos direitos coletivos *stricto sensu*. Por outro lado, a tutela coletiva de direitos inclui a proteção dos direitos individuais homogêneos através dos mecanismos do processo coletivo.

---

[103] ALMEIDA, Gregório Assagra de; MELLO NETO, Luiz Philippe Vieira de. Fundamentação constitucional do direito material coletivo e do direito processual coletivo: reflexões a partir da nova summa divisio adotada na CF/88 (Título II, Capítulo I). *Revista do Tribunal Superior do Trabalho*, São Paulo, v. 77, n. 3, p. 77-97, jul./set. 2011 Disponível em: https://juslaboris.tst.jus.br/bitstream/handle/20.500.12178/26900/004_almeida_mello_neto1.pdf?sequence=6&isAllowed=y. Acesso em: 25 abr. 2019.

[104] ZAVASCKI, Teori Albino. *Processo Coletivo:* tutela de direitos coletivos e tutela coletiva de direitos. 4. ed. São Paulo: Revista dos Tribunais, 2009.

Entende-se que, na tutela coletiva dos direitos, também possam ser inseridas as próprias *class actions* do direito norte-americano, considerando que se trata de um mecanismo de tutela coletiva dos direitos.

A tutela dos direitos transindividuais, a saber, dos direitos difusos e dos direitos coletivos *stricto sensu*, pode ocorrer através da ação civil pública, da ação popular e da ação de improbidade administrativa.

A tutela coletiva de direitos individuais, a seu turno, acontece por meio da ação civil coletiva, bem como pelos mecanismos de mandado de segurança coletivo.

Destaque-se que Zavascki,[105] em sua tese de doutorado, aponta para a importância dos meios incidentais de controle de constitucionalidade e das ações de controle concentrado de constitucionalidade na tutela coletiva de direitos.

Oportunamente, com a finalidade de melhor entender o contexto dos mecanismos de tutela presentes na sistemática do processo coletivo brasileiro, passa-se a uma análise dos referidos instrumentos processuais para a tutela coletiva comum de direitos, sem adentrar nas especificidades dos meios de tutela coletiva especial.

Com efeito, não se pode perder de vista que o Brasil possui um sistema de tutela coletiva de direito bastante avançado, sendo capaz de fazer diferença entre os direitos coletivos e entre os direitos individuais. Como consequência, essa classificação permite que se entenda os diferentes meios processuais de tutela desses direitos.

1.7.1 Da ação civil pública

A *ação civil pública* foi incluída no ordenamento jurídico brasileiro através da Lei nº 7.347, de 1985, em que se apresentam as características procedimentais inerentes a esse tipo de ação.

Há, no sistema jurídico brasileiro, outras regras de tutela de direitos transindividuais específicos para alguns grupos de pessoas através de ação civil. Nesse contexto, encontram-se as ações civis de tutela das pessoas portadoras de deficiência, o que está disciplinado na Lei nº 7.853, de 24 de outubro de 1989, em que se encontra a matéria específica das "medidas judiciais destinadas à proteção de interesses

---

[105] Ibid., p. 231-276.

coletivos, difusos, individuais homogêneos e individuais indisponíveis da pessoa com deficiência".[106]

O Estatuto da Criança e do Adolescente, Lei nº 8.069, de 13 de julho de 1990, também traz mecanismos específicos de ação civil pública[107] de tutela das situações de ofensa aos direitos da criança e do adolescente.

O Código de Proteção do Consumidor, Lei nº 8.078, de 11 de setembro de 1990, inclui no ordenamento jurídico brasileiro regras específicas para as ações civis públicas de tutela dos direitos dos consumidores, o que pode ser exercido judicialmente através da tutela individual ou da tutela coletiva.

---

[106] "Art. 3º As medidas judiciais destinadas à *proteção de interesses coletivos, difusos, individuais homogêneos e individuais indisponíveis da pessoa com deficiência* poderão ser propostas pelo *Ministério Público, pela Defensoria Pública, pela União, pelos Estados, pelos Municípios, pelo Distrito Federal, por associação* constituída há mais de 1 (um) ano, nos termos da lei civil, *por autarquia, por empresa pública e por fundação ou sociedade de economia mista* que inclua, entre suas finalidades institucionais, a proteção dos interesses e a promoção de direitos da pessoa com deficiência. (Redação dada pela Lei nº 13.146, de 2015)" (BRASIL. *Lei nº 7.853, de 24 de outubro de 1989*. Dispõe sobre o apoio às pessoas portadoras de deficiência, sua integração social, sobre a Coordenadoria Nacional para Integração da Pessoa Portadora de Deficiência – Corde, institui a tutela jurisdicional de interesses coletivos ou difusos dessas pessoas, disciplina a atuação do Ministério Público, define crimes, e dá outras providências. Brasília, DF: Presidência da República: 1989. Disponível em: http://www.planalto.gov.br/ccivil_03/LEIS/L7853.htm. Acesso em: 27 mar. 2019) (grifos do autor).

[107] "Art. 208. Regem-se pelas disposições desta Lei as *ações de responsabilidade por ofensa aos direitos* assegurados à criança e ao adolescente, referentes ao *não oferecimento ou oferta irregular*: (Vide Lei nº 12.010, de 2009) I – do ensino obrigatório; II – de atendimento educacional especializado aos portadores de deficiência; III – de atendimento em creche e pré-escola às crianças de zero a cinco anos de idade; (Redação dada pela Lei nº 13.306, de 2016) IV – de ensino noturno regular, adequado às condições do educando; V – de programas suplementares de oferta de material didático-escolar, transporte e assistência à saúde do educando do ensino fundamental; VI – de serviço de assistência social visando à proteção à família, à maternidade, à infância e à adolescência, bem como ao amparo às crianças e adolescentes que dele necessitem; VII – de acesso às ações e serviços de saúde; VIII – de escolarização e profissionalização dos adolescentes privados de liberdade. IX – de ações, serviços e programas de orientação, apoio e promoção social de famílias e destinados ao pleno exercício do direito à convivência familiar por crianças e adolescentes. (Incluído pela Lei nº 12.010, de 2009) X – de programas de atendimento para a execução das medidas socioeducativas e aplicação de medidas de proteção. (Incluído pela Lei nº 12.594, de 2012) XI – de políticas e programas integrados de atendimento à criança e ao adolescente vítima ou testemunha de violência. (Incluído pela Lei nº 13.431, de 2017) §1º As hipóteses previstas neste artigo *não excluem da proteção judicial outros interesses individuais, difusos ou coletivos, próprios da infância e da adolescência*, protegidos pela Constituição e pela Lei. (Renumerado do Parágrafo único pela Lei nº 11.259, de 2005) §2º A investigação do desaparecimento de crianças ou adolescentes será realizada imediatamente após notificação aos órgãos competentes, que deverão comunicar o fato aos portos, aeroportos, Polícia Rodoviária e companhias de transporte interestaduais e internacionais, fornecendo-lhes todos os dados necessários à identificação do desaparecido" (BRASIL. *Lei nº 8.069, de 13 de julho de 1990*. Dispõe sobre o Estatuto da Criança e do Adolescente e dá outras providências. Brasília, DF: Presidência da República: 1990. Disponível em: http://www.planalto.gov.br/ccivil_03/LEIS/L8069Compilado.htm. Acesso em: 27 mar. 2019) (grifos do autor).

O Estatuto do Idoso, Lei nº 10.741, de 1º de outubro de 2003,[108] da mesma forma como as já citadas leis, também apresenta regras especiais para a ação civil pública de tutela dos interesses das pessoas idosas.

Destaque-se a questão terminológica das ações civis públicas feita por Zavascki.[109] Nesse contexto etimológico, tem-se que a denominação de todos os tipos de ações, seja no processo civil ou penal, possuem uma razão de ser, nesse sentido, é comum que o nome do procedimento esteja relacionado com o direito material tutelado. Como exemplo, cite-se a ação de usucapião, cujo nome está relacionado com o direito material da prescrição aquisitiva de bens imóveis.

Por outro lado, algumas denominações estão relacionadas com a titularidade e com a legitimidade ativa, como ocorre no processo penal. No âmbito cível, um exemplo desse caso é a ação popular cujo nome refere-se à legitimidade ativa para sua proposição, a saber, o cidadão, membro do povo, relativo ao povo, daí a inclusão do adjetivo "popular".

Da mesma forma que a ação popular, a ação civil pública possui essa denominação em razão de seu legitimado ativo, a saber, o Ministério Público e os demais entes escolhidos pelo legislador. Esses legitimados não tutelam direitos próprios, mas direitos pertencentes a uma coletividade de pessoas.

O direito tutelado pela ação civil pública é o direito transindividual (difuso e coletivo *stricto sensu*), não devendo incluir os direitos individuais, nem mesmo os direitos individuais homogêneos.

Com rigor terminológico, os direitos individuais homogêneos possuem mecanismos próprios de tutela coletiva, como a ação coletiva ou a ação civil coletiva. Sublinhe-se, inclusive, que esse é o nome dado pelo art. 91 do Código de Defesa do Consumidor para a ação proposta pelos legitimados ativos da ação civil pública quando ocorre a tutela

---

[108] "Art. 79. Regem-se pelas disposições desta Lei as *ações de responsabilidade por ofensa aos direitos assegurados ao idoso*, referentes à omissão ou ao oferecimento insatisfatório de: I – acesso às ações e serviços de saúde; II – atendimento especializado ao idoso portador de deficiência ou com limitação incapacitante; III – atendimento especializado ao idoso portador de doença infecto-contagiosa; IV – serviço de assistência social visando ao amparo do idoso. Parágrafo único. As hipóteses previstas neste artigo *não excluem da proteção judicial outros interesses difusos, coletivos, individuais indisponíveis ou homogêneos, próprios do idoso*, protegidos em lei" (BRASIL. *Lei nº 10.741, de 1º de outubro de 2003*. Dispõe sobre o Estatuto da Pessoa Idosa e dá outras providências. Brasília, DF: Presidência da República: 2003. Disponível em: http://www.planalto.gov.br/ccivil_03/leis/2003/l10.741.htm. Acesso em: 16 abr. 2020.) (grifos do autor).

[109] ZAVASCKI, Teori Albino. *Processo Coletivo:* tutela de direitos coletivos e tutela coletiva de direitos. 4. ed. São Paulo: Revista dos Tribunais, 2009, p. 49-51.

coletiva, em nome próprio e no interesse das vítimas ou seus sucessores, através de *"ação civil coletiva* de responsabilidade pelos danos individualmente sofridos".

Ocorre, porém, como destacado por Zavascki,[110] que esse rigor terminológico não é observado, em grande parte, pelo legislador e pela doutrina, uma vez que a denominação "ação civil pública" é utilizada para todas as ações decorrentes do processo coletivo, o que inclui as ações de tutela de direitos individuais homogêneos.

Na legislação brasileira, encontra-se o uso indevido da expressão "ação civil pública" na Lei nº 7.913, de 7 de dezembro de 1989, que dispõe sobre a "ação civil pública de responsabilidade por danos causados aos investidores no mercado de valores mobiliários".

Observe-se que, no contexto dessa lei, está sendo tutelado o direito individual homogêneo dos investidores, logo, terminologicamente, como apresentado, o mais correto seria chamar de ação coletiva ou de ação civil coletiva de responsabilidade por danos causados aos investidores no mercado de valores mobiliários.

Em continuidade, como bem observado pela doutrina[111] e pela prática das ações civis públicas no ordenamento jurídico brasileiro, tem-se que esse tipo de ação é um instrumento processual com múltiplas aptidões práticas, a saber, finalidades reparatórias, inibitórias, mandamentais e outras.

A constatação da utilização da ação civil pública sob diversos vieses mostra a familiaridade dos legitimados, em especial do Ministério Público, com sua utilização no dia a dia.

1.7.2 Da ação popular

Prosseguindo na análise dos meios de tutela coletiva, tem-se a *ação popular*, ação presente no ordenamento jurídico brasileiro desde a Constituição de 1934[112] e que tem como característica marcante a

---

[110] Ibid.
[111] Ibid., p. 52-53.
[112] "Art. 113 – A Constituição assegura a brasileiros e a estrangeiros residentes no País a inviolabilidade dos direitos concernentes à liberdade, à subsistência, à segurança individual e à propriedade, nos termos seguintes: (...) 38) *Qualquer cidadão será parte legítima para pleitear a declaração de nulidade ou anulação dos atos lesivos do patrimônio da União, dos Estados ou dos Municípios*" (BRASIL. [Constituição (1934)]. *Constituição da República dos Estados Unidos do Brasil, de 16 de julho de 1934*. Rio de Janeiro, DF: Presidência da República. Disponível em: http://www.planalto.gov.br/ccivil_03/Constituicao/Constituicao34.htm. Acesso em 02 de abril de 2019) (grifos do autor).

legitimidade ativa dos cidadãos, através da substituição processual, em tutelar direitos transindividuais da coletividade.

Como apresentado anteriormente, a referida ação é inspirada pelas históricas ações populares do Império Romano. Ademais, a cidadania para as atuais ações populares brasileiras, sublinhe-se, é provada através da simples apresentação de título de eleitor ou documento semelhante, entendendo-se que as pessoas votantes são cidadãos do país em razão do exercício do direito de voto.

Na Constituição do Império do Brasil,[113] de 1824, encontra-se norma que trata da *acção popular*, o que se assemelha à ação popular atual, podendo ser considerada como antecedente histórico desse tipo de ação.

No texto da Constituição de 1934, quando comparada com a Constituição do Império do Brasil, observa-se uma ampliação do bem coletivo tutelado, pois a carta de 1824 fala dessa ação nos casos de "*suborno, peita, peculato, e concussão*" e a de 1934 fala em ação popular em razão dos atos lesivos ao patrimônio da União, dos Estados e dos Municípios.

Tem-se, historicamente, que a ação popular foi suprimida do ordenamento pátrio com a constituição de 1937, retornando, porém, com a carta política de 1946.

Atualmente, a ação popular objetiva anular atos lesivos ao patrimônio público, à moralidade administrativa, ao meio ambiente ou ao patrimônio histórico ou cultural. A Lei nº 4.717 é responsável por regular a ação popular, especificando os casos de atos lesivos que devem ser declarados nulos ou anulados através desse tipo de ação.

1.7.3 Da ação de improbidade administrativa

No contexto dos meios de tutela do direito transindividual, Zavascki[114] cita também a *ação de improbidade administrativa* a qual,

---

[113] "Art. 157. Por suborno, peita, peculato, e concussão haverá contra elles *acção popular*, que poderá ser intentada dentro de anno, e dia pelo proprio queixoso, ou *por qualquer do Povo*, guardada a ordem do Processo estabelecida na Lei" (BRASIL. [Constituição (1824)]. *Constituição Política do Império do Brasil*. Rio de Janeiro, DF: Presidência da República. Disponível em: http://www.planalto.gov.br/ccivil_03/Constituicao/Constituicao24.htm. Acesso em: 02 abr. 2019) (grifos do autor).

[114] ZAVASCKI, Teori Albino. *Processo Coletivo:* tutela de direitos coletivos e tutela coletiva de direitos. 4. ed. São Paulo: Revista dos Tribunais, 2009, p. 90-92.

semelhante à ação popular e à ação civil pública, tutela o direito transindividual a um governo probo.

Ocorre, porém, que a ação de improbidade administrativa tem o objetivo de punir os que agem de forma ímproba, ou seja, essa ação tem eminente caráter repressivo.

A consequência prática da ação de improbidade administrativa é a aplicação de sanções aos administradores que agem com improbidade, consistindo as sanções em suspensão dos direitos políticos, perda da função pública, indisponibilidade dos bens e ressarcimento ao erário.

Observe-se que a imposição da pena de ressarcimento ao erário, apesar de ser uma sanção, tem a função mais reparatória, ou seja, para além de ser uma medida repressiva, trata-se de um meio de reparar os danos causados ao patrimônio da coletividade.

No entanto, a ação de improbidade administrativa não deve ser proposta para, exclusivamente, pedir o ressarcimento ao erário, pois, para tanto, o correto e mais adequado é a proposição de uma ação civil pública, medida mais afeta às pretensões reparatórias.[115]

Deve ser destacado que o Ministério Público tem legitimidade ativa extraordinária para propor as ações civis públicas e a ação de improbidade administrativa sem óbice de outros legalmente legitimados.

A ação popular, por seu turno, deve ser proposta pelos cidadãos, mas o Ministério Público pode prosseguir com a ação caso o autor desista da mesma. Dessa forma, tem-se que o Ministério Público, como substituto processual, tem papel relevante na tutela dos direitos transindividuais, aliás sua atuação é irrestrita quando os direitos difusos e coletivos *stricto sensu* são tutelados.

Entretanto, quando o Ministério Público atua na tutela de direitos individuais homogêneos através de mecanismos de tutela coletiva, sua atuação é restrita às peculiaridades impostas pela lei, não tendo a característica irrestrita inerente às medidas ministeriais adotada na tutela dos direitos transindividuais.[116]

Aliás, a atuação do Ministério Público como indicada anteriormente está de acordo com suas funções institucionais especificadas na Constituição Federal,[117] a qual confere ao Ministério Público a incum-

---

[115] Ibid., p. 102.
[116] Ibid., p. 121-122.
[117] "Art. 127. O *Ministério Público* é instituição permanente, essencial à função jurisdicional do Estado, incumbindo-lhe a *defesa* da ordem jurídica, do regime democrático e dos *interesses sociais e individuais indisponíveis*" (BRASIL. [Constituição (1988)]. *Constituição da República*

bência da defesa da ordem jurídica, do regime democrático e dos interesses sociais e individuais indisponíveis.

1.8 Dos meios de tutela jurisdicional dos direitos individuais homogêneos

No presente tópico, pretende-se demonstrar que o Brasil possui meios para a tutela coletiva de direitos individuais, no entanto não possui um mecanismo que, da mesma forma como ocorre com as *class actions* norte-americanas, permite que os próprios indivíduos lesados proponham a tutela coletiva de seus direitos.

Ademais, é feito um apanhado geral sobre o tema neste capítulo, uma vez que, nos capítulos seguintes, serão apresentados com mais pormenores os mecanismos do processo civil brasileiro para a tutela coletiva de direitos coletivos e de direitos individuais.

1.8.1 Da ação civil coletiva

A ação civil pública, a ação popular e a ação de improbidade administrativa são mecanismos de tutela de direitos transindividuais, ou seja, de direitos difusos e coletivos *stricto sensu*. Quando se passa para a defesa dos direitos individuais homogêneos através dos mecanismos de tutela coletiva, tem-se, em primeiro lugar, a *ação civil coletiva*.

Para melhor compreender o que são os direitos homogêneos, deve-se retornar aos tópicos anteriores que abordam a diferença entre os direitos materiais tutelados.

Um meio de se tutelar direitos individuais homogêneos é através de litisconsórcio ativo facultativo. Para tanto, tem-se o Código de Processo Civil a determinar que duas ou mais pessoas possam litigar no mesmo processo ativamente em algumas situações.[118] Essas hipóte-

---

Federativa do Brasil de 1988. Brasília, DF: Presidência da República, 1988. Disponível em: http://www.planalto.gov.br/ccivil_03/constituicao/constituicaocompilado.htm. Acesso em: 25 fev. 2019) (grifos do autor).

[118] "Art. 113. Duas ou mais pessoas podem litigar, no mesmo processo, em conjunto, ativa ou passivamente, quando: I – entre elas houver comunhão de direitos ou de obrigações relativamente à lide; II – entre as causas houver conexão pelo pedido ou pela causa de pedir; III – ocorrer afinidade de questões por ponto comum de fato ou de direito. §1º O juiz poderá limitar o litisconsórcio facultativo quanto ao número de litigantes na fase de conhecimento, na liquidação de sentença ou na execução, quando este comprometer a rápida solução do litígio ou dificultar a defesa ou o cumprimento da sentença. §2º O requerimento de limitação interrompe o prazo para manifestação ou resposta, que recomeçará da intimação da decisão que o solucionar" (BRASIL. *Lei nº 13.105, de 16 de março de 2015*. Código de Processo Civil.

ses são exemplos de casos em que as pessoas que tenham seus direitos ameaçados ou lesados podem propor uma mesma ação conjuntamente.

Ocorre, porém, que, a depender do número de litigantes, o litisconsórcio facultativo pode comprometer a justeza da decisão em razão de uma solução judicial demorada, bem como pode dificultar a defesa e o cumprimento de sentença. Nessas situações, o juiz da causa pode limitar o número de litigantes facultativos.

Nesse contexto, e considerando as diversas situações cotidianas em que nascem direitos subjetivos pertencentes a um grande número de pessoas e decorrentes de mesmas situações fáticas ou de direito, bem como decorrentes de uma grande afinidade de questões comuns de fato ou de direito, observa-se que a utilização da técnica processual de litisconsórcio facultativo ativo não se mostra adequada.[119]

Essa inadequação se mostra evidente através da possibilidade que o juiz da causa tem para limitar o número de litisconsortes facultativos em razão do prejuízo que o grande número de litigantes traz para o deferimento de uma decisão no prazo adequado, bem como pela dificuldade que esse grande número de pessoas traz para a defesa e para o cumprimento da sentença.

Nessa situação, além da dificuldade em se demandar através de litisconsórcio ativo facultativo, também é difícil que se proponha a tutela individual de cada direito individual homogêneo.

Isso, pois, tem-se que a tutela individual de direitos individuais homogêneos pode trazer prejuízos aos demandantes, uma vez que os processos demandam financeiramente as partes, além de gerar um desgaste emocional e social. Por outro lado, diversas ações individuais referentes a direitos individuais homogêneos trazem prejuízos ao próprio Estado, pois aumentam-se os custos, aumenta-se o volume de processos e diminui a eficiência do Poder Judiciário. Um outro problema que pode surgir da tutela individual de direitos homogêneos é a existência de decisões contraditórias entre si, gerando descrédito no Poder Judiciário e desesperança nos cidadãos.[120]

Essa situação que gera diversos direitos subjetivos homogêneos, mas que é impossível sua tutela individual ou sua tutela através da

---

Brasília, DF: Presidência da República: 2015. Disponível em: https://www.planalto.gov.br/ccivil_03/_ato2015-2018/2015/lei/l13105.htm. Acesso em: 25 fev. 2019).

[119] ZAVASCKI, Teori Albino. *Processo Coletivo:* tutela de direitos coletivos e tutela coletiva de direitos. 4. ed. São Paulo: Revista dos Tribunais, 2009, p. 147-148.

[120] Ibid.

técnica do litisconsórcio ativo facultativo, exige a tutela coletiva dos direitos. Como mecanismo de defesa desses direitos, no ordenamento jurídico norte-americano, são encontradas as *class actions*, objeto de estudo da presente obra.

Nesse contexto, Zavascki[121] fala das ações coletivas, inspiradas nas *class actions for damages* do direito norte-americano, como melhor alternativa de tutela coletiva desses direitos individuais homogêneos. As ações coletivas trazem inúmeras vantagens, como as decorrentes da eficiência, pois tem-se menos custos, as provas são coletivamente aproveitadas, dentre outras. Ademais, as ações coletivas permitem que pessoas tenham acesso à justiça, o que não ocorreria caso elas agissem individualmente.

Quando se observa as *ações civis coletivas* já existentes no ordenamento jurídico brasileiro, como ocorre no Código de Defesa do Consumidor, alguns pontos merecem a atenção da doutrina, o que se faz necessário, inclusive, como forma de distinção dessas ações civis coletivas das *class actions*.

Essa diferenciação faz-se necessária até como meio de entender as distinções entre as ações coletivas já existentes da proposição de lei para inclusão das *class actions* no ordenamento jurídico brasileiro.

Com isso, deve-se ter claro que o Brasil possui meios de tutela coletiva de direitos individuais homogêneos, como o que ocorre para as ações coletivas de tutela de direitos individuais homogêneos dos consumidores. No entanto, esses meios são diferentes das *class actions* norte-americanas em alguns pontos principais, os quais serão trabalhados adiante.

Ao analisar as ações coletivas, observa-se que sua cognição ocorre de forma exauriente no aspecto vertical e limitada no aspecto horizontal. Essa é a conclusão à qual chega Zavascki[122] ao observar as ações coletivas e ao aplicar os conceitos de cognição apresentados por Kazuo Watanabe.

Nesse contexto, tem-se que a cognição é uma técnica importante na diferenciação e criação de procedimentos específicos para a tutela dos diversos direitos encontrados na sociedade.[123]

---

[121] Ibid.
[122] Ibid., p.149.
[123] WATANABE, Kazuo. *Da cognição no processo civil*. 4. ed. São Paulo: Saraiva, 2005, p. 44-45.

Para melhor compreensão, a cognição consiste em um ato de inteligência no qual as alegações e as provas produzidas pelas partes são consideradas, analisadas e valoradas, servindo de fundamento para a decisão tomada pelo juiz.[124]

A doutrina,[125] para fins de sistematização, conforme apresentado adiante, classifica a cognição em um plano *horizontal*, em que se observa a extensão do objeto da lide, e em um plano *vertical*, em que se analisa a profundidade com a qual o objeto é tratado no processo.

Em seguida, tem-se que, no plano horizontal, a cognição divide-se em plena ou em limitada. Na cognição plena, o objeto da lide corresponde, inteiramente, ao conflito existente na sociedade. Por outro lado, a cognição limitada consiste em um objeto posto nos autos do processo e que corresponde a apenas alguns elementos do conflito que existe na sociedade.

Em complemento, a cognição vertical pode ser classificada em exauriente ou em sumária. Na cognição exauriente, o objeto da lide é analisado com profundidade. A cognição sumária, no entanto, corresponde a uma análise incompleta do objeto em disputa.

Essa classificação ganha relevo no âmbito das ações coletivas, pois a cognição desse tipo de ação é exauriente, ou seja, o objeto da lide é analisado com profundidade, porém, no plano horizontal, a cognição é limitada.

A limitação na cognição do objeto da ação coletiva ocorre, pois, nesse tipo de ação em que são enfrentadas apenas as questões pertinentes ao núcleo de homogeneidade dos direitos individuais em disputa. Isso significa que o mérito da ação coletiva corresponde somente aos aspectos gerais do objeto da lide, cabendo a cada indivíduo com interesse na sentença de mérito promover a execução da sentença, acrescentando os elementos particulares e tornando a cognição plena no plano horizontal.[126]

O núcleo de homogeneidade de ações coletivas propostas para tutelar direitos individuais homogêneos corresponde àqueles elementos comuns a todos os indivíduos que são titulares do direito em disputa.

---

[124] Ibid., p. 67.
[125] Ibid., p. 118-131.
[126] ZAVASCKI, Teori Albino. *Processo Coletivo:* tutela de direitos coletivos e tutela coletiva de direitos. 4. ed. São Paulo: Revista dos Tribunais, 2009, p. 149-150.

Observa-se que a cognição é um importante elemento para diferenciar as ações coletivas para tutela de direitos individuais homogêneos das ações civis públicas que são utilizadas na tutela de direitos transindividuais.

A diferença, basicamente, reside no fato de que, no plano horizontal, a cognição é limitada no âmbito das ações coletivas enquanto, nas ações civis públicas, a cognição é plena/ampla.[127]

Um outro ponto de destaque no estudo da ação coletiva é sua *legitimidade ativa* que ocorre através da técnica de substituição processual. No litisconsórcio ativo facultativo, as partes do direito material entram no litígio processual em nome próprio através de seus representantes com capacidade postulatória.

Por outro lado, nas ações civis coletivas para a tutela de direitos individuais homogêneos, o polo ativo é ocupado por um substituto processual, ou seja, por uma parte que age em nome próprio para defesa de direito alheio.

Destaque-se que, com a proposta de ação coletiva apresentada ao final deste livro, pretende-se que os próprios indivíduos lesados possam também propor essa ação para a tutela dos direitos individuais homogêneos próprios e dos demais integrantes da classe. Logo, o representante atuará em nome próprio na defesa de direitos próprios e na proteção dos direitos do grupo.

Zavascki[128] explica que, nas ações coletivas, existem dois momentos. O primeiro, a saber, consiste na cognição dos aspectos comuns dos direitos individuais homogêneos que estão sendo tutelados. O segundo momento, ou segunda fase, consiste no cumprimento da sentença de modo individual pelo próprio titular do direito material tutelado.

Observa-se que a primeira fase da ação coletiva exige a utilização da técnica de substituição processual. Por outro lado, no cumprimento da sentença exarada em ação civil coletiva, utiliza-se a técnica de representação, pois os próprios titulares do direito devem executar a sentença considerando as individualidades de cada caso.[129]

---

[127] Ibid.
[128] ZAVASCKI, Teori Albino. *Processo Coletivo:* tutela de direitos coletivos e tutela coletiva de direitos. 4. ed. São Paulo: Revista dos Tribunais, 2009, p. 150-151.
[129] Para melhor compreensão, Zavascki informa que a *substituição processual* pode ser entendida como "a tutela é requerida por quem não é titular do direito afirmado, em favor de quem o é"; já a *representação processual*, por seu turno, é compreendida como "o titular do direito postula em nome próprio, o cumprimento, em seu favor, da sentença genérica de procedência

Como será adiante apresentado, as *class actions* diferenciam-se, nesse ponto, das ações civis coletivas já existentes no ordenamento jurídico brasileiro. A diferença reside no fato de que as *class actions* são propostas diretamente por representantes dos titulares dos direitos materiais lesados, enquanto as ações coletivas são propostas por substitutos processuais.

Existem outras distinções entre as ações civis coletivas brasileiras e o modelo de tutela coletiva promovido nos Estados Unidos através das *class actions*. Essa diferença será mais bem trabalhada no próximo capítulo quando o instituto das *class actions* será apresentado com mais detalhes.

1.8.2 Do mandado de segurança coletivo

Outro mecanismo de tutela coletiva de direitos individuais é o *mandado de segurança coletivo*, inovação incluída no ordenamento jurídico brasileiro através da Constituição da República de 1988, art. 5º, inciso LXX.[130]

Com a Constituição de 1988, passou a coexistir dois tipos de tutela de direitos líquidos e certos, a saber, o mandado de segurança individual e o mandado de segurança coletivo.

A principal diferença processual entre o *writ* individual e o coletivo é quanto à legitimidade para a impetrar esses mandados. O mandado de segurança individual utiliza-se da técnica de representação processual em que os próprios titulares dos direitos ofendidos são partes no processo, enquanto, no mandado de segurança coletivo, os legitimados ativos são substitutos processuais dos titulares do direito material tutelado.

Afirma-se, entretanto, que antes mesmo da inclusão do mandado de segurança coletivo no ordenamento jurídico pátrio, era possível a

---

da ação coletiva" (ZAVASCKI, Teori Albino. *Processo Coletivo*: tutela de direitos coletivos e tutela coletiva de direitos. 4. ed. São Paulo: Revista dos Tribunais, 2009, p. 151).

[130] "Art. 5º, LXX – o mandado de segurança coletivo pode ser impetrado por: a) partido político com representação no Congresso Nacional; b) organização sindical, entidade de classe ou associação legalmente constituída e em funcionamento há pelo menos um ano, em defesa dos interesses de seus membros ou associados;" (BRASIL. [Constituição (1988)]. *Constituição da República Federativa do Brasil de 1988*. Brasília, DF: Presidência da República, 1988. Disponível em: http://www.planalto.gov.br/ccivil_03/constituicao/constituicaocompilado.htm. Acesso em: 25 fev. 2019).

impetração de mandado de segurança individual para tutelar direitos coletivos, o que exigia apenas a legitimidade do impetrante.[131]

Corroborando com essa informação, tem-se, anterior a 1988, a Lei nº 4.215, de 1963, que tratava do Estatuto da Ordem dos Advogados do Brasil, determinando que a Ordem dos Advogados do Brasil poderia representar, em juízo, para defender os interesses gerais da classe dos advogados ou os direitos individuais relacionados com o exercício da profissão. Com essa norma, era possível que a Ordem impetrasse mandado de segurança individual para tutelar direitos coletivos ou individuais homogêneos da classe.

Destaque-se que, atualmente, a Lei nº 8.906, de 1994, dispõe sobre o Estatuto da Advocacia e a Ordem dos Advogados do Brasil e, em seu art. 54, informa que compete ao Conselho Federal da OAB representar, em juízo ou fora dele, os interesses coletivos ou individuais dos advogados. Manteve-se, dessa forma, a legitimidade da OAB, através de seu Conselho Federal, na tutela dos direitos coletivos e individuais homogêneos da classe.

Prosseguindo na análise do mandado de segurança coletivo, a doutrina apresentava uma discussão quanto ao direito tutelado por esse *writ*. Alguns defendiam que o mandado de segurança coletivo servia para tutelar os direitos coletivos e os direitos individuais, a exemplo de Ada Pelegrini Grinover.[132]

Por outro lado, havia quem defendesse que o mandado de segurança coletivo servia apenas como um instrumento de tutela coletiva de direitos individuais homogêneos.[133]

Essa discussão do mandado de segurança coletivo como meio de tutela de direitos coletivos ou como meio de tutela coletiva de direitos perdeu o sentido com a publicação da Lei nº 12.016, de 7 de agosto de 2009, em que foi disciplinado o mandado de segurança individual e o mandado de segurança coletivo.

A lei dos mandados de segurança coletivos encerrou essa discussão ao determinar que o *writ* coletivo pode ser impetrado para tutelar direitos coletivos, ou seja, aqueles entendidos como "transindividuais,

---

[131] Nesse sentido conferir: ZAVASCKI, Teori Albino. *Processo Coletivo*: tutela de direitos coletivos e tutela coletiva de direitos. 4. ed. São Paulo: Revista dos Tribunais, 2009, p. 195-196.

[132] GRINOVER, Ada Pellegrini. Mandado de segurança coletivo: legitimação, objeto e coisa julgada. *Revista de Processo*, São Paulo, v. 15, n. 58, p. 75-98, abr./jun. 1990.

[133] PASSOS, José Joaquim Calmon de. *Mandado de segurança coletivo, mandado de injunção, habeas data*: constituição e processo. Rio de Janeiro: Forense, 1989, p. 13.

de natureza indivisível, de que seja titular grupo ou categoria de pessoas ligadas entre si ou com a parte contrária por uma relação jurídica básica" (art. 21, parágrafo único, I), bem como os direitos individuais homogêneos, a saber, "os decorrentes de origem comum e da atividade ou situação específica da totalidade ou de parte dos associados ou membros do impetrante" (art. 21, parágrafo único, II).

Com isso, verifica-se que os mandados de segurança coletivos podem ser utilizados tanto na proteção de direitos líquidos e certos coletivos ou individuais homogêneos. No entanto, dentre os legitimados para a impetrar esse *writ*, não estão incluídos os próprios indivíduos lesados, os quais dependem dos substitutos processuais para tanto.

1.8.3 Da legitimidade do Ministério Público para a tutela de direitos individuais homogêneos

Antes de encerrar esse tópico, faz-se interessante observar alguns aspectos da *legitimidade do Ministério Público* na defesa dos direitos individuais homogêneos. Observa-se a existência de três entendimentos quanto à atuação do ente ministerial na defesa coletiva desses direitos subjetivos.[134]

A *primeira orientação* é no sentido de que o Ministério Público pode tutelar, indistintamente, os direitos individuais homogêneos, pois esses direitos são entendidos como uma espécie de direito coletivo.

Essa linha de entendimento é expansiva e é contrária ao que já foi explicado em tópicos anteriores em que se fez a distinção entre os meios de tutela de direitos coletivos e os meios de tutela coletiva de direitos.

Ademais, afirma-se que essa maximização da atuação ministerial não é compatível com as atribuições constitucionalmente garantidas ao Ministério Público, uma vez que a Constituição de 1988 determina que cabe ao ente ministerial a defesa dos interesses sociais e individuais indisponíveis (art. 127, CF/88).

A *segunda orientação* explica que o órgão ministerial possui legitimidade ativa na tutela dos direitos individuais homogêneos apenas quando tratar-se de caso autorizado pelo legislador ordinário. Em outras palavras, o Ministério Público deve atuar apenas em situações para as quais a lei previu sua legitimidade ativa.

---

[134] ZAVASCKI, Teori Albino. *Processo Coletivo:* tutela de direitos coletivos e tutela coletiva de direitos. 4. ed. São Paulo: Revista dos Tribunais, 2009, p. 218-222.

Ocorre, porém, que esse segundo entendimento esbarra no seguinte problema prático: a incapacidade de o legislador ordinário em prever, em lei, todos os possíveis conflitos que podem surgir na sociedade.

A *terceira linha de orientação* da atuação ministerial afirma que o Ministério Público tem legitimidade ativa para a tutela de direitos individuais homogêneos quando a lesão ou a ameaça de lesão a esses direitos atingir também interesses sociais.

Como apresentado, esse entendimento baseia-se no que determina o art. 127 da Constituição ao afirmar que cabe ao órgão ministerial "a defesa da ordem jurídica, do regime democrático e dos interesses sociais e individuais indisponíveis".

Observe-se que, em sede de repercussão geral, o Supremo Tribunal Federal afirma, corroborando com essa terceira linha de entendimento, que o Ministério Público é legítimo para, no polo ativo, promover a tutela de direitos individuais homogêneos qualificados pelo interesse social decorrentes de sua lesão.

Nesse caso, o órgão ministerial deve autuar, pois, para além de interesses individuais, estão sob ameaça direitos da comunidade. A ementa dessa decisão é reproduzida integralmente no rodapé por conter uma explicação didática quanto à atuação ministerial na defesa de direitos transindividuais e individuais homogêneos.[135]

---

[135] "CONSTITUCIONAL E PROCESSUAL CIVIL. *AÇÃO CIVIL COLETIVA. DIREITOS TRANSINDIVIDUAIS (DIFUSOS E COLETIVOS) E DIREITOS INDIVIDUAIS HOMOGÊNEOS. DISTINÇÕES. LEGITIMAÇÃO DO MINISTÉRIO PÚBLICO.* ARTS. 127 E 129, III, DA CF. *LESÃO A DIREITOS INDIVIDUAIS DE DIMENSÃO AMPLIADA.* COMPROMETIMENTO DE INTERESSES SOCIAIS QUALIFICADOS. SEGURO DPVAT. AFIRMAÇÃO DA LEGITIMIDADE ATIVA. 1. *Os direitos difusos e coletivos são transindividuais, indivisíveis e sem titular determinado, sendo, por isso mesmo, tutelados em juízo invariavelmente em regime de substituição processual,* por iniciativa dos órgãos e entidades indicados pelo sistema normativo, entre os quais o Ministério Público, que tem, nessa legitimação ativa, uma de suas relevantes funções institucionais (CF art. 129, III). 2. *Já os direitos individuais homogêneos pertencem à categoria dos direitos subjetivos, são divisíveis, tem titular determinado ou determinável e em geral são de natureza disponível. Sua tutela jurisdicional pode se dar (a) por iniciativa do próprio titular,* em regime processual comum, *ou (b) pelo procedimento especial da ação civil coletiva, em regime de substituição processual,* por iniciativa de qualquer dos órgãos ou entidades para tanto legitimados pelo sistema normativo. 3. Segundo o procedimento estabelecido nos artigos 91 a 100 da Lei 8.078/90, aplicável subsidiariamente aos direitos individuais homogêneos de um modo geral, a tutela coletiva desses direitos se dá em duas distintas fases: *uma, a da ação coletiva propriamente dita,* destinada a obter sentença genérica a respeito dos elementos que compõem o núcleo de homogeneidade dos direitos tutelados (*an debeatur, quid debeatur e quis debeat*); e outra, caso procedente o pedido na primeira fase, a da *ação de cumprimento da sentença genérica,* destinada (a) a complementar a atividade cognitiva mediante juízo específico sobre as situações individuais de cada um dos lesados (= a margem de heterogeneidade dos direitos homogêneos, que compreende *o cui debeatur e o quantum debeatur*), bem como (b) a efetivar os

Na aplicação dessa terceira orientação, cabe ao Ministério Público analisar e identificar os casos de lesão ou ameaça a direitos individuais que trazem a qualificação de interesses sociais, o que não impede a tutela jurisdicional final para verificar a existência, ou não, da legitimidade ativa do órgão ministerial.

Ademais, sublinhe-se que a sentença obtida com a atuação do órgão ministerial é uma decisão genérica em que trata do núcleo homogêneo dos direitos individuais tutelados, devendo os titulares dos direitos materiais defendidos pelo Ministério Público promoverem a execução da decisão considerando as peculiaridades de cada caso.

---

correspondentes atos executórios. 4. O art. 127 da Constituição Federal atribui ao Ministério Público, entre outras, a incumbência de defender 'interesses sociais'. *Não se pode estabelecer sinonímia entre interesses sociais e interesses de entidades públicas*, já que em relação a estes há vedação expressa de patrocínio pelos agentes ministeriais (CF, art. 129, IX). *Também não se pode estabelecer sinonímia entre interesse social e interesse coletivo de particulares*, ainda que decorrentes de lesão coletiva de direitos homogêneos. Direitos individuais disponíveis, ainda que homogêneos, estão, em princípio, excluídos do âmbito da tutela pelo Ministério Público (CF, art. 127). 5. *No entanto, há certos interesses individuais que, quando visualizados em seu conjunto, em forma coletiva e impessoal, têm a força de transcender a esfera de interesses puramente particulares, passando a representar, mais que a soma de interesses dos respectivos titulares, verdadeiros interesses da comunidade. Nessa perspectiva, a lesão desses interesses individuais acaba não apenas atingindo a esfera jurídica dos titulares do direito individualmente considerados, mas também comprometendo bens, institutos ou valores jurídicos superiores, cuja preservação é cara a uma comunidade maior de pessoas. Em casos tais, a tutela jurisdicional desses direitos se reveste de interesse social qualificado, o que legitima a propositura da ação pelo Ministério Público com base no art. 127 da Constituição Federal.* Mesmo nessa hipótese, todavia, a legitimação ativa do Ministério Público se limita à ação civil coletiva destinada a obter sentença genérica sobre o núcleo de homogeneidade dos direitos individuais homogêneos. 6. Cumpre ao Ministério Público, no exercício de suas funções institucionais, identificar situações em que a ofensa a direitos individuais homogêneos compromete também interesses sociais qualificados, sem prejuízo do posterior controle jurisdicional a respeito. *Cabe ao Judiciário, com efeito, a palavra final sobre a adequada legitimação para a causa, sendo que, por se tratar de matéria de ordem pública, dela pode o juiz conhecer até mesmo de ofício* (CPC, art. 267, VI e §3º, e art. 301, VIII e §4º). 7. Considerada a natureza e a finalidade do seguro obrigatório DPVAT – Danos Pessoais Causados por Veículos Automotores de Via Terrestre (Lei 6.194/74, alterada pela Lei 8.441/92, Lei 11.482/07 e Lei 11.945/09) –, há interesse social qualificado na tutela coletiva dos direitos individuais homogêneos dos seus titulares, alegadamente lesados de forma semelhante pela Seguradora no pagamento das correspondentes indenizações. A hipótese guarda semelhança com outros direitos individuais homogêneos em relação aos quais – e não obstante sua natureza de direitos divisíveis, disponíveis e com titular determinado ou determinável –, o Supremo Tribunal Federal considerou que sua tutela se revestia de interesse social qualificado, autorizando, por isso mesmo, a iniciativa do Ministério Público de, com base no art. 127 da Constituição, defendê-los em juízo mediante ação coletiva (RE 163.231/SP, AI 637.853 AgR/SP, AI 606.235 AgR/DF, RE 475.010 AgR/RS, RE 328.910 AgR/SP e RE 514.023 AgR/RJ). 8. Recurso extraordinário a que se dá provimento" (BRASIL. Supremo Tribunal Federal (Tribunal Pleno). *Recurso Extraordinário 631.111 Goiás.* Relator: Min. Teori Zavascki, 07 de agosto de 2014. Brasília: STF, [2014]. Disponível em: http://redir.stf.jus.br/paginadorpub/paginador.jsp?docTP=TP&docID=7100794. Acesso em: 10 abr. 2019) (grifos do autor).

Ao cabo, como conclusão decorrente das pesquisas realizadas para o presente trabalho, deve-se abrir uma *quarta orientação* quanto à legitimidade ativa do Ministério Público na tutela de direitos individuais em que são unidas às duas últimas orientações anteriores.

Esse quarto entendimento consiste em conferir legitimidade ativa ao órgão ministerial para tutela dos direitos individuais em que o legislador ordinário previu e, em complemento, o próprio Ministério Público atuaria nos casos em que, a despeito da inexistência de previsão legal, há interesse social sob ameaça.

A referida quarta interpretação quanto à atuação do Ministério Público na defesa de direitos individuais homogêneos inspira a inserção do ente ministerial dentre os legitimados para a propositura da ação coletiva para a tutela de direitos individuais homogêneos apresentada na proposta de lei ao final deste livro.

Feita essa análise quanto à legitimidade ativa do Ministério Público na tutela dos direitos individuais homogêneos, observa-se que alguns desses direitos não poderiam ser tutelados pelo órgão ministerial por estar ausente o interesse social ou a previsão legal de sua atuação.

Para esses casos, conforme se verá no próximo capítulo, caberia a aplicação das *class actions* presentes no ordenamento jurídico norte-americano como mecanismo mais eficiente de tutela coletiva de direitos individuais.

1.9 Da tutela coletiva e do controle de constitucionalidade

O sistema jurídico brasileiro adota o sistema duplo de controle de constitucionalidade em que esse controle é feito de forma incidental nos processos em curso no Brasil ou de forma concentrada em ação proposta exclusivamente para discutir a constitucionalidade de normas e atos.

Conforme observado por Zavascki,[136] não existem óbices para o controle incidental de constitucionalidade realizado no curso de processos de tutela coletiva de direitos ou de tutela de direitos coletivos.

Essa constatação é clara, pois o controle incidental é realizado de forma que a constitucionalidade, ou não, de uma norma é utilizada

---

[136] ZAVASCKI, Teori Albino. *Processo Coletivo:* Tutela de Direitos Coletivos e Tutela Coletiva de Direitos. 4. ed. São Paulo: Revista dos Tribunais, 2009, p. 275-276.

apenas como fundamento da sentença de tutela coletiva proferida em um caso concreto.

Por outro lado, o controle concentrado de constitucionalidade não pode ser usado diretamente para a tutela coletiva de direitos, já que seu objetivo é proteger a ordem jurídica através da eliminação de atos inconstitucionais do ordenamento jurídico pátrio. Trata-se, portanto, de uma tutela abstrata de direitos.

No entanto, apesar do controle concentrado de constitucionalidade não incidir diretamente sobre casos concretos, é indubitável a influência social das decisões tomadas em sede de controle abstrato, servindo como um instrumento de tutela coletiva de direitos.

Para melhor compreensão, basta que se pense na possibilidade de uma lei que envolva direitos coletivos ser produzida com vícios de constitucionalidade. Nesse caso, uma Ação Direta de Inconstitucionalidade proposta contra essa norma terá efeitos práticos sobre a coletividade a partir do momento em que ela é julgada procedente, excluindo a norma inconstitucional do ordenamento jurídico.

1.10 O Direito Processual Coletivo

O Direito Processual Civil possui institutos jurídicos próprios que, à semelhança do que ocorre com os princípios processuais, ganham feições distintas quando são analisados no âmbito do Processo Coletivo.

Para utilizar como parâmetro as lições apresentadas por Ada Pellegrini,[137] os institutos do processo civil que possuem traços peculiares quando são utilizados no processo coletivo são: legitimidade; representatividade adequada; coisa julgada; pedido e causa de pedir; conexão, continência e litispendência; preclusão; competência; ônus da prova; liquidação de sentença; indenização pelos danos provocados e outros.

Esses institutos típicos do processo civil ganham características próprias quando são analisados no contexto das tutelas coletivas. Pode-se, inclusive, afirmar que existe um microssistema processual coletivo, em que as normas de tutela coletiva estão presentes tanto na Constituição brasileira, quanto nas leis infraconstitucionais.[138]

---

[137] GRINOVER, Ada Pellegrini. Direito processual coletivo. *In*: LUCON, Paulo Henrique dos Santos (Coord.) *Tutela coletiva*: 20 anos da Lei da ação civil pública e do fundo de defesa de direitos difusos, 15 anos do Código de defesa do consumidor. Atlas, 2006, p. 306-308.

[138] DINAMARCO, Cândido Rangel. *Instituições de Direito Processual Civil*. v. I. 9. ed. São Paulo: Malheiros, 2017, p. 277.

Tratar como microssistema não deve levar à conclusão de que existe um sistema independente de normas, pois, pelo contrário, o microssistema está inserido em um sistema principal que possui preceitos gerais influenciadores de seus microssistemas.[139]

Com efeito, o microssistema de tutelas coletivas está inserido no sistema principal do processo civil. Em linguagem figurada, é como se a tutela coletiva fosse uma lua a orbitar em torno de um planeta, em que o planeta representa o processo civil. Em complemento, esse planeta orbita em torno do sol, em que o sol, por sua vez, representa a constituição.

Dessa forma, observa-se a constituição influenciando o processo civil com normas constitucionais, como o princípio do contraditório, e, por sua vez, o processo civil norteando os institutos presentes na tutela coletiva de direitos.

Feita essa introdução, segue-se uma análise quanto a esses temas do direito processual civil sob a ótica coletiva.

1.10.1 Legitimidade para a tutela coletiva

A *legitimidade* para a tutela coletiva, como já informado em tópicos anteriores, é extraordinária, ou seja, é exercida através de substituição processual em que o substituto atua como parte pleiteando direito alheio em nome próprio.

Essa legitimidade exige, consequentemente, uma representatividade adequada, o que não se verifica no caso dos processos individuais. Os representantes dos direitos tutelados coletivamente devem agir com seriedade e idoneidade dentro do processo coletivo, pois os titulares do direito material tutelado não participam efetivamente da ação, não tendo, portanto, a possibilidade de exercer o contraditório.[140]

Destaque-se que as normas brasileiras atuais não mencionam especificamente a necessidade do cumprimento da representatividade adequada na defesa coletiva de direitos, sendo, no entanto, observado, implicitamente, esse requisito na necessidade de que as associações cumpram certos requisitos na tutela do direito de seus associados.[141]

---

[139] Ibid.
[140] GRINOVER, Ada Pellegrini. Direito processual coletivo. *In*: LUCON, Paulo Henrique dos Santos (Coord.) *Tutela coletiva*: 20 anos da Lei da ação civil pública e do fundo de defesa de direitos difusos, 15 anos do Código de defesa do consumidor. Atlas, 2006, p. 302-308.
[141] Ibid.

Observa-se que, para a tutela coletiva de direitos, mesmo que o ordenamento jurídico brasileiro não mencione especificamente a necessidade de representatividade adequada dos substitutos processuais para o exercício dessa tutela, o que ocorre com os representantes da classe na proposição das *class actions* norte-americanas, existe sim uma verificação da representatividade dos substitutos processuais.

Quando se fala de representatividade adequada dos substitutos processuais na tutela coletiva brasileira de direitos, é errôneo pensar que substituição processual seja o mesmo que representação processual.

Como indicado anteriormente, o substituto processual atua em nome próprio na defesa de direitos alheios, enquanto o representante atua em nome alheio na defesa de direitos alheios.

O que se afirma, porém, no presente tópico é que, inclusive para a substituição processual na tutela coletiva de direitos, o magistrado da causa, ao perquirir sobre a legitimidade do autor da ação, deve observar se o proponente da ação possui uma representatividade adequada para a tutela coletiva pretendida.

Evidentemente, quando o substituto processual é o próprio Ministério Público, presume-se essa adequada atuação do ente ministerial na tutela coletiva de direitos.

Por outro lado, quando a ação é proposta por uma associação civil, para que esse autor tenha uma representação adequada na tutela coletiva, deve-se verificar se o ente associativo cumpre determinados requisitos, como sua constituição há mais de um ano.

No atual contexto da legislação brasileira, possuem legitimidade extraordinária para a tutela de direitos coletivos os cidadãos, o Ministério Público, as associações, as pessoas jurídicas da administração pública e a Defensoria Pública.

Sublinhe-se que os cidadãos são legítimos para propor ação popular com o fito de anular ou declarar a nulidade de atos lesivos ao patrimônio público. Nesse caso, também se trata de legitimidade extraordinária, pois o titular do direito material tutelado é toda coletividade, sendo o cidadão apenas parte legítima para buscar a defesa do direito lesado.[142]

Quanto à legitimidade ativa do Ministério Público na proposição de ações de tutela coletiva, tem-se que essa regra está prevista na Lei de

---

[142] NEVES, Daniel Amorim Assumpção. *Manual de Processo Coletivo*, volume único. 2. ed., rev. e atual. Rio de Janeiro: Forense; São Paulo: Método, 2014, p. 127-128.

Ações Civis Públicas e no Código de Defesa do Consumidor. Ademais, essa legitimidade está prevista nas próprias funções institucionais do órgão ministerial elencadas na Constituição da República de 1988.

A "proteção do patrimônio público e social, do meio ambiente e de outros interesses difusos e coletivos" está, portanto, entre as funções constitucionalmente especificadas para o Ministério Público.

Como não há restrições nessa norma de função do órgão ministerial, entende-se que, ao contrário do que acontece com as associações, não se exige a pertinência temática do Ministério Público na proposição de ações para tutelar os direitos coletivos.

Ademais, sublinhe-se que o Ministério Público é legitimado para tutelar, através de ações coletivas, os direitos individuais indisponíveis de crianças e adolescentes e de idosos conforme o Estatuto da Criança e do Adolescentes e o dos Idosos.

Destaque-se que essa tutela se limita aos direitos indisponíveis de crianças e de idosos pelo Ministério Público, não devendo haver interpretação ampliativa para aplicar a tutela coletiva a outros direitos individuais indisponíveis que não os mencionados, pois a legitimidade extraordinária é uma exceção que exige expressa determinação legal.

No caso das associações civis, a legislação brasileira exige delas o cumprimento de alguns requisitos para que tenham legitimidade para tutelar coletivamente direitos coletivos e individuais homogêneos.

Esses requisitos são cumulativos e correspondem a necessária constituição legal, existência jurídica há pelo menos um ano, e pertinência temática quanto ao direito material tutelado. Esses requisitos estão expressos na Lei de Ação Civil Pública e no Código de Defesa do Consumidor. Devido a algumas peculiaridades, esse assunto é tratado no próximo tópico.

Dando continuidade, as pessoas jurídicas da administração pública também são legítimas para tutelar coletivamente os direitos coletivos. Na prática judicial, percebe-se, no entanto, que não é comum a administração pública entrar com ação coletiva. Na verdade, quem mais demanda esse tipo de ação são os órgãos ministeriais.

Interessante destacar que, inclusive, entidades e órgãos da administração pública que não detenham personalidade jurídica podem propor ação coletiva para tutela de direitos coletivos e individuais homogêneos.¹⁴³ Trata-se, portanto, da concessão da personalidade judiciária a essas entidades e órgãos, permitindo que eles estejam em juízo para tutelar em nome próprio direito alheio.

Como exemplo dessas entidades e órgãos da administração pública dotadas de personalidade judiciária para a tutela coletiva de direitos, cite-se o PROCON, Programa de Proteção e Defesa do Consumidor, e o DECON, Delegacia do Consumidor, que podem atuar na defesa coletiva de direitos consumeristas, apesar de serem órgãos que não possuem personalidade jurídica.

Adiante, encontra-se também a Defensoria Pública como legítima para a proposição de ações coletivas para a tutela de direitos coletivos. Legalmente, a Defensoria Pública foi incluída no rol de legitimados para a proposição de ação civil pública através da Lei nº 11.448/2007.

Observa-se que a inclusão da Defensoria Pública dentre os legitimados da ação civil pública ocorreu após mais de vinte anos de elaboração da Lei nº 7.347. Isso, porém, não significa que ela já não viesse atuando através de mecanismos de tutela coletiva, pois os tribunais pátrios entendiam que, como as Defensorias Públicas são órgãos da União ou dos Estados, elas tinham legitimidade para tanto conforme determinação do art. 82, III, do CDC.¹⁴⁴

---

¹⁴³ "Art. 82. Para os fins do art. 81, parágrafo único, são legitimados concorrentemente: (...) III – as entidades e órgãos da Administração Pública, direta ou indireta, *ainda que sem personalidade jurídica*, especificamente destinados à defesa dos interesses e direitos protegidos por este código;" (BRASIL. *Lei nº 8.078, de 11 de setembro de 1990*. Dispõe sobre a proteção do consumidor e dá outras providências. Brasília, DF: Presidência da República: 1990. Disponível em: http://www.planalto.gov.br/ccivil_03/leis/l8078.htm. Acesso em: 25 fev. 2019) (grifos do autor).

¹⁴⁴ Nesse sentido, observe-se: "PROCESSUAL CIVIL. EMBARGOS DE DECLARAÇÃO. OMISSÃO NO JULGADO. INEXISTÊNCIA. AÇÃO CIVIL PÚBLICA. DEFESA COLETIVA DOS CONSUMIDORES. CONTRATOS DE ARRENDAMENTO MERCANTIL ATRELADOS A MOEDA ESTRANGEIRA. MAXIDESVALORIZAÇÃO DO REAL FRENTE AO DÓLAR NORTE-AMERICANO. INTERESSES INDIVIDUAIS HOMOGÊNEOS. LEGITIMIDADE ATIVA DO ÓRGÃO ESPECIALIZADO VINCULADO À DEFENSORIA PÚBLICA DO ESTADO. I – *O NUDECON, órgão especializado, vinculado à Defensoria Pública do Estado do Rio de Janeiro, tem legitimidade ativa para propor ação civil pública objetivando a defesa dos interesses da coletividade de consumidores* que assumiram contratos de arrendamento mercantil, para aquisição de veículos automotores, com cláusula de indexação monetária atrelada à variação cambial. II – No que se refere à defesa dos interesses do consumidor por meio de ações coletivas, *a intenção do legislador pátrio foi ampliar o campo da legitimação ativa*, conforme se depreende do artigo 82 e incisos do CDC, bem assim do artigo 5º, inciso XXXII, da Constituição Federal, ao dispor, expressamente, que incumbe ao Estado promover, na forma da lei, a defesa do consumidor. III – *Reconhecida a relevância social, ainda que se trate de direitos essencialmente individuais, vislumbra-se o interesse da sociedade na solução coletiva do litígio*, seja como forma de atender às políticas judiciárias no sentido de se propiciar a defesa plena do consumidor, com a conseqüente facilitação ao acesso à Justiça, seja para

Destaque-se, no entanto, que, através da Ação Direta de Inconstitucionalidade nº 3.943, a Associação Nacional dos Membros do Ministério Público requereu a declaração de inconstitucionalidade da lei que concedeu legitimidade à Defensoria Pública para a proposição de ações coletivas alegando, dentre outros argumentos, que isso interfere nas atribuições próprias do Ministério Público.

Ocorre, no entanto, que a ADI nº 3943[145] foi julgada improcedente, confirmando, assim, a constitucionalidade da legitimidade da Defensoria Pública na tutela coletiva de direitos. O STF afirmou, em sua decisão, que essa legitimidade não fere as funções institucionais do Ministério Público.

Cabe mencionar que a legitimidade dos órgãos, entidades e pessoas jurídicas aqui elencadas na proposição de ações para tutela coletiva de direitos não é irrestrita, não o sendo, inclusive, para o Ministério Público. Nesse sentido, há decisão do Superior Tribunal de Justiça em que não foi considerada a legitimidade do Ministério Público para a tutela de um pequeno grupo de associados de um clube em que a lide discutida é eminentemente individual.[146]

---

garantir a segurança jurídica em tema de extrema relevância, evitando-se a existência de decisões conflitantes. Recurso especial provido" (BRASIL. Superior Tribunal de Justiça (3. Turma). *Recurso Especial nº 555.111 – RJ (2003/0116360-9)*. Rel. Ministro Castro Filho, 05 de setembro de 2006. Brasília: STJ, [2006]. Disponível em: https://processo.stj.jus.br/processo/revista/documento/mediado/?componente=ATC&sequencial=2201803&num_registro=200301163609&data=20061218&tipo=5&formato=PDF. Acesso em: 14 mai. 2019) (grifos do autor).

[145] "EMENTA: AÇÃO DIRETA DE INCONSTITUCIONALIDADE. *LEGITIMIDADE ATIVA DA DEFENSORIA PÚBLICA PARA AJUIZAR AÇÃO CIVIL PÚBLICA* (ART. 5167, INC. II, DA LEI N. 7.347/1985, ALTERADO PELO ART. 2167 DA LEI N. 11.448/2007). TUTELA DE INTERESSES TRANSINDIVIDUAIS (COLETIVOS *STRITO SENSU* E DIFUSOS) E INDIVIDUAIS HOMOGÊNEOS. *DEFENSORIA PÚBLICA: INSTITUIÇÃO ESSENCIAL À FUNÇÃO JURISDICIONAL. ACESSO À JUSTIÇA.* NECESSITADO: DEFINIÇÃO SEGUNDO PRINCÍPIOS HERMENÊUTICOS GARANTIDORES DA FORÇA NORMATIVA DA CONSTITUIÇÃO E DA MÁXIMA EFETIVIDADE DAS NORMAS CONSTITUCIONAIS: ART. 5167, INCS. XXXV, LXXIV, LXXVIII, DA CONSTITUIÇÃO DA REPÚBLICA. INEXISTÊNCIA DE NORMA DE EXCLUSIVIDAD DO MINISTÉRIO PÚBLICO PARA AJUIZAMENTO DE AÇÃO CIVIL PÚBLICA. *AUSÊNCIA DE PREJUÍZO INSTITUCIONAL DO MINISTÉRIO PÚBLICO PELO RECONHECIMENTO DA LEGITIMIDADE DA DEFENSORIA PÚBLICA. AÇÃO JULGADA IMPROCEDENTE"* (BRASIL. Supremo Tribunal Federal (Tribunal Pleno). *Ação Direta de Inconstitucionalidade 3.943 Distrito Federal*. Relatora: Min. Cármen Lúcia, 07 de maio de 2015. Brasília: STF, [2015]. Disponível em: http://portal.stf.jus.br/processos/detalhe.asp?incidente=2548440. Acesso em: 14 mai. 2019) (grifos do autor).

[146] "AÇÃO CIVIL PÚBLICA. RECURSO ESPECIAL. ARTIGO 535 DO CPC. VIOLAÇÃO NÃO CONFIGURADA. DISSÍDIO JURISPRUDENCIAL NÃO DEMONSTRADO. DEFESA DE INTERESSES PREDOMINANTEMENTE INDIVIDUAIS. INEXISTÊNCIA DE INTERESSES INDIVIDUAIS HOMOGÊNEOS. ILEGITIMIDADE DO MINISTÉRIO PÚBLICO. RECURSO ESPECIAL PROVIDO. (....) 3. *O Ministério Público não tem legitimidade ativa para propor ação civil pública na qual busca a suposta defesa de um pequeno grupo de pessoas – no caso, dos associados*

Com efeito, na proposta de lei apresentada ao final desta obra, o Ministério Público e a Defensoria Pública foram incluídos como legítimos para a proposição de ação coletiva para a tutela de direitos individuais homogêneos. Nesse caso, não se deve esquecer de que o Poder Judiciário tem competência para, em determinado caso, não considerar o Ministério Público ou a Defensoria Pública legítimos para a proposição dessa ação.

Da mesma forma, conforme votos dos Ministros no julgamento da ADI nº 3.943,[147] a legitimidade da Defensoria Pública para a tutela coletiva de direitos deve ter pertinência com o âmbito de atuação das próprias Defensorias. Dessa forma, elas atuam quando estão sendo tutelados direitos coletivos ou individuais homogêneos de pessoas hipossuficientes.

Como exemplo, cite-se trecho do voto do Ministro Roberto Barroso em que ele concorda com a legitimidade da Defensoria Pública para propor ação civil pública na tutela coletiva de direitos, mas que isso

---

de um clube, numa óptica predominantemente individual. 4. A proteção a um grupo isolado de pessoas, ainda que consumidores, não se confunde com a defesa coletiva de seus interesses. Esta, ao contrário da primeira, é sempre impessoal e tem como objetivo beneficiar a sociedade em sentido amplo. Desse modo, não se aplica à hipótese o disposto nos artigos 81 e 82, I, do CDC. 5. No caso, descabe cogitar, até mesmo, de interesses individuais homogêneos, isso porque a pleiteada proclamação da nulidade beneficiaria esse pequeno grupo de associados de maneira igual. Além disso, para a proteção dos interesses individuais homogêneos, seria imprescindível a relevância social, o que não está configurada na espécie. 6. Recurso especial provido" (BRASIL. Superior Tribunal de Justiça (4. Turma). *Recurso Especial 1109335 – SE (2008/0276558-0)*. Rel. Ministro Luis Felipe Salomão, 21 de julho de 2011. Brasília: STJ, [2011]. Disponível em: https://processo.stj.jus.br/processo/revista/documento/mediado/?componente=ATC&sequencial=16370054&num_registro=200802765580&data=20110801&tipo=5&formato=PDF. Acesso em: 14 mai. 2019) (grifos do autor).

[147] "EMENTA: AÇÃO DIRETA DE INCONSTITUCIONALIDADE. *LEGITIMIDADE ATIVA DA DEFENSORIA PÚBLICA PARA AJUIZAR AÇÃO CIVIL PÚBLICA* (ART. 5º, INC. II, DA LEI N. 7.347/1985, ALTERADO PELO ART. 2º DA LEI N. 11.448/2007). *TUTELA DE INTERESSES TRANSINDIVIDUAIS (COLETIVOS STRITO SENSU E DIFUSOS) E INDIVIDUAIS HOMOGÊNEOS.* DEFENSORIA PÚBLICA: INSTITUIÇÃO ESSENCIAL À FUNÇÃO JURISDICIONAL. ACESSO À JUSTIÇA. NECESSITADO: DEFINIÇÃO SEGUNDO PRINCÍPIOS HERMENÊUTICOS GARANTIDORES DA FORÇA NORMATIVA DA CONSTITUIÇÃO E DA MÁXIMA EFETIVIDADE DAS NORMAS CONSTITUCIONAIS: ART. 5º, INCS. XXXV, LXXIV, LXXVIII, DA CONSTITUIÇÃO DA REPÚBLICA. INEXISTÊNCIA DE NORMA DE EXCLUSIVIDADE DO MINISTÉRIO PÚBLICO PARA AJUIZAMENTO DE AÇÃO CIVIL PÚBLICA. AUSÊNCIA DE PREJUÍZO INSTITUCIONAL DO MINISTÉRIO PÚBLICO PELO RECONHECIMENTO DA LEGITIMIDADE DA DEFENSORIA PÚBLICA. AÇÃO JULGADA IMPROCEDENTE" (BRASIL. Supremo Tribunal Federal (Tribunal Pleno). *Ação Direta de Inconstitucionalidade 3.943 Distrito Federal*. Relatora: Min. Cármen Lúcia, 07 de maio de 2015. Brasília: STF, [2015]. Disponível em: http://portal.stf.jus.br/processos/detalhe.asp?incidente=2548440. Acesso em: 14 mai. 2019) (grifos do autor).

não impede que, em um determinado caso concreto, possa a Defensoria Pública não ter legitimidade.

Em seu voto, o Ministro Roberto Barroso exemplifica que a Defensoria Pública não teria legitimidade para propor ação coletiva para tutelar direitos de titulares de contas correntes no Banco Itaú *Personnalité*, pois esses usuários não são hipossuficientes para que necessitem da atuação da Defensoria Pública.[148]

Deve ser observado que, em situações nas quais não há pessoas legítimas para a proposição de tutela coletiva de direitos individuais homogêneos, como o caso de tutela de um pequeno grupo de associados de um clube e que não são hipossuficientes, caberia, como será proposto neste livro, a adoção de instituto semelhante à *class action* norte-americana no ordenamento jurídico brasileiro.

Informa-se que não foram abordados todos os legitimados para a proposição de tutela coletiva de direitos, preferindo tratar dos casos mais relevantes do ponto de vista doutrinário e jurisprudencial. Apenas para exemplificar, deve-se atentar aos outros legitimados também indicados em lei para impetrar mandado de segurança coletivo ou para propor ação de improbidade administrativa.

1.10.1.1 A associação civil na tutela coletiva de direitos coletivos *lato sensu* e direitos individuais homogêneos

Devido a algumas decisões judiciais quanto à legitimidade das associações na tutela coletiva de direitos, bem como em razão de seus requisitos legais específicos, resolve-se tratar desse tema especificamente em tópico próprio.

---

[148] Trecho do voto do Ministro Roberto Barroso na ADI nº 3943: "(...) É que observo também, ao julgar improcedente o pedido, que o fato de *se estabelecer que exista uma legitimação em tese não exclui a possibilidade de, num eventual caso concreto, não se reconhecer como se tem feito com o Ministério Público.* Quando o Ministério Público, por exemplo, por via de ação coletiva, pretendeu tutelar interesses individuais que não eram indisponíveis, como exige a Constituição, o próprio Supremo já rechaçou essa possibilidade, por exemplo, em algumas questões, em matéria tributária, antes da mudança legislativa. *O mesmo pode acontecer com a Defensoria Pública, se entrar com ação coletiva em defesa dos sócios do Iate Clube, talvez não seja o caso, ou dos titulares de contas no Itaú* Personnalité. *Mas, fora essas situações extremas, a legitimação, em tese, parece-me evidentemente existente.* (...)" (BRASIL. Supremo Tribunal Federal (Tribunal Pleno). *Ação Direta de Inconstitucionalidade 3.943 Distrito Federal*. Relatora: Min. Cármen Lúcia, 07 de maio de 2015. Brasília: STF, [2015]. Disponível em: http://portal.stf.jus.br/processos/detalhe.asp?incidente=2548440. Acesso em: 14 mai. 2019) (grifos do autor).

Como já informado, as associações precisam estar constituídas legalmente, devem também existir juridicamente há pelo menos um ano, e, por fim, devem ter pertinência temática quanto ao direito material tutelado para fins de proporem ações coletivas.

Quanto à pertinência temática da associação na defesa dos interesses de seus associados, pode-se citar o julgamento recente do STJ[149] em que se reconhece a legitimidade ativa de associação civil para a defesa de direitos individuais homogêneos de seus associados no caso em que a defesa de seus membros está indicada no estatuto social da associação.

Em 2014, o Supremo Tribunal Federal fixou a tese de repercussão geral número 82,[150] em que se afirmou ser necessária uma autorização expressa dos associados para que a associação proponha uma determinada ação coletiva na defesa de direitos dos filiados, devendo ainda

---

[149] "PROCESSUAL CIVIL. AÇÃO CIVIL PÚBLICA. ASSOCIAÇÃO. DEFESA DE DIREITOS INDIVIDUAIS HOMOGÊNEOS DOS ASSOCIADOS. LEGITIMIDADE ATIVA. 1. Cinge-se a controvérsia a *definir se associação possui legitimidade ativa para propor Ação Civil Pública que objetive a defesa de direito individual homogêneo de seus associados.* 2. A sentença julgou a ação extinta sem julgamento do mérito, sob o fundamento de carência de ação ante a ilegitimidade ativa da associação. 3. O Tribunal regional reformou em parte a sentença nesse tópico e consignou (fl. 509, e-STJ): 'A presente demanda visa tutelar direitos individuais homogêneos, pois pugna pela melhoria das condições de trabalho dos Procuradores Federais lotados na Procuradoria Federal Especializada junto ao INSS de Americana/SP. *Da leitura do estatuto social da associação (fls. 32/52), infere-se que ela possui como finalidade a proteção dos interesses e direitos dos membros* das carreiras da Advocacia Pública Federal, razão pela qual não merece prevalecer o argumento de ausência de legitimidade em razão de suas finalidades sociais não estarem relacionadas expressamente no artigo 5º, V, 'b', da Lei nº 7.347/85, já que basta que a pretensão veiculada na demanda esteja relacionada diretamente com a consecução dos fins institucionais da associação'. 4. *A jurisprudência do STJ reconhece a legitimidade da associação para a propositura de Ação Civil Pública na defesa de direitos individuais homogêneos de seus associados.* Precedente: REsp 1.265.463/RS, Rel. Ministro Castro Meira, Segunda Turma, DJe 28.03.2012. 5. Recurso Especial não provido" (BRASIL. Superior Tribunal de Justiça (2. Turma). *Recurso Especial nº 1790616 – SP (2018/0338306-3)*. Relator: Ministro Herman Benjamin, 05 de setembro 2019. Brasília: STJ, [2019]. Disponível em: https://scon.stj.jus.br/SCON/GetInteiroTeorDoAcordao?num_registro=201803383063&dt_publicacao=11/10/2019. Acesso em: 13 out. 2019) (grifos do autor).

[150] "REPRESENTAÇÃO – ASSOCIADOS – ARTIGO 5º, INCISO XXI, DA CONSTITUIÇÃO FEDERAL. ALCANCE. O disposto no artigo 5º, inciso XXI, da Carta da República encerra *representação específica, não alcançando previsão genérica do estatuto da associação a revelar a defesa dos interesses dos associados.* TÍTULO EXECUTIVO JUDICIAL – ASSOCIAÇÃO – BENEFICIÁRIOS. *As balizas subjetivas do título judicial, formalizado em ação proposta por associação, é definida pela representação no processo de conhecimento, presente a autorização expressa dos associados e a lista destes juntada à inicial*" (BRASIL. Supremo Tribunal Federal (Tribunal Pleno). *Recurso Extraordinário nº 573.232 Santa Catarina*. Relator: Min. Ricardo Lewandowski, Redator do Acórdão: Min. Marco Aurélio, 14 de maio de 2014. Brasília: STF, [2014]. Disponível em: https://redir.stf.jus.br/paginadorpub/paginador.jsp?docTP=AC&docID=630085. Acesso em: 14 mai. 2019) (grifos do autor).

os filiados estarem especificados em lista no momento da proposição da ação.

Essa tese foi fixada a partir da interpretação do inciso XXI, do art. 5º, da Constituição Federal, em que se afirma que as associações, desde que expressamente autorizadas, possuem legitimidade para representar seus filiados judicialmente.

Observa-se que, nesse caso, atuando como representante dos associados, as associações possuem legitimidade processual para defender, em nome dos próprios filiados, direito dos filiados que autorizaram, o que corresponde à técnica da representação processual.[151]

Destaca-se que, conforme inciso LXX, do art. 5º, da Constituição, para a impetração de mandado de segurança coletivo, não se faz necessária a autorização dos filiados, pois, nesse caso, a associação atua como substituto processual dos associados, ou seja, trata-se de um exemplo de substituição processual.

O Superior Tribunal de Justiça tinha, porém, jurisprudência no sentido de que não se fazia necessária a autorização dos filiados para que as associações propusessem ação coletiva para a defesa de interesse dos associados quando se tratar de substituição processual.[152] O

---

[151] "AGRAVO INTERNO. RECURSO ESPECIAL. PROCESSUAL CIVIL. AÇÃO CIVIL PÚBLICA AJUIZADA POR ASSOCIAÇÃO OBJETIVANDO A DEFESA DE DIREITO INDIVIDUAL DISPONÍVEL DE DETERMINADOS ASSOCIADOS. IMPOSSIBILIDADE. SUBSTITUIÇÃO PROCESSUAL NÃO AUTORIZADA. 1. *Não se confundem os institutos da substituição e da representação processual. Na substituição a Associação age em nome próprio e não depende de autorização de seus filiados para ajuizar ação na defesa de seus direitos coletivos e individuais homogêneos. Já na representação, os filiados integram o polo ativo da ação, dependendo o seu ajuizamento, pela Associação, da autorização daqueles.* 2. Impossibilidade de ajuizar-se ação civil pública para a defesa de direitos individuais disponíveis de parcela dos associados. Precedentes. 3. Agravo Regimental improvido" (BRASIL. Superior Tribunal de Justiça (3. Turma). *AgRg no Recurso Especial nº 1213290 – PR (2010/0178757-8)*. Relator: Ministro Sidnei Beneti, 19 de agosto de 2014. Brasília: STJ, [2014]. Disponível em: https://processo.stj.jus.br/processo/revista/documento/mediado/?componente=ATC&sequencial=37876676&num_registro=201001787578&data=20140901&tipo=5&formato=PDF. Acesso em: 14 mai. 2019) (grifos do autor).

[152] "PROCESSUAL CIVIL. AGRAVO REGIMENTAL NO AGRAVO EM RECURSO ESPECIAL. EXECUÇÃO DE TÍTULO JUDICIAL. REPRESENTAÇÃO PROCESSUAL. ASSOCIAÇÃO. AUTORIZAÇÃO EXPRESSA. DESNECESSIDADE 1. *A Corte Especial deste Superior Tribunal, no julgamento do EREsp 766.637/RS, de relatoria da Ministra Eliana Calmon (DJe 01.07.2013), assentou entendimento segundo o qual as associações de classe e os sindicatos detêm legitimidade ativa ad causam para atuarem como substitutos processuais em ações coletivas, nas fases de conhecimento, na liquidação e na execução, sendo prescindível autorização expressa dos substituídos.* 2. Não cabe ao Superior Tribunal de Justiça, ainda que para fins de prequestionamento, examinar na via especial suposta violação a dispositivo constitucional, sob pena de usurpação da competência do Supremo Tribunal Federal. 3. Agravo regimental a que se nega provimento" (BRASIL Superior Tribunal de Justiça (1. Turma). *AgRg no Agravo em Recurso Especial nº 368.285/DF (2013/0204690-3)*. Relator: Ministro Sérgio Kukina, 08 de maio de 2014. Brasília:

STJ está alterando esse entendimento em razão da tese de repercussão geral fixada pelo Supremo Tribunal Federal.[153]

Essa mudança ocorre para que se tenha um entendimento semelhante e unânime quanto às formalidades necessárias para que as associações atuem na defesa dos direitos de seus associados.

Ainda nesse contexto, em 2017, o Supremo Tribunal Federal fixou outra tese em repercussão geral relativa às associações na tutela coletiva de direitos. Trata-se da tese número 499 em que o STF afirmou que a coisa julgada formada no âmbito da ação coletiva proposta por associação na defesa de seus filiados somente atinge os associados que residam no âmbito da jurisdição do órgão julgador da ação coletiva e que estivessem associados em momento anterior ou até a data da propositura da demanda.[154]

Essa tese foi formada a partir do julgamento do Recurso Extraordinário nº 612.043, de relatoria do Ministro Marco Aurélio, em que se considerou constitucional o art. 2-A da Lei nº 9.494/97, segundo o qual a sentença prolatada no âmbito de ação coletiva proposta por associação civil na defesa de seus filiados abrangerá apenas os representados que tenham, na data da propositura da ação, domicílio no âmbito da competência territorial do órgão julgador.

STJ, [2014]. Disponível em: https://scon.stj.jus.br/SCON/GetInteiroTeorDoAcordao?num_registro=201302046903&dt_publicacao=16/05/2014http://www.stj.jus.br. Acesso em: 14 mai. 2019) (grifos do autor).

[153] "AGRAVO INTERNO. RECURSO ESPECIAL. AÇÃO CIVIL PÚBLICA. ASSOCIAÇÃO. CONSUMIDOR. CLÁUSULA ABUSIVA EM CONTRATO BANCÁRIO. AUTORIZAÇÃO ESPECÍFICA DOS ASSOCIADOS. NECESSIDADE. SUPREMO TRIBUNAL FEDERAL. REPERCUSSÃO GERAL NO RECURSO EXTRAORDINÁRIO 612.043/PR. EXTINÇÃO DO PROCESSO SEM JULGAMENTO DE MÉRITO. 1. *O Supremo Tribunal Federal, no julgamento sob o regime da repercussão geral (RE 573.232/SC), consolidou o entendimento de que as associações, por atuarem como representantes processuais, necessitam de autorização específica, individual ou assemblear, de seus associados, não bastando a mera autorização estatutária, só podendo executar o título executivo judicial de ação coletiva aquele que autorizou o ajuizamento da demanda. 2. Agravo interno a que se nega provimento*" (BRASIL. Superior Tribunal de Justiça (4. Turma). *AgInt no Recurso Especial nº 1.271.338/SC (2011/0188235-1)*. Relatora: Ministra Maria Isabel Gallotti, 03 de agosto de 2017. Brasília: STJ, [2017]. Disponível em: https://scon.stj.jus.br/SCON/GetInteiroTeorDoAcordao?num_registro=201101882351&dt_publicacao=08/08/2017. Acesso em: 14 mai. 2019) (grifos do autor).

[154] "EXECUÇÃO – AÇÃO COLETIVA – RITO ORDINÁRIO – ASSOCIAÇÃO – BENEFICIÁRIOS. *Beneficiários do título executivo, no caso de ação proposta por associação, são aqueles que, residentes na área compreendida na jurisdição do órgão julgador, detinham, antes do ajuizamento, a condição de filiados e constaram da lista apresentada com a peça inicial*" (BRASIL. Supremo Tribunal Federal (Tribunal Pleno). *Recurso Extraordinário 612.043 Paraná*. Relator: Min. Marco Aurélio, 10 de maio de 2017. Brasília: STF, [2017]. Disponível em: http://portal.stf.jus.br/processos/detalhe.asp?incidente=3864686. Acesso em: 16 mai. 2019) (grifos do autor).

Dessa forma, tem-se que o associado, para ser beneficiado com a sentença exarada em ação coletiva proposta por associação, deve estar filiado à associação no momento em que a ação foi proposta, deve também residir no âmbito da jurisdição do órgão prolator da decisão, bem como precisa ter autorizado o ajuizamento da ação, estando seu nome indicado na lista de associados que segue anexa à petição inicial.

Sublinhe-se que, segundo o Relator, Ministro Marco Aurélio, a indicação dos associados concordando com a proposição da ação coletiva, estando enumerados na lista anexa à inicial, serve para cumprir com o princípio do devido processo legal, o que permite o direito de defesa, o contraditório e a ampla defesa.

Quanto à eficácia territorial da decisão prolatada em uma ação coletiva proposta por associação, o Relator aduz que a sentença terá eficácia no âmbito da jurisdição do órgão julgador, solução que, inclusive, seria a mesma caso os associados propusessem individualmente ações na defesa de seus próprios direitos.

Oportunamente, faz-se necessário apresentar a diferenciação entre associação civil na defesa de seus associados e sindicatos na defesa dos sindicalizados. Essa diferenciação deve partir do fato de que, pelo texto constitucional, os sindicatos atuam como substitutos processuais dos sindicalizados, enquanto as associações civis atuam como representantes dos associados.

Em decisão do Ministro Gilmar Mendes,[155] a diferença entre associação e sindicatos na defesa de seus membros é explicada de

---

[155] "DECISÃO: Trata-se de agravo de instrumento contra decisão que negou seguimento a recurso extraordinário interposto de acórdão assim ementado: (...) *Substituição processual não se confunde com a representação processual. Este é fenômeno relacionado à capacidade de estar em juízo. O representante processual atua em nome alheio na defesa de interesse alheio, não sendo considerado parte do processo, mas mero sujeito que dá à parte capacidade para que esteja em juízo. Já na substituição processual, o substituto atua em nome próprio na defesa de interesse do substituído.* O instituto da substituição processual está bem definido pelas magistrais lições de Chiovenda (CHIOVENDA, Giuseppe. *Instituições de Direito Processual Civil*. v. II. Campinas: Bookseller; 1998, p. 300-302.), *in verbis*: (...) *Assim, consoante a doutrina processual construída em torno das lições de Chiovenda, a substituição processual é aquela situação em que a legitimação para causa não coincide com a titularidade do direito subjetivo material discutido. Nessa situação, o substituto age em juízo, em nome próprio (por concessão da norma objetiva material), na defesa de direito subjetivo alheio. O substituto é parte na relação de direito processual, mas não na relação de direito material. Tal situação não se confunde com a representação, na qual o representante defende o direito de outrem, em nome deste. Na representação, o representado é parte tanto na relação jurídica processual quanto na relação jurídica material.* A Corte tem jurisprudência firme sobre a matéria: RE 555.720-AgR, voto do Rel. Min. Gilmar Mendes, DJe de 21.11.2008; RMS 21.514, Rel. Min. Marco Aurélio, DJ de 18.6.1993; e RE 193.382, Rel. Min. Carlos Velloso, DJ de 20.9.1996. Nesta oportunidade assentou entendimento no sentido de que: 'A legitimação das organizações sindicais, entidades de classe ou associações, para a segurança coletiva,

forma clara, devendo ser destacado que, no caso dos sindicatos, o art. 8º, III,[156] da Constituição Federal, determina que entidades sindicais são legitimadas extraordinárias para defender direitos e interesses de seus integrantes.

Verifica-se, dessa forma, que não é necessário, como exige-se para as associações civis, que os sindicalizados estejam listados no momento da proposição da ação para que as decisões prolatadas tenham efeito sobre eles, pois os sindicatos atuam como substitutos processuais através da defesa de direito alheio em nome próprio.

A despeito de tudo o que foi apresentado no presente tópico, deve-se destacar recente decisão do Ministro Luís Felipe Salomão[157]

é extraordinária, ocorrendo, em tal caso, substituição processual (...).' Assim, tratando-se de substituição processual, o polo ativo da demanda é apenas a associação e não todos os substituídos, como pretende o juízo a quo. Ante o exposto, dou provimento ao agravo, convertendo-o em recurso extraordinário, a que dou provimento (art. 544, §4º, do CPC). Publique-se. Brasília, 18 de agosto de 2010. Ministro Gilmar Mendes Relator Documento assinado digitalmente" (BRASIL. Supremo Tribunal Federal. *Agravo de Instrumento 743615*. Relator: Min. Gilmar Mendes, 18 de agosto de 2010. Brasília: STF, [2010]. Disponível em: http://portal.stf.jus.br/processos/detalhe.asp?incidente=2663562. Acesso em: 28 jun. 2019) (grifos do autor).

[156] "Art. 8º É livre a associação profissional ou sindical, observado o seguinte: (...) III – ao *sindicato* cabe a *defesa dos direitos e interesses* coletivos ou individuais da categoria, *inclusive em questões judiciais ou administrativas;*" (BRASIL. [Constituição (1988)]. *Constituição da República Federativa do Brasil de 1988*. Brasília, DF: Presidência da República, 1988. Disponível em: http://www.planalto.gov.br/ccivil_03/constituicao/constituicaocompilado.htm. Acesso em: 25 fev. 2019) (grifos do autor).

[157] "RECURSO ESPECIAL Nº 1.325.857 – RS (2011/0236589-7) RELATOR: MINISTRO LUIS FELIPE SALOMÃO RECORRENTE: BANCO PANAMERICANO S/A (...) *LEGITIMIDADE PROCESSUAL ATIVA. TUTELA DE INTERESSES DIFUSOS E INDIVIDUAIS HOMOGÊNEOS. AUTORIZAÇÃO EXPRESSA INDIVIDUAL OU ASSEMBLEAR. INAPLICABILIDADE.* (...) 8. No que respeita às alegações de inépcia da petição inicial, tendo em vista a não apresentação do rol de filiados e de ilegitimidade ativa do Instituto recorrido, o apelo em exame, da mesma forma, não merece provimento. Senão, vejamos. É sabido que a atual Jurisprudência do Supremo Tribunal Federal (RE 573.232/SC) é no sentido de que, diferentemente dos sindicatos, que são substitutos processuais, a associação de classe atua como representante, o que enseja a obrigatória autorização de seus filiados para ingressar em juízo, seja individualmente ou por assembleia. Confira-se a ementa do julgado mencionado: REPRESENTAÇÃO. ASSOCIADOS. ARTIGO 5º, INCISO XXI, DA CONSTITUIÇÃO FEDERAL. ALCANCE. O disposto no artigo 5º, inciso XXI, da Carta da República encerra representação específica, não alcançando previsão genérica do estatuto da associação a revelar a defesa dos interesses dos associados. TÍTULO EXECUTIVO JUDICIAL. ASSOCIAÇÃO. BENEFICIÁRIOS. As balizas subjetivas do título judicial, formalizado em ação proposta por associação, é definida pela representação no processo de conhecimento, presente a autorização expressa dos associados e a lista destes juntada à inicial. (RE 573232, Relator: Min. RICARDO LEWANDOWSKI, Relator p/ Acórdão: Min. MARCO AURÉLIO, Tribunal Pleno, julgado em 14.05.2014, RPUBLIC 19.09.2014). *Todavia, o mesmo Supremo Tribunal, assim como, na mesma direção, o STJ, entende que aquela representação se refere às associações de classe, com enfoque distinto das causas em que as associações buscam a tutela de direitos difusos ou individuais homogêneos. Com efeito, a ação coletiva ajuizada na origem visa proteger não apenas direitos individuais homogêneos – inclusive de terceiros não associados –, mas também, e*

que entende ser desnecessária a lista indicando todos os associados no momento da proposição de ação por associação na defesa de direitos coletivos ou individuais homogêneos. A ementa dessa decisão

---

de modo especial, direitos coletivos stricto sensu *e interesses difusos (CPC, art. 81, parágrafo único, I, II e III), estes últimos relacionados aos futuros consumidores dos contratos bancários, de amplitude indeterminada e indeterminável,* conforme assinalado no julgamento do Resp 1.293.606/MG, de minha relatoria. *Em razão disso, não há como incidir o entendimento firmado pelo col. STF no julgamento do RE 573.232/SC, em sede de repercussão geral. Isto porque, conforme se percebe na leitura atenta dos votos prolatados na ocasião, o precedente se direcionou exclusivamente para as demandas coletivas que objetivam a proteção de direitos individuais homogêneos, em hipótese de representação processual – e não de substituição.* Dessarte, a pretensão deduzida na presente ação, diversamente do julgamento do STF, teve por escopo, notadamente, a defesa de interesse difuso, de modo que a atuação da entidade autora dá-se de forma inequívoca no campo da substituição processual, e não somente da representação. *Portanto, na hipótese, não apenas os associados representados, mas toda uma coletividade de clientes dos Bancos será beneficiada pelo provimento jurisdicional – inclusive com eficácia prospectiva –, revelando a natureza transindividual da discussão posta para a solução do Judiciário.* Nesse exato sentido, os seguintes julgados da Turmas de Direito Privado: (...) No caso em exame, a ação civil pública foi ajuizada com o propósito de declarar a nulidade de cláusula contratual que exigia a tarifa por quitação antecipada do contrato, como se percebe do pedido constante na inicial (fl. 14): b) a inteira procedência da presente ação, sendo declarado o direito dos consumidores de liquidar antecipadamente os débitos, total ou parcialmente, mediante redução proporcional dos juros e demais acréscimos, sem a necessidade do pagamento de qualquer tarifa, condenando-se os réus, por conseguinte, ao estorno das quantias cobradas a título de tarifa de liquidação antecipada, devidamente atualizadas até a data da efetiva satisfação; Assim, tenho que eventual exame de constitucionalidade, no presente caso, dar-se-ia pela via incidental, não se confundindo com o objeto da causa, razão pela qual não procede a alegada inadequação da via eleita. 10. Sustenta o recorrente a inadequação da via eleita, também por 'versar o caso sobre direitos individuais e heterogêneos, os quais não são tutelados pelo CDC ou pela LACP' (fl. 466). Equivoca-se o recorrente no que respeita a essa afirmação. Na lição de Huro Nigro Mazzilli, *Para o CDC, interesses individuais homogêneos são aqueles de grupo, categoria ou classe de pessoas determinadas ou determináveis, que compartilhem prejuízos divisíveis, de origem comum, normalmente oriundos das mesmas circunstâncias de fato. Em sentido lato, os interesses individuais homogêneos não deixam de ser também interesses coletivos. Tanto os interesses individuais homogêneos como os difusos originam-se de circunstâncias de fato comuns; entretanto, são indetermináveis os titulares de interesses difusos, e o objeto de seu interesse é indivisível; já nos interesses individuais homogêneos, os titulares são determinados ou determináveis, e o objeto da pretensão é divisível (isto é, o dano o a responsabilidade se caracterizam por sua extensão divisível ou individualmente variável entre os integrantes do grupo).* (A defesa dos interesses difusos em juízo. 19. ed. São Paulo: Saraiva, 2006, p. 53-54) *Nesse sentido, confira-se a ementa de julgado a Terceira Turma, de relatoria da eminente Ministra Nancy Andrighi: (...) Na espécie, a Corte estadual entendeu no mesmo sentido da jurisprudência do STJ, afastando a limitação territorial, não havendo de ser provido o recurso, neste ponto (fl. 424): Tratando-se da defesa de interesses individuais homogêneos, a procedência da demanda opera efeitos erga omnes, ou seja, em benefício de todos os prejudicados ou seus sucessores.* (...) 15. Ante o exposto, dou parcial provimento ao recurso, tão somente para considerar prescritas eventuais ações de restituição da tarifa de liquidação antecipada pagas antes do quinquênio anterior à propositura da ação. Publique-se. Intimem-se. Brasília (DF), 09 de novembro de 2018. MINISTRO LUIS FELIPE SALOMÃO Relator (Ministro LUIS FELIPE SALOMÃO, 20.11.2018) (BRASIL. Superior Tribunal de Justiça (2. Turma). *Recurso Especial nº 1.325.857/RS (2011/0236589-7).* Relator: Min. Luis Felipe Salomão, 09 de novembro de 2018. Brasília: STJ, [2018]. Disponível em: https://ww2.stj.jus.br/processo/monocraticas/decisoes/?num_registro=201102365897&dt_publicacao=20/11/2018. Acesso em: 28 jun. 2019) (grifos do autor).

encontra-se, quase integralmente, no rodapé em razão de apresentar lições bastante didáticas quanto ao tema.

Nesse caso, o Ministro Salomão explica que, quando a associação atua na defesa de direitos não somente de seus associados, mas também de terceiros não associados, como os futuros consumidores, a associação está atuando como substituto processual e não como representante, não sendo necessário, portanto, a listagem prévia dos integrantes da associação quando a ação é proposta.

Ao observar as referidas decisões, verifica-se que deve ser feita uma análise em cada caso, buscando observar, para o melhor entendimento do alcance das decisões tomadas no curso do processo, se a entidade associativa está atuando como substituto processual ou como representante das pessoas titulares do direito material tutelado.

Verifica-se que a jurisprudência e a doutrina brasileiras analisam a legitimidade das associações para a tutela coletiva de direitos com base no cumprimento de requisitos indicados expressamente na lei, os citados elementos da pertinência temática e da existência ânua da associação.

Como será abordado adiante, no entanto, no caso norte-americano, para a tutela coletiva exercida através das *class actions*, fala-se em representação adequada do representante da classe em litígio. Esse requisito é analisado pelo juiz da causa considerando diversos fatores a serem observados em cada caso e capazes de demonstrar que o representante usará de todos os meios possíveis para tutela jurídica do interesse da classe.

No caso brasileiro, as restrições impostas como necessárias para que uma associação tutele coletivamente direitos dificultam a defesa dos direitos por uma associação criada há menos de um ano, por exemplo.

Sublinhe-se, inclusive, que, diante da dificuldade para a tutela dos direitos dos acionistas brasileiros da Petrobras em razão dos casos de corrupção revelados pela Operação Lava Jato, um dos fatores a ser considerado na escolha pela proposição de uma *class action* para a tutela dos direitos coletivos dos acionistas estrangeiros da Petrobras nos Estados Unidos, ao invés de se propor uma ação civil pública para a tutela desses direitos no Brasil, foi justamente a existência de requisitos a serem cumpridos pela associação que pretende propor uma ação civil pública no Brasil.

Assim, os referidos requisitos que a associação precisaria cumprir dificultaram que a tutela dos acionistas da Petrobras fosse realizada através de uma ação civil pública no Brasil, o que influenciou na adoção de uma *class action* nos Estados Unidos para tutelar os direitos individuais dos acionistas lesados em razão dos casos de corrupção perpetrados no interior da companhia.

Dessa forma, mostra-se urgente e necessário que o Brasil avance em suas leis de tutela coletiva de direitos, especificamente no caso da tutela de direitos individuais homogêneos a fim de que situações como o caso da Petrobras possam ser devidamente tuteladas no Brasil.

1.10.2 A coisa julgada na tutela coletiva

No Brasil, quanto à *coisa julgada*, em linhas gerais, tem-se que, no processo individual, ela é restrita às partes, enquanto, no processo coletivo, ela é *erga omnes* e *secundum eventum litis*.

No tradicional sistema da coisa julgada no processo individual, porém, a resolução de mérito, independentemente do resultado produzido, faz coisa julgada entre as partes. Ademais, o Código de Processo Civil, o qual é predominantemente dedicado à tutela individual de direitos, afirma que a sentença prolatada no âmbito do processo individual não pode prejudicar terceiros.[158]

A sentença produzida no processo coletivo para a tutela de direitos individuais homogêneos faz coisa julgada sobre todos. No entanto, a coisa julgada é *secundum eventum litis*, característica comum do processo coletivo brasileiro.

Aliás, a característica de a sentença coletiva fazer coisa julgada *secundum eventum litis* verifica-se na tutela coletiva de direitos difusos, coletivos *stricto sensu* e individuais homogêneos, pois, conforme observa-se no art. 103, §§1º e 2º, do Código de Defesa do Consumidor, a coisa julgada não pode prejudicar os interesses dos indivíduos.

Nesse sentido, encontra-se doutrina[159] que afirma que os efeitos da coisa julgada da sentença coletiva se estendem aos indivíduos a depender do resultado da disputa coletiva, a chamada coisa julgada

---

[158] "Art. 502. Denomina-se *coisa julgada* material a autoridade que *torna imutável e indiscutível a decisão de mérito não mais sujeita a recurso*. (…) Art. 506. A sentença faz *coisa julgada às partes entre as quais é dada, não prejudicando terceiros*" (BRASIL. Lei nº 13.105, de 16 de março de 2015. Código de Processo Civil. Brasília, DF: Presidência da República: 2015. Disponível em: https://www.planalto.gov.br/ccivil_03/_ato2015-2018/2015/lei/l13105.htm. Acesso em: 25 fev. 2019) (grifos do autor).

[159] LEAL, Márcio Flávio Mafra. *Ações coletivas*. São Paulo: Revista dos Tribunais, 2014. p. 247.

secundum eventum litis, logo os direitos individuais não podem ser prejudicados na hipótese de improcedência do pedido coletivo.

No processo coletivo, a coisa julgada ser *secundum eventum litis* significa que nem toda sentença de mérito faz coisa julgada sobre todos, a depender, portanto, do resultado que essa sentença produza.

Observa-se que o afastamento da coisa julgada material de uma sentença coletiva de mérito é resultado de uma opção do legislador que preferiu que a sentença não vincule terceiros que não participaram do processo quando essa decisão os prejudicar.

Em outras palavras, a sentença de mérito produziria uma coisa julgada material que, com o trânsito em julgado da decisão, se tornaria imutável e indiscutível, isso, porém, não ocorre nos casos em que, a depender do resultado prático da sentença, o legislador optou por afastar a coisa julgada material.

A coisa julgada no processo coletivo brasileiro está regulada no art. 103 do Código de Defesa do Consumidor,[160] servindo como fundamento legal para a compreensão da temática. Essa regra permite que uma sentença de improcedência prolatada no âmbito do processo

---

[160] "Art. 103. Nas ações coletivas de que trata este código, *a sentença fará coisa julgada*: I – *erga omnes*, exceto se o pedido for julgado improcedente por insuficiência de provas, hipótese em que qualquer legitimado poderá intentar outra ação, com idêntico fundamento valendo-se de nova prova, na hipótese do inciso I do parágrafo único do art. 81; II – *ultra partes*, mas limitadamente ao grupo, categoria ou classe, salvo improcedência por insuficiência de provas, nos termos do inciso anterior, quando se tratar da hipótese prevista no inciso II do parágrafo único do art. 81; III – *erga omnes, apenas no caso de procedência do pedido*, para beneficiar todas as vítimas e seus sucessores, na hipótese do inciso III do parágrafo único do art. 81. §1º Os efeitos da coisa julgada previstos nos incisos I e II não prejudicarão interesses e direitos individuais dos integrantes da coletividade, do grupo, categoria ou classe. §2º Na hipótese prevista no inciso III, em caso de improcedência do pedido, os interessados que não tiverem intervindo no processo como litisconsortes poderão propor ação de indenização a título individual. §3º Os efeitos da coisa julgada de que cuida o art. 16, combinado com o art. 13 da Lei nº 7.347, de 24 de julho de 1985, não prejudicarão as ações de indenização por danos pessoalmente sofridos, propostas individualmente ou na forma prevista neste código, mas, se procedente o pedido, beneficiarão as vítimas e seus sucessores, que poderão proceder à liquidação e à execução, nos termos dos arts. 96 a 99. §4º Aplica-se o disposto no parágrafo anterior à sentença penal condenatória. Art. 104. As ações coletivas, previstas nos incisos I e II e do parágrafo único do art. 81, não induzem litispendência para as ações individuais, mas os efeitos da coisa julgada erga omnes ou ultra partes a que aludem os incisos II e III do artigo anterior não beneficiarão os autores das ações individuais, se não for requerida sua suspensão no prazo de trinta dias, a contar da ciência nos autos do ajuizamento da ação coletiva" (BRASIL. *Lei nº 8.078, de 11 de setembro de 1990*. Dispõe sobre a proteção do consumidor e dá outras providências. Brasília, DF: Presidência da República: 1990. Disponível em: http://www.planalto.gov.br/ccivil_03/leis/l8078.htm. Acesso em: 25 fev. 2019) (grifos do autor).

coletivo não prejudique os interesses individuais dos membros do grupo através da não formação da coisa julgada.

Deve ser observado que os efeitos da coisa julgada estão relacionados com os direitos tutelados, ou seja, a coisa julgada possui características próprias a depender de ela ter sido produzida em um processo de tutela coletiva de direitos difusos, coletivos *stricto sensu* ou individuais homogêneos.

1.10.2.1 A coisa julgada na tutela coletiva de direitos difusos

Dessa forma, na tutela coletiva de direitos difusos, a coisa julgada produz efeitos sobre todos, caráter *erga omnes*, independentemente de ter sido julgada procedente ou improcedente, mas desde que tenham sido produzidas as provas adequadas ao caso. Com isso a procedência da ação aproveita a todos, o que permite que particulares possam fazer pedidos individuais com base na sentença prolatada na ação coletiva.

Por outro lado, na tutela de direitos difusos, a improcedência da ação coletiva produzida com as provas adequadas impede a propositura de uma nova ação, mas não impede que particulares proponham tutela individuais de seus direitos.

Nesse caso, fala-se, aliás, em coisa julgada *in utilibus*, conforme art. 103, §3º, do Código de Defesa do Consumidor, em que a procedência da ação coletiva para a tutela de direitos difusos pode ser utilizada pelos indivíduos para buscarem indenização cível individual em razão dos danos decorrentes da lesão aos direitos difusos.[161]

Com isso, se a ação coletiva for procedente, os indivíduos poderão simplesmente liquidar e executar os danos individualmente sofridos com a lesão ao direito difuso. Isso permite que os indivíduos ganhem tempo na tutela de seus direitos, pois o processo de conhecimento já terá sido realizado através da tutela coletiva do direito difuso.

A doutrina[162] afirma, porém, que essa denominada coisa julgada *in utilibus* não tem muita aplicação prática, pois é preferível que os indivíduos lesados proponham suas ações de tutela individual a terem que aguardar o trânsito em julgado de uma ação coletiva de tutela de direitos difusos.

---

[161] LEAL, Márcio Flávio Mafra. *Ações coletivas*. São Paulo: Revista dos Tribunais, 2014. p. 207-208.
[162] Ibid.

Ademais, caso as provas não sejam produzidas de forma adequada no âmbito da tutela coletiva de direitos difusos, a sentença não tem caráter *erga omnes*, o que permite que a ação coletiva seja novamente proposta.

Sublinhe-se que, no caso da insuficiência de provas, a parte deve pedir que o magistrado deixe claro que a ação coletiva foi julgada improcedente em razão da insuficiência de provas, pois essa justificativa permite que, munida de outras provas, a ação coletiva possa ser novamente proposta.

Em complemento, a sentença de improcedência da ação coletiva não pode prejudicar os interesses individuais, como bem determina o §1º, do art. 103, do CDC. A razão disso está no fato de que os particulares não participaram diretamente do processo coletivo, logo eles não podem ter seus direitos individuais prejudicados por uma sentença de improcedência prolatada em uma ação coletiva para a tutela de direitos difusos ou direitos coletivos *stricto sensu*.

1.10.2.2 A coisa julgada na tutela coletiva de direitos coletivos *stricto sensu*

Quando se passa a analisar a coisa julgada da sentença prolatada no âmbito de um processo de tutela de direitos coletivos *stricto sensu*, tem-se que, conforme o CDC,[163] a coisa julgada tem efeito *ultra partes*, pois a sentença produz efeitos sobre todas as partes do grupo tutelado coletivamente.

Da mesma forma que as observações anteriores quanto à sentença de improcedência da ação coletiva de tutela de direito difuso em razão de insuficiência de provas, na tutela de direitos coletivos *stricto sensu*, o juiz também deve deixar claro que sua decisão foi tomada com base na falta de provas suficientes para provar o alegado.

Ademais, como já informado, a sentença coletiva que resolve uma ação de tutela de direitos coletivos *stricto sensu* faz coisa julgada

---

[163] "Art. 103. Nas ações coletivas de que trata este código, a sentença fará coisa julgada: (...) II – *ultra partes*, mas limitadamente ao grupo, categoria ou classe, salvo improcedência por insuficiência de provas, nos termos do inciso anterior, quando se tratar da hipótese prevista no *inciso II do parágrafo único do art. 81*; (...)" (BRASIL. *Lei nº 8.078, de 11 de setembro de 1990*. Dispõe sobre a proteção do consumidor e dá outras providências. Brasília, DF: Presidência da República: 1990. Disponível em: http://www.planalto.gov.br/ccivil_03/leis/l8078.htm. Acesso em: 25 fev. 2019) (grifos do autor).

secundum eventum litis, pois ela não poderá prejudicar os interesses individuais dos membros da coletividade.

Sublinhe-se que, para os indivíduos que já tenham proposto a ação de tutela individual de seus direitos, é possível decidir se eles irão suspender seus processos individuais para aguardar o desfecho da ação coletiva de tutela de direitos coletivos *stricto sensu* ou se irão continuar com suas ações individuais, o que implica na renúncia ao direito de se beneficiarem da sentença coletiva.[164]

Logo, com esse entendimento, verifica-se que o ordenamento jurídico brasileiro abre a opção para que os indivíduos escolham se querem se vincular, ou não, ao resultado da ação coletiva proposta para a tutela de direitos coletivos *stricto sensu*.

Sublinhe-se que essa regra serve para disciplinar a relação entre as ações coletivas e as ações individuais já propostas, o que vai servir para auxiliar no regramento do tema na proposta de lei apresentada ao final desta obra.

1.10.2.3 A coisa julgada na tutela coletiva de direitos individuais homogêneos

Ainda quanto aos efeitos da coisa julgada, quando se observa um processo de tutela coletiva de direito individual homogêneo, com base no art. 103, inciso III, do CDC, tem-se que a sentença faz coisa julgada *erga omnes* apenas no caso de o pedido ser julgado procedente como forma de *"beneficiar todas as vítimas e seus sucessores"*.

Como apresentado no início deste tópico, a coisa julgada no caso de julgamento coletivo de direitos individuais homogêneos é *erga omnes* e *secundum eventum litis*.

O Código de Defesa do Consumidor, ao abordar a tutela coletiva de direito individual homogêneo, não traz regra específica para a sentença prolatada por insuficiência de provas, o que leva a conclusão de que, nesses casos, não é possível a propositura de uma nova ação coletiva com base em novas provas.

Nessa situação, conforme indica o ordenamento jurídico brasileiro atual, resta apenas a opção de ser proposta uma ação individual

---

[164] LEAL, Márcio Flávio Mafra. *Ações coletivas*. São Paulo: Revista dos Tribunais, 2014. p. 247-249.

com base nas novas provas por parte de cada indivíduo lesado em seus direitos individuais homogêneos.

No entanto, no caso de ação coletiva de proteção de direito individual homogêneo que seja julgada improcedente, a ação individual somente poderá ser proposta por aqueles indivíduos que não tenham participado da ação coletiva como litisconsortes.

Essa determinação também está presente no CDC e decorre de uma permissão legal de que os indivíduos materialmente lesados possam formar litisconsórcio facultativo com os legitimados para a proposição da ação coletiva de tutela de direitos individuais homogêneos.[165]

Logo, no caso de improcedência da ação coletiva para a tutela de direitos individuais homogêneos por insuficiência de provas, uma ação individual somente poderá ser proposta por aqueles indivíduos que não tenham sido parte na ação coletiva julgada improcedente.

Dando continuidade, Ada Grinover[166] mostra-se favorável à existência de um novo ramo do Direito Processual, a saber, o Direito Processual Coletivo, em razão de existirem princípios e institutos processuais com características próprias à tutela coletiva de direitos.

Esse novo ramo do Direito Processual possui um objeto bem delimitado que consiste na tutela de direitos difusos, coletivos e individuais homogêneos. Particularmente, no âmbito do presente livro, entende-se que existe razão a esses argumentos apresentados por Ada Grinover.

Com efeito, o Direito Processual, como já informado, ganha contornos próprios quando é aplicado na tutela de diretos coletivos. Para chegar a essa conclusão, basta que se observem as peculiaridades que a coisa julgada e a legitimidade, dentre outros elementos do Processo Civil, passam a ter justamente por tratar-se de uma tutela coletiva de direitos.

A presente obra não tem o objetivo de apresentar uma proposta para a codificação processual da tutela cível coletiva, o que já foi proposto

---

[165] "Art. 94. Proposta a ação, será publicado edital no órgão oficial, a fim de que os interessados possam intervir no *processo como litisconsortes*, sem prejuízo de ampla divulgação pelos meios de comunicação social por parte dos órgãos de defesa do consumidor" (BRASIL. *Lei nº 8.078, de 11 de setembro de 1990*. Dispõe sobre a proteção do consumidor e dá outras providências. Brasília, DF: Presidência da República: 1990. Disponível em: http://www.planalto.gov.br/ccivil_03/leis/l8078.htm. Acesso em: 25 fev. 2019) (grifos do autor).

[166] GRINOVER, Ada Pellegrini. Direito processual coletivo. *In*: LUCON, Paulo Henrique dos Santos (Coord.) *Tutela coletiva*: 20 anos da Lei da ação civil pública e do fundo de defesa de direitos difusos, 15 anos do Código de defesa do consumidor. Atlas, 2006, p. 308.

por diversos doutrinadores, sendo esse assunto inclusive abordado nos próximos capítulos.

Na verdade, este trabalho propõe a inserção de um meio de tutela coletiva de todo e qualquer direito individual homogêneo com características semelhantes à *class action* norte-americana.

A ação proposta nesta obra tem, como legitimado, os próprios indivíduos e sua sentença fará coisa julgada *erga omnes* independentemente do resultado ser favorável, ou não, à classe representada em juízo.

Sublinhe-se, por fim, que essas duas características indicadas para a ação coletiva de tutela de direitos individuais homogêneos proposta neste livro são fundamentais para diferenciá-las da tutela coletiva de direitos individuais homogêneos presente no atual Código de Defesa do Consumidor.

CAPÍTULO 2

O INSTITUTO DA *CLASS ACTION*

2 O instituto da *class action*

No capítulo anterior, o Processo Civil Coletivo foi apresentado sob diversas perspectivas, indicando as características do direito material tutelado por esse ramo do direito processual, delimitando o objeto do presente trabalho e apresentando, dentre outros elementos, algumas informações quanto à história da tutela coletiva do direito.

No presente capítulo, por seu turno, o objeto de estudo é o instituto da *class action* no direito norte-americano, bem como em outros ordenamentos jurídicos, para, então, em seguida, abordar a situação da tutela coletiva no Brasil e os projetos de leis existentes relativos a essa temática.

Sublinhe-se que toda a temática trabalhada na presente obra tem o objetivo de, após dissecar o tema, apresentar elementos que auxiliem na elaboração da proposta de lei para a introdução de uma ação coletiva no ordenamento jurídico brasileiro com características semelhantes às *class actions* norte-americanas.

Com a finalidade de entender o contexto em que surgiram as *class actions*, este capítulo segundo inicia-se com a apresentação do histórico desse instrumento de tutela coletiva de direitos.

2.1 Quadro histórico de desenvolvimento da *class action*

As ações de classes, as chamadas *class actions*, são um mecanismo de tutela coletiva oriunda dos países de tradição do *common law*, tendo ganhado espaço principalmente no direito norte-americano.

Quando se observa o histórico das tutelas coletivas no *common law*, não se pode olvidar de fazer uma breve retrospectiva à Inglaterra, país colonizador das treze colônias estadunidenses.

Como apresentado no capítulo anterior, em que foi abordado o panorama internacional para o Direito Processual Coletivo em uma perspectiva histórica, tratou-se rapidamente das cortes de equidade, típico instituto do direito inglês.

De fato, na Inglaterra, por cerca de cinco séculos, existiu um sistema dual de justiça em que, de um lado, existia a jurisdição de direito, *law jurisdiction*, e, de outro lado, a jurisdição de equidade, *equity jurisdiction*.[167]

Na pretensa tarefa de diferenciar esses dois sistemas, Antonio Gidi,[168] de forma simplificada, explica que a utilização do *common law* ocorre sobre as pretensões de cunho pecuniário e indenizatório, o que se chama de *damages*. Por outro lado, o *equity* atua sobre pretensões declaratórias e injuntivas ou mandamentais, denominado de *injuctions*.

Para melhor compreensão, a *law jurisdiction* é a jurisdição inglesa formada por *courts of law* que aplicam o *common law* na solução de disputas. Por outro lado, a *equity jurisdiction* é a jurisdição inglesa que é composta pelas *courts of chancery* ou *courts of equity*, as quais utilizam o *equity law* para a solução de litígios.

Observe-se que o *Commom Law* do sistema jurídico inglês se sobressaiu na história jurídica ocidental como o nome do sistema jurídico inglês e norte americano em contraste com o Sistema do *Civil Law* preponderante nos países da Europa continental e no Brasil.

O *equity law* foi criado com a proposta de atuar naqueles casos não amparados pelo *common law*. O *equitiy* possui regras mais flexíveis que as do *common law*, sendo aplicado pelas *courts of chancery*.

As *courts of chancery* ou *equitiy courts* são tribunais que utilizavam o princípio da equidade em suas decisões, tendo criado as *bills of peace*,

---

[167] Histórico apresentado segunda as informações colhidas através da obra de Gidi. GIDI, Antonio. *A class action como instrumento de tutela coletiva dos direitos*. São Paulo: Revista dos Tribunais, 2007, p. 40. Para mais informações, sugere-se consultar a referida obra e o seguinte artigo: ALMEIDA, Gregório Assagra de. O sistema jurídico nos Estados Unidos: common law e carreiras jurídicas (judges, prosecutors and lawyers): o que poderia ser útil para a reforma do sistema processual brasileiro? *Revista de Processo – RePro*, São Paulo, v. 41, n. 251, p. 523-560, jan. 2016. Disponível em: http://www.mpsp.mp.br/portal/page/portal/documentacao_e_divulgacao/doc_biblioteca/bibli_servicos_produtos/bibli_boletim/bibli_bol_2006/RPro_n.251.19.PDF. Acesso em: 10 jun. 2020.

[168] GIDI, Antonio. *A class action como instrumento de tutela coletiva dos direitos*. São Paulo: Revista dos Tribunais, 2007, p. 40.

solução para casos com muitos litigantes, o que tornava impossível a participação de todos no processo.[169]

Na doutrina, encontra-se o caso *Brown v Vermuden*[170] ocorrido em 1676, na jurisdição da Inglaterra, como sendo o primeiro exemplo reportado referente à *class action*. O caso refere-se a questões sobre direito eclesial e envolvia disputa entre os donos de minas e seus trabalhadores em uma mesma região paroquial.[171] [172]

Afirma-se que a origem das *class actions* remonta às práticas das *chancery courts* na Inglaterra. Encontram-se, porém, casos mais remotos na Inglaterra do século XII em que grupos representados por seus líderes litigavam em juízo.

Ademais, há casos também na Inglaterra do século IX, nos quais eram propostas ações coletivas, através de procedimento eclesiástico, contra a coletividade de insetos e roedores para que esses deixassem as cidades sob a pena de serem excomungados.[173]

A despeito dos casos relatados, os quais mostram a existência de ações coletivas no passado inglês, escolhe-se tratar das *class actions* pela sua origem mais recente e mais importante para a sistematização das atuais ações de classe, a saber, aquelas aplicadas no sistema do *equity law*.

Para tanto, tem-se que os tribunais de direito, as chamadas *courts of law*, não permitiam o litisconsórcio voluntário com base em questões comuns às partes. Por outro lado, as *equity courts* permitiam essa espécie de litisconsórcio desde que respeitada a regra do *compulsory joinder rule*.

A referida regra, *compulsory joinder rule*, obrigava a intervenção de todas as pessoas com interesse no julgamento da controvérsia, mesmo que esse interesse decorresse apenas de questões fáticas. Com isso a decisão tomada na corte de equidade vincularia todos os interessados,

---

[169] ALMEIDA, André de. *A maior ação do mundo:* a história da class action contra a Petrobras. São Paulo: SRS Editora, 2018, p. 27.
[170] [1676] EngR 69, (1676) 1 Chan Cas 282, (1676) 22 ER 802 (A). Para mais informações consultar o site: https://swarb.co.uk/brown-v-vermuden-1676/. Acesso em: 18 mar. 2019.
[171] Define-se paróquia como "território sobre o qual se estende a jurisdição espiritual de um pároco" (PARÓQUIA. *In:* DICIONÁRIO Michaelis On-line. São Paulo: Melhoramentos, 2023. Disponível em: https://michaelis.uol.com.br/moderno-portugues/busca/portugues-brasileiro/paroquia/. Acesso em: 22 abr. 2019).
[172] MARCIN, Raymond B. Searching for the Origin of the Class Action. *Catholic University Law Review*, [S.l.], v. 23, n. 3, p. 515-524, Spring 1974, p. 518.
[173] Para maiores informações, consultar: MARCIN, Raymond B. Searching for the Origin of the Class Action. *Catholic University Law Review*, [S.l.], v. 23, n. 3, p. 515-524, Spring 1974, p. 517; e GIDI, Antonio. *A class action como instrumento de tutela coletiva dos direitos*. São Paulo: Revista dos Tribunais, 2007, p. 43.

caso contrário o processo poderia ser extinto por falta de manifestação desses interessados.[174]

Com o tempo, percebeu-se que essa regra era impraticável quando o número de litisconsortes era muito grande. Diante dessa situação, foi criada uma exceção à *compulsory joinder rule* através do *bill of peace*.[175]

A exceção criada passou a permitir que a ação fosse proposta a partir de um representante do grupo em litígio, desde que fossem cumpridos alguns requisitos. Observa-se que essas ações representativas, chamadas dessa forma por serem propostas por um representante, foram importantes para o desenvolvimento das *class actions*.

Sublinhe-se que o *bill of peace* foi criado como uma técnica de solução aos casos em que o litisconsórcio obrigatório de todos os interessados se fazia inviável.

Interessante destacar a observação de Gidi[176] quanto à possibilidade de que fosse proposta uma *bill of peace* para tutelar direitos através das *courts of law*, mas que, para evitar a multiplicidade de ações individuais nas cortes de direito, o litígio era proposto nas cortes de equidade sob o manto das ações representativas.

Observa-se que as *bill of peace*, inicialmente, eram propostas em razão da *necessidade* de tutelar os direitos indivisíveis ou em razão da *conveniência* decorrente da utilização desse mecanismo na tutela de direitos divisíveis com o fito de se evitar ações repetitivas e decisões contrastantes.[177]

O século XIX trouxe ao mundo diversas descobertas e invenções, bem como a queda e o surgimento de novos impérios. O Império Britânico passou a ser a potência mundial, o qual, aliado com a Revolução Industrial, influenciou inúmeras regiões do globo em diversas áreas do saber.

O século XIX também trouxe contradições como o fortalecimento do individualismo ao mesmo tempo em que diversos grupos organizados foram surgindo. Como exemplo, citem-se os grupos de trabalhadores e os grupos de industriais em uma sociedade marcadamente individualista. Esse individualismo pode ser observado, por exemplo,

---

[174] GIDI, Antonio. *A class action como instrumento de tutela coletiva dos direitos*. São Paulo: Revista dos Tribunais, 2007, p. 41.
[175] Ibid., p. 41-42.
[176] Ibid., p. 43.
[177] Ibid., p. 44.

nas artes através do Romantismo que dominou esse século, bem como pelo Realismo evidente na transição para o século XX.

Com efeito, esse individualismo influenciou as *class actions* que pouco se desenvolveram nesse período, pois esse tipo de ação é marcado pela coletividade, em que um representante do grupo atua na defesa dos direitos próprios e dos demais.

Ocorre que, apesar do pouco desenvolvimento das *class actions* nesse período, o direito americano introduziu um outro critério para a tutela coletiva realizada através das *class actions*, o qual consistiu na defesa coletiva de um direito quando a sua tutela individual impedisse a realização da justiça.

Nessa situação, se a pretensão individual fosse tão reduzida ao ponto de não justificar as despesas com o litígio, mostrava-se necessária a tutela coletiva como meio de realização da justiça. A razão disso é que os indivíduos lesados não teriam interesse em defender individualmente seus direitos, pois os custos dessa defesa seriam maiores que as possibilidades de ganhos com a tutela judicial.

Os Estados Unidos, durante o período colonial, utilizaram o sistema dualista de *law* e *equity* existente na metrópole inglesa. Porém, a colônia norte-americana optou por manter as duas jurisdições no mesmo tribunal ao contrário do Reino Unido que possuía tribunais de *equitiy* distintos dos de *law*.[178]

Sublinhe-se que essa dualidade foi mantida nos Estados Unidos tanto em sua independência em 1776, como após a criação do sistema judiciário federal em 1789.

A Constituição dos Estados Unidos informa na seção 2, do artigo III, que "o Poder Judiciário se estenderá a todos os casos, *em lei e equidade*, decorrentes da presente Constituição, das Leis dos Estados Unidos e dos Tratados celebrados ou que vierem a ser feitos sob sua autoridade".[179]

---

[178] Ibid., p. 44-45.
[179] Tradução própria para trecho retirado da seção abaixo: "*Article III – Section 2:* The judicial Power shall extend to all Cases, in Law and Equity, arising under this Constitution, the Laws of the United States, and Treaties made, or which shall be made, under their Authority; – *to all Cases affecting Ambassadors, other public ministers and Consuls;* – *to all Cases of admiralty and maritime Jurisdiction;* – *to Controversies to which the United States shall be a Party;* – *to Controversies between two or more States;* – *between a State and Citizens of another State;* – *between Citizens of different States;* – *between Citizens of the same State claiming Lands under Grants of different States, and between a State, or the Citizens thereof, and foreign States, Citizens or Subjects. In all Cases affecting Ambassadors, other public Ministers and Consuls, and those in which a State shall be Party, the supreme Court shall have original Jurisdiction. In all the other Cases before mentioned, the supreme Court shall have appellate Jurisdiction, both as to Law*

O sistema judiciário federal dos Estados Unidos foi criado pelo Congresso daquele país através do *"Judiciary Act of 1789"*, um dos primeiros atos do recém-criado congresso norte-americano.

Essa norma traz diversas características para a aplicação do *equity*, sendo a Seção 11 a primeira a abordar o *equity* ao determinar que os tribunais conheçam assuntos de natureza civil tanto no *common law* quanto no *equity* e desde que o direito em disputa exceda a soma de quinhentos dólares.[180]

Nos Estados Unidos, as *class actions* passaram por três períodos delimitados. A saber, tem-se o primeiro período marcado pela codificação dessas ações no sistema de *equity* o que ocorreu com o *Federal Equity Rule 48* em 1842.

O segundo período é marcado pelo *Federal Equity Rule 38* em 1912.

A terceira fase destaca-se com o *Rule 23* do *Federal Rules of Civil Procedure* de 1938, a qual passou por uma grande reforma em 1966 sendo totalmente reescrita.[181]

Deve ser observado que as regras de 1842 e de 1912 referem-se às regras federais para o sistema de *equity*, por outro lado, nas leis de 1938, tem-se as normas do Processo Civil Federal estadunidense em que foram unidos os sistemas de *equity* e de *law*.

Informa-se que, durante as leis de 1842 e de 1912, as *class actions* gozavam de simplicidade na sua aplicação como tutela coletiva de direitos, porém essa situação foi alterada com a lei de 1938.

Destaque-se, conforme explicado por Gidi,[182] que as *Federal Rules of Civil Procedure* correspondem a um conjunto de normas produzidas pela Suprema Corte dos Estados Unidos.

---

    and Fact, with such Exceptions, and under such Regulations as the Congress shall make. The Trial of all Crimes, except in Cases of Impeachment, shall be by Jury; and such Trial shall be held in the State where the said Crimes shall have been committed; but when not committed within any State, the Trial shall be at such Place or Places as the Congress may by Law have directed" (ESTADOS UNIDOS DA AMÉRICA. Constituição dos Estados Unidos, de 17 de setembro de 1787. Disponível em: https://www.senate.gov/civics/constitution_item/constitution.htm#a3. Acesso em: 19 mar. 2019) (grifos do autor).

[180] Tradução própria de *"SEC. 11. And be it further enacted, That the circuit courts shall have original cognizance, concurrent with the courts of the several States, of all suits of a civil nature at common law or in equity, where the matter in dispute exceeds, exclusive of costs, the sum or value of five hundred dollars, and the United States are plaintiffs, or petitioners; (...)"* Disponível em: http://avalon.law.yale.edu/18th_century/judiciary_act.asp. Acesso em: 20 mar. 2019.

[181] GIDI, Antonio. *A class action como instrumento de tutela coletiva dos direitos*. São Paulo: Revista dos Tribunais, 2007, p. 57.

[182] Ibid., p. 46.

Esse conjunto de normas foi produzido por aquela corte com base em uma permissão do Congresso exarada no *Rules Enabling Act* de 1934 que delegou à Suprema Corte a competência de produzir as normas processuais que regulem o processo na Justiça Federal dos Estados Unidos.

Na criação do *Rules Enabling Act* de 1934, foi importante a proposta do Chefe de Justiça do Estados Unidos, o *Chief Justice William Howard Taft*, que, em 1922, propôs a união dos sistemas processuais de *law* e de *equity*.

Nessa proposta, ele sugeriu que a Suprema Corte tivesse o poder para criar essas normas processuais, bem como a competência para uni-las em um código, o que se efetivou através do *Federal Rules of Civil Procedure* de 1938.[183]

Faz-se importante destacar que, através da união dos sistemas de *equity* e *law*, as *class actions* passaram a ser um instrumento processual possível de utilização na tutela de direitos pertinentes ao sistema de *law*. Especificamente, tornou-se possível, com o *Federal Rules of Civil Procedure*, a utilização das ações de classes na tutela de pretensões indenizatórias. Sublinhe-se que foi a *Rule 23* a norma responsável por permitir as *class actions* indenizatórias *(for damages)*. Antes disso, as ações de classe somente poderiam ser utilizadas na tutela de pretensões injuntivas e declaratórias.

Conforme será adiante delineado, a *Rule 23* já passou por algumas emendas, sendo a primeira em 1966, emenda responsável por reescrever a referida norma.

As *class actions* foram reescritas através da reforma das *Federal Rules of Civil Procedeure* em 1966 com o objetivo de serem transformadas em um instrumento processual dotado de efetividade e prática.[184]

As características que a reforma de 1966 trouxeram para o instituto das *class actions* no direito norte-americano são as seguintes:

1) uma redação clara, trazendo um modelo mais compreensível;
2) um instituto dotado de mais efetividade prática;

---

[183] Para maiores informações sobre a criação do *Rules Enabling Act* de 1934, consultar: BURBANK, Stephen B., The Rules Enabling Act of 1934. *University of Pennsylvania Law Review*. v. 130, n. 5, p. 1015-1197, may, 1982. Disponível em: http://scholarship.law.upenn.edu/faculty_scholarship/1396. Acesso em: 21 mar. 2019. p. 1069-1070.

[184] GIDI, Antonio. *A class action como instrumento de tutela coletiva dos direitos*. São Paulo: Revista dos Tribunais, 2007, p. 57.

3) nova categorização das *class actions* utilizando a prática como critério de classificação;
4) os efeitos da coisa julgada na *class action* passam a atingir todos os membros do grupo e não apenas aqueles que efetivamente intervinham no processo;
5) criação de medidas para garantir o justo procedimento e o devido processo legal na utilização das *class actions*.

Essas características são apresentadas por Gidi[185] e servem para mostrar a preocupação que os legisladores americanos sempre tiveram com a busca do aperfeiçoamento da *class action*, visto como um importante meio de tutela dos direitos.

Como a coisa julgada em uma ação de classe passou a atingir, independentemente do resultado, todos os membros do grupo e não apenas os que atuavam no processo, o legislador se preocupou em incluir medidas para garantir o justo procedimento e o devido processo legal a fim de proteger os interesses dos membros ausentes.

Em razão da possibilidade de a decisão atingir, no âmbito de uma *class action*, os membros ausentes, o juiz tem o poder-dever de atuar mais efetivamente durante o procedimento, fazendo que esse tipo de ação vá de encontro com a tradição liberal presente no Sistema de *Common Law*.[186]

A atuação do magistrado é mais efetiva nos processos que são produzidos no Sistema do *Civil Law*, porém, com as *class actions*, o *Common Law* ganha um tipo de ação em que o juiz se encontra obrigado a atuar no sentido de produzir decisões justas que atingem, inclusive, os membros que não intervieram no processo.

Da década de 60 até os dias atuais, as *class actions* passaram por algumas reformas em seus textos, bem como foram criadas leis que tentaram de alguma forma dificultar a aplicação das ações de classes. Gidi[187] afirma, inclusive, que, caso não existissem as *class actions* no ordenamento americano, elas não seriam criadas na atual conjuntura.

Existe, na sociedade norte-americana, um intenso debate político entre o Partido Republicano e o Partido Democrata quanto à utilização

---
[185] Ibid., p. 57-59.
[186] Ibid.
[187] Ibid., p. 66.

das *class actions*. Sublinhe-se que esses partidos sempre polarizaram as discussões políticas naquele país.

Tradicionalmente, os republicanos se posicionam do lado das grandes empresas e do grande capital, buscando sempre a limitação do uso das ações de classes. Por outro lado, os democratas criticam os abusos do poder econômico e lutam pela valorização das *class actions* como meio de defesa dos direitos coletivos das pessoas.[188]

Como importante exemplo de reforma das *class actions* com o claro objetivo de limitar sua aplicação está a aprovação do *Class Action Fairness Act (CAFA)* em 2005. Essa lei foi promulgada pelo Congresso norte-americano sob forte influência do Partido Republicano e é aplicada a todas as ações coletivas.[189]

O CAFA foi promulgado com o objetivo prático de transferir a competência de julgamento das *class actions* que envolvem altos valores para a justiça federal dos Estados Unidos. Passou-se a prever que as ações coletivas cujo valor da causa exceda cinco milhões de dólares devam ser processadas na justiça federal.[190]

O objetivo verdadeiro do CAFA foi dificultar a certificação das ações coletivas para beneficiar o grande capital, evitando-se a constante utilização das *class actions*. Na prática estadunidense, geralmente os juízes estaduais são eleitos enquanto os juízes federais são nomeados pelo Presidente da República e confirmados pelo Senado.

Assim, o Congresso quis retirar as *class actions* de interesse nacional das mãos de juízes estaduais. Ademais, os juízes estaduais são relatados como tendenciosos a procederem com a certificação das ações de classes, sendo indicado o curioso caso de um juiz estadual que certificou mais *class actions* de interesse nacional do que todos os juízes federais juntos.[191]

Com efeito, a sociedade norte-americana lida constantemente com as *class actions* em seu cotidiano, sendo frequente a proposição desse

---

[188] Ibid., p.65.
[189] Ibid., p. 63.
[190] "*(2) The district courts shall have original jurisdiction of any civil action in which the matter in controversy exceeds the sum or value of $5,000,000, exclusive of interest and costs, and is a class action in which (...)*" Trecho retirado de: ESTADOS UNIDOS DA AMÉRICA. Congresso. Class Action Fairness Act of 2005. *Weekly Compilation of Presidential Documents*, v. 41 (2005), February 18, 2005. Disponível em: https://www.congress.gov/109/plaws/publ2/PLAW-109publ2.pdf. Acesso em: 23 abr. 2019
[191] GIDI, Antonio. *A class action como instrumento de tutela coletiva dos direitos*. São Paulo: Revista dos Tribunais, 2007, p. 63.

tipo de ação. O interesse por esse tipo de ação é evidente nos Estados Unidos diante do fato de que sua sociedade está cada vez mais massificada, possuindo uma população que consome as mesmas coisas em larga escala, o que frequentemente gera a lesão a direitos individuais homogêneos.

Ocorre que essa massificação social não é um fenômeno apenas da sociedade norte-americana, mas está presente também na sociedade brasileira, o que faz com que seja urgente a criação de um meio efetivo de tutela dos direitos individuais homogêneos no ordenamento jurídico brasileiro de forma semelhante às *class actions*.

Isso não significa, porém, que o Brasil não possui ações que tutelem de forma coletiva esses direitos, mas o ordenamento jurídico brasileiro deve avançar no sentido de permitir que os próprios indivíduos lesados possam propor ações coletivas para a tutela dos direitos individuais homogêneos, vinculando todos os membros da classe, independentemente do resultado da ação.

2.2 As *class actions* no ordenamento jurídico de outros países

No atual "estado da arte" das *class actions* nos ordenamentos jurídicos, sabe-se que esse tipo de ação ganhou muito espaço no sistema norte-americano, sendo constantemente utilizadas na resolução de conflitos coletivos naquele país.

A título de conhecimento, corroborando com a expressiva utilização desse mecanismo processual nos Estados Unidos, sublinhe-se, novamente, uma pesquisa realizada anualmente pela Carlton Fields Jorden Burt, LLP, escritório de advocacia norte-americano especializado em *class actions*, em que se afirma que, em 2018, os gastos, em demandas de *class action*, foram de 2,46 bilhões de dólares, o que corresponde a 11,1% dos gastos com todos os litígios nos EUA.[192]

Segundo a mesma pesquisa, esse número vem crescendo, nos EUA, ao longo dos últimos anos, sendo o valor encontrado em 2018 correspondente ao maior valor envolvido em *class actions* desde a recessão econômica norte-americana.[193]

---

[192] CARLTON FIELDS JORDEN BURT, LLP. *The 2019 Carlton Fields Class Action Survey*. Disponível em: https://www.carltonfields.com/getmedia/efc6c4a4-9460-4a9b-87d2-0afc214a9679/2019-carlton-fields-class-action-survey.pdf. Acesso em: 16 mai. 2019. p. 6.
[193] Ibid., p. 4.

Ademais, considerando os assuntos de direito material tutelados por *class actions*, nos Estados Unidos, segundo dados coletados pelo Carlton Fields Jorden Burt, LLP,[194] no ano de 2018, 28,7% das ações de classes envolviam direitos trabalhistas e 24,0% tratavam de matéria consumerista.

Segundo as companhias norte-americanas, há um sentimento no mercado de que a próxima onda de proposição de inúmeras *class actions* envolverá assuntos de direitos digitais, como segurança e privacidade na internet, aumentando bastante os números de ações coletivas envolvendo essa temática.[195]

A título de exemplo, cite-se que, no dia 13 de maio de 2019, a Suprema Corte dos Estados Unidos autorizou uma *class action* envolvendo direito antitruste, na qual os consumidores buscam ser indenizados diante da alegação de que a empresa Apple Inc. estaria usando seu poder econômico para elevar os preços dos aplicativos para iPhones vendidos em sua Apple Store.[196]

Pelos números apresentados, bem como pelo exemplo envolvendo uma grande companhia norte-americana, observa-se que as *class actions* correspondem a um assunto que está sempre no cotidiano de trabalho dos advogados internos das empresas, bem como no dia a dia de escritórios de advocacia e das cortes judiciais do Estados Unidos.

Dando continuidade, nos próximos tópicos, serão abordados os regramentos jurídicos das *class actions* nos Estados Unidos, bem como buscar-se-á analisar como, e se, esse instituto ocorre na Itália, por ser um país que exerce forte influência no direito processual civil brasileiro.

Em breve análise, sabe-se que a Itália traz um procedimento parecido com o das *class action* no art. 140 bis de seu Código do Consumidor de 2005, sendo esse artigo responsável pela *azione collettiva risarcitoria*.

Interessante faz-se observar que as matérias relativas aos direitos coletivos e individuais homogêneos geralmente aparecem nos ordenamentos jurídicos através da defesa dos consumidores.

No Brasil, também é notória a utilização de meios de tutela coletiva na defesa de direitos ambientais e dos consumidores, no entanto

---

[194] Ibid., p. 11.
[195] Ibid., p. 13.
[196] LIPTAK, Adam; NICAS, Jack. Supreme Court Allows Antitrust Lawsuit Against Apple to Proceed. *The New York Times*, Washington, 13 maio 2019. Disponível em: https://www.nytimes.com/2019/05/13/us/politics/supreme-court-antitrust-apple.html. Acesso em: 17 mai. 2019.

deve-se avançar no sentido de que haja uma ação coletiva para a tutela de direitos individuais homogêneos decorrentes de qualquer relação jurídica de direito material.

2.3 As *class actions* no ordenamento jurídico italiano

Como anteriormente informado, as *class actions* foram introduzidas no ordenamento jurídico italiano através da Lei nº 244, de 2007,[197] responsável por introduzir o art. 140 bis no Código de Defesa do Consumidor italiano.

Ocorre que essa lei foi publicada, devendo vigorar em cento e oitenta dias, mas, devido a uma necessidade de adaptações de procedimento, foi postergada algumas vezes. Em razão disso, através da Lei nº 99, de 2009,[198] o art. 140 bis foi modificado substancialmente, passando a vigorar em janeiro de 2010 e sendo denominada de Lei das Ações de Classe.

Em seguida, em 2012, através da Lei nº 27,[199] a Lei de Ações de Classes italiana foi modificada para aumentar seu escopo de atuação, protegendo direitos contratuais de consumidores e usuários que se encontre em situações homogêneas.[200]

Ademais, na Itália, através do Decreto Legislativo nº 198 de 2009,[201] o legislador italiano passou regular a eficiência na administração pública, criando, para tanto, a possibilidade de uma *class action* em face

---

[197] ITÁLIA. *Legge 24 dicembre 2007, n. 244*. Disposizioni per la formazione del bilancio annuale e pluriennale dello Stato (legge finanziaria 2008). Roma, 2007. Disponível em: https://www.normattiva.it/atto/caricaDettaglioAtto?atto.dataPubblicazioneGazzetta=2007-12-28&atto.codiceRedazionale=007G0264. Acesso em: 19 mai. 2019.

[198] ITÁLIA. *Legge 23 luglio 2009, n. 99*. Disposizioni per lo sviluppo e l'internazionalizzazione delle imprese, nonche' in materia di energia. Roma, 2009. Disponível em: https://www.normattiva.it/uri-res/N2Ls?urn:nir:stato:legge:2009;99. Acesso em: 19 mai. 2019.

[199] ITÁLIA. *Legge 24 marzo 2012, n. 27*. Conversione in legge, con modificazioni, del decreto-legge 24 gennaio 2012, n. 1, recante disposizioni urgenti per la concorrenza, lo sviluppo delle infrastrutture e la competitivita. Roma, 2012. Disponível em: https://www.normattiva.it/atto/caricaDettaglioAtto?atto.dataPubblicazioneGazzetta=2012-03-24&atto.codiceRedazionale=012G0048. Acesso em 19 mai. 2019.

[200] DI GARBO, Gianfranco; FIORELLI, Gaetano Iorio. Italy. In: SWALLOW, Richard (Ed.) *The Class Actions Law Review*. 2. ed., London: The Law Reviews, 2018. p. 117-125. Disponível em: https://thelawreviews.co.uk/edition/1001170/the-class-actions-law-review-edition-2. Acesso em 19 maio. 2019. p. 117.

[201] ITÁLIA. *Decreto Legislativo 20 dicembre 2009, n. 198*. Attuazione dell'articolo 4 della legge 4 marzo 2009, n. 15, in materia di ricorso per l'efficienza delle amministrazioni e dei concessionari di servizi pubblici. Roma, 2009. Disponível em: https://www.normattiva.it/atto/caricaDettaglioAtto?atto.dataPubblicazioneGazzetta=2009-12-31&atto.codiceRedazionale=009G0207. Acesso em: 19 mai. 2019.

dos órgãos e entidades públicas na tentativa de proteger os interesses dos administrados.²⁰²

Em 2019, na Itália, ocorreu a alteração mais substancial na disciplina das *class actions*, pois, através da Lei nº 31, de 12 de abril de 2019,²⁰³ foi introduzido o Título VIII-bis do livro quatro do Código Italiano de Processo Civil. Essa lei foi responsável por introduzir as ações de classe no CPC italiano, dando maior visibilidade a esse tipo de procedimento.

Essa nova lei entrou em vigor apenas em 19 de maio de 2021 e, até lá, as ações de classes continuaram sendo reguladas pelo Código Consumerista. Em seguida, o regulamento das *class actions* no CDC italiano foi revogado.

Dentre as principais alterações que essa lei traz, encontram-se alterações que ampliaram o âmbito de aplicação das *class actions* italianas do ponto de vista subjetivo e objetivo.

Sob o viés subjetivo, ocorreu uma ampliação dos legitimados ativos que, a partir da nova lei, não precisam ser apenas consumidores, usuários e associações ligadas a defesa deles, mas poderão propor ações coletivas as associações e organizações em geral que estejam inscritas em lista pública elaborada pelo Ministério da Justiça italiano, bem como os integrantes dessas classes.

Quanto aos legitimados passivos, com a nova lei, observa-se a concentração, em um mesmo regramento, de empresas e órgãos públicos e privados como possíveis entes lesivos dos direitos individuais homogêneos.

Com a nova lei, analisando o objeto tutelado pelas ações de classe, observa-se uma ampliação do âmbito de incidência desse procedimento que passa a tutelar não apenas relações contratuais, como ocorre atualmente no CDC italiano, mas também situações de direito individual homogêneo decorrentes de relações extracontratuais.

No início da nova lei, com a introdução das ações de classe no CPC italiano, o art. 840-bis delimita, de forma simples e direta, que os

---

²⁰² DI GARBO, Gianfranco; FIORELLI, Gaetano Iorio. Italy. *In*: SWALLOW, Richard (Ed.) *The Class Actions Law Review*. 2. ed., London: The Law Reviews, 2018. p. 117-125. Disponível em: https://thelawreviews.co.uk/edition/1001170/the-class-actions-law-review-edition-2. Acesso em 19 maio. 2019. p. 117.

²⁰³ ITÁLIA. *Legge 12 aprile 2019, n. 31*. Disposizioni in materia di azione di classe. Roma, 2019. Disponível em: https://www.normattiva.it/atto/caricaDettaglioAtto?atto.dataPubblicazioneGazzetta=2019-04-18&atto.codiceRedazionale=19G00038. Acesso em: 19 mai. 2019.

direitos individuais homogêneos também podem ser protegidos por meio da *class action*.

Com a publicação dessa lei na Itália, pode-se perceber como o tema abordado na presente obra é atual e necessário, pois, assim como ocorre no ordenamento jurídico italiano, o Brasil precisa introduzir as ações de classe em seu Código de Processo Civil ou em um Código de Processo Coletivo que venha a surgir.

Quando se observa o direito tutelado através das ações de classes indicadas no Código Italiano de Defesa dos Consumidores, tem-se que será cabível esse tipo de tutela coletiva em caso de homogeneidade de lesão aos seguintes direitos:

a) os direitos contratuais de uma pluralidade de consumidores e usuários que pagam à mesma empresa em uma situação homogênea, incluindo também os direitos relativos a contratos estipulados nos termos dos artigos 1341 e 1342 do código civil italiano;
b) os direitos homogêneos devidos aos consumidores finais de determinado produto, ou serviço, em relação ao produtor, mesmo independentemente de relação contratual direta;
c) os direitos homogêneos à recuperação do prejuízo sofrido pelos mesmos consumidores e usuários de práticas comerciais desleais ou de comportamento anticoncorrencial.[204]

Sabe-se, através de comentários de aplicadores italianos do direito, que a maioria das *class actions*, na Itália, referem-se a casos de comércio desleal e contratos financeiros. Ocorre, porém, que assuntos relacionados com direito ambiental também são tutelados por esse tipo

---

[204] Tradução própria de: "2. ((L'azione di classe ha per oggetto l'accertamento della responsabilita' e la condanna al risarcimento del danno e alle restituzioni in favore degli utenti consumatori.)) L'azione tutela: a) i diritti contrattuali di una pluralita' di consumatori e utenti che versano nei confronti di una stessa impresa in situazione ((omogenea)), inclusi i diritti relativi a contratti stipulati ai sensi degli articoli 1341 e 1342 del codice civile; b) i diritti ((omogenei)) spettanti ai consumatori finali di un determinato prodotto ((o servizio)) nei confronti del relativo produttore, anche a prescindere da un diretto rapporto contrattuale; c) i diritti ((omogenei)) al ristoro del pregiudizio derivante agli stessi consumatori e utenti da pratiche commerciali scorrette o da comportamenti anticoncorrenziali" (ITÁLIA. Decreto Legislativo 6 settembre 2005, n. 206. Codice del consumo, a norma dell'articolo 7 della legge 29 luglio 2003, n. 229. Disponível em: https://www.normattiva.it/atto/caricaDettaglioAtto?atto.dataPubblicazioneGazzetta=2005-10-08&atto.codiceRedazionale=005G0232&atto.articolo.numero=0&atto.articolo.sottoArticolo=1&atto.articolo.sottoArticolo1=10&qId=f75829a3-a57c-4461-970b-9cae537d69c8&tabID=0.7165428 618176537&title=lbl.dettaglioAtto. Acesso em: 19 maio 2019).

de ação apesar de esse tema não está expresso no Código Italiano de Defesa do Consumidor.²⁰⁵

Observa-se que, com a Lei nº 31, de 12 de abril de 2019, ocorre a ampliação objetiva das *class actions* no ordenamento jurídico italiano, pois esse tipo de ação não ficará mais restrito aos temas indicados no CDC.

Aliás, como já informado, apesar da restrição legal do CDC, os aplicadores do direito já aplicavam esse tipo de ação para tutelar outros direitos individuais homogêneos, como os decorrentes de lesão a direitos ambientais.

Os doutrinadores, em sua análise quanto às *class actions* sob a égide do CDC italiano, criticavam justamente a limitação subjetiva e objetiva que esse tipo de ação possuía,²⁰⁶ problema que se entende superado com a promulgação da nova lei das *class actions* em 2019.

Com a finalidade de exemplificar a aplicação das *class actions* na Itália, cita-se a ação de classe proposta pela Associação Consumerista *Altroconsumo* contra a empresa Volkswagen em razão da falsificação dos testes de poluição nos veículos movidos à diesel. Outro exemplo italiano é uma ação de classe proposta por consumidores em face de uma empresa de turismo diante do cancelamento de um pacote de viagem em feriado local.²⁰⁷

Interessante destacar que a ação proposta pela Associação Consumerista *Altroconsumo* contra a empresa Volkswagen também foi proposta em diversos locais do mundo, como nos Estados Unidos e no Brasil em razão da mesma fraude realizada por aquela empresa.

Observa-se, por todo o exposto, que as *class actions*, no ordenamento jurídico italiano, têm importância em razão de sua efetiva utilização na tutela dos direitos dos consumidores.

Ademais, a partir da grande reforma que esse tipo de ação sofreu em 2019, as *class actions* ganham um papel de destaque, devendo se popularizar no cotidiano forense italiano como meio eficaz de defesa dos direitos individuais homogêneos.

---

[205] DI GARBO, Gianfranco; FIORELLI, Gaetano Iorio. Italy. *In*: SWALLOW, Richard (Ed.) *The Class Actions Law Review*. 2. ed., London: The Law Reviews, 2018. p. 117-125. Disponível em: https://thelawreviews.co.uk/edition/1001170/the-class-actions-law-review-edition-2. Acesso em 19 maio. 2019. p. 119.

[206] Ibid., p.122.

[207] Ibid., p.123.

2.4 O regramento norte-americano das *class actions*

Conforme visto anteriormente, a *class action* é um instituto bastante utilizado no cotidiano forense dos Estados Unidos, envolvendo altas cifras, bem como sendo de comum utilização tanto nas justiças federais, quanto estaduais norte-americanas.

A *class action* é uma técnica processual norte-americana que corresponde a uma ação coletiva em que uma classe, composta por pessoas prejudicadas pelo mesmo fato ou que tenham tido o mesmo prejuízo, pleiteia indenização pelos danos sofridos em conjunto.[208]

Deve ser observado que a união de todos os lesados por uma determinada situação, o que pode chegar a milhões de pessoas, em uma mesma ação é impossível, gerando problemas quanto à jurisdição e à competência. Nessas situações, portanto, cabe a utilização das *class actions*.[209]

Oportunamente, é interessante notar que um fato gerador de danos e realizado, por exemplo, por uma grande companhia pode atingir milhares de consumidores espalhados pelos diversos estados norte-americanos, o que geraria um problema quanto à jurisdição adequada para a proposição da ação que não utilizasse o procedimento das *class actions*. Essa mesma situação produziria problemas na identificação do juízo competente para tanto.

A *class action* é, portanto, o melhor mecanismo para tutelar os direitos da classe prejudicada nessas situações em que a participação de todos se mostra insustentável diante do grande número de pessoas interessadas, pois essa ação é proposta por um ou mais autores representando os interesses do grupo maior.[210]

A criação das *class actions* partiu da necessidade de um mecanismo processual cuja decisão permita, de forma eficiente, incluir todas as pessoas que estejam na mesma situação, evitando, assim, decisões contraditórias, bem como garantido que, inclusive, as pessoas que não tenham participado da ação tenham seus direitos tutelados, o que propicia economia de tempo e de dinheiro para todos.[211]

---

[208] ALMEIDA, André de. *A maior ação do mundo*: a história da class action contra a Petrobras. São Paulo: SRS Editora, 2018, p. 26.
[209] Ibid., p. 27-30.
[210] Ibid.
[211] Ibid.

Na justiça federal, as *class actions* são reguladas pela *Rule 23* do *Federal Rules of Civil Procedure*. Por outro lado, os estados federados possuem regras próprias para as *class actions*, porém similares com o regramento federal, motivo pelo qual será analisada apenas a lei federal no presente trabalho.

A *Rule 23* do *Federal Rules of Civil Procedure* inicia-se pelos requisitos essenciais para a proposição de uma ação de classe. Além dos requisitos, os outros elementos dessa legislação que merecem destaque são:

a) Hipóteses de cabimento das *class actions*;
b) Aspectos procedimentais: certificação, grupo, coisa julgada e ação coletiva passiva.

Esses elementos serão analisados nos próximos tópicos com o objetivo de dar uma melhor visão quanto às *class actions* norte-americanas, contribuindo para a elaboração da proposta de lei que será feita no capítulo final.

2.4.1 Requisitos para a proposição das *class actions*

Quanto aos requisitos, deve-se sublinhar que todos eles precisam estar presentes de forma concorrente, cabendo à parte requerer o tratamento da ação como uma *class action*. Ademais, esse requerimento pode ser feito por um representante do grupo ou pela parte contrária.[212]

A saber, os requisitos são: a) o grupo deve ser tão numeroso que torne impraticável a união de todos seus membros; b) devem existir questões de direitos ou de fato comuns entre os integrantes do grupo; c) os pedidos ou a defesa do representante do grupo devem ser típicos dos pedidos ou das defesas do grupo; d) o representante do grupo deve proteger com justiça e adequação os interesses do grupo.[213]

---

[212] GIDI, Antonio. *A class action como instrumento de tutela coletiva dos direitos*. São Paulo: Revista dos Tribunais, 2007, p. 67-69.

[213] Tradução própria de: "*Rule 23 – Class Actions*
(a) Prerequisites. One or more members of a class may sue or be sued as representative parties on behalf of all members only if:
(1) the class is so numerous that joinder of all members is impracticable;
(2) there are questions of law or fact common to the class;
(3) the claims or defenses of the representative parties are typical of the claims or defenses of the class; and
(4) the representative parties will fairly and adequately protect the interests of the class" (ESTADOS UNIDOS DA AMÉRICA. Federal Rules of Civil Procedure, as amended to December 1, 2014. Disponível em: https://www.uscourts.gov/sites/default/files/Rules%20of%20Civil%20 Procedure. Acesso em: 21 mar. 2019).

A doutrina classifica esses requisitos da seguinte forma: em objetivos, os dois primeiros, e em subjetivos, os dois últimos. Os requisitos objetivos são verificados fora do processo, enquanto os requisitos subjetivos são internos.

Ocorre que, estando presentes os requisitos objetivos, a controvérsia pode ser solucionada através de um único julgamento. Por outro lado, somente com a presença dos requisitos subjetivos, a ação pode ser qualificada como uma *class action*, prosperando e produzindo uma decisão que vincule todos os membros do grupo.[214]

Um fato interessante é que, antes da *Rule 23*, os atuais requisitos para a proposição das *class actions* eram os únicos casos de admissibilidade de tais ações.[215]

A análise quanto à presença dos requisitos para a proposição das *class actions* é uma questão de fato a ser analisada pelo juízo de primeiro grau, variando a depender do tipo de ação de classe que foi proposta, bem como do direito material que está sendo tutelado.

Sublinhe-se que, no segundo grau, a decisão quanto aos requisitos para a *class action* somente será alterada caso haja abuso de discricionariedade ou erro grosseiro na decisão de primeiro grau quanto a esse tema.[216]

Esses requisitos serão analisados de forma mais detalhada nos próximos tópicos, utilizando-se, para tanto, das informações doutrinárias existentes quanto ao tema, bem como das experiências práticas quanto à aplicação do instituto da *class action* no ordenamento jurídico norte-americano.

Oportunamente, antes de iniciar a análise mais aprofundada dos requisitos explícitos para a proposição de uma *class action* norte-americana, a doutrina apresenta dois requisitos implícitos a serem cumpridos na proposta desse tipo de ação.

O primeiro requisito implícito diz respeito a uma adequada definição de classe.[217] Para essa adequada definição de classe, deve-se cumprir três requisitos apresentados pela jurisprudência, a saber, o

---

[214] GIDI, Antonio. *A class action como instrumento de tutela coletiva dos direitos*. São Paulo: Revista dos Tribunais, 2007, p. 67-68.
[215] Ibid.
[216] Ibid., p. 71.
[217] GENTRY, Caroline H. A Primer On Class Certification Under Federal Rule 23. In: CORPORATE COUNSEL CLE SEMINAR, Califórnia, February, 2014. Disponível em: https://www.classactiondeclassified.com/wp-content/uploads/sites/26/2017/08/a_primer_class_certification_under_federal_rule.pdf. Acesso em: 07 ago. 2019.

primeiro é que a definição do grupo deve ser precisa e não pode apresentar ambiguidade.

Em segundo lugar, a classe deve ser suficientemente definida a fim de permitir que o Poder Judiciário possa decidir se um indivíduo pode ou não ser considerado como membro da classe.

O terceiro requisito é que a definição da classe não pode ser tão ampla ao ponto de alcançar indivíduos que não deveriam estar incluídos no mesmo grupo.[218]

O segundo requisito implícito apresentado acima explica que a classe precisa ser determinável ao ponto de permitir que existam critérios objetivos que identifiquem uma pessoa como membro, ou não, do grupo em litígio.[219]

Feitas essas observações, segue-se para análise dos requisitos explicitamente indicados na *Rule 23* e necessários para a proposição de uma *class action*.

2.4.1.1 Primeiro requisito: a impraticabilidade do litisconsórcio

O primeiro requisito a ser analisado para a proposição de uma *class action* nos Estados Unidos é a impraticabilidade do litisconsórcio.[220] Na análise desses requisitos, serão utilizados os elementos e explicações

---

[218] Requisitos retirados a partir de tradução própria e interpretação do seguinte trecho: "*The requirement of an adequate class definition includes several concepts. First, the class definition must be precise and unambiguous. Second, it 'must be sufficiently definite so that it is administratively feasible for the court to determine whether a particular individual is a member of the proposed class.' Finally, it must not be 'defined so broadly as to include a great number of members who for some reason could not have been harmed by the defendant's allegedly unlawful conduct.' Although the lack of an adequate class definition can lead to a denial of class certification, the court may instead choose to remedy its problematic aspects and propose an amended definition. A type of class definition that is frequently challenged is a 'fail-safe class,' i.e., one that is defined to include only those individuals who have a valid claim—which is of course a merits question that will not be decided until the end of the case (if at all). Although the Fifth Circuit does not prohibit fail-safe classes, other courts have rejected them on the grounds that they do not allow class members to be identified and also are unfair to defendants because 'a class member either wins or, by virtue of losing, is defined out of the class and is therefore not bound by the judgment.'*" (GENTRY, Caroline H. A Primer On Class Certification Under Federal Rule 23. *In*: CORPORATE COUNSEL CLE SEMINAR, Califórnia, February, 2014. Disponível em: https://www.classactiondeclassified.com/wp-content/uploads/sites/26/2017/08/a_primer_class_certification_under_federal_rule.pdf. Acesso em: 07 ago. 2019, p. 3).

[219] Tradução própria e interpretação do seguinte trecho: "*Although a plaintiff need not identify individual class members prior to class certification, he must show that there is an available method to identify class members based on objective criteria*" (Ibid.).

[220] GIDI, Antonio. *A class action como instrumento de tutela coletiva dos direitos*. São Paulo: Revista dos Tribunais, 2007, p. 72-79.

apresentados por Antonio Gidi em sua principal obra relativa às *class actions* norte-americanas, importante livro quanto ao tema encontrado na doutrina brasileira.

A regra 23(A)(1) determina que o grupo deve ser tão numeroso que torne o litisconsórcio impraticável. Sublinhe-se que a norma diz que o litisconsórcio deve ser impraticável e não impossível.

Dessa forma, em um caso concreto, o juiz deve analisar não a possibilidade do litisconsórcio, mas a impraticabilidade do mesmo que deve ser deduzida a partir da análise de elementos do caso.

Sublinhe-se que a impraticabilidade não decorre apenas da numerosidade de pessoas pertencentes ao grupo, pois existem *class actions* que, por exemplo, são aceitas com o grupo tendo apenas vinte pessoas.

A impraticabilidade do litisconsórcio, segundo Gidi,[221] pode ser observada quando houver dificuldade ou inconveniência em se administrar um processo com a presença de todos os interessados.

No direito norte-americano, as *class actions* são um mecanismo processual excepcional que não devem ser manejadas quando a tutela individual for possível. Em outras palavras, tem-se que a proposição de uma *class action* substitui a tutela individual e a coisa julgada formada no âmbito da ação de classe impede a propositura de ações individuais, a não ser que o indivíduo tenha optado por ser excluído da classe.[222]

Verifica-se, assim, que as *class actions* norte-americanas devem ser propostas em razão da necessidade e conveniência. Em determinado caso, portanto, não sendo conveniente, nem necessária a proposição de uma ação representativa, os indivíduos não podem ser privados de exercerem a tutela individual de seus direitos.[223]

Ao contrário, no direito brasileiro, a tutela coletiva não substitui a individual, não podendo os indivíduos serem prejudicados pela sentença coletiva desfavorável.

Como informado, um grupo com um pequeno número de membros pode sim levar à propositura de uma *class action*. Na prática, um grupo muito grande leva à propositura da ação de classe, mas, no caso de um grupo pequeno, outros fatores devem ser analisados.

---

[221] Ibid., p. 72-73.
[222] Ibid., p. 73.
[223] Ibid.

Como exemplo, Gidi[224] explica que um grupo formado por pessoas hipossuficientes ou por pessoas ignorantes dos fatos ou dos direitos, quando essa condição prejudicar a propositura de ações individuais e requerer uma maior proteção do grupo, pode dar cabimento à propositura de uma *class action* independentemente de o número de integrantes da classe ser grande ou não.

Um outro elemento que pode ser observado pelo juiz ao analisar o requisito da impraticabilidade do litisconsórcio consiste na inviabilidade econômica das demandas de forma individual, fazendo-se necessário que o grupo entre com uma *class action* para que, juntos, a ação tenha viabilidade econômica, o que permitirá a satisfação dos interesses individuais dos membros do grupo.[225]

Quanto a esse elemento, na prática, o juiz verifica se os custos decorrentes da proposição individual de tutela de direitos são tão grandes que o indivíduo não tem condições de promover essa demanda sozinho.

Logo, a proposição de uma *class action* serve, nesses casos, para a união de forças, conhecimento e dinheiro que possibilitam a tutela de direitos, o que não ocorreria caso os indivíduos atuassem de forma isolada.

Sublinhe-se que, na administração da justiça norte-americana, não se encontram problemas quanto à morosidade do trâmite processual, nem quanto à ineficácia das decisões judiciais.

Um dos principais problemas da justiça estadunidense corresponde, no entanto, aos altos custos para a promoção, defesa e continuidade dos processos.[226] Percebe-se, diante desse problema, que as *class actions* são um excelente meio de combater a dificuldade que os indivíduos encontram com os elevados custos processuais.

Em complemento, ainda em relação aos problemas para os quais a proposição de uma *class action* serve como solução, tem-se que o litisconsórcio se mostra impraticável diante da dificuldade em identificar e localizar os membros do grupo que, muitas vezes, estão dispersos geograficamente.[227]

---

[224] Ibid., p. 75.
[225] Ibid.
[226] Ibid., p. 76
[227] Ibid.

Observe-se que, nesse caso, diante da dispersão geográfica dos membros de um grupo, caso fosse proposta ações com indivíduos em litisconsórcio, seriam frequentes as dificuldades em relação à jurisdição competente para o julgamento da causa.

Outro fator que dificulta a proposição individual de ações, sendo preferível a utilização de uma *class action*, está na constatação de que, em muitos casos de relações jurídicas continuativas, como a relação de emprego, os indivíduos têm receio de sofrer retaliação do réu caso proponham sozinhos ações em face da parte contrária.[228]

Para melhor compreensão desse fator, faz-se interessante apresentar o dado estatístico de que, segundo dados coletados em 2018, 28,7% das *class actions* em curso nos Estados Unidos refere-se ao assunto de trabalho e emprego.[229]

Nesses casos de relações trabalhistas, é comum que os trabalhadores tenham receio de entrarem com ações contra seus empregadores, o que desestimula a proposição de tutelas jurídicas individuais. Como solução a essa situação, pode-se propor ações coletivas para tutelar os direitos dos membros do grupo de trabalhadores.

A doutrina apresenta mais dois outros elementos verificados na prática que contribuem para a satisfação do requisito da impraticabilidade do litisconsórcio na proposição de uma *class action*.[230]

Um desses elementos é o receio que os integrantes de determinados grupos têm de se exporem em público com a proposição individual de ação, sendo preferível, em muitos casos, a proposição de uma *class action*. Como exemplo, citem-se casos de prostitutas ou homossexuais no enfrentamento de discriminação no ambiente de trabalho.[231]

O último elemento a ser analisado consiste na possibilidade de que o ilícito praticado atinja pessoas ainda desconhecidas no futuro, o que se verifica, de forma evidente nos casos, de grupos de natureza fluida ou rotativa, como grupos de prisioneiros e estudantes.[232]

---

[228] Ibid.
[229] CARLTON FIELDS JORDEN BURT, LLP. *The 2019 Carlton Fields Class Action Survey*. Disponível em: https://www.carltonfields.com/getmedia/efc6c4a4-9460-4a9b-87d2-0afc214a9679/2019-carlton-fields-class-action-survey.pdf. Acesso em: 16 mai. 2019. p. 11.
[230] GIDI, Antonio. *A class action como instrumento de tutela coletiva dos direitos*. São Paulo: Revista dos Tribunais, 2007, p. 76.
[231] Ibid.
[232] Ibid.

Ocorre que, na análise do requisito da impraticabilidade do litisconsórcio, a maior parte das *class actions* envolve grupos bastante numerosos, o que facilmente leva o magistrado de primeiro grau a concluir que esse requisito está cumprido. Esse fato faz com que surjam interpretações da doutrina e da jurisprudência que limitam esse requisito apenas à análise da quantidade de membros no grupo.[233]

No entanto, essa análise apenas quanto ao número de integrantes do grupo é limitativa, pois devem ser considerados todos os outros elementos destacados anteriormente. A decisão tomada apenas com base na numerosidade de membros da classe já produziu decisões equivocadas em que o juiz reconheceu a impraticabilidade do litisconsórcio em razão de outros motivos que não a numerosidade dos integrantes da classe, mas não considerou cumprido esse requisito, pois, no caso concreto, o motivo dessa impraticabilidade do litisconsórcio não decorria da numerosidade do grupo.[234]

Dando continuidade, deve-se destacar que é comum que, na propositura da *class action*, o representante do grupo tenha apenas uma suspeita de que a conduta lesiva do réu atinja inúmeras outras pessoas. Essa suspeita será demonstrada através de provas a serem produzidas pelo representante do grupo na fase probatória do processo, a chamada *discovery phase*.[235]

O representante do grupo em uma *class action* tem o ônus de apresentar uma estimativa feita com boa-fé de que o grupo é numeroso. Essa estimativa auxiliará o juiz na tomada de decisão no curso da ação, bem como servirá de subsídio na elaboração de um possível acordo entre as partes para encerrar de forma mais rápida o processo.

Sublinhe-se que, na elaboração de um possível acordo, será determinante o número aproximado de pessoas lesadas para que se chegue a um valor adequado de indenização a ser ajustado entre as partes.[236]

Deve ser destacado, mais uma vez, que não é apenas a análise da numerosidade do grupo que deve ser considerada na verificação do cumprimento do primeiro requisito para a proposição de uma *class action*, devendo ser considerados todos os elementos informados anteriormente.

---

[233] Ibid., p. 77.
[234] Ibid.
[235] Ibid., p.78.
[236] Ibid., p. 78-79.

É notório, no entanto, que a quantidade de integrantes do grupo é um elemento importante e sempre analisado na proposição desse tipo de ação.

Para encerrar o presente tópico, cabe apresentar a observação de Gidi[237] de que a análise da numerosidade de um grupo é apenas o último elemento a ser verificado na proposição de uma *class action*, apesar de esse fator estar relacionado com o primeiro requisito apresentado na *Rule 23*.

A numerosidade, portanto, somente é analisada após se verificar que existem questões comuns entre os integrantes do grupo, bem como analisar se a pretensão do representante do grupo está adequada para a tutela dos interesses da classe representada.

2.4.1.2 Segundo requisito: questão comum de fato ou de direito

O segundo requisito para a proposição de uma *class action* está indicado na regra 23(A)(2)[238] ao determinar que é necessário que haja questões de fato ou de direito comuns aos integrantes do grupo.

A predominância das questões comuns aos integrantes da classe em conjunto com a superioridade da defesa coletiva sobre a individual[239] são alguns dos critérios a serem analisados pelo judiciário para a classificação da ação como uma *class action*.

Com o presente requisito, deve-se verificar se, entre todos os integrantes do grupo, existem algum fato comum que enseja a proposição de uma única *class action* para tutelar seus direitos.

Por exemplo, cite-se um mesmo fato danoso causado por uma indústria química que tenha derramado produtos tóxicos em um lago, ocasionando, assim, danos a todos os moradores do entorno desse lago.

Nesse exemplo, verifica-se uma questão fática comum a todos os integrantes da classe formada pelos residentes na proximidade desse

---

[237] Ibid.

[238] Literalidade da regra 23(A)(2) norte-americana: *"(2) there are questions of law or fact common to the class;"* (Tradução própria: existência de questões de direito ou de fato comuns aos integrantes do grupo) (ESTADOS UNIDOS DA AMÉRICA. *Federal Rules of Civil Procedure, as amended to December 1*, 2014. Disponível em: https://www.uscourts.gov/sites/default/files/Rules%20of%20Civil%20Procedure. Acesso em: 21 mar. 2019).

[239] SOARES, Ana Luiza Mendonça; REZENDE, Naiara Rodrigues. A class action norte-americana e o Processo Coletivo Brasileiro. *Publicações da Escola da AGU*, Brasília, v. 2, n. 13, p. 83-104, nov./dez., 2011, p. 90.

desastre químico, o que cumpre um dos requisitos para permitir que os lesados por esse dano ambiental possam propor uma ação de classe reparatória em face da empresa causadora do dano.

Para o referido exemplo, o valor da reparação civil de todos os lesados com o desastre químico não é o mesmo, o que vai depender dos danos particulares sofridos individualmente pelos integrantes da classe, porém isso não impede a questão comum, pois existe um núcleo comum, a saber, o mesmo incidente químico que enseja a indenização dos integrantes do grupo afetado.

Da mesma forma, a existência de uma questão de direito comum a todos os integrantes de uma classe pode servir como elemento para a proposição de uma *class action*.

Com esse segundo requisito, entende-se que os membros da classe possuem situações subjetivas controversas cuja decisão depende, pelo menos parcialmente, da resolução das mesmas questões de fato ou de direito.[240]

O requisito da questão comum é essencial e indispensável para a classificação de uma *class action*. Dessa forma, é possível retirar todos os demais requisitos indicados na *Rule 23(a)* para a classificação de uma ação de classe, mas não se pode retirar a necessidade de uma questão comum para uma *class action*.[241]

Aliás, destaque-se que o requisito da questão comum entre os membros do grupo, bem como a impraticabilidade do litisconsórcio e a representação adequada dos integrantes da classe no bojo do processo são requisitos atuais das *class action*, mas que também estavam presentes como requisitos das *bill of peace* presente no ordenamento jurídico inglês do século XVII.[242]

---

[240] GIUSSANI, Andrea. *Studi sulle "class actions"*. Padova: CEDAM, 1996, p. 64. Tradução própria de: "*In secondo luogo si richiede che in qualsiasi class action- e non più espressamente solo nelle azioni 'spurie'- vi siano questioni di fatto o di diritto comuni alla classe, con ciò intendendosi che gli appartenenti alla classe risulti- no titolari di situazioni soggettive controverse la decisione sulle quali dipenda almeno parzialmente dalla risoluzione delle mede- sime questioni di fatto o di diritto*".

[241] Nesse sentido, Antonio Gidi indica: "É intuitivo, porém, que, se não houver questões comuns de fato ou de direito, a tutela coletiva será simplesmente impossível" (GIDI, Antonio. *A class action como instrumento de tutela coletiva dos direitos*. São Paulo: Revista dos Tribunais, 2007, p. 80).

[242] BUENO, Cassio Scarpinella. As class actions norte-americanas e as ações coletivas brasileiras: pontos para uma reflexão conjunta. Publicado originalmente em: *Revista de Processo*, São Paulo, v. 82, 1996. Disponível em: http://scarpinellabueno.com/images/textos-pdf/004.pdf. Acesso em: 13 ago. 2019. p. 2-3.

Gidi,[243] em sua análise das diversas decisões prolatadas nos Estados Unidos no bojo das *class actions*, apresenta que a questão comum em uma ação coletiva é aquela que permite a existência de uma decisão unitária sobre a questão coletiva apresentada.

A questão comum representa, portanto, o núcleo, o "coração" do problema social coletivo apresentado ao Judiciário em busca de uma solução que permita os deslindes das diversas situações fáticas dos membros do grupo envolvido com o litígio.

Sabe-se que a reforma da Regra nº 23, *Rule 23*, em 1966, acabou com a classificação das *class actions* em três tipos, as chamadas *true*, *hybrid* e *spurious class actons*, e, com a exclusão dessa divisão tripartite, a questão comum deixou de ser hipótese de cabimento para ser requisito indispensável para toda ação coletiva.[244]

Tem-se, portanto, que a questão comum, no caso das ações coletivas norte-americanas, é pré-requisito para toda ação coletiva e não mais elemento de um tipo específico de *class action*. Em razão disso, as *common questions* estão indicadas na *Rule 23(a)*.

A *Rule 23* traz, quanto às questões comuns, que elas podem ser de fato ou de direito. Nesse sentido, pode-se questionar se é necessário que estejam presentes ambos os tipos de questões comuns para que um litígio seja certificado como uma *class action*. Em resposta, verifica-se que não é necessária a presença de ambas as questões comuns.

Essa é a conclusão mais lógica decorrente da interpretação desse requisito *Rule 23*, uma vez que se fala, na *Rule 23 (A) (2)*, em "*questions of law or fact common*". Esse trecho da lei americana apresenta a ideia de alternatividade observada através da conjunção *or* que é traduzida em língua portuguesa por 'ou'.

Tudo isso demonstra a intenção do legislador em requerer a presença de questões comuns fáticas ou de direito, não sendo, portanto, necessária a presença de ambas concomitantemente.

Inclusive, essa ideia de alternatividade também será incluída na proposta de lei apresentada ao final desta obra com o propósito de incluir esse tipo de ação no ordenamento jurídico brasileiro.

---

[243] GIDI, Antonio. *A class action como instrumento de tutela coletiva dos direitos*. São Paulo: Revista dos Tribunais, 2007, p. 81.
[244] Ibid., p. 82.

Sublinhe-se que a questão comum necessária em uma *class action* pode ocorrer tanto no polo ativo da demanda, quanto no polo passivo em que o traço comum envolve a defesa de todos os réus.[245]

Verifica-se, quando se fala em questão comum, que existe um núcleo comum fático e/ou jurídico entre todos os membros da classe representada. Esse ponto em comum entre todos os integrantes não implica que as situações particulares de cada um seja a mesma, ou seja, não é necessário que todas as situações particulares sejam exatamente iguais para utilizar-se de uma *class action*. Aliás, se assim fosse, a utilização desse tipo ação ficaria muito difícil de se concretizar em razão das múltiplas realidades possíveis em uma sociedade.[246]

Deve ser destacado que o requisito de existência de uma questão comum é uma condição para todas as *class actions*, porém esse requisito pode ser confundido com a regra contida na *Rule 23(B)(3)*[247] por também falar de questão comum de fato ou de direito.

No entanto, a *Rule 23(B)(3)* é um requisito específico para um tipo de *class action*, não sendo, portanto, condição necessária para toda ação de classe norte-americana, ao contrário do que ocorre com a *Rule 23(A)(2)*.

Faz-se oportuno destacar que a questão comum de fato ou de direito não precisa ser o principal elemento do litígio coletivo proposto, não sendo necessário, portanto, que essa questão seja decisiva para a solução da controvérsia.[248]

Verifica-se, assim, que a questão comum é apenas um dos elementos que garante a proposição desse tipo de ação coletiva, uma vez que, diante da ausência de um elemento comum entre os integrantes do grupo, não é possível a condução de um processo sob o rito coletivo das *class actions*.

---

[245] Ibid., p. 83.
[246] Ibid., p. 84.
[247] "Rule 23: (...)(b) Types of Class Actions. A class action may be maintained if Rule 23(a) is satisfied and if: (...) (3) the court finds that the questions of law or fact common to class members predominate over any questions affecting only individual members, and that a class action is superior to other available methods for fairly and efficiently adjudicating the controversy. The matters pertinent to these findings include: (...)" (ESTADOS UNIDOS DA AMÉRICA. Federal Rules of Civil Procedure, as amended to December 1, 2014. Disponível em: https://www.uscourts.gov/sites/default/files/Rules%20of%20Civil%20Procedure. Acesso em: 21 mar. 2019).
[248] GIDI, Antonio. *A class action como instrumento de tutela coletiva dos direitos*. São Paulo: Revista dos Tribunais, 2007, p. 84.

No caso concreto, caso o juiz verificasse a ausência de questão comum entre os integrantes da classe, a ação não seria certificada e cada indivíduo deveria buscar individualmente a solução de seus conflitos.

Em complemento, deve ser apresentado que não se deve concluir que a ausência de elemento comum entre os integrantes da classe deve implicar na imediata extinção da *class action*, pois a *Rule 23* abre margem para que o juiz, ao analisar a causa, possa decidir de forma diferente.

Nesse sentido, a *Rule 23* cria meios para que o juiz tente dar prosseguimento a ação coletiva utilizando-se de alguma das seguintes possibilidades:

a) redefinição do grupo litigante para permitir que a ação coletiva continue de forma restrita àqueles que tenham elementos em comum (regra contida na *Rule 23(C)(1)(C)*);
b) ou limitar a controvérsia coletiva aos assuntos abrangidos pela questão comum de fato ou de direito, determinando que as questões individuais sejam analisadas após a solução dos elementos em comum (regra inserida na *Rule 23(C)(4)(A)*);
c) ou fazer a divisão da classe em grupos menores e mais homogêneos (regra contida na *Rule 23(C)(4)(B)*);
d) ou, por fim, negar a certificação da *class action*, determinando que a referida ação prossiga apenas de forma individualizada através de cada um dos interessados.[249]

A solução de não certificar a *class action*, fazendo com que a ação prossiga de forma individual por meio de cada um dos integrantes da classe não certificada, deve ser utilizada em último caso, pois é melhor para o Poder Judiciário, bem como para os litigantes, que uma ação siga o rito das *class actions*.

Isso, pois, a utilização de uma *class action* permite uma redução no número de ações propostas, uma vez que haverá apenas uma única ação de classe, e, além disso, dá mais força para que os integrantes com menor força para litigar judicialmente sejam beneficiados com a condução coletiva da ação.

---

[249] Ibid., p. 87-88.

2.4.1.3 Terceiro requisito: tipicidade das reivindicações ou defesas

O terceiro requisito para a proposição de uma ação de classe no modelo norte-americano diz respeito à necessidade de que os pedidos ou defesas realizados pelo representante da classe sejam típicos dos integrantes da classe como um todo. Esse requisito está inserido na *Rule 23 (A)(3)*.[250]

Gidi[251] explica que pedidos e defesas não correspondem à melhor tradução para *"claims or defenses"*. Em melhor tradução de acordo com o que realmente ocorre nos Estados Unidos, esse requisito exige que a pretensão jurídica ou a causa de pedir feitos na *class action*, sejam capazes de representar a pretensão e a causa de pedir dos integrantes da classe.

Esse requisito significa, na prática, que o representante do grupo precisa ser um integrante dele, pois, entre ele e os demais membros da classe, deve haver uma comunhão entre o pedido ou a defesa feita pelo representante e o pedido ou a defesa dos integrantes do grupo.

Nesse sentido, afirma-se que a tipicidade corresponde ao mesmo requisito da questão comum apresentada no item anterior alterando-se apenas o ponto de vista.

Em outras palavras, significa que a tipicidade é o mesmo requisito da questão comum, mas visto de dentro do processo, pois deve haver, além da questão comum entre os integrantes da classe (ponto de vista externo ao processo), uma questão comum entre o representante e os demais membros do grupo (ponto de vista interno).[252]

Tem-se que, quando ocorre a proposição de uma *class action*, o representante do grupo está propondo uma ação em nome próprio e em nome de todos os integrantes da classe que encontram-se na mesma situação.[253]

Com essa explicação, fica mais claro o entendimento do requisito da tipicidade, pois verifica-se que se trata da exigência de que o

---

[250] Literalidade da regra 23(A)(3) norte-americana: *"(3) the claims or defenses of the representative parties are typical of the claims or defenses of the class;"* (Tradução própria: os pedidos ou as defesas do representante da classe devem ser típicos pedidos ou defesas dos integrantes da classe).
[251] GIDI, Antonio. *A class action como instrumento de tutela coletiva dos direitos*. São Paulo: Revista dos Tribunais, 2007, p. 93.
[252] Ibid., p. 88.
[253] Ibid., p. 89.

representante esteja fazendo um pedido no bojo da *class action* que é um típico pedido de qualquer um dos integrantes da classe representada.

Observa-se que o representante poderia muito bem ser trocado por qualquer outro membro da classe, pois entende-se que, se uma ação de classe foi certificada, ela cumpre o requisito da tipicidade e conclui-se, assim, que todos os membros da classe tenham a mesma pretensão ou causa de pedir do representante do grupo.

Ao propor uma *class action*, pressupõe-se que o representante tenha legitimidade e interesse para a proposição da respectiva ação individual caso ele preferisse satisfazer seu direito através de um processo individual.

Na prática, caso verifique-se que o representante da classe não cumpre o requisito da tipicidade em razão de sua pretensão não ser típica com a pretensão dos demais membros do grupo, não se deve indeferir de plano a ação coletiva, mas deve-se permitir que outro integrante da classe possa exercer a função de representante na ação de classe.[254]

Faz-se interessante destacar que a tipicidade exigida como requisito para a proposição de uma *class action* é importante para unir os integrantes da classe com o representante do grupo, pois funciona como o elo em comum entre todos os que fazem parte dessa classe.

Em complemento, tem-se que a tipicidade não é um requisito para a proposição de ações coletivas no Brasil, sendo possível que ações coletivas sejam propostas por associações civis, pelo Ministério Público, por Estados Federados, dentre outros legitimados.

Verifica-se que, ao contrário do que ocorre no sistema norte-americano, os legitimados para a proposição de uma ação coletiva não são necessariamente membros do grupo interessado na solução da controvérsia, mas ocupam um dos polos da ação coletiva em decorrência da legitimidade fixada na legislação brasileira.[255]

Essa é justamente uma das principais diferenças que se pretende incluir no ordenamento jurídico brasileiro ao permitir que os próprios integrantes da classe lesada possam propor ação cível coletiva para a tutela de seus direitos individuais homogêneos, sem depender daqueles indicados na atual legislação como os legitimados para essa tutela coletiva.

---

[254] Ibid., p. 89.
[255] GIDI, Antonio. *A class action como instrumento de tutela coletiva dos direitos*. São Paulo: Revista dos Tribunais, 2007, p. 99.

Feita essa análise quanto ao requisito da tipicidade, passa-se para o quarto requisito que deve ser observado na proposição de uma *class action*, a saber, a representação adequada.

2.4.1.4 Quarto requisito: representatividade adequada

O quarto requisito para a propositura de uma *class action* está positivada na *Rule 23 (A)(4)*[256] e diz respeito à representatividade adequada dos membros da classe. Esse é o requisito mais importante na comparação entre os sistemas de tutela coletiva brasileiro e estadunidense, pois a representação do grupo é feita por legitimados extraordinários no Brasil, enquanto a representação do grupo é feita por um integrante da própria classe atingida nos Estados Unidos.

Ademais, a adequação na representação é um requisito fundamental para a garantia do devido processo legal. Interessante destacar que o devido processo legal é uma expressão vaga para a qual a jurisprudência norte-americana tem contribuído, ao longo do tempo, com sua explicação.

Conforme explicado por Lima,[257] o devido processo legal relaciona-se com a necessária imparcialidade do juiz da causa, com a igualdade entre os litigantes, com a efetividade da tutela processual na defesa dos direitos e com a necessária participação das partes no processo.

Dentre esses elementos com os quais se relacionam o devido processo legal, sobressai-se, no entanto, a participação dos litigantes como o principal elemento para um processo devido.

Dessa forma, para o que o processo seja devido faz-se necessário que a pessoa tenha o direito de falar perante o juiz antes que ele decida a causa, o que se faz necessário para a prolação de uma decisão justa.[258]

Afirma-se que o devido processo legal no Brasil possui contornos mais concretos na Constituição de 1988 do que ocorre nos Estados Unidos, isso em razão do constituinte brasileiro ter especificado as

---

[256] Literalidade da regra 23(A)(4) norte-americana: "*(4) the representative parties will fairly and adequately protect the interests of the class*" (Tradução própria: o representante da classe protegerá, de forma adequada e justa, o interesse da classe).

[257] LIMA, Edilson Vitorelli Diniz. *O devido processo legal coletivo:* representação, participação e efetividade da tutela jurisdicional. 2015. 719 f. Tese (Doutorado em Direito das Relações Sociais) – Faculdade de Direito, Universidade Federal do Paraná, Curitiba, 2015, p.156. Disponível em: https://acervodigital.ufpr.br/handle/1884/40822. Acesso em: 24 set. 2019.

[258] Ibid.

garantias processuais do juiz natural, do contraditório e da ampla defesa, dentre outros que se relacionam com o devido processo legal.[259]

Verifica-se que o devido processo legal da forma como está apresentado se relaciona essencialmente com os processos individuais em que as partes têm a possibilidade de efetivamente participarem do processo. Com essa participação, a decisão do juiz é capaz de fazer coisa julgada em face dos litigantes.

Quando se passa para os processos coletivos, surge a dúvida de como é possível se cumprir com o requisito do devido processo legal diante do fato de que nem todos os que sofrem os efeitos da decisão prolatada participam desse processo coletivo.

Como solução a essa situação, nos Estados Unidos, explica-se que as *class actions* são ações representativas, ou seja, os membros ausentes participam desse tipo de processo através do representante.

Nesse sentido, conforme determina a *Rule 23*, a representação precisa ser adequada para que os membros ausentes, devidamente representados, sofram os efeitos, positivos ou negativos, da sentença prolatada na *class action*.

No caso norte-americano, a adequação na representação é verificada pelo juiz da causa através de diversos critérios que a jurisprudência estadunidense foi construindo ao longo do tempo.

Faz-se interessante pontuar que, no caso das ações coletivas brasileiras, não se fala no Poder Judiciário controlando a adequação na representação do grupo, mas em legitimidade extraordinária conferida pelo legislador por meio da qual algumas entidades possuem legitimidade para defender em juízo direito alheio, como é o caso do Ministério Público e das associações.

Na doutrina e na jurisprudência norte-americanas, verifica-se uma presunção de que o representante adequado fará tudo o que for possível para obter êxito na ação de classe, pois ele é também membro dessa classe, estando, portanto, defendendo interesses próprios e dos demais integrantes do grupo.[260]

No caso das ações coletivas brasileiras, o Estado e as associações, desde que cumpram alguns requisitos, têm legitimidade extraordinária para a tutela de direitos coletivos. Nos Estados Unidos, porém, não

---

[259] Ibid., p. 154.
[260] GIDI, Antonio. *A class action como instrumento de tutela coletiva dos direitos*. São Paulo: Revista dos Tribunais, 2007, p. 104.

existem regras específicas que confiram a legitimidade ao Estado para a proposição de *class action*.

No caso das *class actions*, o Estado pode, segundo a jurisprudência, propor *class action* desde que ele seja também membro da classe afetada. Devendo ser destacado que essa legitimidade é conferida apenas aos Estados Federados, não sendo possível que municípios ou outros entes políticos proponham as ações de classe.[261]

Como nos Estados Unidos, o Estado precisa ser membro da classe para propor a *class action*, fica clara uma diferença quanto ao sistema brasileiro em que a União, os Estados, o Distrito Federal e os Municípios podem propor ações coletivas, como uma ação civil pública, para tutelar direitos relativos a uma classe atingida sem a necessidade de que a Fazenda Pública seja também membro da referida classe.

Através da representação adequada, o juiz da causa da *class action* norte-americana tem que analisar e julgar se a referida classe está, ou não, devidamente representada. Caso verifique que não, ele pode tomar providências para sanar esse ponto, como requerer a substituição do representante, buscando sempre a manutenção da ação coletiva.

O sistema brasileiro de tutela coletiva de direitos, por não conter essa regra de representação adequada, limita a defesa dos direitos apenas aos autores devidamente legitimados de forma extraordinária pelo legislador para a tutela de direitos.

Nessa obra, na defesa dos direitos individuais homogêneos, propõe-se a inclusão de regra semelhante à presente na norma norte-americana a fim de que os próprios membros atingidos possam demandar, em juízo, a defesa de seus direitos através de um representante adequado.

Feita essa abordagem quanto aos pré-requisitos para a proposição de uma *class action*, passa-se à análise dos tipos de *class action* segundo o sistema jurídico norte-americano.

2.4.2 Tipos de *class actions*

Os tipos de *class action* existentes no direito norte-americano correspondem a três hipóteses de cabimento indicadas na *Rule 23(b)*. Observa-se que, nos Estados Unidos, são apresentadas três formas de tutelar coletivamente direitos, ou seja, a classificação encontra-se no direito processual.

---

[261] Ibid., p. 125.

Ao contrário, no direito brasileiro, conforme disposição do Código de Defesa do Consumidor, o legislador optou por classificar o direito material em três modalidades de direitos com interesse coletivo, os chamados direitos difusos, direitos coletivos e direitos individuais homogêneos.

No contexto atual do ordenamento jurídico norte-americano, não se dá mais preferência em nomear os tipos de *class actions* indicadas na *Rule 23(b)*, pois pretende-se abandonar as três formas denominadas de *class actions* existentes e indicadas na versão original da *Rule 23* como *true*, *hybrid* e *spurious*.[262]

Conforme explicado por Gidi,[263] essa classificação das *class actions* em *true*, *hybrid* e *spurious* levava em conta o direito tutelado revelando-se, contudo, com o tempo, que essa classificação trazia muitos problemas práticos na correta identificação do tipo de ação coletiva. Essa dificuldade foi, inclusive, um dos principais fatores que contribuiu para a revisão da *Rule 23* em 1966.

A despeito dessa preferência de não nomear as hipóteses de cabimento para as *class actions*, a prática estadunidense confere apelidos às atuais hipóteses como indicado abaixo: *Rule 23 (b)(1)(A) – incompatible standards class actions*; *Rule 23 (b)(1)(B) – prejudice class actions*; *Rule 23 (b)(2) – injunctive class actions*; *Rule 23 (b)(3) – common question class actions* ou *class actions for damage*.[264]

Feita essa introdução, passa-se a análise rápida dos diferentes tipos de *class actions*, dentre as quais destaca-se a *class action for damages*, pois ela é a mais importante para a presente obra em razão de ela ser compatível com a tutela de direitos individuais homogêneos.

As *class actions* conforme a regra (b)(1) têm o objetivo de evitar que sejam proferidas decisões incompatíveis entre si envolvendo os membros do grupo. Por outro lado, as ações coletivas indicadas na regra (b)(2) são utilizadas para a tutela jurídica dos casos em que se faz necessária a conduta do réu de forma semelhante em face de todos os membros da classe representada no polo ativo.

Em seguida, partindo-se para a regra (b)(3), a ação coletiva apelidada de *class action for damages*, corresponde às ações em que se mostra adequada a tutela coletiva de direitos individuais em razão da

---

[262] Ibid., p. 141.
[263] Ibid., p. 50-51.
[264] Ibid.

predominância de interesses coletivos na demanda e da superioridade da defesa coletiva em face da defesa individual do direito.

No caso brasileiro, não existe um mecanismo semelhante às *class actions for damages* que permita, através de um integrante da classe lesada, a proposição de uma ação coletiva para a tutela de direitos individuais homogêneos próprios e do grupo.

As *class actions for damages* são utilizadas, essencialmente, para a tutela de interesses pecuniários da classe, o que implica na necessidade de que todos os integrantes da classe sejam efetivamente notificados da proposição da referida ação.

Essa notificação tem, portanto, o objetivo de permitir que a pessoa notificada possa pedir a sua exclusão do grupo representado em juízo, caso não queira ser abrangida pela coisa julgada produzida nessa ação coletiva.

No caso das demais *class actions*, no entanto, não há a possibilidade de que o membro do grupo possa pedir sua exclusão da classe, não sendo necessário, portanto, a notificação pessoal de todos os integrantes da classe representada.[265]

2.4.3 Certificação de classe

A certificação de classe é uma etapa fundamental para a continuidade de uma *class action*, pois é através dela que o magistrado profere decisão no sentido de prosseguir, ou não, o processo sob o rito das ações de classe.

A decisão que certifica a ação como *class action* funciona como uma decisão saneadora em que os contornos do processo serão fixados conforme seja admitida, ou não, a ação coletiva.

Essa decisão mostra-se fundamental em razão da possibilidade de uma ação individual ser julgada pelo rito das ações coletivas, bem como o contrário em que é proposta uma *class action*, mas o magistrado entende que o caso não cumpre os requisitos para uma ação coletiva, devendo, portanto, prosseguir como ação individual.

Esse procedimento de certificação deve inspirar a proposta de lei para ações coletivas de tutela de direitos individuais homogêneos ao

---

[265] Para questões mais aprofundadas sobre as *class actions* no direito norte-americano, sugere-se a leitura de GIDI, Antonio. *A class action como instrumento de tutela coletiva dos direitos*. São Paulo: Revista dos Tribunais, 2007.

permitir que uma ação proposta, inicialmente, como individual, possa ser certificada como coletiva, bem como o contrário.

Na decisão de certificação, o magistrado deve observar se a ação cumpre com os requisitos da *class action* indicados na *Rule 23 (a)*, bem como se a situação se enquadra em alguma das hipóteses de cabimento apresentadas na *Rule 23 (b)*.

Interessante apresentar a observação de que, nos Estados Unidos, quando se fala em certificação, existem dois sentidos para esse termo, a saber, pode-se estar falando em certificação do grupo, o que corresponde à delimitação do grupo que sofrerá os efeitos da coisa julgada coletiva; como pode-se também utilizar a expressão certificação para referir-se à verificação do cumprimento dos requisitos para que uma ação prossiga como coletiva.[266]

No Brasil, verifica-se a impossibilidade de que uma ação individual prossiga como coletiva ao contrário do que se verifica nos Estados Unidos. Essa possibilidade contribui para a economia processual, bem como para a pacificação social ao permitir o aproveitamento de uma ação individual como coletiva.

Quanto à importância da decisão de certificação, afirma-se que ela é capaz de *"transformar uma massa de indivíduos amorfa em uma entidade juridicamente reconhecida e capaz de ir a juízo lutar por seus interesses"*.[267]

Conforme indica a *Rule 23*, a autoridade judicial deve indicar, assim que possível, se a ação seguirá, ou não, sob o rito de uma *class action*.

Diante da certificação, deve-se definir qual a classe que está litigando, bem como quais são as reivindicações, sendo necessária a nomeação de um advogado para a classe de acordo com as regras da *Rule 23 (g)*.

Sublinhe-se que, tão importante quanto a indicação de um representante para a classe, é a nomeação de um advogado para defender os interesses da classe. Para essa nomeação, o magistrado deve verificar, dentre outros elementos, a experiência do advogado com esse tipo de ação, bem como sua capacidade econômica para atuar no litígio coletivo.

---

[266] GIDI, Antonio. *A class action como instrumento de tutela coletiva dos direitos*. São Paulo: Revista dos Tribunais, 2007, p. 193-194.
[267] Ibid., p. 198.

Em complemento, a *Rule 23* permite que a decisão sobre a certificação, ou a não certificação, de uma classe pode ser alterada até antes do julgamento final da ação.

Sublinhe-se que é possível a interposição de recurso contra a decisão relativa à certificação de uma *class action*. Nesse caso, como não se trata de uma sentença, mas de uma decisão interlocutória, está-se diante da possibilidade de interposição de agravo de instrumento, o chamado *interlocutory appeal*.

Interessante que o projeto de lei brasileiro que resultou no novo Código de Processo Civil previa a conversão de ação individual em ação coletiva, mas essa norma foi vetada pelo Poder Executivo em razão da ausência de uma profunda análise quanto à pertinência dessa conversão.

Dentre as normas vetadas no projeto para o novo Código de Processo Civil brasileiro, cite-se, além do artigo que permitia a referida conversão, o inciso que incluía a possibilidade de agravo de instrumento em face da decisão interlocutória que tratasse da conversão de ação individual em ação coletiva.[268]

---

[268] Normas do CPC/15 vetadas conforme Mensagem nº 56 do Poder Executivo:
"Art. 333. Atendidos os pressupostos da *relevância social e da dificuldade de formação do litisconsórcio*, o juiz, a requerimento do Ministério Público ou da Defensoria Pública, ouvido o autor, *poderá converter em coletiva a ação individual* que veicule pedido que: I – tenha *alcance coletivo*, em razão da tutela de bem jurídico difuso ou coletivo, assim entendidos aqueles definidos pelo art. 81, parágrafo único, incisos I e II, da Lei nº 8.078, de 11 de setembro de 1990 (Código de Defesa do Consumidor), e cuja *ofensa afete, a um só tempo, as esferas jurídicas do indivíduo e da coletividade*; II – tenha por objetivo a *solução de conflito de interesse relativo a uma mesma relação jurídica plurilateral*, cuja solução, por sua natureza ou por disposição de lei, deva ser necessariamente uniforme, assegurando-se tratamento isonômico para todos os membros do grupo. §1º Além do Ministério Público e da Defensoria Pública, *podem requerer a conversão os legitimados* referidos no art. 5º da Lei nº 7.347, de 24 de julho de 1985, e no art. 82 da Lei nº 8.078, de 11 de setembro de 1990 (Código de Defesa do Consumidor). §2º A *conversão não pode implicar a formação de processo coletivo para a tutela de direitos individuais homogêneos*. §3º Não se admite a conversão, ainda, se: I – já iniciada, no processo individual, a audiência de instrução e julgamento; ou II – houver processo coletivo pendente com o mesmo objeto; ou III – o juízo não tiver competência para o processo coletivo que seria formado. §4º *Determinada a conversão*, o juiz intimará o autor do requerimento para que, no prazo fixado, *adite ou emende a petição inicial, para adaptá-la à tutela coletiva*. §5º Havendo aditamento ou emenda da petição inicial, o juiz determinará a intimação do réu para, querendo, manifestar-se no prazo de 15 (quinze) dias. §6º O *autor originário da ação individual atuará na condição de litisconsorte unitário do legitimado para condução do processo coletivo*. §7º O *autor originário não é responsável por nenhuma despesa processual decorrente da conversão do processo individual em coletivo*. §8º *Após a conversão, observar-se-ão as regras do processo coletivo*. §9º A *conversão poderá ocorrer mesmo que o autor tenha cumulado pedido de natureza estritamente individual*, hipótese em que o processamento desse pedido dar-se-á em autos apartados. §10. O Ministério Público deverá ser ouvido sobre o requerimento previsto no caput, salvo quando ele próprio o houver formulado. Art. 1.015. Cabe *agravo de instrumento* contra as decisões interlocutórias que versarem sobre: (...) XII – *conversão da ação individual em ação coletiva*; Razões dos vetos: 'Da forma como foi redigido, o dispositivo poderia levar à conversão de

Na proposta brasileira de lei para conversão de ação individual em coletiva, verifica-se a previsão de uma decisão interlocutória que concede essa conversão de forma similar com a decisão quanto à certificação existente no ordenamento jurídico norte-americano.

Ocorre, porém, que, no caso proposto no Brasil, a conversão de uma ação individual em coletiva não seria possível para a tutela de direitos individuais homogêneos, mas apenas para a tutela de direitos difusos e coletivos.

A possibilidade de tutela coletiva de direitos individuais homogêneos é uma das principais hipóteses de utilização das *class actions* nos Estados Unidos, o que permite, por exemplo, a união de todos os consumidores lesados na busca de uma indenização proveniente de uma ação classe.

Diante do exposto, deve-se introduzir no ordenamento jurídico brasileiro, de forma semelhante ao que ocorre nos Estados Unidos, a possibilidade de que uma ação individual possa ser certificada como coletiva, tutelando, assim, os direitos individuais homogêneos.

O Brasil, inclusive, possui meios de tutelar coletivamente os direitos individuais homogêneos dos consumidores, conforme regras inseridas no Código de Defesa do Consumidor, no entanto, não é permitida, como ocorre nos Estados Unidos, a proposição dessa tutela coletiva pelos próprios indivíduos lesados.

2.4.4 Notificação dos integrantes da classe

A *Rule 23(c)(2)*[269] apresenta as regras quanto à notificação, ou seja, a intimação dos membros da classe representada sobre o curso de

---

ação individual em ação coletiva de maneira pouco criteriosa, inclusive em detrimento do interesse das partes. O tema exige disciplina própria para garantir a plena eficácia do instituto. Além disso, o novo Código já contempla mecanismos para tratar demandas repetitivas. No sentido do veto manifestou-se também a Ordem dos Advogados do Brasil – OAB'" (BRASIL. Mensagem nº 56, de 16 de março de 2015. Brasília, DF: Presidência da República, 2015a. Disponível em: http://www.planalto.gov.br/ccivil_03/_Ato2015-2018/2015/Msg/VEP-56.htm. Acesso em: 05 fev. 2019) (grifos do autor).

[269] "*Rule 23 (c) Certification Order; Notice to Class Members; Judgment; Issues Classes; Subclasses. (…) (2) Notice.* (A) *For (b)(1) or (b)(2) Classes. For any class certified under Rule 23(b)(1) or (b)(2), the court may direct appropriate notice to the class.* (B) *For (b)(3) Classes. For any class certified under Rule 23(b)(3) – or upon ordering notice under Rule 23(e)(1) to a class proposed to be certified for purposes of settlement under Rule 23(b)(3) – the court must direct to class members the best notice that is practicable under the circumstances, including individual notice to all members who can be identified through reasonable effort. The notice may be by one or more of the following: United States mail, electronic means, or other appropriate means. The notice must clearly and concisely state in plain, easily understood language: (i) the nature of the action; (ii) the definition of the class*

uma *class action*. O principal objetivo da notificação, *notice* em inglês, é permitir que o membro da classe tenha conhecimento da ação e possa, caso queira, intervir no processo ou até mesmo pedir sua exclusão.

Sublinhe-se que a notificação dos membros da classe não deve ser entendida como uma citação deles, pois o ato de citar implica na inclusão de todos os citados em um polo da demanda jurídica.

Dessa forma, caso se tratasse de citação, com a notificação, a ação coletiva perderia seu o aspecto representativo e passaria a incluir todos os membros da classe em litisconsórcio.[270]

De acordo com a *Rule 23*, para as classes (b)(1) e (b)(2), a notificação da classe deve ocorrer de forma adequada, sem precisar de notificação individual de cada membro da classe. Nesse caso, a notificação é uma possibilidade, conforme indicado pelo verbo modal inglês presente na lei, "*may*".

Assim, nas classes (b)(1) e (b)(2), a corte pode notificar, mas não se trata de uma obrigação, conforme observa-se em "*For any class certified under Rule 23(b)(1) or (b)(2), the court may direct appropriate notice to the class*".

Por outro lado, no caso da classe (b)(3), o que corresponde à *class action for damage*, ou seja, corresponde à ação coletiva indenizatória, a notificação deve ocorrer da melhor forma possível dentro das circunstâncias de cada caso, devendo ser identificados todos os membros que tenham como ser identificados através de um esforço razoável, "*individual notice to all members who can be identified through reasonable effort*".

Para a notificação dos membros da classe certificada em uma ação indicada na *Rule 23(b)(3)*, o Poder Judiciário é obrigado a determinar a notificação de todos os membros da classe representada em juízo.

Essa obrigatoriedade pode ser identificada através da utilização do verbo modal inglês "*must*". Na *Rule 23*, portanto, encontra-se determinado que "*For any class certified under Rule 23(b)(3) (...) the

---

certified; (iii) the class claims, issues, or defenses; (iv) that a class member may enter an appearance through an attorney if the member so desires; (v) that the court will exclude from the class any member who requests exclusion; (vi) the time and manner for requesting exclusion; and (vii) the binding effect of a class judgment on members under Rule 23(c)(3)" (ESTADOS UNIDOS DA AMÉRICA. Federal Rules of Civil Procedure, as amended to December 1, 2014. Disponível em: https://www.uscourts.gov/sites/default/files/Rules%20of%20Civil%20Procedure. Acesso em: 21 mar. 2019) (grifos do autor).

[270] GIDI, Antonio. *A class action como instrumento de tutela coletiva dos direitos*. São Paulo: Revista dos Tribunais, 2007, p. 215.

court must direct *to class members the best notice that is practicable under the circumstances (...)*".

A notificação, no caso da classe (b)(3), permite que o indivíduo possa exercer seu direito de ser excluído da classe representada, não sendo aplicável os efeitos da decisão da ação coletiva àqueles que foram excluídos.

Em razão desse direito de se excluir, *"opt-out right"*, é que a *Rule 23* indica como necessária a notificação pessoal de todos aqueles membros que possam ser identificados no caso da classe (b)(3).

A notificação deve ser feita de forma clara e com uma linguagem de fácil entendimento a fim de que os membros notificados possam compreender a mensagem. Essa regra mostra uma preocupação da *Rule 23* com o fato de que nem todos os notificados podem ter o conhecimento necessário para compreender a notificação.

Ademais, a *Rule 23* indica as informações que devem constar na notificação como natureza da ação, definição da classe certificada, forma de exercer o direito de exclusão da classe, o efeito vinculante da sentença, dentre outros.

Quanto aos custos com a notificação, verifica-se que o valor pode ser bastante elevado quando se considera a possibilidade de uma classe envolver milhares de indivíduos.

Na teoria, cabe ao representante da classe arcar com os custos da notificação da classe, mas, na prática, o advogado do grupo é quem paga esses custos como um investimento através do qual esse advogado poderá ter um retorno maior com os honorários que pode receber com o encerramento da ação coletiva de forma favorável à classe.[271]

Como observado, no caso das *class action for damage*, *Rule 23 (b) (3)*, a notificação dos membros da classe é requisito para a delimitação do grupo sobre o qual a sentença coletiva fará coisa julgada.

No caso da proposta de lei para a inclusão de *class action* no ordenamento jurídico brasileiro, dever-se-á incluir uma regra quanto à necessidade de notificação dos membros da classe a fim de que se garanta o cumprimento do devido processo legal e do contraditório, uma vez que a sentença, independentemente de ser favorável ou não à classe, fará coisa julgada sobre toda a classe representada.

Na presente obra, será adotada a extensão dos efeitos da decisão sobre todos, ou seja, inclusive no caso em que a decisão seja desfavorável

---

[271] Ibid., p. 228-229.

ao grupo representado em juízo, o que demonstra a necessidade de ser feita a adequada notificação dos membros como forma de garantir a todos o devido processo legal.

Para encerrar o presente tópico, deve-se destacar que a *Rule 23* apresenta outras previsões de notificações diferentes da notificação para fins de certificação da classe, *Rule 23(c)(2)*.

A saber, a norma norte-americana indica também a necessidade de notificação do grupo quanto à proposta de acordo coletivo para encerrar a ação, *Rule 23(e)(1)(B)*, bem como a notificação indicando a solicitação de honorários do advogado da classe, *Rule 23(h)(1)*.

Essas outras previsões para realização de notificação dos integrantes da classe devem também servir de inspiração à elaboração da proposta de lei apresentada ao final deste livro, pois esses assuntos, proposta de acordo e solicitação de honorários advocatícios, devem ser informados a todos os integrantes do grupo.

Afinal, o pagamento do valor acordado para fins de encerramento da *class action* irá repercutir no valor que cada um dos integrantes da classe receberá com a conclusão dessa ação. Da mesma forma, a quantia requisitada para pagamento de honorários advocatícios também incidirá sobre os valores postos em juízo, trazendo repercussão econômica sobre todos os membros da classe, o que justifica, mais uma vez, a necessidade de que todos sejam comunicados sobre essas informações.

2.4.5 Julgamento da *class action*

Quanto aos efeitos do julgamento da ação coletiva, a *Rule 23(c)(3)*[272] indica que a decisão da ação coletiva fará coisa julgada sobre todos os integrantes do grupo, não importando que essa decisão seja favorável ou não à classe representada.

Verifica-se, nesse ponto, uma das principais diferenças entre os ordenamentos jurídicos brasileiro e norte-americano. Essa diferença reside no fato de que, nas ações coletivas brasileiras, a decisão coletiva

---

[272] "*Rule 23(c) (...) (3) Judgment. Whether or not favorable to the class, the judgment in a class action must: (A) for any class certified under Rule 23(b)(1) or (b)(2), include and describe those whom the court finds to be class members; and (B) for any class certified under Rule 23(b)(3), include and specify or describe those to whom the Rule 23(c)(2) notice was directed, who have not requested exclusion, and whom the court finds to be class members*" (ESTADOS UNIDOS DA AMÉRICA. *Federal Rules of Civil Procedure, as amended to December* 1, 2014. Disponível em: https://www.uscourts.gov/sites/default/files/Rules%20of%20Civil%20Procedure. Acesso em: 21 mar. 2019).

somente vincula os demais membros do grupo se a decisão for favorável à classe, o que se chama de coisa julgada *secundum eventum litis in utilibus*, ou seja, coisa julgada de acordo com a decisão útil à classe.

No Brasil, os efeitos da coisa julgada do processo coletivo estão indicados em capítulo próprio do Código de Defesa do Consumidor. Segundo a lei consumerista, a coisa julgada da ação coletiva para defesa de direitos difusos e direitos coletivos *stricto sensu* atinge a todos, exceto no caso de a ação ter sido julgada improcedente por insuficiência de provas.

Por outro lado, a coisa julgada da ação coletiva brasileira para defesa de direitos individuais homogêneos dos consumidores atinge todos os membros do grupo apenas se o pedido for procedente.

No caso norte-americano, como a sentença coletiva faz coisa julgada sobre todos independentemente do mérito da decisão, é importante que haja adequada notificação da classe quanto à certificação de uma ação como coletiva. A sentença coletiva norte-americana é, portanto, em todos os casos, *erga omnes*.

Gidi[273] pontua que, historicamente, o direito norte-americano sempre hesitou em conceder efeitos *erga omnes* às decisões prolatadas no âmbito de ações coletivas. Na prática, apenas com a reforma de 1966 realizada na *Rule 23* é que a coisa julgada coletiva passou a vincular inclusive os membros ausentes da classe em qualquer tipo de *class action* proposta.

Como o efeito da coisa julgada coletiva norte-americana abrange a todos e de forma independente do resultado, o Poder Judiciário analisa com cautela os requisitos de admissibilidade das *class actions*, em especial a adequação na representação da classe.

Essa vinculação da coisa julgada sobre todos os membros da classe representada em juízo através da proposição da *class action* será utilizada também na proposta de lei desta obra, pois entende-se que essa técnica faz com que a ação coletiva tenha efetividade no ponto em que cumpre com as vantagens da economia processual.

Isso, pois, os indivíduos terão acesso a uma decisão coletiva que poderá ser utilizada na resolução de seus conflitos, sem precisar iniciar um novo processo de conhecimento para a solução da lide.

---

[273] GIDI, Antonio. *A class action como instrumento de tutela coletiva dos direitos*. São Paulo: Revista dos Tribunais, 2007, p. 274-278.

Com base nessa diferença, Gidi[274] chega a aduzir que seria uma evolução na tutela coletiva norte-americana, caso fosse adotada a técnica brasileira de somente estender a decisão coletiva aos membros ausentes em caso de sentença favorável. Com isso, seria possível, inclusive, relaxar algumas regras estadunidenses quanto às *class actions*.

Na realidade norte-americana, os riscos coletivos de uma sentença prolatada no bojo de uma *class action* são maiores em razão da possibilidade de uma decisão desfavorável à classe ter seus efeitos ampliados para abranger a todos os membros do grupo representado em juízo.

No entanto, esse risco é contornado pela atuação do Poder Judiciário no saneamento do processo em busca de garantir que todos os membros sejam efetivamente notificados, garantindo e respeitando os princípios processuais do devido processo legal e do contraditório.

Logo, apesar de se exigir uma maior atuação do Poder Judiciário, na proposta de lei apresentada ao final deste livro, será utilizada, como já informado, a técnica norte-americana de vinculação da decisão sobre todos os membros do grupo representado em juízo. Isso não impede, porém, que indivíduos possam pedir a exclusão do grupo ou provar, em ação individual, que seu conflito é diferente daquele posto em juízo através da ação coletiva.

2.4.6 Outras questões relativas às *class actions*

A *Rule 23*, quanto às *class actions*, apresenta outras regras que permitem a condução do processo coletivo no direito norte-americano. Dentre essas outras questões, destacam-se duas que merecem ser apresentadas na presente obra em razão da necessidade de que sejam indicadas na proposta de lei a ser elaborada ao final da presente pesquisa.

A primeira é relativa à possibilidade de acordo para encerrar o litígio coletivo e a outra é quanto às normas relativas ao advogado da classe e seus honorários. Para uma melhor organização, esses pontos são apresentados em tópicos próprios.

2.4.6.1 Acordos

A *Rule 23* apresenta uma importante possibilidade para encerramento da ação coletiva, a saber, a possibilidade de realização de acordo

---
[274] Ibid., p. 287-288.

com a extinção do processo. Na prática, nos Estado Unidos, as *class actions* são comumente encerradas através de acordos.

Como exemplo, cite-se a ação coletiva proposta em face da Petrobras nos Estados Unidos, a qual foi encerrada através de um acordo de aproximadamente três bilhões de dólares.

Verifica-se que as ações coletivas, as quais podem envolver milhares de pessoas, podem também envolver valores muito altos decorrentes da junção dos valores individuais de cada interessado. Com isso, a classe ganha poder de barganha para negociar com a outra parte do litígio coletivo.

Como a *class action* envolve os interesses de membro ausentes, tendo a decisão efeitos *erga omnes*, inclusive, independentemente da procedência da ação, o Poder Judiciário deve agir com diligência na homologação do acordo.

O procedimento para a realização de acordos no âmbito das *class actions* está regulado na *Rule 23 (e)*.[275] Dentre as normas pertinentes, cite-se a necessidade de notificação dos demais membros da classe que também serão atingidos pelos termos do acordo.

Ademais, com a proposta de acordo e sua devida notificação, abre-se a possibilidade de que os membros da classe, caso queiram, possam ser excluídos do acordo realizado, dando-se nova oportunidade para a exclusão do membro da classe.[276]

Ao aplicar legislação semelhante à norte-americana no caso de ações coletivas para tutela de interesses individuais homogêneos, a possibilidade de acordos deve estar presente, devendo ser ressaltado o papel do magistrado em controlar os termos do acordo a fim de que os membros ausentes do grupo não sejam prejudicados.

---

[275] "*Rule 23 (e)* Settlement, Voluntary Dismissal, or Compromise. *The claims, issues, or defenses of a certified class – or a class proposed to be certified for purposes of settlement – may be settled, voluntarily dismissed, or compromised* only with the court's approval. *The following procedures apply to a proposed settlement, voluntary dismissal, or compromise:*" (ESTADOS UNIDOS DA AMÉRICA. Federal Rules of Civil Procedure, as amended to December 1, 2014. Disponível em: https://www.uscourts.gov/sites/default/files/Rules%20of%20Civil%20Procedure. Acesso em: 21 mar. 2019).

[276] "*Rule 23 (e) (...) (4)* New Opportunity to Be Excluded. *If the class action was previously certified under Rule 23(b)(3), the court may refuse to approve a settlement unless it affords a new opportunity to request exclusion to individual class members who had an earlier opportunity to request exclusion but did not do so*" (Ibid.).

2.4.6.2 Advogado da classe

Quando se analisa as *class actions* norte-americanas é verificado, de forma clara, a importância que o advogado da classe tem na condução da ação. Como a ação é proposta por um representante da classe, sua atuação deve ocorrer através de uma representação adequada, o que ocorre por meio de um membro do grupo, e de um advogado adequado para conduzir a ação.

Em razão da importância do advogado para às *class actions*, a *Rule 23* dedica um tópico específico para eles, a saber, a *Rule 23 (g)*.[277] Verifica-se que, no ato de certificação de uma classe, o juiz deve também nomear um advogado para atuar na defesa dos interesses da classe.

Para auxiliar o magistrado nessa decisão, *Rule 23* indica alguns critérios a serem observados nessa nomeação. A saber, o juiz deve observar o trabalho que o advogado já está realizando nas etapas iniciais da ação proposta. Deve-se observar também a experiência que o advogado tem na condução desse tipo de ação, bem como seu conhecimento jurídico sobre o direito aplicado ao caso concreto.

Outro critério importante na análise da adequação do advogado da classe é sua capacidade financeira para assumir os encargos necessários para condução da ação coletiva. Esse critério é importante, pois, na prática estadunidense, as *class actions* são verdadeiros investimentos que os advogados fazem em conflitos coletivos com o objetivo de obter uma solução jurídica para problemas postos na sociedade e, assim, ao final obterem os honorários devidos.

Deve ser destacado que, nos Estados Unidos, ocorre a prática de o advogado do autor em custear todas as despesas do processo, condicionando seu ressarcimento e seus honorários à vitória de seu cliente. Essa prática é comum nos Estados Unidos, porém considerada antiética e ilegal em diversos locais do mundo.[278]

O magistrado deve considerar também qualquer outro critério que achar pertinente para verificar a capacidade do advogado em defender a classe de forma justa e adequada. Sublinhe-se que o advogado

---

[277] *"Rule 23 (g) Class Counsel. (1) Appointing Class Counsel. Unless a statute provides otherwise, a court that certifies a class must appoint class counsel. In appointing class counsel, the court: (...)"* (Ibid.).

[278] GIDI, Antonio. *A class action como instrumento de tutela coletiva dos direitos*. São Paulo: Revista dos Tribunais, 2007, p. 361.

deve defender os interesses da classe e não os interesses exclusivos do representante da classe.

Observa-se que a atuação do magistrado é decisiva para evitar que ocorram fraudes no processo que beneficiem apenas o representante e o advogado da classe. Esse cuidado deve também ser levado à proposta de ação coletiva brasileira para a tutela de direitos individuais homogêneos, devendo ocorrer a atuação do Ministério Público como fiscal da lei.

Em seguida, a *Rule 23 (h)*[279] também apresenta normas relativas aos honorários advocatícios do advogado da classe. A preocupação da norma em atribuir ao juiz da causa o papel de analisar e julgar os honorários a serem pagos em ações coletivas decorre do fato de que o advogado é responsável pela defesa dos interesses de toda a classe e não apenas de seu representante. Logo, não é possível que seus honorários sejam fixados com base em acordos particulares feitos com o representante, o que corresponde à prática comum das ações individuais.

Nesse sentido, o manual da Justiça Federal para as ações complexas indica que essa peculiaridade das ações coletivas decorre do fato de que os representantes da classe não possuem legitimidade para negociar termos do contrato de honorários advocatícios com o advogado da classe. Isso faz com que o magistrado receba a incumbência de regular e conceder os honorários advocatícios nas ações coletivas.[280]

A atuação do Poder Judiciário no controle da fixação de honorários advocatícios decorre da necessidade de se evitar que ocorra conluio entre o representante e o advogado da classe.

Essa medida de controle é salutar e merece ser aplicada no caso brasileiro com o fito de garantir honorários advocatícios coerentes com o trabalho e a com a atuação do advogado da classe no curso da *class action*, evitando acordos paralelos entre o advogado da classe e o representante do grupo, o que pode prejudicar os demais membros da classe.

---

[279] *"Rule 23 (h)* ATTORNEY'S FEES *AND NONTAXABLE COSTS. In a certified class action*, the court may award reasonable attorney's fees *and nontaxable costs that are authorized by law or by the parties' agreement. The following procedures apply:"* (ESTADOS UNIDOS DA AMÉRICA. *Federal Rules of Civil Procedure, as amended to December* 1, 2014. Disponível em: https://www.uscourts.gov/sites/default/files/Rules%20of%20Civil%20Procedure. Acesso em: 21 mar. 2019) (grifos do autor).

[280] ESTADOS UNIDOS. *Federal Judicial Center*. Manual for Complex Litigation, Fourth, 2004. Disponível em: https://www.uscourts.gov/sites/default/files/mcl4.pdf. Acesso em: 28 nov. 2019. p. 183.

2.4.6.3 Jurisdição para julgamento da *class action*

Dando continuidade, deve-se tecer alguns comentários sobre a competência norte-americana para julgamento das *class actions* com o intuito de auxiliar na proposta de lei que será feita ao final.

Quando se fala da jurisdição para o julgamento de uma *class action* é necessário tratar do *Class Action Fairness Act of* 2005 (CAFA). O CAFA é uma lei de direito público aprovada em 2005 e que teve o condão de aumentar os casos de julgamento de *class action* pela jurisdição federal norte-americana.

Sublinhe-se que, nos Estados Unidos, há uma divisão entre justiça federal e justiça estadual, sendo que cada Estado-Membro possui suas regras relativas ao procedimento judicial.

No âmbito federal, existem leis que regulamentam a jurisdição federal, as quais determinam, inclusive, quando uma ação deve ser removida da jurisdição estadual para a federal. Para regular o Direito em âmbito federal, além da constituição norte-americana, existe também o *United States Code* (*U.S. Code*), ou simplesmente Código dos Estados Unidos.

O referido código trata de diversos assuntos divididos em 54 títulos, dentre os quais encontra-se o Título 28, que é o responsável por regular o Judiciário e os procedimentos judiciais no âmbito federal.

A primeira instância da Justiça Federal norte-americana é formada pelas denominadas *United States District Courts*, as quais, segundo o Título 28 do *U.S. Code*,[281] têm competência original para o julgamento de todas as ações civis cujo valor da causa seja superior à soma de setenta e cinco mil dólares e que envolva cidadãos de diferentes Estados-Membros.

---

[281] "§1332. *Diversity of citizenship; amount in controversy; costs.* (a) *The district courts shall have original jurisdiction of all civil actions where the matter in controversy exceeds the sum or value of $75,000, exclusive of interest and costs, and is between —* (1) *citizens of different States;* (2) *citizens of a State and citizens or subjects of a foreign state, except that the district courts shall not have original jurisdiction under this subsection of an action between citizens of a State and citizens or subjects of a foreign state who are lawfully admitted for permanent residence in the United States and are domiciled in the same State;* (3) *citizens of different States and in which citizens or subjects of a foreign state are additional parties; and* (4) *a foreign state, defined in section 1603(a) of this title, as plaintiff and citizens of a State or of different States.* 28 U.S.C. §1332 (2017)" (ESTADOS UNIDOS DA AMÉRICA. *United States Code*. Washington: Office of the Law Revision Counsel, 2018. Disponível em: https://uscode.house.gov/. Acesso em: 07 abr. 2020).

Através do *Class Action Fairness Act of* 2005, foram incluídos outros requisitos para que uma *class action* seja julgada pela jurisdição federal. Esses requisitos estão inseridos também no Título 28 do *U.S. Code*.[282]

Segundo esses novos requisitos, uma *class action* deve ser julgada pela Justiça Federal norte-americana se o valor da ação exceder a quantia de cinco milhões de dólares e se a classe tiver membro de um estado federado diferente daquele do réu. Além desse caso, a competência federal também é determinada se, além da causa com valor superior a cinco milhões dólares, entre as partes litigantes tiver pessoas estrangeiras.

Sublinhe-se que o valor da causa é sempre necessário para atrair a competência federal para julgamento das *class action* com a finalidade de que os casos que sejam monetariamente relevantes fiquem na esfera federal e não estadual.

Ademais, na legislação norte-americana, existem casos em que a justiça federal pode se recusar a exercer sua competência para julgamento de *class actions*.

O principal requisito para que as cortes distritais possam declinar de sua competência é que mais de um terço, mas menos de dois terços, dos membros da classe sejam de um mesmo Estado-Membro, sendo os réus desse mesmo Estado.[283] Nesse caso, existe uma possibilidade de recusa da jurisdição federal, podendo, por isso, continuar a tramitar a ação no âmbito estadual caso seja do interesse da corte distrital.

Em uma outra situação, as cortes distritais são obrigadas a declinar de sua competência, devolvendo a *class action* para julgamento no âmbito da Justiça estadual local, se, dentre outros casos, mais de dois

---

[282] "§1332. *Diversity of citizenship; amount in controversy; costs. (d)(2) The district courts shall have original jurisdiction of any civil action in which the matter in controversy exceeds the sum or value of $5,000,000, exclusive of interest and costs, and is a class action in which- (A) any member of a class of plaintiffs is a citizen of a State different from any defendant; (B) any member of a class of plaintiffs is a foreign state or a citizen or subject of a foreign state and any defendant is a citizen of a State; or (C) any member of a class of plaintiffs is a citizen of a State and any defendant is a foreign state or a citizen or subject of a foreign state.* 28 U.S.C. §1332 (2017)" (ESTADOS UNIDOS DA AMÉRICA. *United States Code*. Washington: Office of the Law Revision Counsel, 2018. Disponível em: https://uscode.house.gov/. Acesso em: 07 abr. 2020).

[283] "*(d)(...)(3) A district court may, in the interests of justice and looking at the totality of the circumstances, decline to exercise jurisdiction under paragraph (2) over a class action in which greater than one-third but less than two-thirds of the members of all proposed plaintiff classes in the aggregate and the primary defendants are citizens of the State in which the action was originally filed based on consideration of* – 28 U.S.C. §1332(d)(3)(2017)" (ESTADOS UNIDOS DA AMÉRICA. *United States Code*. Washington: Office of the Law Revision Counsel, 2018. Disponível em: https://uscode.house.gov/. Acesso em: 07 abr. 2020).

terços da classe for formada por pessoas de um mesmo Estado e se o réu principal também for desse mesmo Estado.[284]

O outro caso em que as cortes distritais são obrigadas a recusar a competência federal para julgamento das *class actions* consiste na situação em que mais de dois terços dos demandantes são de um mesmo Estado-Membro, que pelo menos um dos réus principais seja desse mesmo Estado, e também que os principais danos decorrentes da atuação do réu principal sejam verificados no mesmo Estado.

Para indicar que um réu é principal, a lei informa que contra esse réu deve ser pleiteada uma compensação significativa através da *class action* proposta, sendo sua conduta significativa para as ações de classe demandadas. Ademais, para aplicar essa regra é necessário que, nos três anos anteriores à proposição da ação de classe, não tenha sido proposta outra ação que trate da mesma relação jurídica posta em juízo através da *class action*.[285]

Ademais, apesar dessas regras de competência, elas não impedem a aplicação da competência absoluta de jurisdição quando se trata, por exemplo, de réus formados por entidades governamentais.

Em complemento, as regras apresentadas não são aplicadas quando o assunto da demanda envolve apenas relações decorrentes de títulos mobiliários reguladas pela Lei norte-americana de Valores Mobiliários.

Diante do exposto, observa-se que a legislação norte-americana, após a reforma na competência para julgamento das ações de classe

---

[284] *"(d)(...)(4) A district court shall decline to exercise jurisdiction under paragraph (2)-(...) (B) two-thirds or more of the members of all proposed plaintiff classes in the aggregate, and the primary defendants, are citizens of the State in which the action was originally filed.* 28 U.S.C. §1332(d)(4) (2017)" (ESTADOS UNIDOS DA AMÉRICA. *United States Code.* Washington: Office of the Law Revision Counsel, 2018. Disponível em: https://uscode.house.gov/. Acesso em: 07 abr. 2020).

[285] *"(d)(...)(4) A district court shall decline to exercise jurisdiction under paragraph (2)-(...) (A)(i) over a class action in which-(I) greater than two-thirds of the members of all proposed plaintiff classes in the aggregate are citizens of the State in which the action was originally filed; (II) at least 1 defendant is a defendant- (aa) from whom significant relief is sought by members of the plaintiff class; (bb) whose alleged conduct forms a significant basis for the claims asserted by the proposed plaintiff class; and (cc) who is a citizen of the State in which the action was originally filed; and (III) principal injuries resulting from the alleged conduct or any related conduct of each defendant were incurred in the State in which the action was originally filed; and (ii) during the 3-year period preceding the filing of that class action, no other class action has been filed asserting the same or similar factual allegations against any of the defendants on behalf of the same or other persons; or* 28 U.S.C. §1332(d)(4)(2017)" (ESTADOS UNIDOS DA AMÉRICA. *United States Code.* Washington: Office of the Law Revision Counsel, 2018. Disponível em: https://uscode.house.gov/. Acesso em: 07 abr. 2020).

realizada pelo CAFA, dá preferência para que os casos mais relevantes quanto aos valores envolvidos sejam julgados pela jurisdição federal.

Deve-se considerar que o fato de os juízes estaduais norte-americanos serem eleitos, enquanto os juízes federais serem nomeados pelo Presidente da República e confirmados pelo Senado, fez com que fosse aprovado o *Class Action Fairness Act of 2005* para que as ações de classe cujo valor da causa é elevado possam ser julgadas pela Justiça Federal.

Ao contrário do que ocorre nos Estados Unidos, no Brasil, os juízes de primeira instância da Justiça Estadual e da Justiça Federal são escolhidos através da aprovação em concurso público de provas e títulos, não sendo eleitos.

Logo, a existência de ações com valor da causa elevado na Justiça Estadual não deve ser uma preocupação no Brasil, pois sabe-se que os juízes da primeira instância, salvo exceções, passaram por uma seleção através de concurso público.

Ademais, no Brasil, o processo civil é regulado por um código de abrangência nacional, envolvendo tanto a Justiça Federal, quanto a Justiça Estadual. Nos Estado Unidos, ao contrário, em razão do modelo de federação adotado, cada Estado-Membro possui suas regras processuais próprias, o que dá uma certa insegurança quando se trata de julgar uma ação com alto valor da causa por qualquer um dos Estados, sendo preferível que essa ação seja processada na Justiça Federal diante da uniformidade na legislação processual pertinente.

Diante dessas peculiaridades, entende-se, no presente livro, que a inserção no ordenamento jurídico brasileiro de uma ação coletiva de tutela de direitos individuais homogêneos similar à *class action* não deve implicar na alteração das regras de competência já existentes no Brasil, mas apenas servir de parâmetro para quais tópicos devem ser considerados na proposta de lei brasileira a ser apresentada ao final.

2.4.6.4 *Defendant class action*

As *defendant class actions* são as ações coletivas do sistema norte-americano quando a coletividade, através de um representante adequado, encontra-se no polo passivo da demanda.

Essa regra encontra-se na *Rule 23(a)*, sendo afirmado que a classe demanda uma *class action* ou é demandada através de um representante em uma *class action*. Ou seja, quando a classe é demandada através de um representante, trata-se de um caso de *defendant class action*, na qual a coletividade encontra-se no polo passivo da ação.

Conforme explica Gidi,[286] as *defendant class actions* têm, como vantagem, o fato de ser um ótimo mecanismo jurídico para ser utilizado contra grupo de réus que possuam um padrão de conduta ilegal, podendo ser utilizada em diversos tipos de ilícitos coletivos, como os decorrentes de ilícitos ambientais, direitos humanos, propriedade intelectual, dentre outros.

Observa-se que, na realidade norte-americana, poucas são as ações de classe passivas que são certificadas, sendo comum apenas as *class actions* em que a coletividade de indivíduos se encontra no polo ativo da demanda.[287]

Por outro lado, conforme a doutrina,[288] esse tipo de ação, cuja coletividade encontra-se no polo passivo, era muito mais comum antes da promulgação da *Rule 23*, em 1938, pois essa *rule* deu mais atenção à regulação das ações de classe proposta através do representante de um grupo de indivíduos, o que contribuiu para que as *defendant class actions* fossem deixadas de lado.

Com efeito, na *Rule 23*, não se encontram regras específicas para as *defendant class actions*, sendo aplicada a elas, de forma adaptada, as regras para as ações de classe propostas por uma coletividade de pessoas, o que exige uma grande atuação do Poder Judiciário na adaptação dessas regras.

Dessa forma, é necessário que as *defendant class actions*, para serem certificadas, atendam aos pré-requisitos constantes na *Rule 23*, bem como devam estar subsumidas a uma das hipóteses de cabimento constantes na referida *rule*.[289]

Deve ser observado que, tanto nas ações de classe passivas, quanto nas ativas, o autor dessa ação tem o ônus de provar ao juiz que o representante do grupo escolhido por ele irá atuar, de forma adequada e vigorosa, na defesa dos interesses do grupo. Sempre devendo o juiz da causa verificar se há, de fato, uma representação adequada no caso.[290]

---

[286] GIDI, Antonio. *A class action como instrumento de tutela coletiva dos direitos*. São Paulo: Revista dos Tribunais, 2007, p. 391.
[287] Ibid., p. 392-393.
[288] Ibid.
[289] Ibid., p. 394.
[290] Ibid., p.399.

Para realizar esse controle da representação adequada, no caso das ações de classe passivas, sugere-se que a escolha do representante do grupo passivo fique sob a responsabilidade do juiz da causa ou da própria classe de réus.[291]

Essas observações devem ser utilizadas na proposta de *lege ferenda* da presente obra, devendo ser possível uma ação de classe passiva, na qual, a escolha do representante da classe ocorra pelo juiz após a análise da situação fática.

O magistrado, ao analisar a representação adequada do grupo, o que corresponde a um requisito necessário para que a decisão tenha efeitos *erga omnes* sobre toda a classe, deve estar sempre atento para que não haja um conluio fraudulento entre o representante do grupo e a parte contrária.

Isso, pois, se verificado um conluio entre as partes, a decisão prolatada em sede de ação de classe não surtirá efeitos sobre os membros ausentes do grupo, os quais não intervieram diretamente na ação de classe.

Dentre as hipóteses de cabimento das *defendant class actions*, a contida na *Rule 23(b)(2)* é a mais comum nos Estados Unidos. As ações de classe certificadas conforme essa hipótese são aquelas em que, de forma genérica, o réu, ocupado pelo representante de uma classe, agiu ou deixou de agir de forma uniforme em face do autor.[292] [293]

Essa hipótese de cabimento pode ser entendida, por exemplo, como o caso em que um grupo de empresas praticam uniformemente um ato ilícito em face dos consumidores. Nesse caso, o consumidor pode propor uma ação de classe em que haverá um grupo de empresas no polo passivo da demanda, o qual será representado por uma delas.

Quanto à hipótese de cabimento indicada na *Rule 23(b)(3)*, ela é verificada quando há uma questão comum entre os membros do grupo ocupante do polo passivo da demanda. A doutrina aponta, porém, um problema prático para esse tipo de hipótese de cabimento. O problema reside no fato de que a legislação norte-americana permite que, nesse

---

[291] Ibid.
[292] Ibid., p.402-403.
[293] Gidi explica que, no caso da hipótese de cabimento decorrente da *Rule 23(b)(2)*, os tribunais norte-americanos precisam fazer um enorme esforço interpretativo da regra, pois ela informa claramente que o grupo se encontra no polo ativo da demanda. No entanto, como afirmado, apesar dessa dificuldade interpretativa, esse é o tipo de *defendant class action* mais comumente certificado nos Estados Unidos. GIDI, Antonio. *A class action como instrumento de tutela coletiva dos direitos*. São Paulo: Revista dos Tribunais, 2007, p. 402.

caso, um integrante do grupo tenha o direito de se excluir da ação. Logo, nas *defendant class actions*, a doutrina alega que esse direito de autoexclusão pode permitir uma imunidade dos réus em face do Poder Judiciário.[294]

Entende-se, porém, que, na prática, não deve existir esse problema apontado, pois, por mais que exista a possibilidade legal de um integrante pedir sua exclusão do grupo, o integrante excluído não fica imune à atuação da Justiça, uma vez que sempre haverá a possibilidade de se propor uma ação individual em face dele.

No entanto, na proposta de lei apresentada ao final, no caso de ações coletivas passivas, a fim de evitar qualquer problema com a exclusão do litigante passivo, será proibida a sua exclusão do polo passivo da demanda sem um motivo razoável, o qual deve ser apreciado pelo Poder Judiciário.

Para a presente obra, entende-se que essa hipótese de cabimento para as ações de classe passiva, por ser mais geral, deve ser a utilizada como parâmetro para as ações coletivas passivas no ordenamento jurídico brasileiro.

Oportunamente, na proposta de *lege ferenda* deste livro, a questão comum é o elemento que também é utilizado para as ações coletivas de tutela de direitos individuais homogêneos quando a coletividade se encontra no polo ativo da demanda.

Com isso, através da proposta de lei, caso haja pessoas ligadas por questão comum no polo passivo da demanda, pode-se propor uma ação coletiva em face desse grupo, tendo um, ou mais, de seus integrantes como representante da classe.

Sublinhe-se que, na teoria, não deve haver impeditivos para que haja uma coletividade tanto no polo ativo da demanda, quanto no polo passivo. Assim, a ação de classe pode ser proposta por um representante de um grupo em face do representante de outro grupo.

Nesse caso, como exemplo, pode-se imaginar, de forma simples, um consumidor propondo, como representante de outros consumidores, uma *class action* em face do representante de um grupo de empresas.

Verifica-se que, nas *defendant class actions*, há um direito individual homogêneo dos integrantes do grupo ocupante do polo passivo

---

[294] GIDI, Antonio. *A class action como instrumento de tutela coletiva dos direitos*. São Paulo: Revista dos Tribunais, 2007, p. 403.

da demanda consistente no direito de ser defendido em juízo de forma coletiva.

Ainda quanto à possibilidade de um integrante do grupo ocupante do polo passivo da demanda autoexcluir-se da *class action*, Gidi[295] defende que, para que as *defendant class actions* tenham um mínimo de efetividade, essa possibilidade de a pessoa pedir sua exclusão do grupo não deve existir.

Ora, quando se propõe uma ação em face de uma pessoa ou de um grupo de pessoas, esse réu tem o ônus de se defender no processo. Se se permite que a pessoa possa pedir para ser excluída da ação simplesmente por querer, perde-se a efetividade do manejo de um processo judicial em face dos réus, pois o réu sempre poderá pedir para sair do polo passivo da demanda sem apresentar defesa que permita o julgamento da ação.[296]

Para evitar esse problema no caso brasileiro, na proposta de *lege ferenda*, pode-se deixar registrado na lei que, no caso de ações coletivas passivas, o integrante do grupo representado não pode pedir, sem fundamentos, para ser excluído do polo passivo da demanda.

Em relação à temática da jurisdição para julgamento das *defendant class action*, tem-se no direito norte-americano que não é necessário que o órgão julgador tenha jurisdição sobre todos os integrantes do grupo representado em juízo, mas apenas sobre as partes que estão diretamente envolvidas na disputa judicial.[297]

Com efeito, se fosse necessário que o tribunal tivesse jurisdição sobre todos os integrantes do grupo representado em juízo em uma *class action*, isso inviabilizaria a utilização desse tipo de ação em casos que envolvam pessoas de diversas unidades federativas norte-americanas.

Da mesma forma, na proposta de *lege ferenda*, o órgão julgador não precisa ter jurisdição sobre todos os integrantes do grupo em juízo, mas apenas sobre aqueles que estão atuando diretamente na condução do processo.

Aliás, essa é uma conclusão lógica quando se observa que a jurisdição é fixada com base nas partes do processo e não com base nos demais integrantes da classe, os quais não são partes efetivas da relação jurídica processual.

---

[295] Ibid. p. 405.
[296] Ibid.
[297] Ibid.

Nessa situação, por consequência, caso ocorra a intervenção de uma pessoa que arraste a jurisdição para outra competência, como o envio do processo da Justiça Estadual para a Justiça Federal, será verificada a mudança de competência.

Em complemento, com a formação de uma sentença transitada em julgado em uma *class action*, sua execução ocorrerá individualmente no foro de cada um que iniciar esse procedimento executório com base em seus casos individuais.[298]

Dessa forma, tem-se que a sentença formada de forma genérica em um determinado foro poderá ser executada em foros diferentes a depender da competência judicial incidente sobre as partes exequentes.

Na proposta de lei, da mesma forma, através da ação coletiva para tutela de direitos individuais homogêneos, tem-se a formação de uma sentença genérica, a qual deverá ser executada individualmente através de cada integrante do grupo representado em juízo.

Tratando-se de uma ação coletiva passiva, caso o grupo réu seja sucumbente, deve-se adaptar a situação, sendo o grupo executado pelo autor no local da competência judicial de acordo com o fixado em sentença.

Por exemplo, sendo o autor um único consumidor, o qual propôs ação em face de um grupo de empresas sediadas em diversos Estados, a execução deverá ser processada no foro competente para julgar as causas desse consumidor, o que vai implicar em uma provável igualdade entre o foro de ajuizamento da ação coletiva e o foro de execução.

Nos Estados Unidos, um outro problema identificado nas *defendant class actions* é que o representante do grupo ocupante passivo é escolhido pelo autor da ação coletiva, sendo-lhe imposta essa condição inclusive nos casos em que o representante não deseja assumir esse encargo.[299]

Essa situação torna-se injusta para o represente passivo que terá que arcar com todos os custos da defesa do grupo de forma isolada, enquanto os demais integrantes da classe beneficiar-se-ão com a tutela de seus interesses.[300]

De fato, imaginando a situação em que um grupo de empresas de um mesmo segmento de mercado ocupe o polo passivo da demanda coletiva, o representante desse grupo atuará em juízo na defesa não

---

[298] Ibid. p. 406.
[299] Ibid. p. 406-411.
[300] Ibid.

somente dos interesses próprios, mas dos interesses também de empresas concorrentes.[301]

Nessas situações, o representante escolhido costuma alegar que ele não pode ser considerado um representante adequado, pois ele não está disposto a defender todo o grupo. Os tribunais norte-americanos, porém, não acolhem facilmente esse argumento.[302]

Para a proposta de *lege ferenda*, no caso da ação coletiva passiva, o representante do grupo passivo vai ser indicado pelo autor da ação, mas o magistrado é quem vai decidir se ele pode ser considerado um representante adequado, ou não, de toda a coletividade inserida no polo passivo da demanda.

A doutrina aponta um outro problema verificado nas *defendant class action* e consiste na capacidade financeira do representante do grupo para custear a defesa da classe. Esse é um aspecto para o qual o magistrado deve ficar mais atento que no caso em que o grupo está localizado no polo ativo da demanda, pois, nesse caso, ao contrário daquele, é comum que grandes escritórios de advocacia norte-americanos se ofereçam para patrocinar a causa do autor da ação coletiva, arcando com os custos e ficando sua remuneração e ressarcimento condicionados ao ganho da causa.[303]

A doutrina[304] especializada nas *class actions* norte-americanas apresenta algumas soluções criativas para esse problema da capacidade financeira do representante do grupo inserido no polo passivo da demanda coletiva. Essas soluções são apresentadas, de forma suscinta, abaixo como forma de auxiliar na proposta de lei da presente obra.

Uma primeira solução é aquela em que o juiz da causa requer a inclusão de outros integrantes do grupo no polo passivo da demanda em litisconsórcio para que todos esses representantes possam arcar em conjunto com os custos da demanda coletiva.

---

[301] Nesse sentido, conferir as lições de Gidi: "É inegável que a *defendant class action* pode representar um injusto ônus para o representante do grupo-réu, que deverá arcar sozinho com as altas despesas de um processo complexo, em benefício de um grupo de empresas que, em geral, são suas concorrentes.(...) Em casos complexos, o custo do processo pode atingir, mensalmente, vários milhões de dólares, em casos de grande complexidade" (GIDI, Antonio. *A class action como instrumento de tutela coletiva dos direitos*. São Paulo: Revista dos Tribunais, 2007, p. 406-411).

[302] GIDI, Antonio. *A class action como instrumento de tutela coletiva dos direitos*. São Paulo: Revista dos Tribunais, 2007, p. 406-411.

[303] Ibid.

[304] Ibid.

Outra solução é a verificada quando os próprios integrantes do grupo ocupante do polo passivo da ação coletiva, ao serem devidamente notificados, assumem o compromisso de auxiliar o representante do grupo no custeio da defesa do próprio grupo. Isso pode acontecer, pois a classe percebe que, caso o representante perca na referida ação coletiva, a sentença produzirá efeitos inclusive sobre os demais membros ausentes.

Como informado, essas são apenas algumas das soluções apresentadas pela doutrina. Para a proposta de *lege ferenda*, a ideia é que o juiz, dotado de maior autonomia, mas sempre dentro dos ditames legais, o que é característico dos ordenamentos jurídicos ligados ao *civil law*, faça o controle da adequação do representante do grupo que ocupa o polo passivo da demanda, devendo observar se ele terá condições financeiras de patrocinar a defesa da classe.

Assim, o magistrado pode determinar que outros integrantes do grupo ocupem o polo passivo da demanda para que, juntos, arquem com os custos gerais da defesa de toda a classe. Sublinhe-se que, na proposta de lei apresentada, a escolha final do representante da classe será sempre do Poder Judiciário, o qual tem poder para determinar a troca dos representantes da classe.

Quanto à notificação dos membros do grupo representado em juízo, sabe-se que ela é obrigatória para as ações de classe propostas sob a hipótese de cabimento da *Rule 23(b)(3)*, ou seja, obrigatória para aquelas decorrentes de questões comuns de fato ou de direito, conforme determina a *Rule 23(c)(2)(B)*.

Na doutrina, encontra-se quem defenda que, nos Estados Unidos, a notificação deva ser obrigatória em todas as hipóteses de cabimento, bem como tanto para as *class actions* ativas, quanto para as passivas. Devendo ser destacado que os custos para essa notificação devem ser arcados pelo autor da ação.[305]

Na proposta de lei desta obra, entende-se que a notificação deve sempre ocorrer e, se possível, ela deve utilizar todos os meios razoáveis que permitam a notificação individual de cada um dos integrantes do grupo. Ademais, essa notificação deve ocorrer independentemente de o grupo estar no polo ativo ou passivo da demanda.

---

[305] Ibid.

Com efeito, essa notificação é necessária para que seja garantida a eficácia da sentença coletiva sobre todos os integrantes do grupo representado em juízo.

Ademais, quanto aos custos com essa notificação, a proposta da presente pesquisa sugere que sejam empregados os meios mais eficazes e mais econômicos para o autor da demanda, não podendo ser cobrado do representante da classe quando tratar-se de uma ação coletiva passiva.

Ainda relacionado com o tema das notificações, Gidi[306] alerta que a notificação também é importante no caso das *defendant class actions* por permitir que os membros do grupo réu saibam que a prescrição das pretensões individuais contra eles foi interrompida com a proposição da ação coletiva.

Isso ocorre em razão da proposição da ação coletiva interromper a prescrição das pretensões individuais, o que pode fazer um indivíduo do polo passivo pensar que o direito contra ele prescreveu caso ele não saiba que foi proposta uma ação coletiva.

Esse exemplo dado por Gidi corrobora com a importância da realização da notificação de todos os integrantes dos grupos representados em juízo através de uma ação coletiva, o que deve acontecer independentemente de a classe ocupar o polo ativo ou passivo da demanda coletiva.

Como solução, no caso das *defendant class actions*, Gidi[307] propõe que a prescrição seja interrompida apenas para os indivíduos que foram devidamente notificados.

Essa ideia pode ser utilizada na proposição de lei da presente obra como uma forma de garantir a segurança jurídica da prescrição de um direito em face do indivíduo que não tenha sido devidamente notificado sobre a proposição da ação coletiva.

Para uma melhor compreensão, imagine-se que um indivíduo proponha uma ação coletiva contra um grupo de empresas que tenham atuado em um ilícito cível, o qual tenha gerado um direito individual para o autor da ação.

Nesse exemplo, se uma empresa que também tenha responsabilidade pela ocorrência do ilícito não tiver sido devidamente notificada, o direito do autor da ação coletiva em face dessa empresa não

---

[306] Ibid., p. 412-414
[307] Ibid.

notificada não terá sua prescrição interrompida com a proposição da demanda coletiva.

Assim, essa empresa não devidamente notificada pode ter a segurança jurídica de que o direito individual do autor da ação coletiva em face dela prescreveu. Caso não ocorresse essa prescrição, a empresa estaria sempre na expectativa de ser demandada juridicamente em razão de um acontecimento, devendo sempre ter meios para defender-se em face do indivíduo.

Para encerrar esse tópico, interessante informar que não há no ordenamento jurídico brasileiro as chamadas ações coletivas passivas, o que ocorre por ausência de lei sobre o tema, já que, como o Brasil é ligado ao sistema do *civil law*, o Judiciário não tem discricionariedade para inovar o ordenamento através da inclusão desse tipo de ação por meio de interpretação legal.[308]

Não se pode perder de vista que o Poder Judiciário não pode legislar, não podendo, portanto, inovar o ordenamento jurídico brasileiro. Essa função é, por excelência, do Poder Legislativo, o qual tem o dever de produzir normas que regulem as diversas realidades da sociedade brasileira.

Ao Judiciário, por outro lado, cabe a função de interpretar e aplicar as normas criadas na solução dos conflitos sociais e na busca da pacificação social. Assim, para que se possa falar em ações coletivas passivas faz-se necessário que existam regras que as regulem, não cabendo ao Judiciário utilizá-las através de interpretação das normas existentes.

Nesse contexto, considerando o Brasil, Gidi[309] aponta algumas dificuldades para a inclusão das ações coletivas passivas no sistema jurídico brasileiro da forma como ele encontra-se atualmente para a tutela coletiva de direitos.

Essas dificuldades são mencionadas para permitir uma melhor interpretação da situação, sempre apresentando conclusões a serem implementadas na proposta de lei do presente livro.

A primeira dificuldade apontada refere-se ao fato de que as ações coletivas são relacionadas com a titularidade dos direitos postos em juízo, sejam eles difusos, coletivos e individuais homogêneos.

---

[308] Ibid., p. 414-416.
[309] Ibid.

Para a proposição de lei na presente obra, as ações de classe, sejam elas ativas ou passivas, serão propostas a partir de uma questão comum de fato ou de direito entre os membros da classe representada em juízo.

Com isso, não se verifica a dificuldade apontada, pois o direito individual homogêneo será caracterizado a partir do ponto de vista do objeto tutelado, o qual corresponde a um direito decorrente de uma questão comum, e não a partir dos detentores desses direitos.

Outra dificuldade encontrada no ordenamento jurídico brasileiro quanto ao tema, a qual também foi relatada por Gidi, decorre do fato de que as ações coletivas brasileiras atualmente existentes no Brasil fazem coisa julgada apenas entre as partes, vinculando terceiros apenas se o resultado for favorável à classe.

A proposta de lei do presente livro não apresentará esse problema, pois a sentença prolatada no âmbito da ação coletiva de classe para a tutela de direitos individuais homogêneos fará coisa julgada sobre todos os integrantes do grupo independentemente do resultado.

Com isso, a ação coletiva passiva terá efetividade ao vincular seu resultado a qualquer membro da classe ocupante do polo passivo, o que se mostra como um avanço por permitir que uma decisão possa ser utilizada em face de diversas pessoas. Isso revela também ser, dentre outras vantagens, uma medida de economia processual.

Gidi,[310] ao final de sua obra produzida especificamente para a análise das *class actions*, aponta que seria interessante que o ordenamento jurídico brasileiro criasse meios para ressarcir os representantes da classe que atuam na defesa dos direitos próprios e dos direitos dos demais integrantes do grupo. Nesse contexto, aponta-se a criação de uma ação regressiva para obter esse ressarcimento.

O ressarcimento pelas despesas realizadas pelo representante da classe é necessário como medida de justiça, pois tem-se um representante que atua no processo e contribui para a obtenção de uma decisão que fará coisa julgada sobre os demais integrantes da classe.

Se essa decisão for favorável à classe, para se evitar o enriquecimento do grupo às custas da atividade de um único representante, deve-se ter meios para que esse obtenha o ressarcimento de suas despesas.

Em complemento, mesmo que a decisão seja desfavorável ao grupo, essa decisão fará coisa julgada contra todos os integrantes da

---

[310] Ibid. p. 416.

classe e, assim, esses outros membros terão a vantagem de não terem dispendido recursos na defesa da causa.

A proposta de lei da presente obra acolherá possiblidade da ação regressiva permitindo que os representantes da classe possam propor essa ação contra os demais membros do grupo com o fito de ressarcirem-se pelas despesas realizadas na defesa coletiva.

No entanto, esse não deve ser o único meio de ressarcimento do representante da classe. Como já apresentado, o magistrado pode determinar que outros membros da classe ré ocupem o polo passivo da demanda com a finalidade de ratear os custos da defesa com outros integrantes do grupo.

Aliás, o próprio representante da classe pode pedir que outros ocupem o polo passivo da demanda independentemente da demonstração da incapacidade financeira própria para a tutela coletiva dos direitos individuais homogêneos do grupo.

Além dessas soluções, espera-se também que os demais membros da classe representada em juízo, ao saberem da proposição de uma ação de classe passiva, colaborem com o representante do grupo a fim de que se obtenha uma decisão favorável à classe.

Com efeito, considerando que a decisão prolatada fará coisa julgada em face de todos, independentemente do resultado, os demais membros do grupo terão interesse em que sejam utilizados todos os meios cabíveis para a defesa de seus direitos.

Sublinhe-se que o ressarcimento das despesas do representante do grupo não objetiva eximi-lo de todos os valores utilizados na defesa da classe, pois, afinal, ele também está defendendo os próprios direitos e não somente os direitos individuais homogêneos dos demais.

Após a análise do instituto da *class action* com ênfase nos Estados Unidos e antes de iniciar o próximo capítulo, o qual apresenta uma análise das normas brasileiras para a tutela coletiva de direitos e os meios de solução de demandas repetitivas, são apresentadas algumas informações sobre o sistema de indenização em razão de ilícitos e sobre a utilização do júri nos próprios Estados Unidos.

2.5 Da indenização no ordenamento jurídico norte-americano

Nos Estados Unidos, o termo *"damages"*, em linhas gerais, é utilizado para referir-se à indenização imposta em razão da violação de uma regra. Em outras palavras, os *"damages"* correspondem a um valor arbitrado segundo as leis americanas em razão da responsabilização de uma pessoa pela violação de uma obrigação, assemelhando-se com a sistemática de responsabilidade civil no ordenamento jurídico brasileiro.

Nesse contexto, existem três principais categorias de *"damages"*, a saber, (a) *"punitive damages"*, (b) *"compensatory damages"* e (c) *"nominal damages"*.

A primeira categoria acima refere-se a uma indenização imposta com o fito de punir aquele que viola um direito. Essa indenização punitiva tem também o escopo pedagógico de dar o exemplo para que situação semelhante não ocorra sob pena de o infrator vir a ser responsabilizado com a imposição de *"punitive damages"*.

Por outro lado, *"compensatory damages"* referem-se à indenização aplicada com a finalidade de compensar uma pessoa pela conduta lesiva do infrator, ou seja, tem uma clara finalidade de restaurar, ou pelo menos tentar restaurar, a situação do lesado.

Em complemento, *"nominal damages"* são valores simbólicos aplicados como indenização com o fito de reconhecer que ocorreu a violação de um direito em uma determinada situação apesar de não se ter uma perda monetária real. Caso contrário, se existisse um valor a ser compensado em razão da infração, seria o caso de utilização de *"compensatory damages"*.

Ainda nesse contexto, faz-se interessante destacar que, nos Estados Unidos, é amplamente utilizado o julgamento de casos através de júri, o que fica evidente nos inúmeros filmes e seriados produzidos pela indústria cinematográfica norte-americana.

Ademais, é possível utilizar o júri para julgar, inclusive, casos da área cível, não sendo uma exclusividade do campo de direito penal, o que mostra a importância do referido instituto também na fixação de *"damages"*.

Para tanto, a sétima emenda constitucional, *"the Seventh Amendment"*, foi uma alteração na carta magna estadunidense que garantiu a utilização do júri para decidir casos da esfera cível nos tribunais federais.

Historicamente, a utilização do júri para julgamento de casos cíveis foi introduzida no ordenamento jurídico dos Estados Unidos logo após a sua independência do Reino Unido, como uma forma de prestigiar uma instituição amplamente utilizada pelos norte-americanos no período colonial.[311]

A importância do júri no período colonial norte-americano consiste no fato de que a utilização do júri era uma forma de os colonos decidirem os rumos de seus julgamentos sem dependerem da utilização de leis e de juízes formados no Reino Unido.

Em outras palavras, a utilização do júri foi uma forma de resistência da colônia estadunidense na busca de sua independência, daí sua importância, a qual resultou na famosa sétima emenda constitucional.

Em termos práticos, a referida emenda constitucional determina que, em processos cujo valor da causa ultrapasse os vinte dólares, fica preservado o julgamento pelo tribunal do júri. Ademais, a decisão tomada dessa forma não pode ser submetida ao reexame por qualquer outro tribunal.

Ao encerrar o presente tópico, sublinhe-se que toda essa obra é produzida apresentando, criticamente, o funcionamento dos meios de tutela coletiva de direitos no Brasil e em outros países com a finalidade de que, ao final, seja apresentada uma proposta de lei que introduza uma melhor forma de tutela dos direitos individuais homogêneos de forma coletiva no ordenamento jurídico brasileiro.

---

[311] Para maiores explicações sobre o tema, sugere-se a pesquisa do assunto no *National Constitution Center* dos Estados Unidos. LERNER, Renée Lettow; THOMAS, Suja A. The Seventh Amendment. Interactive Constitution. Disponível em: https://constitutioncenter.org/the-constitution/amendments/amendment-vii/interpretations/125#:~:text=The%20Seventh%20Amendment%20requires%20civil,to%20hold%20civil%20jury%20trials. Acesso em: 18 jun. 2021.

CAPÍTULO 3

NORMAS BRASILEIRAS PARA A TUTELA COLETIVA DE DIREITOS E MEIOS DE SOLUÇÃO DE DEMANDAS REPETITIVAS

3 Normas brasileiras de tutela coletiva de direitos individuais homogêneos

O Brasil possui um ordenamento jurídico que traz diversas normas para a tutela coletiva de direitos, o que já se vislumbra desde meados do século passado, tendo destaque internacional por essa disciplina legal.

Com efeito, existem sim mecanismos legais de tutela coletiva de direitos individuais homogêneos no Brasil. Entretanto, defende-se, na presente obra, que esses mecanismos podem ser melhorados com a inserção da chamada ação de classe, ou simplesmente ação civil coletiva, no sistema jurídico brasileiro, unindo as boas experiências brasileiras com as norte-americanas.

No presente capítulo, são apresentadas as leis brasileiras vigentes e pertencentes ao Microssistema de Processo Civil Coletivo, dando-se ênfase àquelas que tem o objetivo de tutelar direitos individuais homogêneos.

Como se concluirá, as leis atuais de tutela de direitos individuais homogêneos podem ser aperfeiçoadas, sendo necessárias modificações na legislação brasileira a fim de introduzir mecanismos semelhantes à *class action* norte-americana de uma forma adaptada ao contexto brasileiro.

Como já apresentado no Capítulo 1 do presente livro, existem ações civis coletivas, além do mandado de segurança coletivo, que têm a função de tutelar direitos individuais homogêneos.

Ocorre, porém, que essa ação civil coletiva é proposta por substitutos processuais dos indivíduos que tiveram seus direitos afetados de forma homogênea. Ao contrário das *class actions* norte-americanas que são propostas diretamente pelos próprios indivíduos afetados, o qual pleiteará em juízo direito próprio e, como representante da classe, direito dos demais indivíduos lesados.

Em razão dessa diferença singular é que se pretende, através do presente trabalho, a inclusão de mecanismo de tutela coletiva de direito individual homogêneo através dos próprios detentores dos direitos individuais lesados.

Oportunamente, deve-se mencionar a tese de doutorado de Edson Bortolai[312] denominada de "Da defesa do consumidor em juízo", produzida para obtenção do título de doutor através da Faculdade de Direito da Pontifícia Universidade Católica de São Paulo, na qual o autor defende que há, no Brasil, um meio de tutela coletiva de direito individual homogêneo dos consumidores em que o próprio consumidor tem legitimidade para a defesa do direito próprio e do direito dos demais consumidores.

Essa tese defendida por Bortolai poderia ser considerada como uma *class action* brasileira, pois funcionaria da mesma forma que as *class actions* norte-americanas no quesito da legitimidade para a sua proposição.

Nesse ponto, Bortolai, inclusive, afirma que o legislador brasileiro, ao elaborar o código consumerista, utilizou-se da experiência norte-americana para permitir *class actions* propostas pelos próprios indivíduos na defesa dos direitos individuais homogêneos.[313]

A tese de Bortolai entendia que o art. 91[314] do Código de Defesa do Consumidor, em sua redação original, permitia que os próprios

---

[312] BORTOLAI, Edson Cosac. *Da defesa do consumidor em juízo*: legitimidade do consumidor ou vítima para propor ação coletiva. São Paulo: Malheiros, 1997.

[313] Ibid., p. 53.

[314] Em sua *redação original*, segue o art. 91 do CDC: "Art. 91. Os legitimados de que *trata o art. 81* poderão propor, *em nome próprio e no interesse das vítimas ou seus sucessores,* ação civil coletiva de responsabilidade pelos danos *individualmente* sofridos, de acordo com o disposto nos artigos seguintes" (BRASIL. *Lei nº 8.078, de 11 de setembro de 1990*. Dispõe sobre a proteção do consumidor e dá outras providências. Brasília, DF: Presidência da República: 1990.

consumidores-vítimas poderiam propor ação coletiva para tutela dos direitos individuais próprios e dos demais consumidores.[315]

Essa interpretação, segundo Bortolai, decorria do fato do referido art. 91 fazer referência ao art. 81 do mesmo código. Para ele, da forma como redigido o código consumerista, o indivíduo lesado poderia propor ação coletiva para tutela de direitos individuais homogêneos, mas não para a tutela de direitos difusos e coletivos (art. 81, I e II, do CDC).

Entretanto, a tese de Bortolai não prosperou e encontrava doutrina contrária afirmando que haveria um erro de remissão no art. 91, o qual deveria referir-se ao art. 82 ao invés do art. 81.[316]

Ademais, após alterações feitas no Código de Defesa do Consumidor, como explica Scarpinella Bueno,[317] o art. 91 do código consumerista foi alterado não podendo mais ser defendida a tese de Bortolai.

Com efeito, o código consumerista foi alterado por lei posterior que deu uma nova redação ao art. 91 para que esse artigo fizesse referência ao art. 82 ao invés do art. 81, retirando, portanto, a interpretação dada por Bortolai e defendida em sua tese.

No entanto, Scarpinella aduz que a Lei nº 8.884/94, a qual foi elaborada para a defesa da ordem econômica, em seu art. 29,[318] pode ser interpretada da mesma forma que Bortolai defendeu para a interpretação do código consumerista, o que implicaria em uma ação coletiva

---

Disponível em: http://www.planalto.gov.br/ccivil_03/leis/l8078.htm. Acesso em: 25 fev. 2019) (grifos do autor).

[315] BORTOLAI, Edson Cosac. *Da defesa do consumidor em juízo*: legitimidade do consumidor ou vítima para propor ação coletiva. São Paulo: Malheiros, 1997. p. 51-52.

[316] Ibid. Bortolai explica, em sua tese, que não houve erro de escrita, mas sim a plena vontade do legislador de permitir que indivíduos propusessem ação coletiva para tutela de direitos individuais homogêneos. Sugere-se a leitura da referida tese para obter mais informações sobre essa discussão.

[317] BUENO, Cassio Scarpinella. As class actions norte-americanas e as ações coletivas brasileiras: pontos para uma reflexão conjunta. *Revista de Processo*, São Paulo, v. 82, 1996. Disponível em: http://scarpinellabueno.com/images/textos-pdf/004.pdf. Acesso em: 13 ago. 2019. p. 47.

[318] "Art. 29. Os prejudicados, por si ou pelos legitimados do art. 82 da Lei nº 8.078, de 11 de setembro de 1990, poderão ingressar em juízo para, em defesa de seus interesses individuais ou individuais homogêneos, obter a cessação de práticas que constituam infração da ordem econômica, bem como o recebimento de indenização por perdas e danos sofridos, independentemente do processo administrativo, que não será suspenso em virtude do ajuizamento de ação" (BRASIL. *Lei nº 8.884, de 11 de junho de 1994*. Transforma o Conselho Administrativo de Defesa Econômica (CADE) em Autarquia, dispõe sobre a prevenção e a repressão às infrações contra a ordem econômica e dá outras providências. Brasília, DF: Presidência da República: 1994. Disponível em: http://www.planalto.gov.br/ccivil_03/Leis/L8884.htm. Acesso em: 25 fev. 2019).

para tutela de direitos individuais homogêneos tendo um indivíduo como legitimado para sua proposição.

Ademais, sublinhe-se que o art. 29 da Lei nº 8.884/94 foi revogado pela Lei nº 12.529, sendo que a nova lei, em seu art. 47,[319] possui redação similar à do art. 29 revogado.

Defende-se, porém, na presente obra que, da mesma forma como a doutrina entendeu que o código consumerista em sua redação original não permitia essa ação civil coletiva proposta por indivíduo para a tutela de direitos individuais homogêneos, também não se deveria interpretar o art. 29 da Lei nº 8.884/94 para permitir a tutela de interesses individuais por um membro do grupo lesado.

Observa-se, pois, que não há, no sistema jurídico brasileiro, legitimidade para que os indivíduos lesados possam utilizar-se da tutela coletiva dos direitos individuais homogêneos. Faz-se, necessário, como se propõe na presente pesquisa, a publicação de uma lei que, expressamente, conceda legitimidade para que os indivíduos possam tutelar coletivamente seus direitos.

Ora, não se deve esquecer de que o ordenamento jurídico brasileiro já permite que os cidadãos, individualmente, proponham ação popular, um meio de tutela coletiva de direitos, para a defesa de direitos difusos e coletivos.

Com mais razão, os indivíduos devem ter legitimidade para a tutela coletiva dos direitos individuais homogêneos, pois eles são os titulares desses direitos, possuindo mais aptidão para a defesa de seus próprios direitos.

Com efeito, o sistema jurídico brasileiro já é capaz de avançar na tutela coletiva de direitos individuais homogêneos permitindo que, além dos atuais legitimados, os quais atuam como substitutos processuais,

---

[319] "Art. 47. Os prejudicados, por si ou pelos legitimados referidos no art. 82 da Lei nº 8.078, de 11 de setembro de 1990, poderão ingressar em juízo para, em defesa de seus interesses individuais ou individuais homogêneos, obter a cessação de práticas que constituam infração da ordem econômica, bem como o recebimento de indenização por perdas e danos sofridos, independentemente do inquérito ou processo administrativo, que não será suspenso em virtude do ajuizamento de ação" (BRASIL. *Lei nº 12.529, de 30 de novembro de 2011*. Estrutura o Sistema Brasileiro de Defesa da Concorrência; dispõe sobre a prevenção e repressão às infrações contra a ordem econômica; altera a Lei nº 8.137, de 27 de dezembro de 1990, o Decreto-Lei nº 3.689, de 3 de outubro de 1941 – Código de Processo Penal, e a Lei nº 7.347, de 24 de julho de 1985; revoga dispositivos da Lei nº 8.884, de 11 de junho de 1994, e a Lei nº 9.781, de 19 de janeiro de 1999; e dá outras providências. Brasília, DF: Presidência da República: 2011. Disponível em: http://www.planalto.gov.br/ccivil_03/_Ato2011-2014/2011/Lei/L12529.htm#art127. Acesso em: 06 abr. 2020).

os próprios indivíduos possam pleitear diretamente a tutela de seu direito individual e de todo o grupo de indivíduos que tiveram seu direito atingido.

3.1 Lei de Ação Popular – Lei nº 4.717, de 29 de junho de 1965

A Lei de Ação Popular destaca-se no chamado microssistema de Processo Civil Coletivo por ser parte do conjunto de normas que serviram como marco na legislação brasileira para início da tutela coletiva de direitos.

A ação popular trata-se de uma ação que é proposta com o objetivo de anular ou de declarar a nulidade de atos lesivos ao patrimônio público da Fazenda Pública e de outras pessoas jurídicas, considerando como patrimônio público os bens e direitos de valor econômico, artístico, estético, histórico ou turístico.

A parte legítima para a propositura dessa ação é o cidadão, sendo a cidadania provada por meio de título eleitoral ou outro documento que a ele corresponda.

É interessante perceber que a legitimidade ativa pertence a uma pessoa física e não a um órgão ou entidade, o que se assemelha com as *class actions* americanas, posto que essas são propostas por integrantes da classe atingida.

O objeto, no entanto, de uma ação popular não é um direito individual homogêneo, mas o próprio patrimônio público, do qual todos são titulares indiretos.

O problema que se observa na utilização da ação popular para a tutela de direitos individuais homogêneos consiste no fato de que essa ação não tem o condão de tutelar interesse individuais, estando seu objeto limitado à tutela do patrimônio público.

A ação popular permite que uma pessoa do povo, independente de associação, possa atuar na defesa de interesses coletivos. Essa é a ideia que se objetiva com a inserção da *class action* no ordenamento jurídico brasileiro, ou seja, permitir que um indivíduo atue na defesa do direito individual homogêneo próprio e do grupo do qual pertence.

Quanto à competência para o julgamento de uma ação popular, tem-se que, de acordo com a origem do ato impugnado, será competente o juízo de acordo com a competência para análise e julgamento de causas de interesse da União, do Distrito Federal, dos Estados e dos Municípios.

Essa norma de competência é padrão com o que já se apresenta em outras normas processuais, as quais definem a competência de acordo com a origem do ato impugnado.

Quanto à coisa julgada, a lei de ação popular determina que a sentença terá eficácia de coisa julgada oponível *erga omnes*, exceto no caso de haver sido a ação julgada improcedente por deficiência de provas.

No caso de improcedência da ação popular por deficiência de provas, qualquer cidadão poderá intentar outra ação com idêntico fundamento, valendo-se, no entanto, de nova prova.

Esses elementos destacados na lei de ação popular servem para demonstrar o avanço da referida norma com a sua edição em 1965, servindo como importante marco para a tutela coletiva de direitos.

Ocorre, porém, que ela se apresenta insuficiente para que, no atual contexto de sociedade globalizada, os cidadãos possam defender seus direitos individuais homogêneos, o que mostra a importância da inserção da *class action* no ordenamento jurídico brasileiro.

Seguem dados estatísticos da utilização de ações populares no Brasil conforme acompanhamento realizado pelo Conselho Nacional de Justiça. De acordo com os dados para 2019, no universo de 35.324.727 (trinta e cinco milhões, trezentos e vinte e quatro mil, setecentos e vinte e sete) casos novos propostos na Justiça Estadual e na Justiça Federal do Brasil, foram propostas 3.355 (três mil, trezentos e cinquenta e cinco) ações populares, o que corresponde a menos de 0,01% dos casos novos.[320]

Para o ano de 2020, utilizando-se, portanto, dos dados coletados em 2019, foram propostas 4.366 (quatro mil, trezentas e sessenta e seis) novas ações populares de um total de 30.971.365 (trinta milhões, novecentos e setenta e um mil, trezentos e sessenta e cinco) casos novos em todo o Brasil.[321]

Esses números demonstram como a ação popular, apesar de ser um instituto processual presente no Brasil há algumas décadas,

---

[320] Números retirados do Painel Eletrônico da Justiça em Números elaborado pelo Conselho Nacional de Justiça. Fonte: JUSTIÇA em números. *Conselho Nacional de Justiça*. Disponível em: https://paineis.cnj.jus.br/QvAJAXZfc/opendoc.htm?document=qvw_l%2FPainelCNJ. qvw&host=QVS%40neodimio03&anonymous=true&sheet=shResumoDespFT. Acesso em: 03 abr. 2020.

[321] JUSTIÇA em números. *Conselho Nacional de Justiça*. Disponível em: https://paineis.cnj.jus.br/QvAJAXZfc/opendoc.htm?document=qvw_l%2FPainelCNJ.qvw&host=QVS%40neodimio03&anonymous=true&sheet=shResumoDespFT. Acesso em: 03 abr. 2020.

continua sendo pouco utilizado, o que se pode associar com o fato de que sua legitimidade é restrita a cidadãos, tendo como objeto a tutela de direitos da coletividade, não havendo incentivo, além do aspecto moral, para que os cidadãos proponham esse tipo de ação.

Para modificar essa situação, deve-se buscar uma conscientização da população sobre seus direitos e seus deveres na fiscalização de um patrimônio que pertence a todos. Essa função é exercida principalmente pelos órgãos institucionais, não havendo interesse expressivo da população em manejar as ações populares.

3.2 Lei de Ação Civil Pública – Lei nº 7.347, de 24 de julho de 1985

As ações civis públicas são largamente utilizadas para a defesa de direitos coletivos no Brasil, sendo um marco do Brasil na tutela de direitos coletivos. Como apresentado anteriormente, a ação civil pública é utilizada para fins de responsabilidade civil moral e patrimonial a diversos bens juridicamente tutelados, como os relativos ao meio ambiente e aos consumidores.

Conforme a referida lei, se observa que o objeto de tutela das ações civis públicas é bem amplo, o que faz com que seja um mecanismo processual bastante utilizado. No entanto, as ações civis públicas não têm o condão de tutelar todos os direitos individuais homogêneos, o que corrobora com a tese da necessária inclusão de uma ação coletiva para a tutela desses interesses individuais.

A despeito de o Poder Legislativo ter ampliado o âmbito de abrangência da utilização das ações civis públicas no decorrer dos anos, o que se observa, por exemplo, pela inclusão dos interesses difusos e coletivos de grupos raciais, étnicos ou religiosos, existem direitos individuais homogêneos que não podem ser tutelados pela ação civil pública.

Ademais, outro ponto das ações civis públicas distinto do que ocorre com as *class actions* norte-americanas está na legitimidade. A legitimidade das ações civis públicas é restrita a entidades políticas, órgãos e pessoas jurídicas específicas, não sendo permitido que integrantes do grupo atingido em seus direitos possam ingressar com uma ação civil pública.

Para solução desse ponto, quanto ao quesito da legitimidade da tutela coletiva de direitos individuais homogêneos, a proposta é a inclusão da possibilidade de que representantes do grupo atingindo tenham legitimidade para propor a ação coletiva para a tutela do direito individual próprio e dos demais integrantes da classe representada.

Quanto à competência, as ações civis públicas devem ser propostas no foro do local onde ocorrer o dano, cabendo ao juízo local a competência para processar e julgar a causa. Com isso, o juízo ficará prevento para o julgamento de todas as ações posteriormente intentadas que possuam a mesma causa de pedir ou o mesmo objeto.

Em complemento, a sentença de julgamento da ação civil pública fará coisa julgada *erga omnes*, nos limites da competência territorial do órgão prolator. A exceção está se o pedido for julgado improcedente por insuficiência de provas, pois, nessa situação, qualquer legitimado, utilizando-se de prova nova, poderá intentar outra ação com idêntico fundamento.

Como apresentado no capítulo que tratou especificamente das *class actions*, nos Estados Unidos, a competência para julgamento das ações de classe é fixada considerando, dentre outros elementos, os valores envolvidos na causa e a cidadania das partes envolvidas na disputa. Com isso, a competência poderá ser fixada na Justiça Federal ou na Justiça Estadual.

Quanto aos números relativos às ações civis públicas no Brasil, conforme dados do Conselho Nacional de Justiça, em 2019, considerando os 35.324.727 (trinta e cinco milhões, trezentos e vinte e quatro mil, setecentos e vinte e sete) de casos novos propostos na Justiça Estadual e na Justiça Federal do Brasil, tem-se a proposição de 82.780 (oitenta e duas mil, setecentos e oitenta) ações civis públicas, correspondendo a 0,23% dos casos novos.[322]

Em 2020, foram propostas 47.598 (quarenta e sete mil, quinhentas e noventa e oito) novas ações civis públicas em um universo de 30.971.365 (trinta milhões, novecentos e setenta e um mil, trezentos e sessenta e cinco) casos novos em todo o Brasil, o que corresponde a 0,15%.[323]

No âmbito das ações de tutela coletiva, os dados das ações civis públicas mostram que elas correspondem a um dos principais meios

---

[322] Números retirados do Painel Eletrônico da Justiça em Números elaborado pelo Conselho Nacional de Justiça. Fonte: JUSTIÇA em números. *Conselho Nacional de Justiça*. Disponível em: https://paineis.cnj.jus.br/QvAJAXZfc/opendoc.htm?document=qvw_1%2FPainelCNJ.qvw&host=QVS%40neodimio03&anonymous=true&sheet=shResumoDespFT. Acesso em: 03 abr. 2020.

[323] JUSTIÇA em números. *Conselho Nacional de Justiça*. Disponível em: https://paineis.cnj.jus.br/QvAJAXZfc/opendoc.htm?document=qvw_1%2FPainelCNJ.qvw&host=QVS%40neodimio03&anonymous=true&sheet=shResumoDespFT. Acesso em: 03 abr. 2020.

para a tutela coletiva de direitos. Essa prevalência pode ser justificada pela abrangência do objeto tutelado por esse tipo de ação, bem como pelo fato de existirem órgãos públicos que atuam precipuamente na defesa dos direitos coletivos, como o Ministério Público.

3.3 Lei de Apoio às Pessoas Portadoras de Deficiências – Lei nº 7.853, de 24 de outubro de 1989 e Estatuto da Pessoa com Deficiência – Lei nº 13.146, de 6 de julho de 2015

A legislação brasileira para tutela das pessoas com deficiências é bem delineada, servindo como meio para apoiar a inclusão e a proteção dessas pessoas na sociedade.

Para fins legais, conforme o Estatuto da Pessoa com Deficiência, são consideradas pessoa com deficiência as que possuem impedimento de longo prazo de natureza física, mental, intelectual ou sensorial. Esse impedimento, *em interação com uma ou mais barreiras, pode obstruir sua participação plena e efetiva na sociedade em igualdade de condições com as demais pessoas*.[324]

De acordo com a política internacional resumida na Convenção Internacional sobre os Direitos das Pessoas com Deficiência e seu Protocolo Facultativo, assinada em Nova York, em 30 de março de 2007, e ratificada pelo Congresso Nacional, o Brasil possui um sistema jurídico e social para a proteção dos interesses das pessoas com deficiências.

Nesse contexto, quanto ao mecanismo para a tutela jurídica dos direitos individuais homogêneos das pessoas com deficiência, verifica-se que pode ser proposta ação civil para a proteção desses direitos pelos legitimados indicados em lei.[325]

---

[324] Art. 2º do Estatuto da Pessoa com Deficiência (BRASIL. *Lei nº 13.146, de 6 de julho de 2015*. Institui a Lei Brasileira de Inclusão da Pessoa com Deficiência (Estatuto da Pessoa com Deficiência). Brasília, DF: Presidência da República: 2015. Disponível em: http://www.planalto.gov.br/ccivil_03/_ato2015-2018/2015/lei/l13146.htm. Acesso em: 14 abr. 2020).

[325] "Art. 3º As medidas judiciais destinadas à proteção de interesses coletivos, *difusos, individuais homogêneos* e individuais indisponíveis *da pessoa com deficiência* poderão ser *propostas pelo Ministério Público, pela Defensoria Pública, pela União, pelos Estados, pelos Municípios, pelo Distrito Federal, por associação constituída há mais de 1 (um) ano, nos termos da lei civil, por autarquia, por empresa pública e por fundação ou sociedade de economia mista que inclua, entre suas finalidades institucionais*, a proteção dos interesses e a promoção de direitos da pessoa com deficiência. §1º Para instruir a inicial, o interessado poderá requerer às autoridades competentes as certidões e informações que julgar necessárias. §2º As certidões e informações a que se refere o parágrafo anterior deverão ser fornecidas dentro de 15 (quinze) dias da entrega, sob recibo, dos respectivos requerimentos, e só poderão se utilizadas para a instrução da ação

A legislação pertinente traz um rol de legitimados para a propositura da ação para tutela dos direitos das pessoas com deficiência, sendo que esse rol é semelhante ao presente na lei de ação civil pública.

Dentre os legitimados encontram-se, por exemplo, tanto o Ministério Público, quanto associações que estejam constituídas há mais de um ano e que tenham a proteção desses direitos em suas finalidades institucionais.

Com isso, é possível fazer a mesma crítica apresentada quanto à legitimidade para a proposição das ações civis públicas em geral. Essa crítica consiste na impossibilidade que as pessoas com deficiência têm em propor ação civil para a tutela dos próprios direitos individuais homogêneos e dos direitos dos demais membros do grupo.

É evidente que quando a ação é proposta pela própria pessoa portadora de deficiência, a causa ganha singularidade, pois o autor da ação sofre em si os efeitos da lesão a seus direitos, fazendo com que ele tenha incentivo pessoal para lutar por seus direitos e pelos da classe que, porventura, venha a ser representada por ele.

Esse é, portanto, um dos principiais motivos pelo qual se propõe a inclusão das *class actions* do modelo norte-americano no ordenamento jurídico brasileiro, a saber, possibilitar que os próprios indivíduos lesados proponham ação para a tutela dos direitos individuais homogêneos.

Deve ser destacado que, em caso de desistência ou abandono da ação para tutela dos direitos das pessoas com deficiência, o polo ativo pode ser ocupado por qualquer um dos outros legitimados indicados na lei.

Essa característica da legislação brasileira é importante por permitir que o direito não tenha sua tutela julgada ao final por ausência de

---

civil. §3º Somente nos casos em que o interesse público, devidamente justificado, impuser sigilo, poderá ser negada certidão ou informação. §4º Ocorrendo a hipótese do parágrafo anterior, a ação poderá ser proposta desacompanhada das certidões ou informações negadas, cabendo ao juiz, após apreciar os motivos do indeferimento, e, salvo quando se tratar de razão de segurança nacional, requisitar umas e outras; feita a requisição, o processo correrá em segredo de justiça, que cessará com o trânsito em julgado da sentença. §5º Fica facultado aos demais legitimados ativos habilitarem-se como litisconsortes nas ações propostas por qualquer deles. §6º Em caso de desistência ou abandono da ação, qualquer dos colegitimados pode assumir a titularidade ativa" (BRASIL. *Lei nº 7.853, de 24 de outubro de 1989*. Dispõe sobre o apoio às pessoas portadoras de deficiência, sua integração social, sobre a Coordenadoria Nacional para Integração da Pessoa Portadora de Deficiência – Corde, institui a tutela jurisdicional de interesses coletivos ou difusos dessas pessoas, disciplina a atuação do Ministério Público, define crimes, e dá outras providências. Brasília, DF: Presidência da República: 1989. Disponível em: http://www.planalto.gov.br/ccivil_03/LEIS/L7853.htm. Acesso em: 27 mar. 2019) (grifos do autor).

autor. Em razão disso, regra semelhante deve existir na lei de ação coletiva de direitos individuais homogêneos apresentada na presente obra.

De forma semelhante como acontece com as ações civis públicas, a sentença em ação civil para tutela de direitos das pessoas com deficiência faz coisa julgada *erga omnes*, com a exceção do caso em que a ação for julgada improcedente por deficiência de prova.

Quanto às sentenças que decidem pela carência ou pela improcedência da ação de tutela de direitos das pessoas com deficiência, conforme determina a própria lei, estão sujeitas ao duplo grau de jurisdição, dependendo da confirmação da decisão pelo tribunal para que produzam efeitos.

Como observa-se, a Lei de Ação Civil Pública é muito importante no microssistema de tutelas coletivas de direitos, posto que suas regras sempre inspiram as outras leis de tutelas coletivas, como ocorre na legislação para a defesa das pessoas com deficiência.

Ao observar os dados do Conselho Nacional de Justiça, em 2019, considerando os 35.324.727 (trinta e cinco milhões, trezentos e vinte e quatro mil, setecentos e vinte e sete) de casos novos propostos na Justiça Estadual e na Justiça Federal do Brasil, tem-se a proposição de 3.463 (três mil, quatrocentos e sessenta e três) ações envolvendo a tutela de pessoas com deficiência, conforme listagem das ações por assunto na planilha do CNJ, o que corresponde a um percentual ínfimo dos casos novos.[326] Em 2020, por seu turno, encontra-se a proposição de 4.168 (quatro mil, cento e sessenta e oito) casos novos para a referida tutela.[327]

3.4 Lei de Ação Civil Pública no mercado de valores mobiliários – Lei nº 7.913, de 7 de dezembro de 1989

Nesse contexto, destaca-se a Lei nº 7.913, de 7 de dezembro de 1989, que disciplina a ação civil pública para responsabilização por danos causados aos investidores no mercado de valores mobiliários.

---

[326] Números retirados do Painel Eletrônico da Justiça em Números elaborado pelo Conselho Nacional de Justiça. Fonte: JUSTIÇA em números. *Conselho Nacional de Justiça*. Disponível em: https://paineis.cnj.jus.br/QvAJAXZfc/opendoc.htm?document=qvw_l%2FPainelCNJ. qvw&host=QVS%40neodimio03&anonymous=true&sheet=shResumoDespFT. Acesso em: 03 abr. 2020.

[327] JUSTIÇA em números. *Conselho Nacional de Justiça*. Disponível em: https://paineis.cnj.jus. br/QvAJAXZfc/opendoc.htm?document=qvw_l%2FPainelCNJ.qvw&host=QVS%40neodi mio03&anonymous=true&sheet=shResumoDespFT. Acesso em: 03 abr. 2020.

Essa lei pode ser considerada como uma *class action* brasileira por ter certas semelhanças com a que é adotada nos Estados Unidos.

A principal semelhança consiste no fato de ambas serem utilizadas na tutela coletiva de direitos individuais homogêneos. Ocorre, porém, que a referida lei brasileira não serve para a tutela de qualquer direito individual homogêneo, mas apenas para aqueles relativos aos investidores do mercado de valores mobiliários.

Observa-se que faz trinta anos que a referida lei foi elaborada, mas não se encontra um mecanismo semelhante e efetivo para a tutela coletiva dos diversos direitos individuais homogêneos que apresente as características positivas da *class action* norte-americana.

Da leitura da Lei nº 7.913, de 7 de dezembro de 1989, observa-se que a legitimidade para a proposição desse tipo de ação civil pública foi conferida, pelo legislador, ao Ministério Público.[328]

Quanto à legitimidade, observa-se outra diferença entre os institutos ora analisados, a saber, a *class action* norte-americana é proposta por um representante da classe, enquanto a ação civil pública é proposta por um terceiro, externo ao problema, que consiste no Ministério Público.

Essa peculiaridade quanto à legitimidade dificulta a tutela coletiva dos direitos dos investidores, pois, na prática, o Ministério Público tem inúmeras demandas pelas quais deve tutelar, não sendo de sua praxe a tutela dos investidores nos mercados de capital, não podendo dedicar-se a esse tipo de demanda de forma corriqueira, a menos que haja uma política pública de atuação do órgão ministerial nesse sentido.

Por outro lado, um investidor lesado por condutas que violam seus direitos no mercado de valores mobiliários, sendo verificada uma conduta que tenha atingido diversos investidores, caso houvesse o mecanismo da ação de classe no Brasil, poderia representar o grupo lesado de forma mais efetiva, pois ele mesmo estaria sofrendo os efeitos negativos da atuação ilícita da companhia no mercado de capitais, o que influenciaria na sua atuação em busca da efetividade na proteção de seus direitos.

---

[328] "Art. 1º Sem prejuízo da ação de indenização do prejudicado, *o Ministério Público*, de ofício ou por solicitação da Comissão de Valores Mobiliários – CVM, adotará as medidas judiciais necessárias para evitar prejuízos ou obter ressarcimento de danos causados aos titulares de valores mobiliários e aos investidores do mercado, especialmente quando decorrerem de: (…)" (BRASIL. *Lei nº 7.913, de 7 de dezembro de 1989*. Dispõe sobre a ação civil pública de responsabilidade por danos causados aos investidores no mercado de valores mobiliários. Brasília, DF: Presidência da República: 1989. Disponível em: http://www.planalto.gov.br/CcIVIL_03/Leis/L7913.htm. Acesso em: 28 mar. 2019) (grifos do autor).

Nesse contexto, há doutrina que defende que a solução da Lei nº 7.913/89 em restringir a legitimidade para a proposição da ação civil pública ao Ministério Público não é adequada, devendo ter sido prevista também a legitimidade para que a Comissão de Valores Mobiliários e demais membros da iniciativa privada também possam propor esse tipo de ação.[329]

Com efeito, a melhor solução é permitir que o legitimado para a proposição desse tipo de ação coletiva seja um representante adequado, cabendo ao magistrado determinar qual é o que terá mais condições para propor e dar seguimento a essa tutela jurídica.

Em outras palavras, deve-se deixar aberto o rol de legitimados para a proposição de ação civil pública no mercado de valores mobiliários.

Dando-se prosseguimento, pouco após a elaboração da lei de proteção dos investidores no mercado de capital, surge, em 1990, o Código de Defesa do Consumidor que, conforme já apresentado, traz um capítulo próprio para as ações coletivas de tutela de interesses individuais homogêneos.

Observa-se que o regramento trazido pelo código consumerista se aproxima das chamadas *class actions for damages* do direito norte-americano em razão da tutela dos danos causados a uma determinada classe.

Ao contrário do que se verificou na Lei nº 7.913, de 1989, o código consumerista ampliou o rol de legitimados ativos para a proposição das ações nele indicadas. Com isso, para a tutela coletivas de direitos individuais homogêneos, encontram-se, além do Ministério Público, as associações civis desde que cumpram com os requisitos indicados na lei, dentre outros.

Essa ampliação do rol de legitimados efetivada através dos elaboradores do Código de Defesa do Consumidor, foi um avanço na defesa coletiva dos direitos individuais homogêneos. Entretanto, os indivíduos lesados somente podem reivindicar seus direitos através de associações civis que, dentre outros requisitos, têm legitimidade ativa apenas se constituídas há, pelo menos, um ano.

Com isso, cria-se um entrave para a busca efetiva da tutela dos direitos individuais homogêneos através dos próprios indivíduos, pois, se não houver uma associação já criada para tutelar os direitos lesados,

---

[329] ZACLIS, Lionel. *Proteção coletiva dos investidores no mercado de capitais*. São Paulo: Revista dos Tribunais, 2007, p. 168.

eles somente poderão atuar após decorrido o prazo de um ano através de sua associação recém-criada.

Com a inclusão de mecanismo semelhante às *class action* norte-americana na legislação brasileira, busca-se criar meios mais efetivos de tutela dos direitos individuais homogêneos, permitindo que os próprios indivíduos possam representar e defender os direitos da classe em juízo.

Um ponto interessante da Lei de Proteção dos Investidores no Mercado de Capitais é a disciplinada em seu art. 2º.[330] Segundo essa regra, a procedência da ação coletiva implicará na condenação do réu no pagamento de um valor que será depositado em uma conta judicial, cabendo aos investidores habilitarem-se ao recebimento da quantia proporcional ao seu prejuízo.

Essa norma é contrária à disciplina do Código de Defesa do Consumidor, em que a procedência do pedido serve para fixar a responsabilidade do réu pelos danos causados, cabendo às vítimas precederem com a liquidação e execução individuais de suas indenizações.[331]

Verifica-se, dessa forma, um sistema bifurcado de condenação no caso das regras indicadas no código consumerista e um sistema unificado na lei de tutela coletiva dos investidores.

Explicando, a bifurcação da condenação é observada no fato de que há dois momentos, um em que o réu é condenado de forma genérica, e um outro no qual os indivíduos credores habilitam-se para obter sua indenização individual.

Por outro lado, no sistema unificado, já há a condenação do réu ao pagamento de um valor global de indenização, que deverá ficar

---

[330] "Art. 2º As importâncias decorrentes da condenação, na ação de que trata esta Lei, *reverterão aos investidores lesados, na proporção de seu prejuízo*. §1º As importâncias a que se refere este artigo ficarão *depositadas em conta remunerada, à disposição do juízo*, até que o investidor, convocado mediante edital, habilite-se ao recebimento da parcela que lhe couber. §2º Decairá do direito à habilitação o investidor que não o exercer no prazo de dois anos, contado da data da publicação do edital a que alude o parágrafo anterior, devendo a quantia correspondente ser recolhida ao Fundo a que se refere o art. 13 da Lei nº 7.347, de 24 de julho de 1985" (BRASIL. *Lei nº 7.913, de 7 de dezembro de 1989*. Dispõe sobre a ação civil pública de responsabilidade por danos causados aos investidores no mercado de valores mobiliários. Brasília, DF: Presidência da República: 1989. Disponível em: http://www.planalto.gov.br/CcIVIL_03/Leis/L7913.htm. Acesso em: 28 mar. 2019) (grifos do autor).

[331] "Art. 95. Em caso de procedência do pedido, *a condenação será genérica, fixando a responsabilidade do réu pelos danos causados*. Art. 96. (Vetado). Art. 97. A *liquidação e a execução de sentença poderão ser promovidas pela vítima e seus sucessores*, assim como pelos legitimados de que trata o art. 82" (BRASIL. *Lei nº 8.078, de 11 de setembro de 1990*. Dispõe sobre a proteção do consumidor e dá outras providências. Brasília, DF: Presidência da República: 1990. Disponível em: http://www.planalto.gov.br/ccivil_03/leis/l8078.htm. Acesso em: 25 fev. 2019) (grifos do autor).

depositado em juízo, devendo os lesados, em seguida, pleitearem um valor de indenização proporcional aos danos sofridos.

Uma técnica que deve ser adotada na condenação dos réus em tutela coletiva é deixar que o magistrado determine, de maneira justificada, o sistema que mais se adéque ao caso concreto. Nesse sentido, Zaclis[332] afirma que a legislação deve dar flexibilidade ao magistrado na escolha do sistema adequado de condenação, sem, necessariamente, fixar um sistema como ocorre no código do consumidor e na lei de proteção dos investidores.

Essa flexibilidade na escolha do sistema de condenação será aplicada na proposta de lei apresentada ao final do presente trabalho como forma de permitir que o magistrado tenha condições de analisar o caso concreto e aplicar uma condenação que mais se adapte à situação *sub judice*.

Para manter o padrão dos tópicos anteriores, quando se analisa os dados da Justiça em Números do Conselho Nacional de Justiça, não são encontrados valores para as ações propostas com base na Lei nº 7.913, o que demonstra a pouca utilização desse mecanismo de defesa dos investidores no mercado de valores mobiliários.

3.5 Estatuto da Criança e do Adolescente – Lei nº 8.069, de 13 de julho de 1990

O Estatuto da Criança e do Adolescente foi promulgado no Brasil em 1990 com o objetivo de proteger integralmente a criança e o adolescente, sendo considerada criança a pessoa até doze anos de idade incompletos, e adolescente aquela entre doze e dezoito anos de idade.

Quanto à competência para a tutela jurídica dos direitos individuais, difusos ou coletivos da infância e da adolescência, o referido estatuto deixa claro que o Ministério Público é quem possui legitimidade para a proposição desse tipo de ação.[333]

---

[332] ZACLIS, Lionel. *Proteção coletiva dos investidores no mercado de capitais*. São Paulo: Revista dos Tribunais, 2007, p. 193.

[333] "Art. 201. Compete ao Ministério Público: (...) V – promover o inquérito civil e a *ação civil pública para a proteção dos interesses individuais, difusos ou coletivos* relativos à infância e à adolescência, inclusive os definidos no art. 220, §3º inciso II, da Constituição Federal;" (BRASIL. *Lei nº 8.069, de 13 de julho de 1990*. Dispõe sobre o Estatuto da Criança e do Adolescente e dá outras providências. Brasília, DF: Presidência da República: 1990. Disponível em: http://www.planalto.gov.br/ccivil_03/LEIS/L8069Compilado.htm. Acesso em: 27 mar. 2019) (grifos do autor).

No entanto, para a tutela de interesses coletivos ou difusos da infância e da adolescência, a referida lei apresenta outros legitimados concorrentes do Ministério Público, como as associações de defesa dos interesses da criança e do adolescente desde que estejam constituídas há pelo menos um ano.[334]

Observa-se que essa ampliação na legitimidade para a tutela dos direitos coletivos ou difusos da infância e da adolescência não abrange seus direitos individuais, os quais continuam sendo tutelados pelo Ministério Público.

Com a proposta de uma ação coletiva para a tutela geral dos direitos individuais homogêneos, será possível que um indivíduo possa ser o representante de um grupo na proposição de uma ação que tutele os direitos próprios e os de cada um dos membros da classe.

Com essa proposta de lei, ocorrerá uma ampliação dos legitimados para a tutela dos direitos individuais homogêneos de todas as classes, o que, com certeza, representa um avanço nas tutelas coletivas.

No entanto, na proposta de lei apresentada na presente obra, é interessante deixar claro que não será excluída a atuação do Ministério Público, o qual continuará exercendo seu múnus público de fiscal da lei quando não for parte.

Essa atuação ministerial, sublinhe-se, é essencial para que haja a garantia de que a lei está sendo efetivamente aplicada na tutela dos direitos das classes representadas, principalmente quando se trata de minorias como as pessoas portadoras de deficiências ou as crianças e os adolescentes.

Quanto à execução da sentença condenatória em sede de tutela de interesses coletivos ou difusos das crianças e dos adolescentes, no caso em que a ação é proposta por uma associação, a lei permite que, após sessenta dias do trânsito em julgado da sentença sem que a parte

---

[334] "Art. 210. Para as ações cíveis fundadas em *interesses coletivos ou difusos*, consideram-se *legitimados concorrentemente*: I – o Ministério Público; II – a União, os estados, os municípios, o Distrito Federal e os territórios; III – as associações legalmente constituídas há pelo menos um ano e que incluam entre seus fins institucionais a defesa dos interesses e direitos protegidos por esta Lei, dispensada a autorização da assembléia, se houver prévia autorização estatutária. §1º Admitir-se-á litisconsórcio facultativo entre os Ministérios Públicos da União e dos estados na defesa dos interesses e direitos de que cuida esta Lei. §2º Em caso de desistência ou abandono da ação por associação legitimada, o Ministério Público ou outro legitimado poderá assumir a titularidade ativa" (BRASIL. *Lei nº 8.069, de 13 de julho de 1990*. Dispõe sobre o Estatuto da Criança e do Adolescente e dá outras providências. Brasília, DF: Presidência da República: 1990. Disponível em: http://www.planalto.gov.br/ccivil_03/LEIS/L8069Compilado.htm. Acesso em: 27 mar. 2019) (grifos do autor).

autora lhe promova a execução, caberá ao Ministério Público ou aos demais legitimados a execução da referida decisão.

Ademais, ainda quanto ao Estatuto da Criança e do Adolescente, tem-se que a Lei de Ação Civil Pública, Lei nº 7.347, de 24 de julho de 1985, deve ser aplicada subsidiariamente no que couber.

Esse papel subsidiário da Lei nº 7.347 está de acordo com sua função de regramento geral para as tutelas coletivas do ordenamento jurídico brasileiro, o que faz com que essa lei nunca seja abandonada no estudo e na defesa coletiva dos direitos. Essa lei deve também servir de apoio para a proposta de lei de tutela coletiva de direitos individuais homogêneos, devendo ser lembrado que a referida proposta não inclui a defesa dos interesses difusos e coletivos.

De acordo com os dados do Conselho Nacional de Justiça, sem adentrar no tipo de ação proposta, no ano de 2019, foram propostas 7.279 (sete mil, duzentas e setenta e nove) ações que tratam de assuntos relativos ao Estatuto da Criança e do Adolescente.[335] Para 2020, esse número cai para 2.655 (duas mil, seiscentas e cinquenta e cinco) novas ações.[336]

3.6 Código de Defesa do Consumidor – Lei nº 8.078, de 11 de setembro de 1990

O Código de Defesa do Consumidor é outra importante lei do chamado microssistema brasileiro de tutelas coletivas. Esse código foi abordado em diversos momentos do presente livro, sendo apesentado neste tópico com a finalidade de destacar que o referido código apresenta regras para a tutela coletiva dos direitos individuais dos consumidores.

A lei consumerista, apesar de discorrer bastante sobre a tutela coletiva de direitos individuais homogêneos, não torna desnecessária a criação de uma nova lei para a tutela coletiva dos interesses individuais em geral, uma vez que o código consumerista se volta para a defesa dos interesses dos consumidores, não abrangendo outras classes que não encontram mecanismo específico para a defesa dos próprios direitos.

---

[335] Números retirados do Painel Eletrônico da Justiça em Números elaborado pelo Conselho Nacional de Justiça. Fonte: JUSTIÇA em números. *Conselho Nacional de Justiça*. Disponível em: https://paineis.cnj.jus.br/QvAJAXZfc/opendoc.htm?document=qvw_l%2FPainelCNJ. qvw&host=QVS%40neodimio03&anonymous=true&sheet=shResumoDespFT. Acesso em: 03 abr. 2020.

[336] JUSTIÇA em números. *Conselho Nacional de Justiça*. Disponível em: https://paineis.cnj.jus. br/QvAJAXZfc/opendoc.htm?document=qvw_l%2FPainelCNJ.qvw&host=QVS%40neodi mio03&anonymous=true&sheet=shResumoDespFT. Acesso em: 03 abr. 2020.

Com efeito, o código consumerista possui um capítulo próprio para tratar das ações coletivas para a defesa de interesses individuais homogêneos da classe abrangida por esse código. Essa lei, sublinhe-se, tem como objetivo a proteção e a defesa do consumidor, não podendo ser utilizada para a tutela de todo e qualquer grupo que não seja o de consumidores.

O rol de legitimados para a propositura de ação de tutela coletiva dos direitos individuais dos consumidores é semelhante ao rol indicado na Lei de Ação Civil Pública, entrando nessa lista, por exemplo, tanto o Ministério Público, quanto as associações de defesa dos consumidores que estejam constituídas há pelo menos um ano.

Mais uma vez, verifica-se que não é possível que um consumidor lesado possa, de forma individual, intentar uma ação coletiva para tutela dos direitos próprios, quanto dos interesses individuais dos demais membros do grupo lesado.

Para exemplificar, no denominado Caso *Dieselgate* da VW, escândalo de fraudes em veículos da empresa Volkswagen, a ação para a tutela dos interesses individuais dos consumidores brasileiros de veículos fraudados pela referida empresa teve que ser proposta por uma associação que tem a proteção dos consumidores como um de seus fins institucionais.

No citado exemplo, caso o Brasil permitisse a proposição de ação de classe pelos próprios lesados, um consumidor poderia ter proposto a ação para tutela de direitos próprios e para a defesa dos demais consumidores, atuando como seu representante.

Conforme o código consumerista, caso o Ministério Público não seja o autor da ação, a referida instituição deve atuar no processo como fiscal da lei, o que deve permanecer na proposta de lei para tutela coletiva de direitos individuais homogêneos proposta pelos próprios lesados.

Conforme consta na corrente legislação consumerista, as pessoas legitimadas para a tutela coletiva dos direitos individuais homogêneos dos consumidores atuam em nome próprio, mas na defesa de interesses de terceiros.[337] Os legitimados são, portanto, substitutos processuais dos consumidores lesados.

---

[337] "Art. 91. Os *legitimados* de que trata o art. 82 poderão propor, *em nome próprio e no interesse das vítimas ou seus sucessores*, ação civil coletiva de responsabilidade pelos danos individualmente sofridos, de acordo com o disposto nos artigos seguintes" (BRASIL. *Lei nº 8.078, de 11 de setembro de 1990*. Dispõe sobre a proteção do consumidor e dá outras providências. Brasília,

Quanto a competência para julgamento das ações coletivas de proteção dos direitos individuais dos consumidores, o código consumerista fixa a competência conforme o local de ocorrência do dano e sua abrangência.[338]

Dessa forma, sendo um dano local, a competência para julgamento da ação será a do foro do lugar onde esse dano ocorreu. Por outro lado, se o dano tiver abrangência nacional ou regional, a competência será do foro da capital do Estado ou do Distrito Federal.

Em relação à coisa julgada das ações coletivas de tutela dos direitos individuais homogêneos dos consumidores, tem-se que a sentença faz coisa julgada *erga omnes* apenas se for procedente o pedido feito na ação, o que beneficia todas as vítimas e seus sucessores.

Nos Estados Unidos, ao contrário, a sentença produzirá efeitos sobre todos os integrantes do grupo representado na *class action*, independentemente de a sentença ser favorável ou não.

Observa-se que a regra norte-americana será a utilizada na proposta de lei apresentada na presente obra, permitindo que os efeitos da coisa julgada sejam estendidos a todos os membros do grupo independentemente do resultado da ação.

Como o código do consumidor também tutela os direitos difusos e coletivos dos consumidores, ele faz a ressalva de que a sentença proferida em ações de tutela desses direitos não prejudicará os direitos individuais dos membros da coletividade, grupo, categoria ou classe.

Sublinhe-se que, no caso de ação proposta para tutela coletiva de direitos individuais homogêneos dos consumidores, se a sentença for pela improcedência do pedido, aqueles interessados que não tiverem intervindo no processo como litisconsortes terão a possibilidade de propor ação de indenização a título individual.

Em outras palavras, caso uma associação de proteção dos direitos dos consumidores tenha proposto uma ação para a tutela coletiva dos direitos individuais homogêneos dos consumidores e essa ação tenha

---

DF: Presidência da República: 1990. Disponível em: http://www.planalto.gov.br/ccivil_03/leis/l8078.htm. Acesso em: 25 fev. 2019) (grifos do autor).

[338] "Art. 93. Ressalvada a competência da Justiça Federal, é competente para a causa a justiça local: I – no foro do lugar onde *ocorreu ou deva ocorrer o dano*, quando *de âmbito local*; II – no foro da Capital do Estado ou no do Distrito Federal, para os danos *de âmbito nacional ou regional*, aplicando-se as regras do Código de Processo Civil aos casos de competência concorrente" (BRASIL. *Lei nº 8.078, de 11 de setembro de 1990*. Dispõe sobre a proteção do consumidor e dá outras providências. Brasília, DF: Presidência da República: 1990. Disponível em: http://www.planalto.gov.br/ccivil_03/leis/l8078.htm. Acesso em: 25 fev. 2019) (grifos do autor).

sido julgada improcedente, aqueles consumidores que não tiverem intervindo na referida ação poderão propor individualmente a suas ações de indenização.

A lei de ação civil pública informa que as ações propostas com base na referida lei produzirão sentenças cíveis que farão coisa julgada *erga omnes* nos limites da competência territorial do órgão prolator.[339] Em complemento, no caso de condenação em dinheiro, as ações civis públicas da Lei nº 7.347/85 reverterão o valor da indenização para fundos de defesa e reconstituição dos bens lesados.[340]

Verifica-se que os efeitos da coisa julgada das ações propostas conforme a Lei de Ação Civil Pública não podem prejudicar as ações de indenização dos danos sofridos pelos consumidores propostas conforme o código consumerista. Por outro lado, se a ação for julgada procedente, as vítimas e seus sucessores podem se beneficiar da ação civil pública proposta com base na Lei nº 7.347/85.[341]

A regra apresentada existe pelo fato de a Lei nº 7.347/85 tutelar também os danos causados ao consumidor.

Dessas regras, sublinhe-se o fato de que a coisa julgada produziria efeitos apenas no âmbito da competência territorial do órgão prolator

---

[339] "Art. 16. A sentença civil fará *coisa julgada erga omnes, nos limites da competência territorial do órgão prolator*, exceto se o pedido for julgado improcedente por insuficiência de provas, hipótese em que qualquer legitimado poderá intentar outra ação com idêntico fundamento, valendo-se de nova prova" (BRASIL. *Lei nº 7.347, de 24 de julho de 1985*. Disciplina a ação civil pública de responsabilidade por danos causados ao meio-ambiente, ao consumidor, a bens e direitos de valor artístico, estético, histórico, turístico e paisagístico (VETADO) e dá outras providências. Brasília, DF: Presidência da República: 1985. Disponível em: http://www.planalto.gov.br/ccivil_03/LEIS/L7347orig.htm. Acesso em: 25 fev. 2019) (grifos do autor).

[340] "Art. 13. Havendo *condenação em dinheiro*, a indenização pelo dano causado reverterá a um *fundo* gerido por um Conselho Federal ou por Conselhos Estaduais de que participarão necessariamente o Ministério Público e representantes da comunidade, sendo seus recursos *destinados à reconstituição dos bens lesados*" (BRASIL. *Lei nº 7.347, de 24 de julho de 1985*. Disciplina a ação civil pública de responsabilidade por danos causados ao meio-ambiente, ao consumidor, a bens e direitos de valor artístico, estético, histórico, turístico e paisagístico (VETADO) e dá outras providências. Brasília, DF: Presidência da República: 1985. Disponível em: http://www.planalto.gov.br/ccivil_03/LEIS/L7347orig.htm. Acesso em: 25 fev. 2019) (grifos do autor).

[341] "Art. 103. (…) §3º Os efeitos da coisa julgada de que cuida o art. 16, combinado com o art. 13 da Lei nº 7.347, de 24 de julho de 1985, não prejudicarão as ações de indenização por danos pessoalmente sofridos, propostas individualmente ou na forma prevista neste código, mas, se procedente o pedido, beneficiarão as vítimas e seus sucessores, que poderão proceder à liquidação e à execução, nos termos dos arts. 96 a 99" (BRASIL. *Lei nº 8.078, de 11 de setembro de 1990*. Dispõe sobre a proteção do consumidor e dá outras providências. Brasília, DF: Presidência da República: 1990. Disponível em: http://www.planalto.gov.br/ccivil_03/leis/l8078.htm. Acesso em: 25 fev. 2019) (grifos do autor).

da decisão, regra presente no art. 16 da Lei nº 7.347/85, o qual, porém, foi declarado inconstitucional pelo julgamento do Tema de Repercussão Geral nº 1075 pelo Supremo Tribunal Federal.

Como será apresentado no decorrer do presente trabalho, esse art. 16 possui atecnias ao falar que a coisa julgada tem limites territoriais, sendo que coisa julgada se refere à característica da imutabilidade das decisões decorrente da impossibilidade de a sentença ser alvo de recursos.

Ademais, a constitucionalidade do referido art. 16 está sendo julgada no Supremo Tribunal Federal através de Recurso Extraordinário,[342] cuja repercussão geral foi reconhecida, havendo uma expectativa de que o Supremo declare essa regra inconstitucional, uma vez que uma decisão não pode produzir efeitos em um local do Brasil e não produzir em outro.

Para exemplificar, no caso do *Dieselgate* da VW, uma associação com sede no Rio de Janeiro propôs ação para a tutela dos direitos individuais dos consumidores lesados, tendo sido procedente a referida ação. Com efeito, como a ação foi proposta no Rio de Janeiro, com base no referido art. 16 da Lei de Ação Civil Pública, uma vez que a decisão faz coisa julgada *erga omnes* nos limites da competência territorial do órgão prolator, essa decisão somente produziria efeitos no âmbito do Rio de Janeiro.

Espera-se que, com a declaração de inconstitucionalidade do art. 16, a decisão produza efeitos em todo o território nacional, o que é mais coerente com a pretensão do processo coletivo em unificar as decisões e diminuir o ingresso de ações por diversos indivíduos que tiveram seus direitos individuais homogêneos lesados.

No referido caso do *Dieselgate* da VW, conforme andamento processual da ação verificado no início de 2020, o processo encontra-se em fase de execução provisória, podendo-se habilitar na referida execução os consumidores de qualquer lugar do Brasil que se encaixem no grupo tutelado pela associação proponente da ação.

Nesse exemplo, a justiça do Rio de Janeiro ficou preventa para todas as ações posteriormente intentadas que possuam a mesma causa de pedir ou o mesmo objeto, conforme informa a Lei nº 7.347/85.[343]

---

[342] Trata-se do Tema 1075 de Repercussão Geral do Supremo Tribunal Federal, tendo como *leading case* o Recurso Extraordinário 1.101.937/SP.

[343] "Art. 2º As ações previstas nesta Lei serão propostas no foro do local onde ocorrer o dano, cujo juízo terá competência funcional para processar e julgar a causa. Parágrafo único: A

Essas regras de competência, prevenção e coisa julgada inseridas no Código de Defesa do Consumidor e na Lei de Ação Civil Pública devem servir de base sobre a qual será proposta a lei para a inserção de ação de classe no Brasil que sirva para a tutela de todo e qualquer direito individual homogêneo pelos próprios indivíduos lesados.

Em complemento, deve-se tomar conhecimento de que, no caso da ação coletiva de tutela de direitos individuais homogêneos proposta com base no código consumerista, os efeitos da coisa julgada não irão beneficiar os consumidores que tenham proposto ações individuais com base na mesma causa de pedir e que não tenham requerido a suspensão de sua ação individual no prazo de trinta dias a partir da ciência da proposição da ação coletiva.

Da mesma forma, o código consumerista determina que as ações para a tutela dos direitos difusos e coletivos dos consumidores não induzem litispendência para as ações individuais que venham a ser propostas.[344]

Com essas regras apresentadas, caso um consumidor tenha proposto uma ação individual para a tutela de seu próprio direito, mas, em seguida, uma associação, na qualidade de substituta processual de todos os consumidores igualmente lesados, proponha uma ação coletiva com a mesma causa de pedir, tem-se a possibilidade de que o consumidor que propôs a primeira ação requeira a suspensão de sua ação individual para que ele se beneficie com a sentença favorável que, porventura, venha a ser proferida na ação coletiva.

Essa regra deve ser aplicada subsidiariamente na proposta de ação de classe que é feita na presente obra a fim de que os indivíduos lesados possam suspender suas ações e possam ficar sob os efeitos da

---

propositura da ação prevenirá a jurisdição do juízo para *todas as ações posteriormente intentadas que possuam a mesma causa de pedir ou o mesmo objeto*" (BRASIL. *Lei nº 7.347, de 24 de julho de 1985*. Disciplina a ação civil pública de responsabilidade por danos causados ao meio-ambiente, ao consumidor, a bens e direitos de valor artístico, estético, histórico, turístico e paisagístico (VETADO) e dá outras providências. Brasília, DF: Presidência da República: 1985. Disponível em: http://www.planalto.gov.br/ccivil_03/LEIS/L7347orig.htm. Acesso em: 25 fev. 2019) (grifos do autor).

[344] "Art. 104. As *ações coletivas*, previstas nos incisos I e II e do parágrafo único do art. 81, *não induzem litispendência* para as ações individuais, mas *os efeitos da coisa julgada* erga omnes ou ultra partes a que aludem os incisos II e III do artigo anterior *não beneficiarão os autores das ações individuais, se não for requerida sua suspensão no prazo de trinta dias, a contar da ciência nos autos do ajuizamento da ação coletiva*" (BRASIL. *Lei nº 8.078, de 11 de setembro de 1990*. Dispõe sobre a proteção do consumidor e dá outras providências. Brasília, DF: Presidência da República: 1990. Disponível em: http://www.planalto.gov.br/ccivil_03/leis/l8078.htm. Acesso em: 25 fev. 2019) (grifos do autor).

coisa julgada da sentença coletiva que venha a ser proposta na ação de classe.

3.7 Leis de Defesa da Ordem Econômica – Lei nº 8.884, de 11 de junho de 1994 e Lei nº 12.529, de 30 de novembro de 2011

No plano legal, a ordem econômica brasileira foi tutelada, inicialmente, pela Lei nº 8.884. Entretanto, essa lei foi revogada pela Lei nº 12.529, sendo essa a lei brasileira que tem como objeto a tutela da ordem econômica com base nos preceitos constitucionais da liberdade de iniciativa e da livre concorrência, dentre outros.[345]

Destaque-se que, conforme determina expressamente a Lei nº 12.529, a coletividade é a titular dos bens jurídicos tutelados por essa lei, ou seja, a ordem econômica brasileira pode ser entendida, grosso modo, como um bem jurídico que pertence a todos e que deve ser protegida com o fito de se garantir a liberdade de iniciativa econômica, a livre concorrência no mercado, a função social da propriedade, a defesa dos consumidores brasileiros e de reprimir os abusos do poder econômico.

A importância dessa lei na presente obra decorre da existência de um capítulo dedicado ao direito de ação para a tutela da ordem econômica, o que existia também na revogada Lei nº 8.884. Aliás, o teor do capítulo é praticamente o mesmo em ambas as leis.[346]

---

[345] "Art. 1º Esta Lei estrutura o Sistema Brasileiro de Defesa da Concorrência – SBDC e dispõe sobre a *prevenção e a repressão às infrações contra a ordem econômica, orientada pelos ditames constitucionais de liberdade de iniciativa, livre concorrência, função social da propriedade, defesa dos consumidores e repressão ao abuso do poder econômico.* Parágrafo único. A *coletividade é a titular dos bens jurídicos protegidos por esta Lei"* (BRASIL. *Lei nº 12.529, de 30 de novembro de 2011.* Estrutura o Sistema Brasileiro de Defesa da Concorrência; dispõe sobre a prevenção e repressão às infrações contra a ordem econômica; altera a Lei nº 8.137, de 27 de dezembro de 1990, o Decreto-Lei nº 3.689, de 3 de outubro de 1941 – Código de Processo Penal, e a Lei nº 7.347, de 24 de julho de 1985; revoga dispositivos da Lei nº 8.884, de 11 de junho de 1994, e a Lei nº 9.781, de 19 de janeiro de 1999; e dá outras providências. Brasília, DF: Presidência da República: 2011. Disponível em: http://www.planalto.gov.br/ccivil_03/_Ato2011-2014/2011/Lei/L12529.htm#art127. Acesso em: 06 abr. 2020) (grifos do autor).

[346] "CAPÍTULO V – DO DIREITO DE AÇÃO Art. 47. Os *prejudicados, por si ou pelos legitimados referidos no art. 82* da Lei nº 8.078, de 11 de setembro de 1990, poderão *ingressar em juízo para, em defesa de seus interesses individuais ou individuais homogêneos, obter a cessação de práticas que constituam infração da ordem econômica, bem como o recebimento de indenização* por perdas e danos sofridos, independentemente do inquérito ou processo administrativo, que não será suspenso em virtude do ajuizamento de ação" (BRASIL. *Lei nº 12.529, de 30 de novembro de 2011.* Estrutura o Sistema Brasileiro de Defesa da Concorrência; dispõe sobre a prevenção e repressão às infrações contra a ordem econômica; altera a Lei nº 8.137, de 27 de dezembro de 1990, o Decreto-Lei nº 3.689, de 3 de outubro de 1941 – Código de Processo Penal, e a Lei nº

Como observa-se na lei sob análise, quanto ao direito de ação, os prejudicados em razão de infração à ordem econômica, bem como os legitimados do art. 82 do código consumerista, podem tutelar seus interesses individuais ou individuais homogêneos.

Com efeito, deve ser observado que essa lei não concede legitimidade para que os indivíduos tutelem de forma coletiva seus direitos individuais homogêneos, mas que os indivíduos, através de tutela individual, defendam seus próprios direitos.

A tutela coletiva de direitos individuais homogêneos por parte dos próprios indivíduos lesados não é adotada no Brasil. Para esses casos, ou os indivíduos tutelam apenas seu próprio direito através de tutela individual ou os órgãos e as entidades com legitimidade propõem a tutela coletiva dos direitos individuais homogêneos através da técnica de substituição processual.

Ademais, para o processamento das ações propostas com base na Lei nº 12.529/2011, conforme seu art. 115, aplicam-se subsidiariamente o Código de Processo Civil, bem como as Leis de Ação Civil Pública, o Código de Defesa do Consumidor e Lei do Processo Administrativo Federal.

Logo, para assuntos como competência e coisa julgada, são aplicadas essas outras leis por ausência de regulação específica na Lei de Defesa da Ordem Econômica brasileira.

Com efeito, não se encontra uma quantia alta de processos judiciais propostos com base nessa lei, o que pode se justificar pela larga utilização dos meios administrativos de solução de controvérsias, destacando-se o papel do CADE, e pela pouca prática que a sociedade brasileira tem com esse tipo de demanda.

Para exemplificar, consultando o painel eletrônico da Justiça em Números, elaborado pelo Conselho Nacional de Justiça, para o ano de 2019, encontram-se oitenta e quatro ações propostas cujo objeto é

7.347, de 24 de julho de 1985; revoga dispositivos da Lei nº 8.884, de 11 de junho de 1994, e a Lei nº 9.781, de 19 de janeiro de 1999; e dá outras providências. Brasília, DF: Presidência da República: 2011. Disponível em: http://www.planalto.gov.br/ccivil_03/_Ato2011-2014/2011/Lei/L12529.htm#art127. Acesso em: 06 abr. 2020) (grifos do autor).

a defesa da ordem econômica.[347] Já para 2020, esse número cai para setenta e seis.[348]

Dessa forma, com a observação dessa lei, o que se conclui é que se trata de um assunto pouco judicializado, quando comparado com outros, como as matérias relacionadas à defesa do consumidor, e que não permite a tutela coletiva de direitos individuais homogêneos por parte dos próprios indivíduos lesados.

Com isso, é evidente a necessidade de que haja uma lei que confira aos indivíduos a legitimidade para a tutela coletiva dos direitos individuais homogêneos independentemente da matéria tutelada.

3.8 Estatuto da Advocacia e da Ordem dos Advogados do Brasil – Lei nº 8.906, de 4 de julho de 1994

A presente lei tem o objetivo de regular a atuação dos profissionais de advocacia no Brasil, dispondo também sobre a Ordem dos Advogados do Brasil, OAB. A OAB possui a natureza jurídica de autarquia *sui generis*, conforme julgamento da ADI 3.026/DF,[349] sendo formada pelos seguintes órgãos: Conselho Federal; Conselhos Seccionais; Subseções; e Caixas de Assistência dos Advogados.

---

[347] Números retirados do Painel Eletrônico da Justiça em Números elaborado pelo Conselho Nacional de Justiça. Fonte: JUSTIÇA em números. *Conselho Nacional de Justiça*. Disponível em: https://paineis.cnj.jus.br/QvAJAXZfc/opendoc.htm?document=qvw_l%2FPainelCNJ. qvw&host=QVS%40neodimio03&anonymous=true&sheet=shResumoDespFT. Acesso em: 03 abr. 2020.

[348] JUSTIÇA em números. *Conselho Nacional de Justiça*. Disponível em: https://paineis.cnj.jus.br/QvAJAXZfc/opendoc.htm?document=qvw_l%2FPainelCNJ.qvw&host=QVS%40neodi mio03&anonymous=true&sheet=shResumoDespFT. Acesso em: 03 abr. 2020.

[349] "AÇÃO DIRETA DE INCONSTITUCIONALIDADE. §1º DO ARTIGO 79 DA LEI N. 8.906, 2ª PARTE. 'SERVIDORES' DA ORDEM DOS ADVOGADOS DO BRASIL. PRECEITO QUE POSSIBILITA A OPÇÃO PELO REGIME CELETISTA. COMPENSAÇÃO PELA ESCOLHA DO REGIME JURÍDICO NO MOMENTO DA APOSENTADORIA. INDENIZAÇÃO. IMPOSIÇÃO DOS DITAMES INERENTES À ADMINISTRAÇÃO PÚBLICA DIRETA E INDIRETA. CONCURSO PÚBLICO (ART. 37, II DA CONSTITUIÇÃO DO BRASIL). INEXIGÊNCIA DE CONCURSO PÚBLICO PARA A ADMISSÃO DOS CONTRATADOS PELA OAB. AUTARQUIAS ESPECIAIS E AGÊNCIAS. CARÁTER JURÍDICO DA OAB. ENTIDADE PRESTADORA DE SERVIÇO PÚBLICO INDEPENDENTE. CATEGORIA ÍMPAR NO ELENCO DAS PERSONALIDADES JURÍDICAS EXISTENTES NO DIREITO BRASILEIRO. AUTONOMIA E INDEPENDÊNCIA DA ENTIDADE. PRINCÍPIO DA MORALIDADE. VIOLAÇÃO DO ARTIGO 37, *CAPUT*, DA CONSTITUIÇÃO DO BRASIL. NÃO OCORRÊNCIA (BRASIL. Supremo Tribunal Federal (Tribunal Pleno). *Ação Direta de Inconstitucionalidade 3.026/DF*. Relator: Min. Eros Grau, 08 de junho de 2006. Brasília: STF, [2006]. Disponível em: http://portal.stf.jus.br/processos/detalhe.asp?incidente=2178282. Acesso em: 16 abr. 2020) (grifos do autor).

Dentre os órgãos da OAB, destaque-se que o Conselho Federal possui personalidade jurídica própria, tendo sua sede na capital da República. Ademais, esse conselho é considerado o órgão supremo da OAB.

O referido estatuto foi incluído no presente livro em razão de seu art. 54, o qual, no inciso II, indica que o Conselho Federal da OAB possui competência para representar os interesses coletivos ou individuais dos advogados tanto em juízo, como fora dele.

Com isso, observa-se que o Conselho Federal tem legitimidade para atuar como substituto processual dos advogados para a tutela de direitos da referida classe, o que se mostra como assunto pertinente à matéria da presente obra.

Ocorre, porém, que o ordenamento jurídico brasileiro vai ganhar com a proposta de lei feita neste livro ao permitir que os próprios indivíduos proponham ações coletivas para a tutela de seus direitos individuais homogêneos.

Com essa possibilidade, em caso de lesão recorrente a um mesmo direito individual homogêneo dos advogados, um dos advogados lesados, dotado de representação adequada, poderá propor ação coletiva de classe, *class action*, cuja decisão fará coisa julgada sobre todos os advogados que se encaixam na mesma situação, contribuindo para a redução de demandas judiciais no Poder Judiciário.

Considerando a atual legislação brasileira, apesar de o Estatuto da Ordem dos Advogados do Brasil conferir competência para o Conselho Federal representar os interesses coletivos ou individuais dos advogados, entende-se que é possível também que os Conselhos Seccionais atuem na defesa processual dos advogados com base na disposição constitucional sobre a substituição processual para impetração de mandado de segurança coletivo.

Esse entendimento decorre do fato de a Constituição Federal determinar que entidades de classe podem impetrar mandado de segurança coletivo para a defesa dos interesses de seus membros.[350]

---

[350] "Art. 5º (...) LXX – o *mandado de segurança coletivo* pode ser impetrado por: a) partido político com representação no Congresso Nacional; b) organização sindical, *entidade de classe* ou associação legalmente constituída e em funcionamento há pelo menos um ano, *em defesa dos interesses de seus membros ou associados*;" (BRASIL. [Constituição (1988)]. *Constituição da República Federativa do Brasil de 1988*. Brasília, DF: Presidência da República, 1988. Disponível em: http://www.planalto.gov.br/ccivil_03/constituicao/constituicaocompilado.htm. Acesso em: 25 fev. 2019) (grifos do autor).

No caso, é evidente que uma secção da OAB pode ser considerada como entidade de classe para fins de permitir que ela impetre mandado de segurança coletivo em favor da classe de advogados.

Ademais, contribuindo para esse entendimento, o próprio Estatuto da OAB, em seu art. 57, determina que os Conselhos Seccionais exercem as competências, as vedações e as funções atribuídas ao Conselho Federal no âmbito de seu território.[351]

Em seguida, é importante destacar que existem decisões que entendem que a OAB pode, inclusive, ocupar o polo ativo de ações civis públicas apesar de não estar, expressamente, no rol de legitimados da Lei de Ação Civil Pública. Essa possibilidade decorre fundamentalmente de sua natureza jurídica de autarquia *sui generis*, sendo considerada um serviço público independente essencial à prestação da Justiça no Brasil.[352]

Aliás, o Estatuto da Ordem dos Advogados do Brasil determina que a OAB pode, através de seu Conselho Federal, ajuizar ação direta de inconstitucionalidade, ação civil pública, mandado de segurança coletivo, mandado de injunção, dentre outras ações de tutela coletiva.[353]

Destaque-se que a proposta de lei feita na presente obra não excluirá a possibilidade de atuação da Ordem dos Advogados do Brasil, seja na defesa dos interesses dos advogados, como dos direitos de qualquer classe, pois não se propõe a exclusão da legitimidade das

---

[351] "Art. 57. O Conselho Seccional exerce e observa, no respectivo território, as competências, vedações e funções atribuídas ao Conselho Federal, no que couber e no âmbito de sua competência material e territorial, e as normas gerais estabelecidas nesta lei, no regulamento geral, no Código de Ética e Disciplina, e nos Provimentos" (BRASIL. *Lei nº 8.906, de 4 de julho de 1994*. Dispõe sobre o Estatuto da Advocacia e a Ordem dos Advogados do Brasil (OAB). Brasília, DF: Presidência da República: 1994. Disponível em: http://www.planalto.gov.br/ccivil_03/leis/L8906.htm. Acesso em: 04 abr. 2019).

[352] "AGRAVOS LEGAIS. AÇÃO CIVIL PÚBLICA. PROCESSUAL CIVIL. LEGITIMIDADE ATIVA. ORDEM DOS ADVOGADOS DO BRASIL. DIREITOS DIFUSOS. INTERESSES DOS CONSUMIDORES. (…) 3. Do exame dos indigitados textos legais, que *a finalidade institucional da OAB não se limita à tutela dos direitos e interesses relacionados à classe dos advogados, abrangendo o interesse da coletividade, inclusive de defesa dos consumidores, daí decorrendo a sua legitimidade ativa para atuar na presente causa*. 4. Não há elementos novos capazes de alterar o entendimento externado na decisão monocrática. 5. Agravos legais improvidos" (SÃO PAULO. Tribunal Regional Federal da 3ª Região (6. Turma). *Agravo Legal em Apelação Cível nº 0031571-95.2003.4.03.6100*. Relator: Desembargadora Federal Consuelo Yoshida, 10 de abril de 2014. São Paulo: TRF, [2014]. Disponível em: https://web.trf3.jus.br/acordaos/Acordao/BuscarDocumentoGedpro/3561336. Acesso em: 16 abr. 2020) (grifos do autor).

[353] "Art. 54. Compete ao Conselho Federal (…) XIV – ajuizar ação direta de inconstitucionalidade de normas legais e atos normativos, ação civil pública, mandado de segurança coletivo, mandado de injunção e demais ações cuja legitimação lhe seja outorgada por lei;" (BRASIL. *Lei nº 8.906, de 4 de julho de 1994*. Dispõe sobre o Estatuto da Advocacia e a Ordem dos Advogados do Brasil (OAB). Brasília, DF: Presidência da República: 1994. Disponível em: http://www.planalto.gov.br/ccivil_03/leis/L8906.htm. Acesso em: 04 abr. 2019).

pessoas conferida pela atual legislação, mas a ampliação da legitimidade para que os próprios indivíduos possam propor ações coletivas para a tutela de direitos individuais homogêneos.

3.9 Estatuto do Idoso – Lei nº 10.741, de 1º de outubro de 2003

O Estatuto do Idoso é uma lei que tem como objetivo a disciplina dos direitos garantidos às pessoas com idade igual ou superior a 60 (sessenta) anos, gozando o idoso de todos os direitos fundamentais da pessoa humana.

A pessoa idosa deve ter todas as oportunidades e as facilidades para preservar sua saúde física e mental, bem como para garantir seu aperfeiçoamento moral, intelectual, espiritual e social.

O Estatuto do Idoso destaca-se no âmbito das tutelas coletivas por possuir um capítulo que disciplina especificamente a tutela jurídica dos interesses difusos, coletivos e individuais indisponíveis ou homogêneos dos idosos.

A diferenciação de direitos individuais indisponíveis dos individuais homogêneos já foi abordada no presente livro. Oportunamente, cabe destacar que a essência dessa diferenciação está no fato de que os direitos individuais indisponíveis são direitos cujo objeto juridicamente protegido é indisponível. Por outro lado, os direitos individuais homogêneos possuem uma homogeneidade em seus titulares, não sendo seu objeto jurídico um direito indisponível.

Quanto à legitimidade para a proposição de ação para a tutela dos direitos dos idosos, o Estatuto do Idoso prevê um rol semelhante ao dos legitimados para a proposição de ação civil pública, tendo, no entanto, incluído expressamente a Ordem dos Advogados do Brasil como legítima para a defesa dos direitos da pessoa idosa.

No Brasil, com a inclusão de ações coletivas semelhantes às *class actions* norte-americanas, que representa o objetivo do presente trabalho, será possível que um idoso proponha uma ação coletiva para a tutela de direito individual dos idosos homogeneamente lesado.

Isso representa um avanço na sistemática da tutela coletiva ao permitir que o próprio lesado tenha legitimidade para propor uma ação que tutele não somente o próprio direito, mas que também defenda os interesses dos demais integrantes do grupo igualmente lesados.

Tratando-se de direitos das pessoas idosas, considerando o papel de fiscal da lei do Ministério Público, é evidente que o órgão ministerial pode e deve atuar exercendo sua função de fiscalizar a correta aplicação da lei protetiva dos idosos.

Reitere-se que a proposta de lei não objetiva acabar com a legitimidade atual para a tutela coletiva, mas ampliar a legitimidade para a tutela coletiva de direitos individuais homogêneos.

No caso do Estatuto do Idoso, dentre os direitos do idosos que são destacados em um rol exemplificativo, encontram-se o direito de acesso às ações e serviços de saúde, bem como o direito de receber assistência social.

Com a inclusão da proposta de lei desta obra no ordenamento jurídico brasileiro, a proteção do idoso será ampliada com a permissão de que um idoso, por exemplo, proponha ação de classe contra um plano de saúde que negue procedimento de saúde para ele e para outros idosos na mesma situação.

Quanto à competência para o julgamento das ações de tutela dos direitos dos idosos, o Estatuto do Idoso determina que o juízo do foro do domicílio da pessoa idosa possui competência absoluta para o julgamento dessas causas.

Com efeito, no caso da proposta de lei das *class action* brasileiras, essa competência absoluta não será alterada, mas deverá ter uma ampliação dos efeitos da sentença prolatada nesse tipo de ação para que alcance idosos que residam em outros foros.

O objetivo da proposta de lei é sempre permitir que uma decisão tomada em sede de ação de tutela coletiva de direitos individuais homogêneos possa ser aproveitada para solucionar um problema repetitivo que alcance um grupo homogêneo de pessoas.

Na defesa dos direitos do idosos, são admitidos todos os tipos de ações existentes no ordenamento jurídico brasileiro, devendo haver a intervenção do Ministério Público sob pena de nulidade da ação.

Dessa forma, a inclusão de ação semelhante à *class action* norte-americana será um novo instrumento para a proteção dos idosos, o que exige, como já defendido, a necessária intervenção do Ministério Público como fiscal da lei, o que é uma exigência atual do sistema jurídico brasileiro.

Para encerrar o presente tópico, apenas para ter uma ideia da utilização das ações de tutela dos direitos da pessoa idosa com base no Estatuto do Idoso, no ano de 2019, considerando um universo de mais de trinta milhões de novos processos, apenas 1.027 (mil e vinte e sete) ações foram propostas para a defesa dos idosos.[354] Para o ano de 2020, esse número tem um ligeiro aumento para 1.301 (mil, trezentas e uma) novas ações.[355]

3.10 Lei do Mandado de Segurança Individual e Coletivo – Lei nº 12.016, de 7 de agosto de 2009

A Lei do Mandado de Segurança disciplina o regramento para que um mandado de segurança seja impetrado, o que ocorre em sintonia com a Constituição de 1988, tendo sido publicada em substituição a anterior Lei do Mandado de Segurança de 1951, a Lei nº 1.533, de 31 de dezembro de 1951.

Nesse contexto, a Constituição de 1988 foi promulgada contendo norma relativa aos mandados de segurança coletivos, os quais serão impetrados por um rol de legitimados com a finalidade de proteger direito líquido e certo, não amparado por *habeas corpus* ou *habeas data*.

A Lei nº 12.016 foi publicada justamente com o fito de regular os mandados de segurança, com destaque para o regramento dos mandados de segurança coletivos. Verifica-se, assim, a possibilidade de que seja impetrado um mandado de segurança coletivo para defesa de direitos individuais homogêneos.

Os detentores de legitimidade para impetrar mandado de segurança coletivo são os partidos políticos que tenha representação no Congresso Nacional, ou organização sindical, entidade de classe ou associação legalmente constituída e em funcionamento há pelo menos um ano.

O objeto do mandado de segurança coletivo compreende os direitos líquidos e certos dos integrantes do partido político ou ligados à sua finalidade partidária, bem como os direitos líquidos e certos da totalidade ou de parte dos membros ou associados das organizações, entidades e associações.

---

[354] Números retirados do Painel Eletrônico da Justiça em Números elaborado pelo Conselho Nacional de Justiça. Fonte: JUSTIÇA em números. *Conselho Nacional de Justiça*. Disponível em: https://paineis.cnj.jus.br/QvAJAXZfc/opendoc.htm?document=qvw_l%2FPainelCNJ.qvw&host=QVS%40neodimio03&anonymous=true&sheet=shResumoDespFT. Acesso em: 03 abr. 2020.

[355] JUSTIÇA em números. *Conselho Nacional de Justiça*. Disponível em: https://paineis.cnj.jus.br/QvAJAXZfc/opendoc.htm?document=qvw_l%2FPainelCNJ.qvw&host=QVS%40neodimio03&anonymous=true&sheet=shResumoDespFT. Acesso em: 03 abr. 2020.

Ademais, a Lei do Mandado de Segurança foi adiante indicando, em seu art. 21, o conceito de direitos coletivos e direitos individuais homogêneos, os quais podem ser tutelados através do mandado de segurança coletivo.[356] Destaque-se que esses conceitos são semelhantes aos indicados no Código de Defesa do Consumidor.

A inclusão da proposta de lei para criação da ação de classe de tutela coletiva de direitos individuais homogêneos por parte dos próprios indivíduos pode contribuir para que, em seguida, seja publicada uma outra lei ampliando a legitimidade para impetrar mandado de segurança coletivo.

Essa ampliação do rol de legitimados decorre da inclusão dos próprios indivíduos lesados para que eles impetrem mandado de segurança coletivo para tutelar direito líquido e certo da homogeneidade de indivíduos.

As razões para tanto são semelhantes às que justificam a defesa da inclusão da *class action* no ordenamento jurídico brasileiro, ou seja, elas referem-se às vantagens que decorrem da possibilidade de que um indivíduo lesado possa impetrar um mandado de segurança que tutele o direito de todos.

Da forma como consta na atual Lei nº 12.016, apenas partidos políticos, organizações sindicais, entidades de classe ou associações podem impetrar os mandados de segurança coletivos. Sendo que, no caso das associações, essas precisam estar constituídas há pelo menos um ano, o que impede que, em um caso urgente, uma associação recém-constituída atue na defesa dos direitos líquidos e certos de seus associados.

---

[356] "Art. 21. O *mandado de segurança coletivo* pode ser *impetrado* por *partido político com representação no Congresso Nacional*, na defesa de seus interesses legítimos relativos a seus integrantes ou à finalidade partidária, ou *por organização sindical, entidade de classe ou associação legalmente constituída e em funcionamento há, pelo menos, 1 (um) ano*, em defesa de direitos líquidos e certos da totalidade, ou de parte, dos seus membros ou associados, na forma dos seus estatutos e desde que pertinentes às suas finalidades, dispensada, para tanto, autorização especial. Parágrafo único. Os direitos protegidos pelo mandado de segurança coletivo podem ser: I – *coletivos*, assim entendidos, para efeito desta Lei, os transindividuais, de natureza indivisível, de que seja titular grupo ou categoria de pessoas ligadas entre si ou com a parte contrária por uma relação jurídica básica; II – *individuais homogêneos*, assim entendidos, para efeito desta Lei, os decorrentes de origem comum e da atividade ou situação específica da totalidade ou de parte dos associados ou membros do impetrante" (BRASIL. *Lei nº 12.016, de 7 de agosto de 2009*. Disciplina o mandado de segurança individual e coletivo e dá outras providências. Brasília, DF: Presidência da República: 2009. Disponível em: http://www.planalto.gov.br/ccivil_03/_Ato2007-2010/2009/Lei/L12016.htm. Acesso em: 04 abr. 2019) (grifos do autor).

Quanto aos efeitos da sentença em mandado de segurança coletivo, tem-se que ela faz coisa julgada de forma limitada aos membros do grupo ou categoria substituídos pelo impetrante.

Uma proposta de lei que legitimasse os próprios indivíduos para impetrar mandados de segurança coletivos deveria analisar a amplitude das sentenças proferidas nesse caso. Entende-se que a sentença deveria fazer coisa julgada sobre todos os indivíduos que se encaixem na mesma situação independentemente do resultado do mandado, o que é proposto no presente livro para as ações coletivas de tutela de direitos individuais homogêneos.

Em complemento, conforme a atual Lei de Mandado de Segurança, a sentença proferida em mandado de segurança coletivo não induz litispendência com as ações propostas individualmente.

No entanto, os efeitos benéficos da coisa julgada dessa sentença não podem atingir os indivíduos que não requereram a desistência de seus mandados de segurança individuais dentro do prazo de trinta dias a contar da ciência do mandado de segurança coletivo.

Essas regras relativas ao mandado de segurança coletivo para tutela de direitos individuais homogêneos mostram que esses direitos não estão desamparados pela sistemática de tutela coletiva brasileira.

Entretanto, defende-se, no presente trabalho, que a inclusão de ação semelhante à *class action* norte-americana trará um avanço no ordenamento jurídico pátrio por permitir, principalmente, que os próprios indivíduos atuem na defesa dos direitos de toda a classe atingida, o que faz com que os indivíduos não sejam tão dependentes de figuras como sindicatos e associações na defesa de seus direitos.

Em seguida, com a finalidade de ter uma visão da utilização dos mandados de segurança coletivos no Brasil, no ano de 2019, considerando os dados para a Justiça Estadual e para a Justiça Federal, foram impetrados 324.218 (trezentos e vinte e quatro mil, duzentos e dezoito) mandados de segurança cíveis, sendo 2.707 (dois mil, setecentos e sete) mandados de segurança coletivos.[357]

---

[357] Números retirados do Painel Eletrônico da Justiça em Números elaborado pelo Conselho Nacional de Justiça. Fonte: JUSTIÇA em números. *Conselho Nacional de Justiça*. Disponível em: https://paineis.cnj.jus.br/QvAJAXZfc/opendoc.htm?document=qvw_1%2FPainelCNJ. qvw&host=QVS%40neodimio03&anonymous=true&sheet=shResumoDespFT. Acesso em: 03 abr. 2020.

Com base nesses números, verifica-se que apenas 0,83% dos mandados de segurança cíveis impetrados em 2019 são de segurança coletiva, o que se mostra como um percentual muito pequeno.[358]

Para o ano de 2020, o panorama é o seguinte: foram impetrados 339.783 (trezentos e trinta e nove mil, setecentos e oitenta e três) mandados de segurança cíveis, dos quais 4.387 (quatro mil, trezentos e oitenta e sete) são coletivos.[359]

Com efeito, caso no futuro seja dada legitimidade para que os próprios indivíduos impetrem mandados de segurança coletivos, entende-se que esse percentual tende a aumentar em razão da ampliação dos legitimados para esse tipo de ação.

Destaque-se que a proposta de lei feita na presente obra não tem o objetivo de ampliar os legitimados para impetrar mandados de segurança coletivos, mas sim inserir uma ação de classe no ordenamento jurídico brasileiro semelhante às *class actions* norte-americanas. É claro, porém, que a proposta deste livro pode influenciar na ampliação do rol de legitimados dos mandados de segurança coletivos.

3.11 Do sistema de precedentes no ordenamento jurídico brasileiro e dos mecanismos de solução coletiva de conflitos indicados no Código de Processo Civil de 2015

O Código de Processo Civil de 2015, Lei nº 13.105, de 16 de março de 2015, inovou o ordenamento jurídico brasileiro ao introduzir um sistema de precedentes judiciais, dando destaque à atividade do Poder Judiciário como meio de solucionar, através da interpretação das normas brasileiras, os conflitos sociais.

Com os mecanismos adotados para os precedentes judiciais no processo civil brasileiro, verifica-se uma aproximação do sistema do *civil law*, adotado no Brasil, com o do *common law*, característico dos países de tradição inglesa.

---

[358] Esse percentual foi calculado considerando que o número de mandados de segurança coletivos está inserido no número total de mandados de segurança cíveis. Ocorre, porém, que essa informação não está clara no painel da Justiça em Números do Conselho Nacional de Justiça.

[359] JUSTIÇA em números. *Conselho Nacional de Justiça*. Disponível em: https://paineis.cnj.jus.br/QvAJAXZfc/opendoc.htm?document=qvw_l%2FPainelCNJ.qvw&host=QVS%40neodimio03&anonymous=true&sheet=shResumoDespFT. Acesso em: 03 abr. 2020.

Essa nova característica que foi reforçada no sistema jurídico brasileiro também ganha importância no contexto das soluções coletivas de conflitos. Observa-se, com facilidade, que demandas repetitivas que envolvam direitos individuais homogêneos podem se beneficiar desse sistema de precedentes em que os indivíduos alegam decisões jurídicas aplicadas em casos similares como forma de resolverem suas disputas individuais.

No atual contexto pelo qual passa o Poder Judiciário, os precedentes ganham papel de destaque por permitir que a prestação judicial seja célere. Sublinhe-se que a massificação dos processos judiciais, com a demanda crescente da sociedade por decisões judiciais para a resolução de seus problemas e diante da escassez comum de recursos e pessoas, tem feito com que o Poder Judiciário saiba utilizar-se de forma efetiva e produtiva dos recursos jurídicos que possui, como os precedentes.

Nessa situação, os precedentes formados no curso de outros processos, quando possíveis de aplicação em outros litígios, devem ser utilizados na fundamentação e orientação das decisões judiciais.[360]

Os precedentes, historicamente, têm prevalência nos países de tradição anglo-saxão, como os Estados Unidos, desde o início de seus sistemas jurídicos. Por outro lado, no Brasil, vinculado ao sistema jurídico romano-germânico, observa-se a valorização dos precedentes principalmente após a edição do Código de Processo Civil de 2015, ou seja, trata-se de uma característica que tem se consolidado apenas recentemente.

Conforme exposição de Luís Roberto Barroso, o processo de valorização dos precedentes no Brasil passaram por três etapas. A primeira foi marcada pelo desenvolvimento dos mecanismos de controle concentrado de constitucionalidade. Em seguida, verifica-se a valorização da jurisprudência através de alterações incluídas no Código de Processo Civil de 1973. A última etapa destaca-se pelo novo Código

---

[360] Nesse sentido: "Juízes nos dias atuais trabalham com assessores, modelos e fórmulas pragmáticas de atuação e construção de decisões. Neste novo universo, *a entrega de justiça se dá pela sinergia de órgãos e de instâncias diversas, de modo a evitar retrabalho, como, por exemplo, pelo aproveitamento da fundamentação e de teses de julgamento desenvolvidas pelos tribunais.* É nesse ambiente que o papel da jurisprudência e o uso pragmático de precedentes se tornam indispensáveis para a entrega de uma prestação jurisdicional que possa conciliar justiça do caso concreto com duração razoável do processo" (MELLO, Patrícia Perrone Campos; BARROSO, Luís Roberto. Trabalhando com uma nova lógica: a ascensão dos precedentes no direito brasileiro. *Revista Consultor Jurídico*, [S.l.], 28 out. 2016. Disponível em: https://www.conjur.com.br/2016-out-28/artigo-barroso-explica-precedentes-cpc-muda-direito. Acesso em: 10 mar. 2020. p. 4) (grifos do autor).

de Processo Civil, o qual trouxe inúmeras regras de valorização dos precedentes judiciais.[361]

Para melhor verificar a valorização dos precedentes na legislação processual de 2015, tem-se o art. 927 que determina que os juízes e os tribunais devem observar: as decisões do Supremo Tribunal Federal em controle concentrado de constitucionalidade; os enunciados de súmula vinculante; os acórdãos em incidente de assunção de competência ou de resolução de demandas repetitivas e em julgamento de recursos extraordinário e especial repetitivos; os enunciados das súmulas do Supremo Tribunal Federal em matéria constitucional e do Superior Tribunal de Justiça em matéria infraconstitucional; e a orientação do plenário ou do órgão especial aos quais estiverem vinculados.

Em continuidade, pode-se afirmar que a criação de um sistema de tutela coletiva de direitos individuais homogêneos no ordenamento jurídico brasileiro pode ser considerado uma outra etapa no processo de valorização das decisões judiciais. Essa afirmação decorre da possibilidade jurídica que esse tipo de tutela traz de resolver materialmente uma situação individual que se repete de forma coletiva, permitindo que apenas uma decisão solucione um problema social que se apresenta repetidas vezes.

Para melhor entender, explica-se por meio de um exemplo: imaginando um contrato que uma grande empresa realize com milhares de consumidores, tendo nele cláusulas que prejudiquem o grupo de consumidores indistintamente, caso seja proposta uma ação coletiva para dirimir esse problema, poder-se-á replicar a solução dada para todas as relações jurídicas semelhantes, cabendo aos indivíduos apenas a execução individual de seus direitos.

Como visto, para o exemplo dado, existe a possibilidade de tutelar o referido direito individual homogêneo dos consumidores através da chamada ação civil coletiva, cuja disciplina encontra-se no Código de Defesa dos Consumidores.

O problema que existe, no atual ordenamento jurídico brasileiro, no que tange à tutela dos direitos individuais homogêneos, é que há diversas leis que podem ser utilizadas para tutelar esses direitos, mas nenhuma delas pode ser considerada como norma geral que seja aplicada de forma indistinta à tutela de qualquer direito individual homogêneo.

---

[361] Ibid., p. 7.

Diante desse problema, encontram-se direitos que são devidamente tutelados pela legislação brasileira, enquanto outros não o são. Ademais, da forma como o atual sistema de tutela coletiva brasileira encontra-se, os próprios indivíduos lesados de forma homogênea não têm legitimidade para pleitearem coletivamente a tutela de seus direitos.

Diante dessa situação, a solução da presente obra consiste, precipuamente, em permitir que os próprios indivíduos proponham ações coletivas para a tutela dos direitos individuais homogêneos da classe.

Ao observar o Código de Processo Civil brasileiro de 2015, verifica-se que há uma tendência de valorização dos precedentes judiciais. Com efeito, a lei processual civil brasileira determina quais tipos de julgamentos serão feitos tendo a finalidade de servirem como precedentes para outros casos.

Com isso, no ordenamento jurídico brasileiro, os precedentes que devem ser observados no julgamento dos demais processos são aqueles indicados no art. 927 do próprio Código de Processo.

Quanto aos mecanismos de solução coletiva de conflitos indicados no Código de Processo Civil de 2015, sublinhe-se que o referido código trouxe a figura da tutela possessória coletiva, o que representou uma vitória para os movimentos sociais que objetivavam uma tutela específica para seus conflitos possessórios.

Dessa forma, observa-se que, com o Código de Processo Civil de 2015, o Brasil deu novos passos na busca de soluções jurídicas para serem utilizadas frente ao aumento da demanda judicial verificada na sociedade, sendo o sistema de precedentes judiciais uma dessas soluções.

Entretanto, apesar da tutela coletiva possessória, o referido código não avançou na ordenação do sistema brasileiro de tutela coletiva, o que poderia ter sido feito já no atual Código de Processo como forma de unificação das leis processuais brasileiras.

Para entender os mecanismos de solução de controvérsias repetitivas presentes no atual ordenamento jurídico brasileiro, segue uma apresentação crítica das decisões que devem ser observadas pelos juízes e tribunais.

3.11.1 Decisões em sede de controle de constitucionalidade e súmulas vinculantes

As decisões tomadas pelo Supremo Tribunal Federal, bem como as súmulas aprovadas também nesse tribunal sob o rito das súmulas vinculantes possuem a eficácia de vincular os demais órgãos do Poder Judiciário, os quais devem decidir conforme essas decisões, bem como a administração pública direta e indireta, nas esferas federal, estadual e municipal.

Essas decisões já possuíam eficácia vinculante antes mesmo do atual Código de Processo, mas estão corretamente elencadas no referido código no rol das decisões que devem ser observadas pelo Poder Judiciário.

Sublinhe-se que, quando o Supremo decide em sede de controle de constitucionalidade ou produz uma súmula vinculante, ele não está legislando, mas sim dando uma interpretação vinculante sobre uma norma de caráter constitucional.

Essa interpretação passa a vincular todo o Poder Judiciário, bem como toda a administração pública. Esse tipo de decisão passa a ser aplicada em qualquer outro processo que trate do mesmo assunto, fazendo com que o referido processo seja julgado de forma mais célere pela existência de uma decisão vinculante que pode ser usada para solucionar um caso novo que se apresente na Justiça.

Essa eficácia vinculante representa um avanço significativo na solução de disputas repetitivas. Porém, com a inclusão de uma *class action* no ordenamento jurídico brasileiro possibilitando que os próprios indivíduos atuem em causa própria e como representantes do grupo lesado, o Brasil ganha meio eficaz de tutelar os direitos individuais homogêneos através do aumento de legitimados para tutelar esse tipo de direito.

Essa proposta de lei terá o condão de reduzir o número de processos de conhecimento a partir da prolação de uma decisão que poderá ser aplicada na realidade material de diversos indivíduos que tiveram seu direito individual lesado de forma semelhante àquela posta em juízo.

3.11.2 Do Incidente de Assunção de Competência

O Incidente de Assunção de Competência (IAC) está inserido no atual Código de Processo Civil unicamente no art. 947, sendo um mecanismo de solução de um conflito que trate de uma relevante questão de direito, mas que não tenha repetição em múltiplos processos. O objeto jurídico de uma IAC deve ter repercussão social para que se faça necessária sua utilização.

Desde a vigência do novo CPC até meados de março de 2020, encontravam-se, no âmbito do Superior Tribunal de Justiça, apenas seis casos de IAC,[362] demonstrando que os operadores do direito ainda estão se adaptando à possibilidade de utilização desse mecanismo.

Para exemplificar sua utilização, cita-se a tese de IAC do STJ nº 5 segundo a qual foi firmado o entendimento que Justiça Comum é a competente para o julgamento de demandas relativas a plano de saúde de autogestão empresarial, exceto quando o benefício for instituído por meio de convenção coletiva ou acordo coletivo de trabalho. Nesse caso, segundo a referida tese, a competência será da Justiça do Trabalho, ainda que figure como parte trabalhador aposentado ou dependente do trabalhador.[363]

Como exposto, um incidente de assunção de competência deve ser observado por juízes e tribunais, servindo para unificar as decisões relativas ao tema, evitando-se a indevida divergência na jurisprudência interna de um determinado tribunal quanto ao mesmo tema.

Observa-se, pelo teor do art. 947, que o IAC deve ser aplicado no âmbito dos tribunais, seja no julgamento de recursos, remessa necessárias ou de processos cuja competência originária seja do próprio tribunal.

---

[362] Informação obtida consultando de forma simples a jurisprudência do Superior Tribunal de Justiça. Disponível em: https://scon.stj.jus.br/SCON/recrep/. Acesso em: 19 mar. 2020.

[363] "*INCIDENTE DE ASSUNÇÃO DE COMPETÊNCIA. RECURSO ESPECIAL. AÇÃO DE OBRIGAÇÃO DE FAZER. CONTRATO DE PLANO DE SAÚDE. MODALIDADE DE AUTOGESTÃO INSTITUÍDA. INATIVIDADE DO EX-EMPREGADO. MANUTENÇÃO DAS MESMAS CONDIÇÕES. COMPETÊNCIA. JUSTIÇA COMUM.* 1. Ação de obrigação de fazer ajuizada em 2015, da qual foi extraído o presente recurso especial, interposto em 06.11.2017. 2. *Incidente de assunção de competência instaurado para decidir sobre a Justiça competente para julgamento de demanda relativa a contrato de plano de saúde assegurado em contrato de trabalho, acordo ou convenção coletiva.* 3. A jurisprudência da Segunda Seção reconhece a autonomia da saúde suplementar em relação ao Direito do Trabalho, tendo em vista que o plano de saúde coletivo disponibilizado pelo empregador ao empregado não é considerado salário, a operadora de plano de saúde de autogestão, vinculada à instituição empregadora, é disciplinada no âmbito do sistema de saúde suplementar, e o fundamento jurídico para avaliar a procedência ou improcedência do pedido está estritamente vinculado à interpretação da Lei dos Planos de Saúde, o que evidencia a natureza eminentemente civil da demanda. 4. *Tese firmada para efeito do art. 947 do CPC/15: Compete à Justiça comum julgar as demandas relativas a plano de saúde de autogestão empresarial, exceto quando o benefício for instituído em contrato de trabalho, convenção ou acordo coletivo, hipótese em que a competência será da Justiça do Trabalho, ainda que figure como parte trabalhador aposentado ou dependente do trabalhador.* 5. Hipótese que trata de contrato de plano de saúde na modalidade autogestão instituída, pois operado por uma fundação instituída pelo empregador, o que impõe seja declarada a competência da Justiça comum Estadual. 6. Recurso especial conhecido e provido" (BRASIL. Superior Tribunal de Justiça (2. Seção). *REsp nº 1799343 / SP (2018/0301672-7)*. Relator: Min. Paulo de Tarso Sanseverino, 11 de março de 2020. Brasília: STJ, [2020]. Disponível em: https://ww2.stj.jus.br/processo/pesquisa/?tipoPesquisa=tipoPesquisaNumeroRegistro&termo=201803016727. Acesso em: 30 mar. 2020) (grifos do autor).

Com a utilização do Incidente de Assunção de Competência, o órgão colegiado indicado em regimento interno julgará o recurso, a remessa necessária ou o processo de competência originária do tribunal e fixará a tese do IAC para que seja utilizada em questões futuras.

Como observa-se pela leitura do CPC, o IAC é utilizado no caso em que não há múltiplos processos sobre a matéria. Por outro lado, no Incidente de Resolução de Demandas Repetitivas, verifica-se a existência de múltiplas demandas repetitivas contendo a mesma questão.

3.11.3 Do Incidente de Resolução de Demandas Repetitivas

O Incidente de Resolução de Demandas Repetitivas (IRDR) foi introduzido no ordenamento jurídico brasileiro através do Código de Processo Civil de 2015, especificamente a partir do art. 976.

Conforme verifica-se, o IRDR é um incidente característico dos processos que tramitam nos tribunais. Para sua instauração, deve-se verificar, no caso concreto, a ocorrência simultânea de efetiva repetição de processos que possuam controvérsia sobre uma mesma questão de direito, bem como a existência de risco de ofensa à isonomia e à segurança jurídica em razão da prolação de decisões conflitantes sobre situações jurídicas repetitivas.

Faz-se interessante destacar que tanto as partes quanto o próprio juiz ou relator podem pedir para que seja instaurado um incidente para a resolução de demandas repetitivas, o que permite uma ampliação da aplicação desse instituto.

Observa-se que se trata de um incidente salutar na proteção de direitos cuja violação é repetida. Isso funciona como um mecanismo de solução de inúmeros processos, atingindo diversas pessoas.

Ocorre, porém, que essa previsão não dispensa os benefícios que uma ação coletiva pode trazer para a proteção de quaisquer direitos individuais homogêneos no âmbito do ordenamento jurídico brasileiro.

Para que seja instaurado o IRDR, faz-se necessário que existam múltiplos processos com a mesma controvérsia de direito, devendo, pelo menos, um deles estar no tribunal para que seja instaurado o referido incidente.

Deve ser destacado que, apesar do potencial de resolução de diversos conflitos através da utilização do referido incidente de resolução de demandas repetitivas, esse mecanismo não é capaz de, por si, obstar a criação de ações coletivas para a tutela de direitos individuais homogêneos em geral.

O motivo, para tal argumento, é simples e consiste no fato de que o IRDR é um instituto aplicado em situações de demandas repetitivas para questões unicamente de direito. Por outro lado, a ação coletiva que se propõe refere-se a uma forma de tutelar, através de um único processo, diversas situações coletivas que acontecem na sociedade, não sendo restritas a questões de direito.

Em razão disso, mostra-se necessária a criação de mecanismo semelhante às *class action*, o que não é obstado pela existência de IRDR ou outro mecanismo de solução de demanda repetitivas. Aliás, a ação coletiva proposta corresponde a um tipo de ação, enquanto o IRDR refere-se a um incidente processual.

Nesse contexto de valorização dos precedentes judiciais no ordenamento jurídico brasileiro, especificamente após o novo Código de Processo Civil, observa-se que foram criados mecanismos para que o Poder Judiciário dê caráter vinculante às teses fixadas nos precedentes.

Para melhor compreensão, os precedentes são formados através da utilização dos mecanismos objetivos que o novo CPC introduziu com essa finalidade. Com isso, na formação de um precedente, inicia-se seu julgamento já considerando que, ao final, será fixada uma tese jurídica como precedente judicial.

Por outro lado, quando se fala em jurisprudência, não se está diante de uma tese jurídica com força vinculante, mas na observação de um conjunto reiterado de decisões que seguem um mesmo entendimento.

Com isso, pode-se explicar, por exemplo, que no âmbito da Justiça comum estadual, pode existir um Juiz A que, para uma determinada matéria, decide de uma forma X e um Juiz B que, igualmente para a mesma matéria, decide de forma Y. Nesse caso, verifica-se uma jurisprudência dominante no juízo A e outra no juízo B. Diante dessa situação, o tribunal local, para resolver essa questão e evitar decisões conflitantes na sua jurisdição, pode formar um precedente judicial que pacifique a matéria e que tenha força vinculante para submeter os juízes ligados ao referido tribunal.

3.11.4 Dos recursos especial e extraordinário repetitivos

O julgamento de recursos especial e extraordinário repetitivos é outra técnica de julgamento inserido no atual Código de Processo e que permite a vinculação de outras decisões àquela prolatada nesse julgamento repetitivo.

O julgamento conforme o rito dos recursos repetitivos será realizado sempre que houver multiplicidade de recursos extraordinários ou especiais com fundamento em idêntica questão de direito. Nesse caso, além de observar as regras constantes no Código de Processo, deve-se obedecer ao regramento constante nos regimentos internos do Supremo Tribunal Federal e do Superior Tribunal de Justiça.

Verifica-se que o novo Código de Processo Civil apresenta duas técnicas distintas para julgamento de processos repetitivos, a saber a de julgamento repetitivo de recursos especial e extraordinário, bem como a técnica do Incidente de Resolução de Demandas Repetitivas (IRDR).

Essas duas técnicas, apesar de distintas, tem a semelhança no fato de produzirem decisões que devem ser seguidas por outros órgãos do Poder Judiciário, funcionando, portanto, como precedentes judiciais.

É necessário repetir que essas técnicas representam um avanço no ordenamento jurídico brasileiro, permitindo que uma mesma decisão sirva para diversos processos.

Nessa mesma linha de raciocínio, na presente obra, busca-se introduzir uma ação coletiva para tutela de direitos individuais homogêneos que permita que os próprios indivíduos proponham esse tipo de ação e, assim, seja prolatada uma sentença coletiva que servirá de solução para diversas relações jurídicas materiais e individuais.

3.11.5 Das súmulas do STF e do STJ e da orientação do plenário dos tribunais

Ainda no contexto das decisões que devem ser observadas pelos juízes e tribunais, o Código de Processo indica que também os enunciados das súmulas do Supremo Tribunal Federal em matéria constitucional e do Superior Tribunal de Justiça em matéria infraconstitucional, bem como a orientação do plenário dos tribunais têm efeito vinculante.

Essa norma em conjunto com as demais apresentadas no presente tópico comprovam que o atual ordenamento jurídico brasileiro está se aproximando do sistema de precedentes dos países anglo-saxão. É claro que essa aproximação é feita guardando as peculiaridades de cada país, estando adaptadas ao contexto brasileiro.

Da mesma forma, o presente livro inspira-se no ordenamento jurídico norte-americano para permitir que os próprios indivíduos possam propor ações para tutela coletiva de direitos, dando autonomia para a atuação dos indivíduos sem depender diretamente da atividade de órgãos e instituições brasileiras, como o Ministério Público ou as associações.

3.11.6 Das ações possessórias coletivas

O atual Código de Processo Civil trouxe uma novidade no que tange aos conflitos coletivos, trata-se de um procedimento específico para as tutelas possessórias coletivas de rito comum.

Essas regras foram incluídas no ordenamento jurídico brasileiro por pressão dos parlamentares ligados aos movimentos sociais em razão da forma como costumam ser cumpridas as decisões judiciais que culminam na remoção de diversas pessoas e famílias de um imóvel que tenha sido invadido por um grupo de pessoas.

Durante a remoção dos invasores, é comum o emprego de força policial, não sendo raro a ocorrência de violência física e, em alguns casos, até mortes, com a consequente marginalização dos ocupantes irregulares.[364]

No atual contexto urbano da sociedade brasileira, é comum encontrar espaços privados, ou até públicos, que foram invadidos por comunidades de forma desordenada, sendo mantida essa situação por anos até que o proprietário do imóvel tome a iniciativa de acionar o Poder Judiciário para proteger seu direito e remover os invasores.

O atual Código de Processo Civil informa que,[365] havendo disputa coletiva pela posse e propriedade de imóvel, tendo a invasão ocorrido

---

[364] Para uma melhor compreensão dos mecanismos de remoção dos invasores de um terreno por intermédio do Poder Judiciário, sugere-se o estudo do caso da invasão e remoção de famílias em "Pinheirinho", imóvel localizado na cidade de São José dos Campos/SP, o qual passou 30 anos sem utilização, tendo sido ocupado por 1.789 famílias no ano de 2004. SOUSA, Isabel Cristina Nunes de; CASTRO, Carolina Maria Pozzi de. Conflitos fundiários urbanos e a ocupação "Pinheirinho": acesso à moradia e remoção forçada. *Revista Brasileira de Gestão Urbana*, Curitiba, v. 11, fev. 2019. Disponível em: http://www.scielo.br/scielo.php?script=sci_arttext&pid=S2175-33692019000100227&lng=en&nrm=iso. Acessado em: 20 abr. 2020.

[365] "Art. 565. No *litígio coletivo pela posse de imóvel*, quando o esbulho ou a turbação afirmado na petição inicial houver *ocorrido há mais de ano e dia*, o juiz, antes de apreciar o pedido de concessão da medida liminar, *deverá designar audiência de mediação*, a realizar-se em até 30 (trinta) dias, que observará o disposto nos §§2º e 4º.
§1º Concedida a liminar, se essa não for executada no prazo de 1 (um) ano, a contar da data de distribuição, *caberá ao juiz designar audiência de mediação*, nos termos dos §§2º a 4º deste artigo.
§2º *O Ministério Público* será intimado para comparecer à audiência, e a *Defensoria Pública* será intimada sempre que houver parte beneficiária de gratuidade da justiça.

há mais de ano e dia, o que se denomina de ação de rito comum de força velha, o juiz da causa tem o dever de designar audiência de mediação antes da concessão de medida liminar.

O Ministério Público deve ser intimado para comparecer à referida audiência, bem como a Defensoria Pública no caso de existir litigantes beneficiários da justiça gratuita.

Ademais, a Administração Pública direta, através de seus órgãos ligados às políticas agrária e urbana, podem também ser intimados a comparecerem às referidas audiências de mediação a fim de que possam manifestar interesse no processo e indicar a possibilidade de solução para o conflito possessório.

Essa medida implementada pelo novo código tem o objetivo de fazer com que, em conflitos possessórios coletivos, o Poder Público possa intervir para garantir o direito à moradia de todos.

Essa medida também abre espaço para que seja construída uma solução entre os litigantes, com a possibilidade, por exemplo, de que seja criado um calendário para que as famílias saiam do imóvel sem a necessária utilização imediata da força policial.

Importante pontuar que, durante a elaboração do novo código processual, conforme explica Gajardoni,[366] os setores sociais pressionavam para que fossem inseridos mecanismos para a tutela possessória coletiva independente de tratar-se de ação de rito comum ou especial. Por outro lado, os setores ligados aos proprietários rurais se posicionavam de forma contrária a essas medidas.

Como solução diante das divergências entre os parlamentares, o novo código de processo adotou uma medida intermediária em que é obrigatória a realização de audiência de mediação apenas nas ações possessórias de rito comum. Com isso, no caso de ações possessórias

---

§3º *O juiz poderá comparecer à área objeto do litígio quando sua presença se fizer necessária à efetivação da tutela jurisdicional.*

§4º *Os órgãos responsáveis pela política agrária e pela política urbana* da União, de Estado ou do Distrito Federal e de Município onde se situe a área objeto do litígio *poderão ser intimados para a audiência, a fim de se manifestarem sobre seu interesse no processo e sobre a existência de possibilidade de solução para o conflito possessório.*

§5º Aplica-se o disposto neste artigo *ao litígio sobre propriedade de imóvel*. (BRASIL. Lei nº 13.105, de 16 de março de 2015. Código de Processo Civil. Brasília, DF: Presidência da República: 2015. Disponível em: https://www.planalto.gov.br/ccivil_03/_ato2015-2018/2015/lei/l13105.htm. Acesso em: 25 fev. 2019) (grifos do autor).

[366] GAJARDONI, Fernando da Fonseca. Os conflitos coletivos pela posse de imóveis no novo CPC. *Jota*, [S.l.], 04 jul. 2016. Disponível em: https://www.jota.info/opiniao-e-analise/artigos/os-conflitos-coletivos-pela-posse-de-imoveis-no-novo-cpc-04072016. Acesso em: 20 abr. 2020.

de rito especial, a liminar para remoção dos invasores pode ser deferida independentemente da realização da referida audiência.

A doutrina[367] aponta que a referida norma possui dificuldades para sua aplicação, das quais destaca-se o fato de o legislador não ter dado parâmetro para definir o que seria enquadrado como "litígio coletivo pela posse do imóvel", fazendo-se necessária a atuação do Poder Judiciário através de seus atores para determinar o seu conceito.

Na presente obra, entende-se que a referida norma é uma técnica que foi inserida com o objetivo de ser aplicada às ações possessórias cujo polo passivo é formado por muitas pessoas.[368]

É certo que a inovação da tutela coletiva possessória inserida no atual código de processos é um avanço no âmbito do processo coletivo por demonstrar uma preocupação com os casos práticos nos quais existem muitas pessoas no polo passivo, estando a maioria em vulnerabilidade social.

Na situação apresentada, em que existe um conflito possessório coletivo, também é possível vislumbrar as vantagens que a inserção da *class action* no ordenamento jurídico brasileiro pode trazer ao sistema processual. No caso, a ação possessória poderia ser proposta contra um único invasor, o qual funcionaria como representante do grupo de invasores.

Nos Estados Unidos, esse exemplo é chamado de *defendant class action*, ou seja, é a ação coletiva passiva.

No caso, como trata-se de um conflito social, a utilização de uma ação coletiva passiva não deve impedir que o Ministério Público exerça suas funções institucionais, especialmente a função de fiscal da lei.

Dessa forma, com a inclusão das *class action* no ordenamento jurídico brasileiro, a ação possessória será proposta em face de um invasor que será considerado como o representante do grupo, ademais

---

[367] Ibid.
[368] Da mesma forma, entende Gajardoni: "A impressão que se tem neste primeiro momento, é que, na verdade, deve a expressão ser compreendida dentro da ótica do artigo 554, §1º, do CPC, isto é, é aplicável o regramento do artigo 565, do CPC/2015, *para os casos de ações possessórias em que figure no polo passivo grande número de pessoas, independentemente de se tratar de ação coletiva (passiva) ou de litisconsórcio multitudinário*. Nesta última situação, o caso concreto (número de litisconsortes, impossibilidade de identificação individualizada deles, etc.) é que definirá a natureza coletiva do litígio possessório" (GAJARDONI, Fernando da Fonseca. Os conflitos coletivos pela posse de imóveis no novo CPC. *Jota*, [S.l.], 04 jul. 2016. Disponível em: https://www.jota.info/opiniao-e-analise/artigos/os-conflitos-coletivos-pela-posse-de-imoveis-no-novo-cpc-04072016. Acesso em: 20 abr. 2020) (grifos do autor).

o Ministério Público vai atuar para garantir que lei seja aplicada de forma correta, garantindo a justiça nas decisões.

Sublinhe-se que a proposta de uma ação coletiva feita na presente obra não invalida a regra inserida no atual Código de Processo Civil em que determina a realização de uma audiência de mediação prévia nas ações possessórias coletivas. Na verdade, essa regra ainda pode ser aplicada, devendo ser designada a referida audiência para que se tente a mediação entre as partes.

No caso, utilizando-se da proposta feita no presente livro com a regra que obriga a designação de audiência de mediação, o polo passivo será formado por um representante de toda a classe, o qual deverá representar os demais integrantes em todos os atos processuais, inclusive na referida audiência de mediação.

3.12 Da necessária introdução da *class action* no ordenamento jurídico brasileiro

Apesar da existência de mecanismos de valorização dos precedentes judiciais no ordenamento jurídico brasileiro, o que já é comum no sistema jurídico do *common law* desde seu início, e de ações coletivas no Brasil, nenhuma dessas técnicas serve plenamente para a tutela de direitos individuais homogêneos.

Em outras palavras, existem casos de violação a direitos individuais homogêneos no Brasil que demonstram a necessidade de um mecanismo de tutela coletiva similar às *class actions* norte-americanas.

Como se verá, no caso de prejuízo ao mercado financeiro decorrente dos casos de corrupção praticados no âmbito da Petrobras, foi proposta uma *class action* nos Estados Unidos para proteger o direito dos investidores da referida empresa no mercado internacional diante da insuficiência do ordenamento jurídico brasileiro em fornecer mecanismos jurídicos que efetivamente tutelem esse direito.

Considerando apenas esse exemplo, diante da existência de diversas empresas brasileiras que possuem seu capital negociado tanto no Brasil quanto nos Estados Unidos, não se pode manter um ordenamento jurídico brasileiro que não tutele efetivamente os direitos dos acionistas brasileiros nas referidas empresas.

Em razão dessa situação, a presente obra propõe a criação de uma ação coletiva genérica que possa tutelar qualquer situação de violação aos direitos individuais homogêneos que venha a ocorrer no Brasil.

Ademais, a proposta apresentada ao final desta obra tem ainda a vantagem de permitir que os próprios indivíduos possam propor esse tipo de ação independentemente da atuação do Ministério Público ou de associações que existam há mais de um ano.

Com isso, amplia-se o rol de legitimados para a propositura da tutela coletiva de direitos individuais homogêneos. Em complemento, a sentença coletiva prolatada nesses casos fará coisa julgada sobre todos independentemente do resultado da ação.

CAPÍTULO 4

PROJETOS DE LEI PARA A TUTELA COLETIVA DE DIREITOS

4 Projeto de lei para a tutela coletiva de direitos

No presente capítulo, busca-se apresentar os principais projetos de lei em que se busca melhorar o sistema jurídico brasileiro de tutela coletiva, bem como o sistema jurídico de outros países. Para tanto, o principal meio, considerado pelos doutrinadores analisados, é a criação de um código de tutela coletiva.

Existem, no atual ordenamento jurídico brasileiro, diversas normas que trazem princípios e regras relativos à tutela coletiva de direitos. Esse assunto já foi trabalhado de forma ampla nos capítulos anteriores da presente obra, recomendando-se que o leitor retorne a eles para maiores informações.

O que se pode destacar, oportunamente, como forma de rememorar o leitor de assuntos já tratados, é que existe um direito processual coletivo brasileiro que se divide em especial e em comum.

A tutela coletiva especial se refere aos procedimentos de controle de constitucionalidade que trazem consequências jurídicas práticas que atingem, em muitos casos, uma coletividade de pessoas. Ademais, o controle de constitucionalidade também é exercido no âmbito dos direitos difusos, como meio de tutela da constitucionalidade das normas que regulam esse tipo de direito.

A tutela coletiva comum, por outro lado, envolve mecanismos de tutela de direitos que se encontram dispersos em diversas leis processuais, como a ação civil pública, disciplinada pela Lei nº 7.347/85, a ação popular, regulada pela Lei nº 4.717/65, o mandado de segurança coletivo, tratado na Lei nº 12.016/09, bem como a ação de improbidade administrativa, Lei nº 8.429/92.

Dentre os procedimentos de tutela coletiva, cite-se ainda a existência de meios de proteção coletiva dos direitos das crianças e adolescentes, presentes no Estatuto da Criança e Adolescente, bem como dos direitos dos idosos, regulados pelo Estatuto do Idoso.

No atual ordenamento jurídico brasileiro, quanto à temática de tutelas coletivas de direitos, dentre as diversas leis que tratam do assunto, destacam-se a Lei de Ação Civil Pública, o Código de Defesa do Consumidor e a própria Constituição Federal de 1988. Na história recente brasileira, não apenas surgiram normas responsáveis pela tutela coletiva, como surgiram inúmeras pesquisas, trabalhos e propostas para a melhoria do sistema de tutela coletiva de direitos.[369]

O Brasil possui experiência na tutela coletiva de direitos desde muito tempo, produzindo vasta doutrina e pesquisa na área. Esse conhecimento tem servido de inspiração para outros países que adotaram alguns dos elementos de proteção coletiva do ordenamento jurídico brasileiro.

Para fins exemplificativos, sublinhe-se que alguns professores brasileiros, a saber, Ada Pellegrini Grinover, Aluisio Gonçalves de Castro Mendes, Antonio Gidi e Kazuo Watanabe, participaram, em razão do relevante conhecimento que os mesmos possuem dentro da temática de tutela jurídica coletiva, da elaboração do Código Modelo de Processos Coletivos, editado pelo Instituto Ibero-Americano de Direito Processual.[370]

O sistema de tutela jurídica coletiva desenvolvido no Brasil tem servido de principal meio de proteção dos chamados novos direitos, destacando-se, primeiramente os direitos relativos ao meio ambiente e aos consumidores.

Como desdobramento dos direitos de natureza coletiva tutelados pelo ordenamento jurídico brasileiro, com o amadurecimento social quanto à necessidade de tutela desses direitos, foram sendo

---

[369] MENDES, Aluisio Gonçalves de Castro. Construindo o Código Brasileiro de Processos Coletivos: o anteprojeto elaborado no âmbito dos programas de pós-graduação da UERJ e da UNESA. *Revista Eletrônica de Direito Processual*, v. 1, n. 1, p. 49-56, out./dez., 2007. Disponível em: https://www.e-publicacoes.uerj.br/index.php/redp/article/view/23659/0. Acesso em: 28 mai. 2019.

[370] Ibid.

criadas outras normas para proteção de direitos de outras categorias sociais. Essa percepção decorreu do amadurecimento social quanto à temática, gerando reflexos no Congresso Nacional ao legislarem sobre esses assuntos.

Como exemplo desses outros direitos de natureza coletiva tutelados no Brasil, sublinhem-se, além das já mencionadas Lei de Improbidade Administrativa e Estatutos da Criança e Adolescente e do Idoso, a Lei nº 7.853 que dispõe sobre a proteção das pessoas portadoras de deficiência; a Lei nº 7.913 que tutela os investidores no mercado de valores mobiliários; e a Lei nº 8.884 que atua na luta contra as infrações da ordem econômica e da economia popular. Essas normas, destaque-se, também preveem a defesa coletiva dos direitos tutelados.[371]

Conforme explicado nos capítulos anteriores, o Brasil possui, portanto, um sistema de tutela coletiva de direitos, bem como mecanismos de tutela dos direitos coletivos. Para fins de esclarecimento, a tutela de direitos coletivos relaciona-se com os instrumentos de proteção dos direitos transindividuais difusos e dos direitos coletivos *stricto sensu*.

A tutela coletiva de direitos inclui, em complemento, a proteção dos direitos individuais homogêneos através dos mecanismos do processo coletivo. Caso venha a ser criado um instrumento processual similar às *class actions* norte-americanas, o que se propõe com o presente trabalho, esse mecanismo estará inserido no âmbito da tutela coletiva de direitos.

Ocorre, porém, que não há um mecanismo eficiente para a tutela coletiva de direitos individuais homogêneos, o que prejudica a proteção desses direitos. Sublinhe-se que, comumente, esses direitos possuem pouca relevância econômica quando vistos sob o ponto de vista individual, mas, quando analisado o conjunto de direitos individuais, são capazes de alcançar um grande valor.

Alguns doutrinadores brasileiros defendem a ideia de criação de um estatuto codificado dos meios de tutela coletiva de direitos. Nesse sentido, destacam-se os seguintes projetos:

i) Código de Processo Coletivo Modelo para Países de Direito Escrito, Projeto elaborado por Antonio Gidi;
ii) Anteprojeto de Código Modelo de Processos Coletivos para a Ibero-América;

---

[371] Ibid.

iii) Anteprojeto de Código Brasileiro de Processos Coletivos do Instituto Brasileiro de Direito Processual, elaborado sob a coordenação de Ada Pellegrini Grinover e enviado ao Instituto Brasileiro de Direito Processual – IBDP; e
iv) Anteprojeto de Código Brasileiro de Processos Coletivos, coordenado por Aluísio Gonçalves de Castro Mendes e elaborado pelas Universidades do Estado do Rio de Janeiro (UERJ) e Estácio de Sá (UNESA).

Conforme explica a Professora Ada,[372] quanto ao histórico desses projetos de códigos de processo coletivo, em um primeiro momento, a própria Professora Ada Pellegrini Grinover, juntamente com Kazuo Watanabe e Antonio Gigi elaboraram a proposta inicial de Código Modelo de Processos Coletivos para a Ibero-América.

O referido código foi aprovado em 2004, na Venezuela, por ocasião das Jornadas do Instituto Ibero-Americano de Direito Processual. A ideia desse projeto foi criar um modelo que inspirasse reformas no processo coletivo dos países ibero-americanos.[373]

Em seguida, conforme informa a Professora Ada,[374] o código modelo passou pela revisão de diversos outros especialistas, como o Aluísio de Castro Mendes, e serviu de base para o Anteprojeto de Código Brasileiro de Processos Coletivos.

Por seu turno, o Anteprojeto de Código Brasileiro de Processos Coletivos foi discutido e analisado, surgindo novas propostas com base na contribuição de diversos especialistas.

Nesse contexto, surgem as propostas apresentadas através do Instituto Brasileiro de Direito Processual, bem como uma outra decorrente das contribuições de mestrandos da Universidade do Estado do Rio de Janeiro e da Universidade Estácio de Sá sob a coordenação de Aluisio de Castro Mendes.[375]

Em complemento, para uma melhor compreensão das leis propostas no âmbito da tutela coletiva de direitos, esses quatro projetos de

---

[372] O histórico dos projetos de código de processo coletivo é apresentado com base nas informações da Professora Ada em: GRINOVER, Ada Pellegrini. *O Processo* – II série: estudos e pareceres de processo civil. Brasília: Gazeta Jurídica, 2013.
[373] Ibid.
[374] Ibid.
[375] Ibid.

códigos de processo coletivo serão analisados de forma mais detalhadas nos próximos tópicos.

Oportunamente, para fins de compreender a importância dos estudos da temática da tutela coletiva de direitos, sublinhe-se que a Pontifícia Universidade Católica de São Paulo (PUC-SP), a Universidade de São Paulo (USP), Universidade do Estado do Rio de Janeiro (UERJ) e a Universidade Estácio de Sá (UNESA), de forma pioneira, introduziram, em suas grades curriculares, as disciplinas referentes ao Direito Processual Coletivo e à Tutela dos Interesses Coletivos.[376]

A proposta de unificar a tutela coletiva de direitos em um único código é salutar por permitir uma melhor compressão desse microssistema processual, encerrando com a insegurança jurídica que as leis esparsas causam na disciplina dessa matéria.

No entanto, entende-se, na presente obra, que a inserção de um livro sobre tutela coletiva no Código de Processo Civil é uma solução ainda melhor para a consolidação da proteção jurídica coletiva de direitos.

Essa conclusão pela introdução de um livro sobre a tutela coletiva dentro do próprio Código de Processo Civil decorre do entendimento de que a concentração de todas as leis processuais em um único código tende a organizar o sistema processual de um país.

Com efeito, nos Estados Unidos, há uma tendência de se concentrar a legislação federal sobre processos em um único repositório, o que facilita e confere mais organização à matéria.

Em razão disso, defende-se que um futuro Código de Processos Coletivo pode estar inserido dentro do próprio Código de Processo Civil, o qual pode ter seu nome alterado para Código de Processos Civis Individuais e Coletivos.

Deve-se destacar que as propostas de criação de um código de processo coletivo brasileiro ainda não conseguiram chegar ao seu fim, que é a criação desse código. Apesar dos esforços de inúmeros pesquisadores e doutrinadores, como da Professora Ada Pellegrini, o anteprojeto desse código apresentado no Congresso Nacional sofreu

---

[376] MENDES, Aluisio Gonçalves de Castro. Construindo o Código Brasileiro de Processos Coletivos: o anteprojeto elaborado no âmbito dos programas de pós-graduação da UERJ e da UNESA. *Revista Eletrônica de Direito Processual*, v. 1, n. 1, p. 49-56, out./dez., 2007. Disponível em: https://www.e-publicacoes.uerj.br/index.php/redp/article/view/23659/0. Acesso em: 28 mai. 2019.

inúmeras emendas, as quais retiraram diversos avanços que o referido código pretendia trazer à matéria.[377]

A Professora Ada informa[378] que o Anteprojeto de Código Brasileiro de Processos Coletivos possui, em sua essência, o objetivo de manter as normas vigentes do Processo Civil brasileiro, mas apresentando adaptações necessárias para o Processo Coletivo.

A referida proposta de código tem, como vantagens gerais, a criação de um sistema único para as ações coletivas; o tratamento coletivo para alguns institutos abordados de forma eminentemente individual; e a correção de distorções, como as decorrentes da simultaneidade de ações individuais e ações coletivas.[379]

Ocorre, porém, que, no Congresso Nacional, o Anteprojeto de Código de Processos Coletivos foi apresentado como uma proposta de lei, a qual recebeu o número de Projeto de Lei nº 5.139/2009.[380]

Conforme consulta às atividades legislativas da Câmara dos Deputados, o referido projeto de lei encontra-se na Mesa Diretora da Câmara dos Deputados desde 2010, aguardando prosseguimento.[381]

Verifica-se, portanto, que ainda não se encontrou, no ambiente político, um interesse em ver-se publicada uma lei que regule, de forma geral, toda a sistemática do processo civil coletivo brasileiro.

Essa constatação é evidenciada pela publicação do Código de Processo Civil de 2015, o que ainda corresponde a um código eminentemente voltado para a tutela individual. Com poucas exceções, como as regras relativas aos conflitos possessórios coletivos, as regras do Código de 2015 são voltadas para a tutela individual de direitos. Aliás, como já apresentado, foi, inclusive, vetado o artigo que previa a conversão de ação individual em coletiva.

Ademais, urge que o direito processual civil brasileiro saia de uma visão estritamente individualista para uma visão coletiva, posto que a sociedade brasileira, em sintonia com o mundo globalizado, exige que existam meios de solucionar problemas de forma coletiva.

---

[377] GRINOVER, Ada Pellegrini. *O Processo* – II série: estudos e pareceres de processo civil. Brasília: Gazeta Jurídica, 2013, p. 1111-1117.
[378] Ibid.
[379] Ibid.
[380] Ibid.
[381] Consulta realizada em maio de 2020 no site da Câmara dos Deputados. Disponível em: https://www.camara.leg.br/proposicoesWeb/fichadetramitacao?idProposicao=432485. Acesso em: 13 mai. 2020.

As relações sociais na atualidade envolvem diversos atores e características, o que implica na realização de negócios e no surgimento de disputas que não podem ser vistas apenas sob o enfoque individualista do processo civil de outrora.

Por exemplo, citem-se os contratos eletrônicos realizados entre consumidores brasileiros e empresas estrangeiras, podendo gerar danos individuais que atingem milhares de consumidores, o que atrai o necessário olhar do Estado para que dê subsídios legais para a tutela desses direitos.

Feita essa introdução quanto aos projetos de lei para a criação de um código de processo coletivo, passa-se, a partir do próximo tópico, a analisar de forma mais específica os atuais projetos de codificação do Direito Processual Coletivo no Brasil e na América Latina.

A análise desses projetos de lei objetiva apresentar as experiências e pesquisas já existentes na busca de melhores meios de tutela coletiva de direitos, servindo, assim, de parâmetro para a elaboração da proposta de *lege ferenda* que será apresentada ao final da presente obra como contribuição prática das pesquisas realizadas pelo autor ao ordenamento jurídico brasileiro.

Sublinhe-se, no entanto, que, em razão da inexistência de organicidade no microssistema de processos coletivos no Brasil, a proposta de lei desta obra não envolve a criação de um código ou de um capítulo relativo a toda a tutela coletiva no atual Código de Processo Civil, mas tem o objetivo de criar um mecanismo jurídico que possa tutelar todos os direitos individuais homogêneos, concedendo legitimidade para que os próprios indivíduos possam propor a ação civil coletiva de proteção desses direitos.

Espera-se, portanto, que a proposta de *lege ferenda* apresentada na presente obra consiga encontrar mais aceitação política do que o Projeto de Lei nº 5.139/2009, contribuindo para o avanço e as melhorias quanto à sistemática de tutelas coletivas brasileiras.

4.1 Elementos de comparação e suas propostas de leis

No presente tópico, serão apresentados alguns assuntos inerentes ao processo civil através da comparação de como é feita sua abordagem no âmbito da tutela coletiva de direitos nas propostas de leis para o Processo Coletivo existentes no Brasil e na América Latina.

4.1.1 A legitimidade para a tutela coletiva de direitos

A legitimidade para a proposição de uma ação coletiva é elemento essencial na comparação entre o modelo coletivo de direito norte-americano e aquele adotado no Brasil.

Como já informado, nos Estados Unidos, no âmbito da proposição de uma *class action*, a legitimidade é analisada através de critérios que a jurisprudência tem formado ao longo do tempo para verificar se o representante da classe cumpre requisitos para a adequada representação de todos os que sofrerão os efeitos da decisão, seja ela no sentido da procedência ou da improcedência.

Por outro lado, no Brasil, o modelo adotado para a tutela coletiva de direitos, utiliza-se de critérios legais para indicar ao juiz se há legitimidade da parte que propõe a ação.

Nesse sentido, verifica-se como legítimo para a proposição de uma ação civil pública, o Ministério Público, a Defensoria Pública, as Entidades Políticas, as associações civis e outros.[382]

A prática verificada no ordenamento jurídico brasileiro, mostra que a maioria das ações civis coletivas são propostas pelo Ministério Público. No caso das associações civis, elas têm legitimidade para a tutela coletiva de direitos, porém existem critérios que dificultam que elas possam utilizar esse tipo de tutela.

Como exemplo, em sede de recurso extraordinário, tendo sido fixada tese de repercussão geral, o Supremo Tribunal Federal fixou entendimento de que o Ministério Público tem legitimidade para tutelar direitos individuais homogêneos relativos aos direitos sociais decorrentes do Fundo de Garantia do Tempo de Serviço (FGTS).[383]

---

[382] "Art. 5º Têm *legitimidade* para propor a ação principal e a ação cautelar: I – o Ministério Público; II – a Defensoria Pública; III – a União, os Estados, o Distrito Federal e os Municípios; IV – a autarquia, empresa pública, fundação ou sociedade de economia mista; V – a associação que, concomitantemente: a) esteja constituída há pelo menos 1 (um) ano nos termos da lei civil; b) inclua, entre suas finalidades institucionais, a proteção ao patrimônio público e social, ao meio ambiente, ao consumidor, à ordem econômica, à livre concorrência, aos direitos de grupos raciais, étnicos ou religiosos ou ao patrimônio artístico, estético, histórico, turístico e paisagístico" (BRASIL. *Lei nº 7.347, de 24 de julho de 1985*. Disciplina a ação civil pública de responsabilidade por danos causados ao meio-ambiente, ao consumidor, a bens e direitos de valor artístico, estético, histórico, turístico e paisagístico (VETADO) e dá outras providências. Brasília, DF: Presidência da República: 1985. Disponível em: http://www.planalto.gov.br/ccivil_03/LEIS/L7347orig.htm. Acesso em: 25 fev. 2019).

[383] "PROCESSUAL CIVIL E CONSTITUCIONAL. RECURSO EXTRAORDINÁRIO. *MINISTÉRIO PÚBLICO. AÇÃO CIVIL PÚBLICA. CABIMENTO PARA A VEICULAÇÃO PRETENSÃO QUE ENVOLVA O FUNDO DE GARANTIA DO TEMPO DE SERVIÇO (FGTS). INTERPRETAÇÃO DO ART. 1º, PARÁGRAFO ÚNICO, DA LEI 7.347/85 EM FACE DA DISPOSIÇÃO DO ART.*

No entender do legislador pátrio, os legitimados para a tutela coletiva através de ação civil pública são capazes de defender de forma efetiva os direitos tutelados. Para os juristas norte-americanos, outros critérios, como a capacidade econômica do representante da classe, devem ser aferidos para verificar se ele é capaz de representar de forma eficiente a classe.

Nos Estados Unidos, na proposição de uma ação de classe, o representante da classe deve ser necessariamente um membro da classe representada. No Brasil, ao contrário, não há esse requisito, bastando que a parte tenha legitimidade conferida pela lei para a proposição da ação.

A tutela coletiva de direitos realizada do Brasil através, principalmente, do Ministério Público, mostra um traço da cultura jurídica brasileira representada pela figura do "Estado paternalista" em que um órgão estatal deve agir para a tutela coletiva de direitos.[384]

No caso norte-americano, verifica-se o traço da cultura liberal em que a classe atingida de forma coletiva entra em juízo através de um de seus membros para a defesa de seus direitos.

Destaque-se que, no Brasil, nas leis vigentes pertinentes à temática de tutela coletiva de direitos, não há menção à representatividade adequada como ocorre nos Estados Unidos. No entanto, no Projeto de Lei nº 3.034/1984, denominado de Projeto Bierrenbach, o qual objetivava disciplinar as ações civis públicas, falava-se em representatividade adequada.[385]

129, III, DA CONSTITUIÇÃO FEDERAL. REPERCUSSÃO GERAL CONFIGURADA. 1. Possui repercussão geral a questão relativa à *legitimidade do Ministério Público para a propositura de ação civil pública que veicule pretensão envolvendo o Fundo de Garantia do Tempo de Serviço (FGTS)*. 2. Repercussão geral reconhecida" (BRASIL. Supremo Tribunal Federal. *RE 643978 RG*. Relator: Min. Teori Zavascki, 17 de setembro de 2015. Brasília: STF, [2015]. Disponível em: https://redir.stf.jus.br/paginadorpub/paginador.jsp?docTP=TP&docID=9458403. Acesso em: 22 out. 2019) (grifos do autor).

[384] Nesse sentido, seguem as palavras de Lima: "Se o processo coletivo ignora as posições dos ausentes, ele corre o risco de assumir uma perspectiva paternalista ou mesmo autoritária, presumindo que o autor da ação sabe o que é melhor para a sociedade e pode lhe impor essa solução" (LIMA, Edilson Vitorelli Diniz. *O devido processo legal coletivo*: representação, participação e efetividade da tutela jurisdicional. 2015. 719 f. Tese (Doutorado em Direito das Relações Sociais) – Faculdade de Direito, Universidade Federal do Paraná, Curitiba, 2015, p. 413. Disponível em: https://acervodigital.ufpr.br/handle/1884/40822. Acesso em: 24 set. 2019).

[385] "Art. 2º – No processo penal, poderá intervir, como assistente do Ministério Público, com os poderes previstos no Código de Processo Penal, a associação que, a critério do juiz, *demonstre representatividade adequada*, revelada por dados como: I – estar *constituída há seis meses*, nos termos da lei civil; II – *incluir, entre suas finalidades institucionais*, a proteção ao meio ambiente ou a valores artísticos, estéticos, históricos, turísticos ou paisagísticos. Parágrafo único – Poderão as associações legitimadas intentar ação privada subsidiária da pública,

No Projeto Bierrenbach, observa-se que os critérios para a representatividade adequada são similares aos indicados para a legitimidade de associação civil para a proposição de ação civil pública.

No referido projeto, destaque-se que os requisitos indicados para verificar a representatividade adequada do litigante coletivo não é capaz de dar certeza quanto a uma adequada representação, pois o critério temporal de criação da associação civil, bem como a pertinência temática não são garantias de que os interesses coletivos estão devidamente tutelados por essa associação.

A sistemática existente no Brasil para a tutela coletiva de direitos impede uma efetiva tutela de direitos individuais homogêneos ao passo que os próprios titulares do direito material tutelado não podem propor ações coletivas para a tutela de seus direitos, a não ser de forma individual ou através de uma associação que cumpra com os requisitos de legitimidade extraordinária.

Com isso, a sociedade brasileira perde com os benefícios que as *class actions* podem trazer a todos, como a possibilidade de que um indivíduo lesado em seu direito individual por uma situação fática que também tenha atingido diversas outras pessoas possa representar todos em uma ação coletiva que, ao final, pode beneficiar a todos. Nesse exemplo, aqueles indivíduos que não tenham condições de arcar com os custos da ação poderão se beneficiar com a decisão proferida na ação coletiva.

Uma outra vantagem é que o fato de o representante da *class action* ser também um membro da classe atingida faz com que o litigante atue com mais eficiência no curso do processo por ter sofrido pessoalmente a lesão em seu direito, fazendo-o buscar a solução do litígio através de todos os meios possíveis.

No (1) *Código de Processo Coletivo Modelo para Países de Direito Escrito*, Projeto elaborado por Antonio Gidi, observa-se uma junção de regras do direito norte-americano com outras existentes no Brasil. Para o referido projeto, quanto à legitimidade, verifica-se, assim como

---

se esta não for proposta no prazo legal (art. 29 CPP)" (BRASIL. *Projeto de Lei nº 3.034/1984*. Disciplina as ações de responsabilidade por danos causados ao meio ambiente, previstas no parágrafo primeiro do artigo 14 da Lei nº 6.938, de 31 de agosto de 1981 ou a valores artísticos, estéticos, históricos, turísticos e paisagísticos, e da outras providências. Brasília: Câmara dos Deputados, 1984. Disponível em: https://www.camara.leg.br/proposicoesWeb/fichadetramitacao?idProposicao=209036. Acesso em: 15 out. 2019) (grifos do autor).

ocorre no Brasil, a presença de um rol de legitimados para a propositura de ações coletivas.

A novidade, porém, é que o projeto elaborado por Gidi apresenta um rol exemplificativo de elementos a serem analisados pelo juiz para verificar se o legitimado coletivo possui condições de representar adequadamente os interesses do grupo. Ademais, a representação adequada também implica em análise da atuação do advogado do grupo representado.

Essa regra, como apresentado no projeto de Gidi, é bastante benéfica por introduzir critérios legais para auferir a adequação do representante do grupo, porém a referida proposta limita os legitimados para a tutela coletiva aos indicados no corpo legal.

Os membros da classe devem ter a possibilidade de proporem ações coletivas para a defesa de direitos individuais homogêneos, como se propõe no presente trabalho, não devendo ficar limitados a órgãos como o Ministério Público ou a associações que devem cumprir requisitos temporais para ser legitimada para esse tipo de demanda.

Em continuidade, o (2) *Anteprojeto de Código Modelo de Processos Coletivos para a Ibero-América* foi proposto como modelo para servir de criação a um código de processo coletivo nos países ibero-americanos, tendo como relatores Ada Pellegrini Grinover, Kazuo Watanabe e Antonio Gidi.

No referido projeto, ao contrário do proposto para os Países de Direito Escrito, a legitimidade para a propositura de ações coletivas foi ampliada para permitir que qualquer pessoa física ou membro do grupo atuem na defesa de direitos difusos ou de direitos individuais homogêneos.

A proposta modelo para a Ibero-América também inova em incluir elementos para que se possa verificar a representatividade adequada dos legitimados para a propositura de ações coletivas, o que se baseia no modelo utilizado para as *class actions* do ordenamento jurídico norte-americano.

Em seguida, quando se passa para o (3) *Anteprojeto de Código Brasileiro de Processos Coletivos do Instituto Brasileiro de Direito Processual*, projeto cuja redação foi de Ada Pellegrini Grinover, esse anteprojeto traz, quanto à legitimidade para a propositura de ação coletiva, a possibilidade de que membros do grupo lesado possam, através de uma representação adequada, atuar na defesa de seus interesses coletivos.

Essa possibilidade é essencial na tutela de direitos individuais homogêneos por permitir que os próprios lesados possam, através de um representante, atuar na defesa dos próprios direitos, sem depender de terceiros como o Ministério Público ou a Defensoria Pública.

Quanto à abordagem da legitimidade o (4) *Anteprojeto de Código Brasileiro de Processos Coletivos*, coordenado por Aluísio Gonçalves de Castro Mendes e elaborado pelas Universidades do Estado do Rio de Janeiro (UERJ) e Estácio de Sá (UNESA), aborda a representatividade adequada do legitimado como um dos requisitos específicos para a proposição de uma ação coletiva, indicando, para tanto, o rol de critérios que o juiz deve examinar para auferir a adequação na representação.

A proposta de *lege ferenda* que será apresentada ao final da presente obra quanto à tutela coletiva de direitos individuais homogêneos, seguirá na mesma linha dos projetos indicados na medida em que, quanto à legitimidade, será permitido que membro da classe atingida tenha legitimidade para representar, de forma adequada, a classe, o que deve ser auferido pelo magistrado da causa.

Com essa proposta de lei, a lei brasileira especificará quais são os legitimados para a tutela coletiva de direitos individuais homogêneos, além de permitir que um integrante do grupo proponha a ação coletiva, a saber, o denominado representante adequado.

Isso traz mais efetividade à tutela de direitos, pois, caso algum dos atuais legitimados à tutela de direitos não possa defender em juízo determinado interesse jurídico, permite-se que o próprio titular do direito lesado possa atuar como representante da classe e, assim, pleitear em juízo um direito pertencente a todo o grupo.

O processo coletivo brasileiro deve superar o tradicional limite imposto pelo rol de legitimados para a tutela coletiva de direitos com o objetivo de permitir uma proteção dos direitos individuais homogêneos de forma mais efetiva, o que se dá através da permissão de que o próprio indivíduo tutele coletivamente os direitos individuais homogêneos.

Sublinhe-se que, quando se fala de proposição de ação popular, a lei permite que qualquer cidadão pode intentar esse tipo de ação, porém não é possível utilizar-se de uma ação popular para a defesa de direitos individuais homogêneos em razão da limitação legal do objeto tutelado pela ação popular.

Logo, se um cidadão pode manejar uma ação popular para a tutela de direitos da coletividade, com mais propriedade deve-se permitir que um integrante de um grupo proponha ação coletiva para a tutela dos direitos individuais homogêneos desse grupo.

4.1.2 Dos efeitos da decisão em sede de tutela coletiva – A coisa julgada coletiva

Como feito no tópico anterior, segue uma comparação jurídica quanto aos efeitos das decisões prolatadas no âmbito do processo coletivo conforme a disciplina desse assunto nos projetos de lei analisados a fim de indicar um modelo a ser seguido na proposta de *lege ferenda* da presente obra.

No projeto de código de processo coletivo elaborado por Antonio Gidi, afirma-se que a coisa julgada coletiva deve vincular o grupo e seus membros independentemente do resultado da ação, exceto caso a improcedência da demanda decorra de representação inadequada ou insuficiência de provas.[386]

A referida disciplina assemelha-se com o que se verifica no âmbito das *class actions* norte-americanas, devendo inspirar a proposta de *lege ferenda* apresentada ao final. O regramento da coisa julgada, como indicado, traz mais segurança jurídica aos litigantes, uma vez que, independentemente do resultado, a matéria posta em juízo produzirá coisa julgada sobre todos.

Quando se analisa o regramento da coisa julgada no projeto de código de processo coletivo para a Ibero-América,[387] verifica-se que o

---

[386] "Art. 18. Coisa julgada coletiva
"18. A coisa julgada coletiva vinculará o grupo e seus membros independentemente do resultado da demanda, exceto se a improcedência for causada por:
I – representação inadequada dos direitos e interesses do grupo e de seus membros;
II – insuficiência de provas" (GIDI, Antonio. Código de Processo Civil Coletivo: um modelo para países de direito escrito (The Class Action Code: A Model for Civil Law Countries). Revista de Processo. Ano 28, v. 111, p. 192-208, jul./set., 2003. p. 192. Disponível em: https://papers.ssrn.com/sol3/papers.cfm?abstract_id=947207. Acesso em: 22 out. 2019).

[387] "Art. 33. Coisa julgada – Nas ações coletivas de que trata este código, a sentença fará coisa julgada erga omnes, exceto se o pedido for julgado improcedente por insuficiência de provas, hipótese em que qualquer legitimado poderá intentar outra ação, com idêntico fundamento valendo-se de nova prova.
Par. 1º. Mesmo na hipótese de improcedência fundada nas provas produzidas, qualquer legitimado poderá intentar outra ação, com idêntico fundamento, quando surgir prova nova, superveniente, que não poderia ter sido produzida no processo.
Par. 2º. Tratando-se de interesses ou direitos individuais homogêneos, em caso de improcedência do pedido, os interessados poderão propor ação de indenização a título individual.
Par. 3º. Os efeitos da coisa julgada nas ações em defesa de interesses ou direitos difusos não prejudicarão as ações de indenização por danos pessoalmente sofridos, propostas individualmente ou na forma prevista neste código, mas, se procedente o pedido, benefi-

processo coletivo faz coisa julgada *erga omnes* exceto se ocorrer a improcedência do processo por insuficiência de provas.

O referido modelo para a Ibero-América apresenta uma proposta de lei em que, quando tratar-se de direitos individuais homogêneos, no caso de improcedência do pedido, os interessados podem propor ações individuais de indenização.

Essa regra proposta no projeto de código ibero-americano apresenta uma desvantagem quanto ao modelo norte-americano, pois, no caso de improcedência de pedido no caso de tutela de direitos individuais homogêneos, não se verifica o trânsito em julgado da matéria, pois cada um dos titulares do direito poderá pleitear individualmente a defesa de seus interesses.

Não é interessante que se permita uma regra desse tipo, a não ser no caso de provas novas, pois abre espaço para que uma mesma situação possa ser discutida em juízo de forma coletiva e de forma individual.

Passando para o projeto de Código Brasileiro de Processo Coletivo, cuja redação é de Ada Pellegrini Grinover, verifica-se que a sentença coletiva faz coisa julgada *erga omnes*, a menos que ocorra a improcedência do pedido por insuficiência de provas.[388]

No referido código, semelhante ao que consta no código para a Ibero-América, sendo o caso de direitos individuais homogêneos, os interessados podem propor ações individuais, exceto se a demanda tiver sido proposta por sindicato na condição de substituto processual da categoria.

Nesse ponto, cabe a mesma crítica já apresentada no sentido de que permitir que, em caso de improcedência do pedido coletivo de tutela de direitos individuais homogêneos, os interessados possam propor ações de forma individual, tem-se uma insegurança jurídica

---

ciarão as vítimas e seus sucessores, que poderão proceder à liquidação e à execução, nos termos dos artigos 22 a 24.
Par. 4º. Aplica-se o disposto no parágrafo anterior à sentença penal condenatória.
Par. 5º. A competência territorial do órgão julgador não representará limitação para a coisa julgada erga omnes" (INSTITUTO IBERO-AMÉRICANO DE DIREITO PROCESSUAL. *Código Modelo de Processos Coletivos para Ibero-América*. Disponível em: http://www.politicaeprocesso. ufpr.br/wp-content/uploads/2017/02/CodigoModeloespanhol.pdf. Acesso em: 04 jun. 2019).

[388] "Art. 12. Coisa julgada – Nas ações coletivas de que trata este código, a sentença fará coisa julgada erga omnes, exceto se o pedido for julgado improcedente por insuficiência de provas, hipótese em que qualquer legitimado poderá intentar outra ação, com idêntico fundamento valendo-se de nova prova" (INSTITUTO BRASILEIRO DE DIREITO PROCESSUAL. Anteprojeto de Código Brasileiro de Processos Coletivos. São Paulo, dez. 2005. Disponível em: https://www.pucsp.br/tutelacoletiva/download/cpbc_versao24_02_2006.pdf. Acesso em: 22 out. 2019).

quanto ao objeto da lide, uma vez que, mesmo após todo o trâmite do processo coletivo, será possível propor a demanda de forma individual.

Ainda quanto ao projeto elaborado pela Professora Ada Pellegrini, encontra-se regra no sentido de que, em até dois anos após o conhecimento geral da descoberta de uma prova nova, mesmo que a sentença da ação coletiva tenha sido de improcedência, qualquer legitimado pode intentar outra ação.

A referida regra é salutar, pois permite que se pleiteie uma nova decisão judicial no caso de surgimento de uma nova prova. No entanto, essa norma teve o cuidado de colocar um prazo legal para que esse direito possa ser utilizado, o que garante a segurança jurídica da coisa julgada após o transcurso do prazo de dois anos.

Em seguida, ao analisar o regramento constante no anteprojeto de Código Brasileiro de Processos Coletivos elaborado em Conjunto nos Programas de Pós-Graduação *stricto sensu* da Universidade do Estado do Rio de Janeiro (UERJ) e da Universidade Estácio de Sá (UNESA), observa-se uma norma sobre coisa julgada da sentença que se torna vinculativa inclusive no caso de improcedência do pedido.

Nesse projeto, tem-se que a sentença coletiva faz coisa julgada *erga omnes*, com exceção de o pedido ter sido julgado improcedente por insuficiência de provas. Em complemento, tratando-se de direitos individuais homogêneos, o referido projeto traz uma salutar regra que permite que a sentença coletiva não faça coisa julgada sobre determinados indivíduos se os titulares do direito tiverem exercido seu direito de exclusão.[389]

---

[389] "Art. 22 Coisa julgada. Nas ações coletivas a *sentença fará coisa julgada erga omnes*, salvo quando o pedido for julgado improcedente por insuficiência de provas. §1º. Os efeitos da coisa julgada para a defesa de interesses difusos e coletivos em sentido estrito ficam adstritos ao plano coletivo, não prejudicando interesses e direitos individuais homogêneos reflexos. §2º. Os efeitos da coisa julgada em relação aos interesses ou direitos difusos e coletivos não prejudicarão as ações de indenização por danos pessoalmente sofridos, propostas coletiva ou individualmente, mas, se procedente o pedido, beneficiarão as vítimas e seus sucessores, que poderão proceder à liquidação e à execução, nos termos do art.37 e seguintes. §3º. Na hipótese dos *interesses ou direitos individuais homogêneos*, apenas *não estarão vinculados ao pronunciamento coletivo os titulares de interesses ou direitos que tiverem exercido tempestiva e regularmente o direito de ação ou exclusão*. §4º. A competência territorial do órgão julgador não representará limitação para a coisa julgada erga omnes" (UNIVERSIDADE DO ESTADO DO RIO DE JANEIRO (UERJ); UNIVERSIDADE ESTÁCIO DE SÁ (UNESA). Anteprojeto de Código Brasileiro de Processos Coletivos. [S.l.], ago. 2005. Disponível em: http://www.politicaeprocesso.ufpr.br/wp-content/uploads/2017/02/AnteprojetoUERJ.pdf. Acesso em: 28 mai. 2019).

Essa regra assemelha-se ao direito de *opt-out* constante na legislação norte-americana das *class actions*. A referida norma mostra-se benéfica por incluir todos aqueles que se encaixam dentro da classe cujo direito está sendo tutelado coletivamente, fazendo a sentença coisa julgada sobre todos eles, a menos que o indivíduo exerça seu direito de exclusão do grupo para que não sofra os efeitos da decisão.

Regra semelhante deve ser utilizada na proposta de *lege ferenda* a ser apresentada ao final, pois ela traz benefícios ao sistema de tutela coletiva de direitos.

O cuidado, porém, que deve ser tomado refere-se à garantia do efetivo conhecimento da sociedade quanto ao litígio posto em juízo a fim de que os indivíduos que não queiram sofrer os efeitos da sentença possam exercer o direito de exclusão.

O efetivo conhecimento sobre a ação coletiva proposta é obtido através de meios adequados, a depender do caso, de notificação dos integrantes da classe representada em juízo.

A coisa julgada coletiva deve abranger todos os titulares do direito individual homogêneo atingido, garantindo, assim, maior segurança jurídica nas relações sociais, o que permite a pacificação dos conflitos através de uma decisão que faz coisa julgada sobre todos.

Ademais, a proposta de que a sentença faça coisa julgada sobre todos permite que os indivíduos, cuja pretensão seja de um valor menor, tenham seu direito tutelado, uma vez que, individualmente, os custos do processo não compensariam para que ele entrasse sozinho com uma ação individual para tutela de seu direito.

4.1.3 Da tutela coletiva passiva de direitos individuais homogêneos

A *Rule 23*, norma norte-americana responsável pela *class action*, traz a possibilidade de que uma ação coletiva seja também proposta em face de uma coletividade, ou seja, contra um grupo. Nesse caso, o polo passivo da demanda é ocupado por um grupo e não por apenas um único réu.

Nos Estado Unidos, esse tipo de ação é conhecido como *defendant class action*. Verifica-se, na prática, que a legislação americana não teceu muitos dispositivos sobre ela, concentrando suas regras na disciplina da ação de classe proposta por uma coletividade, o que se verifica também na jurisprudência e na doutrina.

Verifica-se que, nos projetos de lei para o Código Brasileiro de Processo Civil Coletivo que estão sendo abordados no presente capítulo, existem regras específicas para esse caso de tutela coletiva passiva.

Trata-se de uma possibilidade louvável que os referidos projetos tentam incluir no ordenamento jurídico brasileiro ao permitir que seja proposta uma ação coletiva em face de um grupo. Nesse sentido, pode-se imaginar sua utilização quando uma ação seja proposta em face de todas as escolas privadas de uma região em razão dos aumentos abusivos no valor da mensalidade escolar.

Ocorre, porém, que esse tipo de ação não é uma prioridade do legislador, assim como ocorre nos Estados Unidos, posto que os referidos projetos de lei delineiam poucos artigos específicos para esse tipo de demanda.

Apesar de não existir normas que regulem essa matéria no direito processual brasileiro, encontram-se algumas decisões que trazem a temática das ações coletivas passivas.[390]

Dessa forma, apesar da inexistência de regras para a tutela coletiva passiva, esse tipo de ação pode ser proposto como forma de garantia do acesso à justiça e da economia processual, pois permite-se que seja obtida, com um único processo, uma solução jurídica em face de cada um dos integrantes do grupo passivo.

---

[390] "EMENTA. CONSTITUCIONAL E PROCESSUAL CIVIL. AÇÃO COLETIVA PASSIVA (*DEFENDANT CLASS ACTION*). ILEGITIMIDADE PASSIVA. AUSÊNCIA DE INTERESSE DE AGIR. PRECATÓRIO DA TRIMESTRALIDADE (LEI Nº 3.935/87). INCONSTITUCIONALIDADE. PRECEDENTES VINCULANTES DO SUPREMO TRIBUNAL FEDERAL. RELATIVIZAÇÃO DA COISA JULGADA. PROCEDÊNCIA. 1. *A classe tem legitimidade para figurar no pólo passivo de demanda coletiva, desde que observado o requisito da representatividade adequada, mesmo que não exista previsão normativa explícita. O ativismo judicial permite seja a admissibilidade inferida das garantias constitucionais do acesso à justiça, da vedação do non liquet, do due process of law e outras, pois não se deve excluir a priori, de* lege lata, *a via do acesso à justiça contra a classe,* porquanto a *defining function* do juiz, própria das ações coletivas (ativas ou passivas), autoriza a solução judicial de situações justapostas às previstas em lei (...) (ADA PELLEGRINI GRINOVER, O Processo, São Paulo: Perfil, 2005, pp. 219-221). 2. A procedência da demanda coletiva passiva (*defendant class action*) afeta a esfera individual dos associados independentemente do exercício pessoal do contraditório. Com maior razão se participam, em polos invertidos, exatamente aqueles que figuraram na demanda geradora do ato objurgado. (...) 8. Demanda procedente" (ESPÍRITO SANTO. Tribunal de Justiça do Estado do Espírito Santo. Declaratória de Constitucionalidade 0001969-13.2007.8.08.0000, Relator: Samuel Meira Brasil Junior 12 de junho de 2008, Vitória: TJES, 2008. Disponível em: http://aplicativos.tjes.jus.br/sistemaspublicos/consulta_jurisprudencia/det_jurisp.cfm?edProcesso=00019691320078080000&Justica=Comum&CFID=64508649&CFTOKEN=31391737. Acesso em: 10 fev. 2020)."

Ao observar os projetos de código de processo coletivo, encontram-se regras semelhantes quanto à temática das ações coletivas passivas.

No projeto elaborado por Antonio Gidi, a ação coletiva é proposta em face de um grupo, devendo, no entanto, ser representado por associação da qual façam parte os réus da ação. Nesse caso, inclusive no caso de improcedência da ação, todo o grupo vincula-se a decisão prolatada nessa ação, mesmo que a pessoa atingida não seja integrante da associação que a representou em juízo.[391]

Para o referido código elaborado por Gidi, essa regra não apresenta o tópico do representante da classe formado por um integrante do grupo atingido, mas por uma associação. Essa escolha não garante, no entanto, que todos os réus serão devidamente representados, posto que a associação pode, de alguma forma, beneficiar aqueles membros que são associados em detrimento dos demais integrantes do grupo.

Ademais, quando o representante da classe é uma pessoa diretamente atingida pelo processo, faz com que ela atue de forma mais diligente na condução da causa, pois ela mesma sofre, em sua vida prática, os efeitos da decisão.

Em razão disso, mostra-se mais eficiente e justo que não seja dada a legitimidade passiva com preferência a uma associação que englobe os integrantes do polo passivo, mas que seja dada a possibilidade de que o representante adequado da classe seja um membro do grupo atingido, desde que atendidos os mesmos requisitos para a verificação da representação adequada no caso em que o grupo ocupa o polo ativo da demanda coletiva.

Os outros três projetos de código, por outro lado, seguem a linha da representação adequada determinando que a ação coletiva passiva seja proposta em face de uma coletividade organizada, desde que haja um representante adequado.[392]

---

[391] "TÍTULO V AÇÕES COLETIVAS PASSIVAS Art. 28. Ações coletivas passivas 28. A ação coletiva poderá ser proposta contra os membros de um grupo de pessoas, representados por associação que os congregue. 28.1 A associação representará o grupo como um todo e os membros do grupo. O membro do grupo será vinculado pela sentença coletiva independentemente do resultado da demanda, ainda que não seja membro da associação que o representou em juízo" (GIDI, Antonio. *Código de Processo Civil Coletivo*. Um modelo para países de direito escrito. Disponível em: http://egov.ufsc.br/portal/sites/default/files/anexos/18368-18369-1-PB.pdf. Acesso em 04 jun. 2019).

[392] Nesse sentido, seguem as regras específicas da matéria nos projetos de código de processo coletivo.

O projeto do Instituto Brasileiro de Direito Processual excepciona o Ministério Público e os órgãos públicos como representantes adequados da coletividade ocupante do polo passivo.

Em complemento, quanto à coisa julgada passiva, o projeto para a Ibero-América apresenta regra específica para a ação coletiva passiva no caso de direitos individuais homogêneos. Nesse sentido, afirma-se que, em caso de procedência da ação, os membros do grupo passivo não serão vinculados pela sentença, pois eles podem, individualmente, mover defesas próprias a fim de afastar a eficácia da decisão para si.

Entende-se, no entanto, que a despeito dos projetos apresentados, quando se fala em ação coletiva passiva, a sentença deve fazer coisa julgada em face de todo o grupo ocupante do polo passivo, desde que tenha havido a representação adequada deles.

Essa medida mostra-se mais adequada diante do fato de que as ações coletivas objetivam dar segurança jurídica às soluções judiciais proferidas em conflitos materiais coletivos, produzindo efeitos em face de todos, encerrando as discussões quanto a determinado assunto.

Assim, deve-se incluir, na proposta de *lege ferenda*, a previsão de que haja a tutela coletiva passiva de um grupo representado em juízo

---

a) Código Modelo Processos Coletivos Ibero-América: "Capítulo VI – Da ação coletiva passiva Art. 35. Ações contra o grupo, categoria ou classe – Qualquer espécie de ação pode ser proposta contra uma coletividade organizada ou que tenha representante adequado, nos termos do parágrafo 2º do artigo 2º deste código, e desde que o bem jurídico a ser tutelado seja transindividual (artigo 1º) e se revista de interesse social" (INSTITUTO IBERO-AMÉRICANO DE DIREITO PROCESSUAL. *Código Modelo de Processos Coletivos para Ibero-América*. Disponível em: http://www.politicaeprocesso.ufpr.br/wp-content/uploads/2017/02/CodigoModeloespanhol.pdf. Acesso em: 04 jun. 2019).
b) Código Brasileiro Processos Coletivos – Instituto Brasileiro Direito Processual: "Capítulo III – Da ação coletiva passiva Art. 36. Ações contra o grupo, categoria ou classe – Qualquer espécie de ação pode ser proposta contra uma coletividade organizada, mesmo sem personalidade jurídica, desde que apresente representatividade adequada (artigo 19, I, 'a', 'b' e 'c'), se trate de tutela de interesses ou direitos difusos e coletivos (artigo 3º) e a tutela se revista de interesse social. Parágrafo único. O Ministério Público e os órgãos públicos legitimados à ação coletiva ativa (art. 19, incisos III, IV, V e VI e VII deste Código) não poderão ser considerados representantes adequados da coletividade, ressalvadas as entidades sindicais" (INSTITUTO BRASILEIRO DE DIREITO PROCESSUAL. Anteprojeto de Código Brasileiro de Processos Coletivos. São Paulo, dez. 2005. Disponível em: https://www.pucsp.br/tutelacoletiva/download/cpbc_versao24_02_2006.pdf. Acesso em: 22 out. 2019).
c) Anteprojeto UERJ e UNESA: "PARTE III – DA AÇÃO COLETIVA PASSIVA Art. 42 Ação contra o grupo, categoria ou classe Qualquer espécie de ação pode ser proposta contra uma coletividade organizada ou que tenha representante adequado, nos termos do parágrafo 1º do artigo 8º, e desde que o bem jurídico a ser tutelado seja transindividual (art. 2º) e se revista de interesse social" (UNIVERSIDADE DO ESTADO DO RIO DE JANEIRO (UERJ); UNIVERSIDADE ESTÁCIO DE SÁ (UNESA). Anteprojeto de Código Brasileiro de Processos Coletivos. [S.l.], ago. 2005. Disponível em: http://www.politicaeprocesso.ufpr.br/wp-content/uploads/2017/02/AnteprojetoUERJ.pdf. Acesso em: 28 mai. 2019).

através de uma ação coletiva, a qual produzirá uma sentença que fará coisa julgada sobre todos os membros da classe.

4.1.4 Das hipóteses de cabimento

Observa-se que, no que tange às hipóteses de cabimento para as ações coletivas segundo os projetos de código de processo coletivo analisados, há uma similaridade no fato de utilizarem uma classificação dos direitos coletivos parecida com a que é feita no Código de Defesa do Consumidor.

Essa escolha do legislador está alinhada com a tradição doutrinária brasileira que insiste em classificar os tipos de direito segundo as relações materiais tuteladas. Estando de acordo com essa tendência, a proposta de lei apresentada ao final do presente trabalho objetiva a tutela coletiva dos direitos individuais homogêneos.

Na doutrina norte-americana, a tutela coletiva não se preocupa com a classificação dos direitos em categorias como ocorre no Brasil, em que se encontram direitos difusos, coletivos e individuais homogêneos. Essa classificação é característica do ordenamento jurídico brasileiro, devendo ser mantida, entendimento corroborado pela manutenção dessa categorização nos projetos de lei apresentados.

No projeto elaborado por Antonio Gidi, afirma-se que as ações coletivas são cabíveis na tutela de interesses transindividuais cuja titularidade pertence a um grupo de pessoas e de interesses individuais titularizados por integrantes de um grupo.

No projeto elaborado para a Ibero-América, por outro lado, abordam-se os direitos difusos e os individuais homogêneos. O projeto elaborado pelo Instituto Brasileiro de Direito Processual, por seu turno, traz a classificação presente no Código de Defesa do Consumidor, a saber, define os direitos difusos, coletivos e individuais homogêneos como objeto das ações coletivas, isso também se verifica no projeto elaborado pela UERJ e UNESA.

Essa tradicional classificação dos direitos indicada na legislação e doutrina brasileiras é utilizada para delimitar o objeto da proposta de lei elaborada ao final do presente trabalho, pois a referida proposta objetiva regular a ação coletiva para a tutela de direitos individuais homogêneos, o que somente faz sentido diante da referida classificação.

4.1.5 Da notificação adequada

Como já apresentado quando se tratou das *class actions* norte-americanas, para que o processo coletivo decorrente da proposição de uma ação coletiva possa respeitar o princípio do contraditório, faz-se necessário que haja a notificação adequada de todos os integrantes do grupo representado em juízo, o que se mostra como condição necessária para que a sentença coletiva faça coisa julgada perante todos.

Diante da importância desse assunto, as regras quanto à notificação dos integrantes da classe são trazidas em todos os projetos de código analisados. Nesses projetos apresentados, verifica-se o necessário cumprimento do princípio da modicidade na comunicação dos integrantes do grupo, pois o ato de notificar não pode se tornar uma medida muito cara às partes litigantes sob pena de não compensar esse gasto com os valores que se podem obter ao final com a solução judicial do processo.

Dentre os projetos apresentados, aquele elaborado por Antonio Gidi é o mais diligente no regramento do procedimento de notificação das partes. O referido projeto determina que a notificação deve ser realizada de forma econômica, eficiente e abrangente,[393] o que objetiva que seja notificado o maior número de pessoas de forma eficiente e econômica.

De fato, a notificação tem o objetivo de garantir o contraditório através da informação dos membros do grupo, abrindo possibilidade para que eles possam, caso queiram, pedir para serem excluídos do grupo representado e, assim, não sofrerem os efeitos da decisão coletiva.

O código de Gidi também informa que a notificação deve ser feita em linguagem simples para que todos possam compreender o que está ocorrendo no âmbito judicial do processo coletivo. Em complemento, apresentam-se quais são as informações mínimas que devem conter na referida notificação.[394]

---

[393] "5.1 A notificação deverá ser econômica, eficiente e abrangente, direcionada a atingir o maior número possível de legitimados coletivos e membros do grupo. O Ministério Público, o Fundo dos Direitos do Grupo, as entidades e órgãos públicos relevantes, as associações nacionais e regionais mais representativas e uma pequena amostra dos membros do grupo facilmente identificáveis serão sempre notificados" (GIDI, Antonio. *Código de Processo Civil Coletivo*. Um modelo para países de direito escrito. Disponível em: http://egov.ufsc.br/portal/sites/default/files/anexos/18368-18369-1-PB.pdf. Acesso em 04 jun. 2019).

[394] "5.4 A notificação será transmitida em linguagem simples, clara e acessível em face das circunstâncias e deverá incluir, entre outras informações: 5.4.1 a definição do grupo; 5.4.2 a identificação do réu; 5.4.3 a identificação e a informação para contato do representante

Esse regramento é salutar, pois não adianta que a notificação seja realizada, mas que os integrantes do grupo não possam compreender a mensagem, nem ter acesso às informações relevantes para permitir que eles se manifestem pela exclusão, ou não, do grupo representado em juízo.

Em atenção ao princípio da modicidade, o projeto sob análise determina que pode-se reduzir ou dispensar a notificação individual de todos os integrantes da classe se esse procedimento for muito custoso ou se o caso já tiver ganhado adequada notoriedade pública.[395]

Ademais, o referido projeto indica que a notificação somente deve ser realizada se o magistrado tiver convencimento de que a ação pode prosperar, pois, se o juiz verificar que a ação é incabível ou infundada, a notificação não deve ser realizada.[396]

Esse cuidado com a realização da notificação objetiva que não seja realizado um procedimento muito custoso para as partes quando se verifica que a ação coletiva não tem cabimento.

Sublinhe-se que os custos da notificação, segundo o projeto de código elaborado por Gidi, é de responsabilidade de todas as partes e do juízo, mas devendo ser custeada inicialmente pelo representante do grupo. No entanto, caso haja probabilidade de que a ação seja procedente para o grupo, o magistrado pode determinar que esses custos sejam suportados pelo réu. Ademais, caso a notificação deva ser custeada pelo grupo, mas se for verificado que essa notificação não será muito dispendiosa para o réu, esse poderá realizar esse procedimento, tendo o direito de ser ressarcido pelo representante do grupo.[397]

---

e do advogado do grupo; 5.4.4 a descrição da controvérsia coletiva, com um resumo dos fatos; 5.4.5 a pretensão coletiva e o objeto do processo; 5.4.6 as consequências do processo coletivo para o grupo e seus membros; 5.4.7 o caráter vinculante da sentença coletiva e a possibilidade e o prazo para propositura de ação individual, se o membro tiver interesse em se excluir do grupo; 5.4.8 cópia da petição inicial, da contestação e de documentos relevantes, selecionados pelo juiz com o auxílio das partes; 5.4.9 instruções sobre como obter mais informações sobre o processo coletivo; 5.4.10 qualquer outra informação relevante no caso concreto" (Ibid.).

[395] "5.7 O juiz poderá reduzir ou dispensar a notificação individual dos membros do grupo, se ela for desproporcionalmente custosa ou se a propositura da ação coletiva tiver obtido notoriedade adequada" (Ibid.).

[396] "5.10 O Juiz não promoverá a notificação, se a ação coletiva for manifestamente incabível ou infundada" (Ibid.).

[397] "5.3 A notificação e a identificação dos membros do grupo e entidades relevantes é de responsabilidade de ambas as partes e do juízo mas, em princípio, será custeada pelo representante do grupo. Quando a identificação ou a notificação for difícil e custosa para o representante e não para a parte contrária ao grupo, o juiz atribuirá tal função à parte

Nos demais projetos de código coletivo, as notificações iniciais são feitas através dos órgãos oficiais, devendo ser notificados os órgãos e entidades de defesas dos direitos tutelados pelas ações coletivas. Ademais, caso o processo encontre-se em fase de execução, o custo com as publicações e notificações serão custeados pela parte demandada.

Observa-se que a disciplina apresentada no projeto elaborado por Gidi consegue trazer mais proteção aos direitos dos indivíduos integrantes do grupo representado diante da necessidade de que eles sejam efetivamente notificados da ação coletiva em curso.

Nos demais projetos, quando se determina a prioridade das notificações através dos órgãos oficiais, verifica-se uma notificação presumida de todos, posto que não é comum que os indivíduos estejam atentos às publicações oficiais realizadas através desses meios.

Como forma de garantir uma comunicação eficiente de todos os integrantes do grupo tutelado coletivamente em juízo, o magistrado deve determinar a utilização dos atuais meios de comunicação, que se mostram muito eficientes na função de atingir o objetivo de comunicar uma enorme quantidade de pessoas.

Como exemplo, pode-se determinar a veiculação das informações da ação coletiva nos sítios eletrônicos da justiça, em jornais de grande circulação, bem como pode ser divulgada as notificações através de boletos, contracheques e contas de luz e água.

O que deve ser pacífico na determinação de notificar os membros de uma classe é o princípio da economicidade que deve nortear a atuação do magistrado ao determinar que a notificação seja realizada da forma mais econômica para todos.

Após a análise dos projetos de lei existentes para a tutela coletiva de direitos, sendo analisada a peculiaridade do tratamento jurídico de alguns temas relevantes, o que foi feito com o objetivo de auxiliar na elaboração da proposta de lei apresentada ao final desta obra, segue-se, no próximo capítulo, com a análise de casos em que foram utilizados

---

contrária, que poderá ter o direito de ser ressarcida das suas despesas pelo representante do grupo.
5.12 O juiz poderá ordenar que as despesas com a notificação ampla e identificação dos membros do grupo sejam total ou parcialmente suportadas pelo réu, se houver probabilidade de sucesso da pretensão coletiva.
5.13 Se a parte contrária ao grupo envia correspondências aos membros do grupo ou mantém a publicação de periódicos ou brochuras ou um sítio na Internet, o juiz poderá ordenar a notificação através desse método, se houver probabilidade de sucesso da pretensão coletiva, de forma a notificar adequadamente o grupo sem aumentar substancial e desnecessariamente as despesas" (Ibid.).

meios de tutela coletiva de direitos, apresentando também situações em que seria possível a utilização da lei proposta ao final.

CAPÍTULO 5

ESTUDOS DE CASOS DE TUTELA COLETIVA

5   Estudos de casos de tutela coletiva

O presente capítulo busca apresentar um estudo de caso quanto à aplicação das *class actions* nos Estados Unidos com o objetivo de indicar os benefícios que esse procedimento de tutela coletiva traz para a sociedade norte-americana e incentivar a discussão quanto à adoção desse modelo no Brasil.

Também serão apresentadas situações que ocorreram no Brasil e, para as quais, o mecanismo de tutela coletiva de direitos individuais homogêneos poderia ser utilizado, dando, portanto, indicativos de possíveis utilizações da *class action* no Brasil.

Nos Estados Unidos, o instituto da *class action* é amplamente utilizado, tendo sido o meio processual utilizado em diversos casos emblemáticos.

Dentre esses casos, sublinhe-se o *Brown v. Board of Education* através do qual, em 1954, a comunidade negra norte-americana teve uma grande vitória ao ser julgado como inadmissível a segregação racial nas escolas.[398]

Diversos outros casos polêmicos foram julgados pelo Poder Judiciário norte-americano a partir da utilização das *class actions*. Um outro caso de destaque é o da *class action* que responsabilizou empresas pela contaminação de águas com dejetos industriais. Esse caso, inclusive, foi transformado em filme, entrando no imaginário popular

---

[398] ALMEIDA, André de. *A maior ação do mundo:* a história da class action contra a Petrobras. São Paulo: SRS Editora, 2018, p. 30.

através de *"Erin Brockovich"*, filme que concedeu à Julia Roberts o Oscar de melhor atriz.[399]

Feita essa breve introdução, inicia-se o presente capítulo com a análise da *class action* proposta nos Estados Unidos para tutelar os direitos dos acionistas estrangeiros da companhia brasileira Petrobras.

5.1 Estudo de caso das *class action* no ordenamento jurídico norte-americano

5.1.1 O caso Petrobras

Esse caso refere-se à proposição de *class action* pelos investidores estrangeiros da Petrobras, cuja ações são negociadas na Bolsa de Nova York. O motivo dessa ação de classe foi a grande perda no valor dos investimentos em razão da desvalorização das ações da Petrobras decorrente do esquema de corrupção revelado através da Operação Lava Jato.[400]

Sublinhe-se, inclusive, que o caso Operação Lava Jato, assim como o caso *"Erin Brockovich"*, também foi transformado em filme diante da notoriedade do ocorrido, tendo ganhado repercussão internacional.

Para se ter uma ideia da queda nos valores da companhia Petrobras com os diversos crimes de corrupção e lavagem de dinheiro revelados através da Operação Lava Jato, a companhia possuía, em 2009, o valor de mercado de US$310 bilhões, baixando seu valor para US$39 bilhões no auge do escândalo.[401]

Essa *class action* está entre as dez maiores ações reparatórias do mundo, tendo sido produzido, ao final, um acordo de indenização de 2,95 bilhões de dólares. Os valores iniciais da ação eram estipulados em 7 bilhões de dólares, o que a colocaria como a maior ação do mundo.[402]

A referida *class action* foi proposta nos Estados Unidos através de uma parceria entre um escritório brasileiro e outro norte-americano.[403] No início da proposição da ação, para fins de apresentar um histórico

---

[399] Ibid., p. 30.
[400] Ibid., p. 14.
[401] Ibid., p. 18.
[402] Ibid., p.14/15.
[403] Nos Estados Unidos, essa *class action* foi proposta através de uma parceria entre o Almeida Advogados, escritório brasileiro especialista em Direito Corporativo, e o Wolf Popper LLP, escritório nova iorquino.

de como transcorreu esse processo no Poder Judiciário norte-americano, a Petrobras utilizou-se de uma *motion to dismiss*.[404] [405]

A tentativa de indeferir a referida *class action* através de alegação de inépcia foi derrubada com a apresentação de todo o cenário político-econômico pelo qual o Brasil passava com o fito de convencer o juiz da necessidade de dar prosseguimento a essa ação. O magistrado responsável por essa ação foi o juiz Jed S. Rakoff, do *United States District Court for the Southern District of New York*.[406]

Após uma acurada análise dos requisitos necessários para a proposição de uma *class action*, os escritórios envolvidos no caso perceberam que seria possível intentar uma ação desse tipo contra a Petrobras.

Verificou-se que a Petrobras possui inúmeros investidores estrangeiros que comercializam ações dessa empresa na Bolsa de Valores de Nova Iorque. Muitos desses investidores, inclusive, são brasileiros que compram e vendem ações da Petrobras na bolsa nova iorquina. Essa quantidade enorme de investidores que sofreram com os esquemas de corrupção praticados no interior da companhia petrolífera cumpria o primeiro requisito para a proposição de uma *class action*, a saber, uma classe com muitos membros.[407]

O segundo requisito, de acordo com André de Almeida,[408] para a proposição da *class action* contra a Petrobras também estava cumprido, pois consistia em demonstrar a avaliação dos prejuízos sofridos pelos investidores com o esquema de corrupção dentro da empresa. Esse requisito foi cumprido com o auxílio de normas norte-americanas que permitem que investidores proponham ações para recuperar os danos sofridos pelas fraudes realizadas pelas companhias nos mercados acionários.

As informações reveladas pelo Ministério Público Federal no âmbito da Operação Lava Jato foram também determinantes para a proposição da *class action*, contribuindo para a formação do convencimento

---

[404] *Motion to dismiss* é uma técnica norte-americana de defesa em que a parte ré alega a inépcia da inicial, ou seja, similar ao pedido de inépcia da inicial no ordenamento jurídico brasileiro.
[405] ALMEIDA, André de. *A maior ação do mundo*: a história da class action contra a Petrobras. São Paulo: SRS Editora, 2018, p. 16.
[406] Ibid.
[407] Ibid., p. 30-43.
[408] André de Almeida é o fundador do escritório brasileiro que atuou na proposição da *class action* em contra a Petrobras. Para mais informações consultar a obra: ALMEIDA, André de. *A maior ação do mundo*: a história da class action contra a Petrobras. São Paulo: SRS Editora, 2018, p. 30-43.

do Poder Judiciário norte-americano quanto à necessidade de prosseguimento da referida ação.

O sistema de corrupção existente no âmbito da gestão da Petrobras gerou prejuízos não somente para os investidores da Bolsa de Valores de Nova Iorque, mas também atingiu os investidores da companhia no mercado mobiliário brasileiro.

A tomada de decisão pela proposição de uma *class action* em face da Petrobras foi antecedida de uma análise quanto ao melhor meio para tutelar os interesses da classe atingida. Nessa análise, chegou-se a pensar no ajuizamento de uma ação civil pública no Brasil, porém esse procedimento somente poderia ser tomado por uma associação que já existisse.[409]

Esse requisito quanto ao legitimado ativo para a proposição de uma ação civil pública em face da Petrobras traria problemas quanto ao tempo necessário para o ajuizamento dessa ação, uma vez que seria preciso criar uma associação e esperar o transcurso legal do prazo de pelo menos 1 (um) ano nos termos da lei civil para que a associação tivesse legitimidade para a defesa dos direitos de seus associados.

Um outro problema na proposição de uma ação em face da Petrobras no Brasil é que, caso fosse proposta, teria que ser em face do controlador da empresa segundo a Lei de Sociedade Anônimas, o que resultaria em uma ação em face da União, controladora da companhia. Isso traria um forte aspecto político para a ação, o que influenciaria no andamento do processo nos tribunais brasileiros.

Apenas para compreender, no caso da Petrobras, como a União é a acionista controladora, segundo o art. 117 da Lei nº 6.404/76, o acionista controlador responde pelos danos causados por atos praticados com abuso de poder.

Alinhado a esses dois problemas na proposição de uma ação civil pública contra a Petrobras está também a morosidade do Poder Judiciário brasileiro, fato que poderia levar à impunidade da companhia e a uma falta de interesse da empresa em buscar realizar um acordo para encerrar o processo. Todos esses fatores foram determinantes para que os escritórios que atuaram no caso decidissem pela proposição de uma *class action* em solo norte-americano em face da Petrobras e em benefícios de seus investidores estrangeiros.[410]

---

[409] Ibid.
[410] Ibid.

CAPÍTULO 5
ESTUDOS DE CASOS DE TUTELA COLETIVA

Feitas essas considerações a *class action* foi proposta em face da Petrobras através do investidor americano Peter Kaltman. Ele é um pequeno investidor da companhia que foi escolhido pelos escritórios que patrocinaram a causa, o que é muito comum nos Estados Unidos. Existem diversos pequenos investidores que se especializaram em serem autores de *class action* nos Estados Unidos.[411]

Sublinhe-se que Peter Kaltman foi o investidor que deu início a ação, porém muitos outros se juntaram no polo ativo da *class action* em busca de reparação pelos danos sofridos. Em complemento, a escolha de um pequeno investidor para iniciar uma *class action* trata-se de uma tática cautelosa para, caso haja uma reconvenção do réu na ação, haja uma limitação dos prejuízos.[412]

O principal tema dos fatos da *class action* contra Petrobras estava na falsidade dos dados sobre os ativos da companhia repassados como informação aos investidores. Ocorreu que os contratos da empresa possuíam um valor inflacionado que englobava as quantias pagas em propinas nos esquemas de fraudes praticados na Petrobras. Dessa forma, os investidores tinham uma visão inflacionada dos ativos da empresa, mas, na verdade, os ativos valiam menos do que os números informados nas planilhas da companhia.[413]

Para uma melhor compreensão sobre o desenvolvimento da *class action* em face da Petrobras, o que se faz para permitir uma melhor visão prática do instituto, objetivando, assim, uma noção dos benefícios que esse tipo de procedimento pode trazer ao ordenamento jurídico brasileiro, destacam-se mais alguns fatos ocorridos nessa ação e narrados por um dos advogados responsáveis pela mesma.[414]

Após a proposição inicial da *class action* contra a Petrobras, diversas outras ações similares foram propostas por diversos escritórios representando outros investidores. Todas as demais ações foram unidas em apenas uma ação pelo magistrado Rakoff, juiz titular da corte nova iorquina em que o processo já estava sendo julgado.[415]

---

[411] ALMEIDA, André de. *A maior ação do mundo:* a história da class action contra a Petrobras. São Paulo: SRS Editora, 2018, p. 55-60.
[412] Ibid.
[413] Ibid., p. 61.
[414] Recomenda-se a leitura da obra: ALMEIDA, André de. *A maior ação do mundo:* a história da class action contra a Petrobras. São Paulo: SRS Editora, 2018.
[415] Ibid., p. 30-43.

Outro elemento essencial, no início da *class action*, é a publicação do edital de chamamento em que se convocam os membros da classe que tiveram mais perdas com os problemas de corrupção no interior da Petrobras para que ocupem o polo ativo da demanda. Essas pessoas podem pleitear a posição de *lead plaintiff*, ou seja, o posto de líder do caso.[416]

Segundo explicações de Almeida,[417] todos os integrantes da classe tutelada pela *class action* podem se beneficiar com a decisão final da ação independentemente de quem tiver ajuizado a ação.

Nesse procedimento, somente aquele integrante que optou de forma expressa em não participar da classe não se beneficiara com o resultado da ação. Nesse caso, o membro exerceu seu direito de *opt-out*, ou seja, direito de não receber os efeitos da referida tutela.

Na escolha do líder da ação, o magistrado analisa três critérios, a saber: i) o conhecimento que o membro possui sobre a causa; ii) o maior volume de perdas com o fato que gerou aquela ação; e iii) o maior número de clientes.[418]

Ao escolher o *lead plaintiff* da *class action* contra a Petrobras, o magistrado sopesou um elemento político e não econômico, pois a escolha caiu sobre um fundo de pensão inglês pertencente a professores e demais funcionários de diversas universidades do Reino Unido. Se fosse considerado os números de perdas econômicas, o líder deveria ser um conglomerado de empresas da Noruega e Dinamarca que sofreu prejuízos com a Petrobras de aproximadamente trezentos milhões de dólares, enquanto a perda econômica do fundo inglês foi de noventa milhões de dólares.[419]

Com a escolha do líder da ação, foi elaborada uma petição de emenda da inicial para explicar ao magistrado da causa toda a repercussão política que os problemas da Petrobras relatados na *class action* estavam causando no Brasil. Essa foi uma tática dos autores da ação para sensibilizar o juiz e chamar a atenção do mesmo para o impacto que sua decisão traria tanto no mercado financeiro interno, quanto no internacional.[420]

---

[416] Ibid., p. 60-73.
[417] Ibid.
[418] Ibid.
[419] Ibid.
[420] Ibid.

Após o transcurso desses procedimentos iniciais, o magistrado Rakoff proferiu decisão similar ao despacho saneador existente no ordenamento jurídico brasileiro para definir quais pedidos iniciais seriam conhecidos, momento em que as razões da petição de inépcia da inicial apresentadas pela Petrobras foram parcialmente rejeitadas.[421]

Oportunamente, merece destaque que alguns dos pedidos protocolados na defesa da Petrobras foram acatados. Dentre esses, sublinhe-se que o magistrado reconheceu a prescrição da indenização pelos prejuízos decorrentes das ações comercializadas na oferta pública de ações do dia 1º de fevereiro de 2010.

Ademais, também foi acatada a tese de defesa da impossibilidade de que a Justiça norte-americana determine a indenização pelos prejuízos decorrentes da comercialização de ações da Petrobras no mercado financeiro brasileiro.[422]

Após o despacho saneador, abre-se a fase de produção de provas dentro do processo da *class action*, fase denominada de *discovery phase*. Essa fase é regulada pelo Título Cinco da *Federal Rules of Civil Procedure*, no qual são apresentadas as regras para a divulgação e descoberta de provas constantes nas *Rules 26 a 37*.

No sistema jurídico norte-americano, ao contrário do que ocorre no Brasil, as provas são colhidas extrajudicialmente pelas próprias partes, sendo os custos arcados pelos litigantes. A colheita de provas, porém, não é feita de qualquer modo pelas partes, mas devem seguir as regras procedimentais determinadas nas leis norte-americana de processo civil.[423]

Após a fase probatória, os líderes da ação, *lead plaintiffs*, apresentam a *motion for class certification*, em outras palavras, a petição requerendo a certificação da classe demonstrando ao juiz os motivos pelos quais os líderes entendem que aquela classe deve ser certificada, elemento fundamental para o prosseguimento da *class action*.

Sublinhe-se que, caso o magistrado entenda pela não certificação da classe, a ação coletiva não prosseguirá e os pedidos feitos na *class*

---

[421] Ibid.
[422] Todas as observações quanto ao procedimento da *class action* contra a Petrobras são encontradas em mais detalhes no estudo elaborado por André de Almeida. ALMEIDA, André de. *A maior ação do mundo:* a história da class action contra a Petrobras. São Paulo: SRS Editora, 2018.
[423] Ibid.

action desenvolver-se-ão em ações individuais propostas pelos líderes da *class action* não certificada.

Na petição de certificação da *class action* em face da Petrobras, os *lead plaintiffs* apresentaram o cumprimento dos quatro requisitos para a ação coletiva indicadas na *Rule 23*.

Em cumprimento aos requisitos das *class actions*, elementos já apresentados nos capítulos anteriores, os líderes da ação comprovaram que a união de todos os investidores prejudicados pelas fraudes ocorridas no interior da Petrobras tratava-se de um litisconsórcio ativo impraticável, sendo este o primeiro requisito. Em complemento, como segundo requisito, os líderes demonstraram, através da *motion for class certification*, que existem questões de fato e de direito que são comuns a todos os investidores estrangeiros lesados pelas práticas produzidas pela Petrobras.[424]

Os dois outros requisitos para a certificação da classe relacionam-se com a representação adequada da classe pelos líderes da ação. Para tanto, no caso da Petrobras, os *lead plaintiffs* argumentaram que todos os investidores estrangeiros foram prejudicados pelas omissões e declarações falsas feitas pela Petrobras, sendo esses argumentos comuns a todos, o que respalda, portanto, a adequada representação dos líderes na proposição da ação.

Em complemento, Almeida[425] informa que, na *motion for class certification*, os líderes da ação argumentaram que não seria necessário provar dolo e nexo causal entre as fraudes da Petrobras e os prejuízos sofridos pelos investidores, mas apenas apresentar as declarações falsas e os vácuos nas informações prestadas pela companhia de acordo com a Teoria da Fraude ao Mercado.[426] Esse argumento, segundo os líderes, é comum a todos os investidores lesados em seus direitos, devendo, portanto, ser considerado pelo juiz na certificação da classe.

---

[424] Ibid.
[425] Ibid.
[426] A Teoria da Fraude ao Mercado trata-se de uma tese norte-americana em que se entende que o preço das ações de uma companhia é determinado pelas informações que a empresa disponibiliza no mercado. Com isso, se a empresa divulga informações financeiras com fraudes, os investidores são lesados por tomarem decisões baseadas em dados falsos. No caso da Petrobras, os líderes da ação alegaram que, somente no período considerado no julgamento da *class action*, mais de vinte mil artigos foram publicados por especialistas financeiros baseados em dados fraudados pela Petrobras, o que ajudou os investidores a tomarem decisões ruins do ponto de vista econômico. ALMEIDA, André de. *A maior ação do mundo*: a história da class action contra a Petrobras. Paulo: SRS Editora, 2018, p. 70.

Protocolada a *motion for class certification*, o juiz responsável pela *class action* em face da Petrobras julgou procedente o pedido de certificação, delimitando, assim, a classe representada e tutelada através da *class action* proposta.

Com a decisão pela certificação da ação coletiva, torna-se possível a realização de conciliação entre as partes como meio de encerrar de forma mais rápida o processo, uma vez que os valores das indenizações e das custas processuais são muito altos, principalmente para o réu, sendo melhor optar pelo pronto encerramento da *class action*.[427]

Após algumas tentativas da Petrobras em derrubar a decisão do juiz da causa sobre o deferimento da certificação da *class action*, a referida ação contra a companhia brasileira foi encerrada através de um acordo entre as partes em que a Petrobras firmou o compromisso de indenizar os investidores estrangeiros da empresa em aproximadamente três bilhões de dólares.[428]

Conforme explicado anteriormente, a realização de um acordo dentro de uma *class action* é uma prática comum nesse tipo de ação, sendo isso observado em diversos outros casos.

Observa-se, portanto, que esse tipo de ação traz benefícios para todos os integrantes da classe lesada, pois, por exemplo, no caso da Petrobras, os pequenos investidores da companhia foram beneficiados por um acordo celebrado através da atuação dos líderes da ação, detentores, portanto, de grandes investimentos naquela empresa.

Através da análise do caso da *class* action em face da Petrobras, fica claro que esse procedimento, como se defende na presente obra, é um excelente meio de se garantir decisões justas respeitando os princípios da razoável duração do processo, da economia processual e do acesso à justiça.

Sublinhe-se que a *class action* permite que os integrantes da classe que tiveram menor lesão econômica tenham a possibilidade de que seus interesses sejam tutelados pela Justiça, pois os menores da classe não teriam condições econômicas de proporem ações individuais para tutelarem seus direitos.

---

[427] ALMEIDA, André de. *A maior ação do mundo*: a história da class action contra a Petrobras. São Paulo: SRS Editora, 2018, p. 70.
[428] Ibid., p. 120.

5.1.2 Outros exemplos de *class action* nos Estados Unidos

Após a anterior análise da *class action* envolvendo a empresa brasileira Petrobras, passa-se a apresentar informações que corroboram com a utilidade jurídica que esse tipo de ação tem na tutela coletiva de direitos.

As *class actions* são largamente utilizadas nos Estados Unidos, possuindo ações desse tipo em praticamente todos os segmentos da sociedade, seja do consumo de eletrônicos até ações envolvendo direitos humanos.

Como exemplo, pode-se citar uma *class action* proposta em 2019 por consumidores dos relógios *Apple Watches* contra a empresa Apple em razão de defeitos nos referidos dispositivos das gerações 1, 2 e 3. Essa ação ainda está em curso, tendo sido certificada como *class action*.[429]

Uma outra situação para a qual foi proposta uma *class action*, tendo reflexo no Brasil foi a decorrente do escândalo envolvendo a indústria de carros da empresa *Volkswagen* no caso chamado de *Dieselgate*.

O referido escândalo decorreu da inserção de componentes eletrônicos em determinados carros da *Volkswagen* com o intuito de fraudar os testes de poluição desses carros.

Em razão dessa situação, foram propostas diversas ações contra a empresa em diversos locais do mundo, inclusive no Brasil.

Nos Estados Unidos, as referidas *class actions* encerraram com acordos bilionários, dos quais merece destaque o acordo de quinze bilhões de dólares, sendo dez bilhões para formar um fundo que indenize os cerca de quinhentos mil proprietários de veículos do grupo VW e os outros cinco bilhões para ações de compensação ambiental e consumeristas.[430]

No Brasil, para o caso do denominado "*Dieselgate* Brasileiro", foi proposta uma ação civil pública pela Associação Brasileira de Defesa do Consumidor e Trabalhador – ABRADECONT em face da Volkswagen do Brasil LTDA.

---

[429] *Gina Priano-Keyser v. Apple Inc.*, *Case Nº. 2:19-cv-09162*, in the U.S. District Court for the District of New Jersey. Informações retiradas de relatório da referida ação elaborada por: SORTOR, Emily. Apple Watch Class Action To Proceed, Court Rules. *Top Class Actions*. Jan. 3, 2020. Disponível em: https://topclassactions.com/lawsuit-settlements/consumer-products/electronics/apple-watch-class-action-proceed-court-rules. Acesso em: 30 mar. 2020.

[430] VW DIESEL Settlement. *Class Action.com*. Nov. 16, 2017. Disponível em: https://www.classaction.com/volkswagen/settlement/. Acesso em: 31 mar. 2020.

Na ação proposta no Brasil, fixou-se, dentre outros pontos, a condenação da empresa em pagar danos materiais e morais individualmente para cada um dos consumidores que adquiriram os veículos que continham o equipamento de fraude, bem como danos morais coletivos em razão da prática perpetrada pela empresa.

No caso brasileiro, a Volkswagen do Brasil, em sua defesa, alegou que a associação não teria legitimidade para propor a referida ação. No entanto, em sede de julgamento de apelação, a associação teve sua legitimidade confirmada, sendo decidido que ela está agindo como legitimada extraordinária, ou seja, litigando em nome próprio em defesa dos interesses coletivos dos consumidores.

Logo, tratando-se de substituta processual não é necessária autorização de assembleia da associação para atuar, o que se faria necessário caso ela litigasse como representante de seus associados.

A ementa do julgamento do Tribunal de Justiça do Rio de Janeiro para o referido caso encontra-se integralmente em nota de rodapé em razão do cunho esclarecedor que possui.[431]

---

[431] "DIREITO DO CONSUMIDOR e PROCESSUAL CIVIL. Ação coletiva de consumo proposta por Associação de defesa dos direitos dos consumidores. Demanda, cúmulo de pedidos fundados na responsabilidade civil do fornecedor (Volkswagen do Brasil). *Fato principal, equipamento integrante dos veículos Amarok, a diesel, com motor TDI EZ 189, comercializados no Território Nacional entre 2011 e parte de 2012, num total de 17.057 unidades, software com propósito e potencialidade de fraudar a aferição quanto à emissão de NOx, óxido de nitrogênio, gás nocivo à saúde, contaminante atmosférico.* Sentença de procedência, sufragando pedidos condenatórios de obrigação de fazer (prestar informações claras, seguras e completas sobre as características do veículo em questão), de reparação pecuniária pelos *danos materiais*, em R$54.000,00 (cinquenta e quatro mil reais), *individual*, e R$10.000,00 (dez mil reais), *per capita*, além de R$1.000.000,00 (um milhão de reais), a título de dano moral coletivo. Apelação da ré com devolução total e recurso do Ministério Público, para majorar o valor pecuniário do dano moral coletivo para R$10.507.112.000,00. No que diz com a Volkswagen, teses de ilegitimidade ativa, ausência de interesse processual, nulidade da sentença, por cerceamento de defesa, além de defesa direta de mérito. *Legitimidade ativa da Associação evidenciada. Preenche os requisitos para ser autora da presente ação coletiva de consumo, substituta processual, independente de autorização assemblear. Legitimidade extraordinária que não se confunde com a representação de associados.* Interesse processual, igualmente presente. Ação coletiva, tendo como causa a responsabilidade civil do fornecedor, ora apelante. *Interesses individuais delimitados, coletivo de consumidores inseridos num mesmo contexto fático* (adquirentes do veículo Amarok, a diesel, com motor TDI EZ 189), nos anos de 2011 e parte de 2012, veículos postos no mercado de consumo brasileiro, contendo vício oculto, software, alhures e aqui, para desvirtuar, fraudar a aferição da emissão de NOx. Cerceio de defesa inocorrente. Não necessidade de perícia para cotejar o mencionado equipamento com a legislação ambiental brasileira de emissão de gases por veículos automotores, visto que, como curial, a ação não versa sobre potencial de dano ao meio ambiente, mas, tão só, existência ou não de vício nos veículos comercializados. E aí, dos autos, prova suficiente, conduta confessa sobre a quebra de garantia implícita em contratos de compra e venda de bens móveis. *Defeito oculto, fato que, por si só, induz responsabilidade de reparar os danos.* Disso, pode-se depreender, como exemplo peremptório, o aviso de recall, substituição do software

Observa-se que, na ação civil pública proposta em face da Volkswagen do Brasil, somente foi possível que uma associação atuasse como substituta processual em razão do cumprimento dos requisitos legais indicados no Código de Defesa do Consumidor (*art. 82 (...) IV – as associações legalmente constituídas há pelo menos um ano e que incluam entre seus fins institucionais a defesa dos interesses e direitos protegidos por este código, dispensada a autorização assemblear*).

É justamente nesse ponto que se verifica uma vantagem que as *class actions* norte-americanas podem trazer ao ordenamento jurídico brasileiro, a saber, a possibilidade de que a ação seja proposta sem a necessidade de cumprir o requisito temporal.

Imaginando uma situação para a qual não existisse associação legalmente constituída há pelo menos um ano, seria necessária a criação de uma associação e o transcurso de um ano para que ela pudesse manejar uma ação civil pública na tutela coletiva de direitos individuais homogêneos.

Em razão disso, é proposta a presente obra com o fito de estudar o caso da tutela coletiva de direitos individuais homogêneos, propondo, ao final, a introdução de um mecanismo jurídico de tutela desses direitos semelhantes às *class actions* norte-americanas, permitindo que os próprios indivíduos lesados, independentemente de associação, proponham essa ação coletiva para a tutela dos direitos individuais homogêneos.

Antes de encerrar o presente tópico, apresentam-se mais alguns casos de *class actions* propostas nos Estados Unidos com o fito de demonstrar as vantagens que esse tipo ação traz ao ordenamento jurídico.

---

da unidade de comando do motor, conforme se vê de fls. 1914. Sentença bem fundamentada, porém, exigente de retoque, quanto ao arbitramento dos danos materiais. Como prejuízo, desfalque patrimonial direto, há que se observar a estrita correlação entre a depreciação dos veículos com o quantitativo reparatório. Neste particular, a sentença pecou por não utilizar parâmetros claros, exposição da lógica indenizatória, deixando entrever um certo distanciamento da realidade. *Nesse diapasão, altera-se para excluir da condenação por danos emergentes, o valor disposto de R$54.000,00, por indivíduo, remetendo a apuração do* quantum debeatur *para uma etapa liquidatória.* Dano moral individual, sopesado com parcimônia, sendo certo que a conduta da ré, para dizer o mínimo, de total desapreço para com os consumidores, seus clientes, que compraram os veículos Amarok, na confiança do nome Volkswagen. Valor do dano moral coletivo, quantificado moderadamente, sem razão plausível, seja para reduzir, seja para aumentar. Provimento parcial do primeiro recurso e desprovimento do segundo" (RIO DE JANEIRO. Tribunal de Justiça do Rio de Janeiro (9. Câmara Cível). *APL: 0412318-20.2015.8.19.0001*. Relator: Des(a). Adolpho Correa de Andrade Mello Junior, 28 de maio de 2019. Rio de Janeiro: TJRJ, 2019. Disponível em: http://www1.tjrj.jus.br/gedcacheweb/default.aspx?UZIP=1&GEDID=00040D207797EC37D5DA59ADE7DF9F8B7964C50A2D601C41. Acesso em: 31 mar. 2020).

Para tanto, nesse momento, apresentam-se alguns dos casos indicados por Grinover[432] com base na jurisprudência norte-americana. Ela relata a ocorrência de uma ação coletiva para tutela de danos sofridos por empregados de determinada empresa em razão de problemas de ventilação do local de trabalho.

Um outro caso apresentado corresponde a uma *class action* proposta com a finalidade de obter reparação pelos danos decorrentes da poeira de carvão liberada, bem como o caso de danos causados por material químico despejado no meio ambiente.

Pelos exemplos dados, bem como pelos narrados no seguinte tópico, a *class action* ao ser introduzida no ordenamento jurídico brasileiro será mais um avanço no microssistema de tutelas coletivas pátrio, sendo uma inovação permitir que os indivíduos proponham uma ação coletiva para tutela de direitos individuais homogêneos, a qual terá efeitos *erga omnes* sobre todos os membros da classe, independentemente do resultado.

5.2 Possíveis aplicações da *class action* no Brasil

Como está sendo defendido no presente livro, existem muitos benefícios que a *class action* traz ao ordenamento jurídico ao permitir que os próprios indivíduos possam propor essa ação para a defesa dos direitos individuais próprios e dos demais membros do grupo.

Com base nisso, pretende-se apresentar alguns exemplos de situações que já ocorreram no Brasil e, para as quais, poderia ter sido utilizado um mecanismo semelhante às *class actions* norte-americanas para pleitear a tutela coletiva dos direitos individuais envolvidos.

As informações apresentadas abaixo servem para ilustrar algumas situações ocorridas na história recente do Brasil para as quais poder-se-ia utilizar a ação proposta na lei apresentada ao final desta obra. O objetivo desses exemplos é mostrar a utilidade que a proposta de *lege ferenda* traz ao ordenamento jurídico brasileiro.

5.2.1 Incêndio na Boate Kiss

O primeiro exemplo é o relativo ao incêndio na Boate Kiss na cidade de Santa Maria, Rio Grande do Sul, em janeiro de 2013. No

---

[432] GRINOVER, Ada Pellegrini. *O Processo* – II série: estudos e pareceres de processo civil. Brasília: Gazeta Jurídica, 2013, p. 80-81.

referido incêndio, ocorreu a morte de 242 pessoas, deixando mais de 600 feridos.[433]

Através do referido incêndio, diversos indivíduos e suas respectivas famílias tiveram suas vidas alteradas em razão da morte de parentes e de lesões graves, o que enseja a busca por indenização pelos danos materiais e morais sofridos.

É certo que qualquer indenização realizada em razão do referido incêndio não será capaz de restituir as perdas que as vítimas tiveram. No entanto, a busca por indenizações, para além da busca pela condenação criminal dos envolvidos com esse desastre, é um pleito necessário para as vítimas, seja por tentar suprir carências financeiras em razão das consequências do referido incêndio nas vidas das vítimas, seja por suprir um desejo pela realização de justiça.

Nesse contexto, partindo da observação de que, através do incêndio na Boate Kiss, os direitos individuais homogêneos das vítimas foram lesados, ou seja, ocorreu a lesão a um direito individual de forma homogênea e a partir de uma mesma situação fática, é possível utilizar a ação de classe proposta nesta obra.

Com efeito, um indivíduo lesado pode, como representante de todo o grupo, propor uma ação coletiva para a tutela dos direitos individuais próprios e do grupo todo. Com isso, pode-se perceber as vantagens para a economia processual em que uma única ação, após seu julgamento, poderá ser utilizada para resolver a situação jurídica comum de todos os afetados.

Ademais, com a utilização dessa ação, evita-se que sejam prolatadas decisões conflitantes, uma vez que o mérito será julgado da mesma forma para todos os indivíduos que pertençam à mesma classe.

Ainda relativo ao caso do incêndio da Boate Kiss, encontram-se diversas ações pleiteando a reparação cível pelos danos decorrentes do referido desastre. Interessante notar que, no que tange aos valores da indenização, o Poder Judiciário local tem colocado limites considerando a capacidade econômica da boate em proceder com a indenização de todos os lesados.[434]

---

[433] Dados retirados de um hotsite criado especificamente para acompanhar o caso através do Ministério Público do Estado do Rio Grande do Sul. BOATE Kiss. *Ministério Público do Estado do Rio Grande do Sul*. Hotsite. Disponível em: https://www.mprs.mp.br/hotsite/boatekiss/#!/timeline. Acesso em: 03 jun. 2020.

[434] Pequeno resumo sobre algumas das diversas ações cíveis propostas em razão do incêndio na Boate Kiss. CONCEDIDAS indenizações a vítimas da Boate Kiss. *JusBrasil*. [S.n.t.].

Com essa informação, é possível perceber que, com a proposição de uma única ação coletiva para a tutela dos direitos individuais homogêneos, poderia ser obtida uma sentença que seria aplicada para todos os indivíduos que se amoldassem nas mesmas circunstâncias.

Logo, ao invés de diversas ações cíveis, existiria uma única ação cível, o que, evidentemente, mostra-se favorável no aspecto da economia processual, seja essa economia no aspecto de tempo, já que teria apenas uma única ação principal para ser julgada, bem como no aspecto financeiro em que as partes e o Poder Judiciário poderiam investir seus recursos na análise, na defesa e no julgamento de um único processo.

5.2.2 Rompimento de barragens em Mariana e em Brumadinho

Para mencionar outros casos para os quais poder-se-ia pensar em utilizar da ação coletiva apresentada na proposta de *lege ferenda* desta obra, devem ser destacados os casos dos desastres ambientais decorrentes dos rompimentos de barragens em Mariana, Minas Gerais, ocorrido em novembro de 2015, e em Brumadinho, também em Minas Gerais, ocorrido em janeiro de 2019.

Os dois desastres produziram, e continuam produzindo, danos de todas as ordens, sejam eles materiais, morais, estéticos, ambientais e outros. Em ambos os casos, verifica-se a proposição de diversas ações cíveis para obtenção de indenização pelos danos causados em razão dos rompimentos das barragens mencionadas.

Verifica-se, após tudo o que já foi anteriormente mencionado, que é possível a utilização da ação coletiva para a tutela dos direitos individuais homogêneos nos moldes da proposta feita neste livro.

Com efeito, um representante poderia pleitear, de forma genérica, a indenização pelos danos decorrentes desses desastres em favor de si, bem como em prol dos demais integrantes do grupo lesado.

Um benefício dessa ação é que, para os indivíduos que não tenham a estrutura psicológica para pleitearem a indenização para si, a sentença prolatada produziria efeitos sobre todos os integrantes do grupo. Assim, uma única ação poderia ser executada por todos os que foram igualmente lesados, o que beneficiaria aqueles indivíduos

---

Disponível em: https://ambito-juridico.jusbrasil.com.br/noticias/232660788/concedidas-indenizacoes-a-vitimas-da-boate-kiss. Acesso em: 03 jun. 2020.

que, por si, não teriam a força psicológica para brigarem na justiça por seus direitos.

Deve-se considerar que a proposição de uma ação coletiva para a tutela dos direitos individuais homogêneos como defendida não tem o condão de impedir que outras ações cíveis sejam propostas, como aquelas que tenham o objetivo de buscar indenização pelos danos aos direitos difusos e coletivos *stricto sensu*.

Outro ponto a ser considerado é que, mesmo que um mesmo fato gere danos para diversas pessoas, como nos exemplos apresentados anteriormente, a proposição de uma ação coletiva para tutela de direitos individuais homogêneos não impede que casos peculiares sejam julgados de forma diferente desde que sejam provadas as especificidades do caso.

No caso do desastre de Brumadinho, como exemplo das especificidades que alguns casos podem ganhar, cite-se um processo peculiar em que a vítima pleiteia indenização por danos materiais, morais, estéticos, bem como pensão e outras reparações financeira em razão de ter perdido filho, marido e irmã, além de perdas materiais decorrentes do referido sinistro.

Nesse caso, a empresa responsável pelo desastre de Brumadinho foi condenada a pagar à vítima a quantia de cinco milhões de reais, além de outras compensações financeiras a ela.[435]

Assim, é fato que situações particulares requerem apreciações específicas, no entanto isso não prejudica a proposição de ações coletivas para a tutela de direitos individuais homogêneos da forma como proposto neste trabalho, pois, em desastres como os apresentados, sempre existem diversos casos semelhantes que requerem a mesma apreciação jurídica.

Com isso, a presente obra não pretende impedir que casos específicos tenham um julgamento que considere as particularidades do caso, mas este trabalho defende que, para os grupos que possuam um direito individual homogêneo lesado de forma semelhante, o Poder Judiciário faça uma única apreciação, a qual produzirá efeitos sobre todos os membros do mesmo grupo.

---

[435] BRUMADINHO: Vale é condenada a pagar indenização de R$ 5 milhões a vítima da tragédia. *G1*. Belo Horizonte, 08 maio 2020. Minas Gerais. Disponível em: https://g1.globo.com/mg/minas-gerais/noticia/2020/05/08/brumadinho-vale-e-condenada-a-pagar-indenizacao-de-r-5-milhoes-a-vitima-da-tragedia.ghtml. Acesso em: 03 jun. 2020.

5.2.3 Incêndio no centro de treinamento "Ninho do Urubu"

Outro fato da história recente do Brasil que pode ser mencionado como um exemplo de situação para a qual pode-se pleitear indenização por danos a direitos individuais homogêneos de forma coletiva através de um representante da classe é o relativo ao incêndio ocorrido no centro de treinamento do Flamengo conhecido como "Ninho do Urubu".

O referido incêndio atingiu um alojamento do Flamengo em fevereiro de 2019, deixando dez adolescentes mortos e três feridos. Segundo informações sobre a tragédia, apenas uma das famílias dos adolescentes mortos entrou com ação contra o time buscando a indenização pelos danos ocorridos. Os demais núcleos familiares aguardam a conclusão de investigações para, então, buscarem indenização pelos danos sofridos.[436]

Nesse caso, assim como nos anteriores, é possível a utilização da ação proposta com base na lei sugerida através deste livro, em que um representante do grupo composto pelas famílias dos jovens mortos no incêndio poderia propor uma ação coletiva para tutelar os direitos individuais de todos os envolvidos.

Não se deve argumentar a impossibilidade de utilização da referida ação em razão do número de vítimas, pois a proposta de lei apresentada não traz uma limitação quanto ao número de membros do grupo lesado. Essa ação é proposta de forma coletiva para a tutela dos direitos individuais homogêneos, o que traz os benefícios desse tipo de ação para todos.

Na situação narrada, as demais famílias poderiam auxiliar o representante da classe na busca da melhor indenização para todos, o que se mostra como uma outra vantagem, pois o Poder Judiciário poderia se deter na análise de uma única ação, a qual seria aplicada a todas as famílias.

Ademais, nesse caso, o representante da classe poderia ser patrocinado juridicamente através de um advogado particular, o qual poderia também arcar com os custos iniciais da demanda, deixando para ser remunerado ao final com a procedência da ação, caso ela ocorra. Uma

---

[436] Informações coletadas através de notícia jornalística da Agência Brasil. INCÊNDIO no Ninho do Urubu faz um ano. *Agência Brasil*. Rio de Janeiro 07 fev. 2023. Esportes. Disponível em: https://agenciabrasil.ebc.com.br/esportes/noticia/2020-02/incendio-no-ninho-do-urubu-faz-um-ano-cpi-ouve-familiares-de-vitimas. Acesso em: 04 jun. 2020.

outra saída seria a própria Defensoria Pública defender juridicamente o representante da classe na ação coletiva em busca de uma decisão que vincularia a todos.

Pelo que já foi exposto, percebe-se que seria possível enumerar inúmeros casos para os quais a ação coletiva para a tutela de direitos individuais homogêneos proposta na presente obra poderia ser utilizada.

5.2.4 A pandemia do COVID-19 e a tutela coletiva de direitos

No contexto de eventos que trazem danos de diversas ordens a muitas pessoas, é interessante destacar a pandemia viral decorrente do COVID-19 que assolou todo o mundo nos anos de 2020 e de 2021.

A referida pandemia mostrou as deficiências do sistema de saúde de todo o mundo apesar dos esforços globais em melhorá-lo, bem como mostrou a impotência do ser humano frente a catástrofes globais que uma doença pode causar.

A pandemia do COVID-19 mostrou o quão interligado é o atual mundo globalizado em que uma doença de fácil transmissão surgida em uma região do globo pode facilmente chegar a todos os locais.

A referida pandemia vitimou milhares de seres humanos e, ao tempo em que se realizavam as pesquisas para o presente livro, ainda não se tinha uma vacina ou um remédio eficiente que conseguisse barrar o avanço da doença.

Na atualização deste livro, porém, sublinhe-se que hoje há vacina para evitar os efeitos mais gravosos ao ser humano decorrentes da mencionada doença.

A principal medida adotada pelos governos de diversos locais do mundo, apesar de divergências políticas verificadas quanto à efetividade desta medida, foi a determinação de isolamento social a fim de que não ocorresse a contaminação de todos ao mesmo tempo, o que tornaria os serviços de saúde, sejam públicos ou privados, incapazes de atender a toda a demanda por atendimento médico para cura das pessoas infectadas.

A pandemia também causou, além das consequências na área da saúde, diversos efeitos na economia. Nesse contexto, os governos aumentaram suas dívidas públicas na promoção de ações de combate a essa doença, diversas empresas encerraram suas atividades em razão da incapacidade financeira de se manterem fechadas por meses em razão do isolamento social, milhares de pessoas perderam seus empregos, enfim, as consequências dessa pandemia foram muitas.

Com base nesses elementos, no campo jurídico, verificou-se a determinação sucessiva de suspensão de prazos durante fases da pandemia, o que foi determinado, no Brasil, pelo Conselho Nacional de Justiça.

Com o retorno gradual das atividades econômicas, no período imediatamente posterior ao pico de contaminação pelo COVID-19 no Brasil, verificou-se a proposição de inúmeras ações judiciais motivadas por essa pandemia. Como exemplo, pode-se citar ações revisionais de contrato, ações decorrentes de locação de imóveis, ações contra o Poder Público em razão de falhas na prestação dos serviços de saúde, enfim, são diversos os casos de litígios judiciais relacionados com o pós-pandemia.

Corroborando com essa ideia, encontra-se Sergio Arenhart[437] ao afirmar que, durante a pandemia, o protagonismo é da Medicina, mas, em seguida, será do Poder Judiciário como um todo. Verifica-se que isso é normal após crises e períodos com grandes mudanças, o que faz surgir inúmeras ações repetitivas, sendo demandado do Judiciário a solução dos litígios emergentes.

Nesse contexto, defende-se que as ações coletivas podem ter um papel fundamental para diminuir a demanda de ações propostas. Com efeito, caso ocorra a aprovação de uma lei, como a proposta nesta obra, criando uma ação coletiva para a tutela de direitos individuais homogêneos através de representantes, pode-se ganhar em efetividade e em tempo, pois uma única ação pode ser julgada e aplicada para resolver a situação de diversas pessoas que se encontrem na mesma classe.

Em debate jurídico ocorrido através da internet cujo tema foi "O presente e o futuro do processo coletivo em tempos de pandemia",[438] do qual participaram Fernando Gajardoni, Luiz Manoel Gomes Júnior,

---

[437] Informações coletadas com base em webinar ocorrido no dia 15 de abril de 2020, às 16h, o qual foi transmitido através da internet e foi promovido pelo site de conteúdo jurídico *Migalhas*. Participaram desse encontro virtual: Fernando Gajardoni, Luiz Manoel Gomes Júnior, Marco Felix Jobim e Sergio Arenhart. (WEBINAR O presente e o futuro do processo coletivo em tempos de pandemia. *Migalhas*. Participantes: Fernando Gajardoni, Luiz Manoel Gomes Júnior, Marco Felix Jobim e Sergio Arenhart. São Paulo, 15 abr. 2020. 1 vídeo (1h08min52). Publicado pelo canal Migalhas. Disponível em: https://www.migalhas.com.br/quentes/324587/migalhas-realiza-webinar--o-presente-e-o-futuro-do-processo-coletivo-em-tempos-de-pandemia. Acesso em: 15 abr. 2020).

[438] Ibid.

Marco Felix Jobim e Sergio Arenhart, foi consenso entre todos que ocorrerá uma judicialização em massa dos litígios após o período de pandemia.

O momento pós-pandemia exige que as instituições democráticas atuem na busca de soluções para os problemas que surgem, buscando o bem-estar geral de todos os integrantes da nação. Esse momento se mostra como uma excelente oportunidade para a implementação de melhorias no sistema brasileiro de tutela coletivas, estando o projeto de lei desta obra inserido como uma possível melhoria para esse sistema.

Conforme informado por Sergio Arenhart,[439] o papel da tutela do direito individual homogêneo é servir como meio de aglutinar demandas individuais para se chegar a uma decisão de massa a qual poderá ser utilizada para a solução de diversos litígios. Considerando o número de processos que tramitam pelos salões dos tribunais brasileiros, o Poder Judiciário tem necessidade de instrumentos que solucionem coletivamente os problemas apresentados.

Segundo Luiz Manoel Gomes Junior,[440] para o momento após a pandemia, são necessárias leis efetivas e a busca da tutela coletiva para que haja uma voz única no Poder Judiciário, evitando-se decisões conflitantes. Nesse contexto, as ações coletivas surgem como meio para a busca por soluções padrões para os problemas econômicos e judiciais que aparecem no pós-pandemia.

Arenhart[441] afirma que o Código de Processo Civil de 2015 possui um déficit de representação da coletividade, sendo necessário que a tutela da coletividade ocorra através do Processo Coletivo e não através dos meios de soluções de demandas repetitivas existentes no atual CPC.

Com efeito, as mudanças inseridas no ordenamento jurídico brasileiro através do novo Código de Processo Civil objetivaram apresentar meios para a solução de demandas repetitivas, porém o referido código é voltado eminentemente para a tutela individual de direitos. Assim, o Brasil tem a necessidade de que haja uma organização do sistema de tutelas coletivas de direitos.

Nesse ponto, a presente obra traz uma proposta de lei a ser inserida no ordenamento jurídico brasileiro com o objetivo de permitir

---

[439] Ibid.
[440] Ibid.
[441] Ibid.

que os indivíduos lesados possam, por si, propor ações coletivas para a tutela de direitos individuais homogêneos.

Para Luiz Manoel Gomes Junior,[442] vive-se em uma cultura do egoísmo na qual cada indivíduo quer resolver apenas seu problema. Dessa forma, para ele, há mais vantagens em outros meios de soluções de conflitos, como os realizados através de Termos de Ajustamento de Condutas pelo Ministério Público, do que na solução de litígios através do Poder Judiciário.

Esse raciocínio de Manoel Gomes decorre de seu entendimento de que tanto o processo individual, quanto o processo coletivo são morosos, sendo, portanto, ineficazes pela demora da prestação jurisdicional.

Tem-se que discordar do entendimento apresentado por Manoel Gomes, pois cada meio de solução de conflito, seja ele judicial ou extrajudicial, possuem suas vantagens e desvantagens, não se devendo retirar a importância da prestação jurisdicional realizada, desde longa data, pelo Poder Judiciário.

5.3 Da necessidade de inclusão da legitimidade individual para a tutela coletiva de direitos individuais homogêneos

O ordenamento jurídico brasileiro apresenta meios para a tutela coletiva de diretos individuais homogêneos, sendo que o rol dos que possuem legitimidade para a referida tutela não inclui os próprios indivíduos lesados. Nos Estados Unidos, porém, através das *class actions*, os indivíduos podem tutelar coletivamente os direitos do grupo que representa.

A tutela coletiva de direitos individuais homogêneos pelos próprios lesados traz alguns benefícios à solução dos conflitos.

Uma vantagem inicial para essa tutela é o fato de que os indivíduos possuem mais conhecimento da causa, pois são os detentores do próprio direito material lesado, o que faz com que eles tenham um efetivo interesse prático na solução de sua demanda, o que pode beneficiar outras pessoas que também estejam em situação semelhante.

---
[442] Ibid.

Corroborando com esse benefício da tutela coletiva dos direitos individuais homogêneos por parte dos indivíduos, Bortolai[443] aduz que não se deve impedir que os indivíduos possam propor ação coletiva para tutela desses direitos, pois eles são pessoal e diretamente afetados pela lesão a esses direitos.

Com efeito, se os indivíduos podem tutelar direitos mais amplos, como os difusos e coletivos, através da ação popular, o que já existe no Brasil desde o ano de 1965, é necessário que eles tenham também legitimidade para tutelar coletivamente os direitos individuais homogêneos.

Ademais, a tutela coletiva de um direito individual homogêneo tem mais força em uma disputa contra, por exemplo, uma empresa que conta com um grande capital para patrocinar sua defesa. Com isso, o autor da ação, ao representar diversos indivíduos que pertençam ao mesmo grupo, pode litigar com mais possibilidade de êxito do que se estivesse litigando individualmente.

Além disso, outro benefício que mostra a necessidade de que os próprios indivíduos possam também tutelar coletivamente os direitos individuais homogêneos ocorre quando, em determinadas situações fáticas, aqueles que possuem legitimidade para propor a ação coletiva para a tutela desses direitos podem não ter interesse prático em promover esses litígios.

Como exemplo,[444] cite-se o caso de um litígio coletivo em face de uma concessionária de serviço público, cujos dirigentes são escolhidos pelo chefe do Poder Executivo. Nesse caso, por exemplo, pode ocorrer interferência daquele Poder no âmbito do Ministério Público, bem como nas Procuradorias Estaduais, no sentido de impedir que uma ação coletiva contra a referida concessionária venha a ser proposta.

É evidente que essa interferência não deve ocorrer, e que, caso ocorra, é passível de punição, mas não se deve descartar que é uma possibilidade, o que mostra a necessidade de que os próprios indivíduos também possam tutelar coletivamente seus direitos individuais a fim de que, em casos como o apresentado, não havendo interesse dos outros

---

[443] BORTOLAI, Edson Cosac. *Da defesa do consumidor em juízo*: legitimidade do consumidor ou vítima para propor ação coletiva. São Paulo: Malheiros, 1997. p. 55.

[444] Em sua tese, Bortolai apresenta um exemplo em que essa situação de interferência de um Poder sobre os legitimados para a tutela coletiva pode ocorrer. Trata-se, portanto, de uma possibilidade contra a qual a tutela coletiva por parte dos indivíduos mostra-se como uma possível solução. BORTOLAI, Edson Cosac. *Da defesa do consumidor em juízo*: legitimidade do consumidor ou vítima para propor ação coletiva. São Paulo: Malheiros, 1997. p. 55.

legitimados para a proposição da ação coletiva, haja a possibilidade de que os próprios indivíduos tutelem coletivamente esses direitos.

Pelo exposto, mostra-se as vantagens e a consequente necessidade de que o ordenamento jurídico brasileiro avance quanto à legitimidade da tutela coletiva dos direitos individuais homogêneos, permitindo que os próprios indivíduos tenham legitimidade para a proposição dessas ações coletivas.

O mundo contemporâneo é marcado pela globalização, sendo, portanto, usual que uma mesma situação de origem comum possa afetar diversos indivíduos, ocorrendo a lesão em massa de um mesmo direito individual homogêneo.

Com isso, conferir legitimidade para que os indivíduos possam tutelar coletivamente esses direitos é uma necessidade, uma vez que não se pode depender apenas dos atuais legitimados para esse tipo de defesa, os quais encontram-se, muitas vezes, assoberbados com diversas demandas.

A legitimidade dos indivíduos para a ação coletiva de defesa dos direitos individuais homogêneos contribui para a busca de uma solução jurídica para um mesmo problema que atinge diversas pessoas, permitindo, inclusive, a diminuição de demandas jurídicas, uma vez que a solução encontrada através de um único processo pode ser aplicada a outras relações jurídicas.

É necessário, portanto, que, no Brasil, os indivíduos possuam legitimidade para a tutela coletiva dos direitos individuais homogêneos, o que contribui para o aumento da efetividade do microssistema de tutelas coletivas brasileiro.

Partindo dessa ideia e de tudo o que foi apresentado até o momento, no próximo capítulo, será apresentada a proposta de *lege ferenda* para a inclusão de um procedimento de tutela coletiva de direitos similar ao modelo das *class actions* norte-americanas no ordenamento jurídico brasileiro.

CAPÍTULO 6

PROPOSTA DE *LEGE FERENDA*

6 Proposta de *lege ferenda*

O objetivo do presente capítulo é apresentar uma proposta de lei que acrescente ao microssistema de tutela coletiva brasileiro um mecanismo jurídico para a tutela de direitos individuais homogêneos por parte dos próprios indivíduos lesados.

A inspiração para essa proposta de lei é o instituto norte-americano das *class actions*, as quais permitem que os próprios indivíduos, como representante da classe de indivíduos que tiveram seus direitos individuais homogêneos lesados, possam propor ação coletiva para tutela desses direitos. Com isso, o representante da classe atua em nome próprio na defesa de direitos próprios e de direitos dos demais integrantes da classe.

Sublinhe-se que o mecanismo de tutela coletiva de direitos individuais homogêneos proposto na presente obra é denominado de ação civil coletiva, cuja inspiração é norte-americana, porém não se trata de cópia simples do mecanismo de *class action* existente nos Estados Unidos.

No caso, não se deve desconsiderar os vastos conhecimentos jurídicos produzidos no Brasil, bem como as leis já existentes no microssistema brasileiro de tutela coletiva de direitos. Assim, a proposta apresentada na presente pesquisa é fruto da união do que há de melhor no ordenamento jurídico brasileiro com o melhor do sistema jurídico norte-americano quando se trata de tutelar direitos individuais homogêneos.

Antes de apresentar a proposta de lei, o que corresponde à inovação jurídica que a pesquisa realizada para o presente livro se propõe a acrescentar no ordenamento jurídico brasileiro, são indicados os motivos pelos quais determinados assuntos foram tratados na referida proposta de lei.

6.1 Do objeto da ação coletiva de tutela de direitos individuais homogêneos

A presente obra tem a proposta de incluir no ordenamento jurídico brasileiro um meio de tutela coletiva de direitos individuais homogêneos, cuja legitimidade seja conferida aos indivíduos.

O objeto dessa ação civil coletiva é, portanto, todo e qualquer direito individual homogêneo. A proposta é tutelar, de forma ampla, todo direito individual homogêneo, não se restringindo a determinadas áreas do Direito.

Como apresentado na presente obra, há meios de tutela coletiva de direitos individuais homogêneos, como no âmbito consumerista ou de mercado de capitais. Ocorre, porém, que não existe uma regra que permita a tutela de qualquer direito individual homogêneo que seja lesado.

Com efeito, o Brasil precisa avançar nesse sentido ao criar um meio geral que tutele todos os direitos individuais homogêneos, sendo a legitimidade ampliada para incluir os próprios indivíduos lesados.

Ademais, para o conceito de direito individual homogêneo, utiliza-se do conceito apresentado no Código de Defesa do Consumidor ao explicar que os direitos individuais homogêneos são aqueles decorrentes de origem comum.

No entanto, adiciona-se nesse conceito, como uma forma de deixá-lo mais específico, a ideia da questão comum de fato ou de direito, a qual foi incluída com inspiração no ordenamento jurídico norte-americano.

Desse modo, os direitos individuais homogêneos são direitos cuja homogeneidade decorre da origem comum, seja ela de fato ou de direito. Em outras palavras, existe uma situação fática ou jurídica comum a todos os membros da classe representada em juízo.

Os titulares desses direitos são sujeitos determinados, sendo, assim, individualmente identificados. O direito, nesse caso, é divisível, ao contrário do que se verifica nos direitos difusos e coletivos *stricto sensu*.

Ademais, da mesma forma como acontece para as *class actions* norte-americanas, é possível que a classe ocupe o polo passivo da demanda, havendo entre eles um direito decorrente de origem comum de fato ou de direito, o qual deve ser defendido.

Quando a classe ocupa o polo ativo da demanda, os integrantes desse grupo podem, após a devida notificação, pedirem para ser excluídos do grupo a fim de não sofrerem os efeitos da sentença coletiva sem precisar apresentar qualquer justificativa.

Ao contrário dessa situação em que a classe ocupa o polo ativo da demanda, na ação coletiva em que a classe ocupa o polo passivo, os membros do grupo passivo não podem simplesmente pedir para serem excluídos da classe, sendo necessária a apresentação de um motivo a ser apreciado pelo Poder Judiciário.

Logo, um integrante do grupo ocupante do polo passivo da demanda precisa apresentar um justo motivo para pedir a sua exclusão desse grupo e, assim, não ser atingido pelos efeitos da sentença coletiva que vier a ser prolatada. Como exemplo desse justo motivo, pode-se citar o argumento de que o integrante não faça parte da mesma situação fática ou de direito que indicam a homogeneidade do grupo.

Como proposta de artigo de lei para disciplinar o objeto da tutela através da ação civil coletiva, tem-se:

> Art. 1º A ação civil coletiva tutela direitos individuais homogêneos, os quais correspondem àqueles decorrentes de origem comum de fato ou de direito.
> Parágrafo único. Através de um representante adequado, a coletividade também pode estar inserida no polo passivo da demanda. Nesse caso, os integrantes do grupo não podem, sem fundamento razoável, pedir para serem excluídos do polo passivo.

6.2 Da legitimidade para a proposição de ação coletiva na tutela de direitos individuais homogêneos

A ampliação da legitimidade para a proposição de ação coletiva é, com certeza, uma das principais vantagens da presente proposta de lei, uma vez que se tem o objetivo de que os próprios indivíduos possam tutelar de forma coletiva os direitos individuais homogêneos, dando-se mais meios para a defesa desses direitos.

Propõe-se que o indivíduo, titular do direito individual homogêneo, desde que seja um representante adequado do grupo de indivíduos que foram lesados da mesma forma, tenha legitimidade para propor a ação coletiva para a tutela desses direitos.

No caso, o indivíduo atuará em nome próprio na defesa do próprio direito, bem como na defesa dos direitos individuais homogêneos da classe, cujo representante é ele mesmo.

Existe tese[445] no Brasil que defende que o ordenamento jurídico brasileiro permitia a tutela coletiva de direitos consumerista individuais homogêneos por parte dos indivíduos, sendo possível até a tutela coletiva por indivíduos que não tenham sido lesados em seu direito próprio.

Na proposta da presente obra, defende-se que apenas os indivíduos que tenham sido lesados em seu próprio direito material possam propor ação coletiva para a tutela dos direitos individuais homogêneos.

Ora, entende-se que apenas aqueles que foram pessoalmente afetados em seu direito material têm aptidão para a tutela coletiva desses direitos. Ademais, existem outros legitimados para a tutela desses direitos, como o Ministério Público e a Administração Pública direta, quando se trata de direitos do consumidor. Pretende-se, na proposta desta obra, ampliar a legitimidade para os indivíduos diretamente afetados com a lesão jurídica, bem como ampliar o objeto dessas ações coletivas para qualquer direito individual homogêneo.

Quanto à discussão sobre a legitimidade do Ministério Público para a tutela de direitos individuais homogêneos, sugere-se retornar para o capítulo primeiro, em que o tema é abordado.

Com efeito, de acordo com decisões quanto ao tema, e considerando que o legislador tem competência para ampliar o rol dos legitimados para a tutela coletiva de direitos, não é incompatível com a Constituição Federal que o ente ministerial tenha legitimidade para a propositura desse tipo de ação, uma vez que a tutela de direitos individuais homogêneos representa, na verdade, a tutela de interesses sociais.

A legitimidade do Ministério Público para a tutela coletiva desses direitos não significa, porém, que o ente ministerial irá executar a sentença coletiva genérica em seguida, no caso de procedência da ação coletiva, uma vez que, nesse caso, o interesse é meramente individual. Ao Ministério Público fica a possibilidade de tutelar interesses individuais homogêneos, o que implica, como apresentado, na tutela de interesses sociais.

---

[445] Faz-se referência à tese de doutorado de Bortolai, na qual ele defende que o Código do Consumidor, em sua redação original, permitia que os indivíduos propusessem ação coletiva para a tutela dos direitos individuais homogêneos. Conferir BORTOLAI, Edson Cosac. *Da defesa do consumidor em juízo*: legitimidade do consumidor ou vítima para propor ação coletiva. São Paulo: Malheiros, 1997.

Não se deve, portanto, ampliar a legitimidade para a tutela coletiva desses direitos para qualquer indivíduo, o que implicaria em insegurança jurídica ao permitir que qualquer pessoa promovesse ação para tutelar coletivamente direitos dos quais ele não é titular. Isso permitiria que indivíduos mal-intencionados propusessem ações, por exemplo, contra empresas com o intuito de prejudicá-las, abalando sua reputação.

A despeito de haver tese que defende que o ordenamento jurídico brasileiro permitia a tutela coletiva desses direitos pelos próprios indivíduos, entende-se que o ordenamento jurídico do Brasil nunca conferiu legitimidade para que os indivíduos tutelassem coletivamente os direitos individuais homogêneos.

O atual Código de Processo Civil tentou avançar nesse sentido prevendo a possibilidade de conversão das ações individuais em coletivas, porém essa regra[446] foi vetada.

No entanto, sublinhe-se que o artigo vetado não conferia legitimidade para que os indivíduos propusessem ação coletiva para a tutela de direitos individuais homogêneos, mas permitia que, conforme atendimento de alguns critérios, uma ação individual fosse transformada em coletiva. Nesse caso, o autor da ação individual deveria ser colocado como litisconsorte unitário do legitimado para a condução do processo coletivo.

Diante do exposto, é necessário que o ordenamento jurídico brasileiro avance no sentido de conferir legitimidade para que o indivíduo possa tutelar coletivamente direitos individuais homogêneos. Segue a proposta de artigo referente à legitimidade dos indivíduos para essa tutela coletiva:

> Art. 2º Para a proposição de ação civil coletiva para a tutela de direitos individuais homogêneos, são legitimados concorrentemente:
> I – o Ministério Público;
> II – a Defensoria Pública;
> III – a União, os Estados, os Municípios e o Distrito Federal;
> IV – as entidades e os órgãos da Administração Pública, direta ou indireta, ainda que sem personalidade jurídica, especificamente destinados à defesa dos direitos individuais homogêneos;
> V – as associações legalmente constituídas há pelo menos um ano e que incluam entre seus fins institucionais a defesa dos interesses e direitos protegidos por esta lei, dispensada a autorização assemblear;

---

[446] Art. 333, Código de Processo Civil de 2015.

VI – os indivíduos, pessoas físicas, titulares do direito individual homogêneo tutelado pela ação civil coletiva disciplinada na presente lei, desde que cumpram com o requisito da representação adequada.

§1º O requisito da pré-constituição pode ser dispensado pelo juiz quando haja manifesto interesse social evidenciado pela dimensão ou característica do dano, ou pela relevância do bem jurídico a ser protegido

§2º O Ministério Público, quando não for parte, deve atuar no processo como fiscal da lei.

§3º Em caso de desistência infundada ou abandono da ação por seu autor, o Ministério Público ou outro legitimado assumirá a titularidade ativa.

6.3 Da representação adequada para a tutela coletiva de direitos individuais homogêneos

A representação adequada é requisito essencial para que a ação civil coletiva cumpra com o devido processo legal, servindo como parâmetro para verificar se a decisão poderá surtir efeitos sobre todos os indivíduos integrantes da classe representada.

A Constituição Federal brasileira determina que ninguém é privado da liberdade ou de seus bens sem o devido processo legal, logo, como a ação civil coletiva produzirá uma sentença que valerá sobre todo o grupo de indivíduos, a parte que propor a ação deve possuir uma representação adequada de toda a classe.

Com efeito, o Poder Judiciário, ao analisar uma ação civil coletiva proposta por um indivíduo, deve observar se o proponente tem condições de representar adequadamente toda a classe que teve seu direito individual homogêneo atingindo.

Caso o juiz verifique que a representação do indivíduo não é adequada, o magistrado deve dar condições de a parte sanar esse quesito, caso seja possível esse saneamento, ou determinar que a parte seja substituída por outro representante que tenha uma representação adequada do grupo.

Ademais, como a proposta feita na presente obra não determina que a legitimidade é exclusiva dos indivíduos, a parte que propôs a ação civil coletiva também pode ser substituída por outro legitimado, como o Ministério Público.

Nesse caso, quando o Ministério Público ocupar o polo ativo da ação civil coletiva de tutela de direitos individuais homogêneos, ele atua como substituto processual dos indivíduos e não como representantes desse grupo de indivíduos.

Nas palavras de Ada Pellegrini, o Ministério Público não pode atuar como representante de direitos meramente individuais, o que fere suas funções institucionais. Essa representação de direitos individuais, por outro lado, cabe aos advogados e aos defensores públicos.[447]

Oportunamente, destaque-se que não há nenhuma inconstitucionalidade na atuação do Ministério Público no polo ativo da tutela de direitos individuais homogêneos, pois, apesar desses direitos serem individuais, o órgão ministerial está atuando na defesa de direitos que possuem interesse social.

Isso, pois, os direitos individuais homogêneos, por mais que sejam individuais, envolvem um grupo de indivíduos, o que confere relevância social a esses direitos. Com efeito, deve-se combater atos e omissões que firam os direitos de grupos de indivíduos, sob pena de que os responsáveis por essas lesões continuem a atuar dessa forma, prejudicando a sociedade em que se acham inseridos.

Sublinhe-se que, no direito norte-americano, os requisitos para verificar a representatividade adequada do indivíduo que propôs a *class action* consistem em que o representante tutele efetivamente os membros ausentes da classe e que não haja conflito de interesses entre o representante e os demais integrantes do grupo representado.[448]

Nos Estados Unidos, também deve ser observado se o advogado do representante da classe também possui uma representação adequada, o que busca garantir que o advogado atue na defesa do grupo como um todo e não somente na defesa do representante da classe.

Verifica-se que a jurisprudência norte-americana, ao longo dos anos, tem criado vários critérios para auxiliar o magistrado na verificação do cumprimento do requisito da representação adequada, não havendo taxatividade nos elementos que garantem essa adequação.

Com base no exposto, na proposta de lei feita na presente obra, os elementos apresentados para verificar a representação adequada do indivíduo que propôs a ação civil coletiva são exemplificativos, cabendo ao magistrado verificar se há, ou não, representação adequada.

No presente livro, os exemplos de quesitos a serem analisados pelo magistrado para verificar se o indivíduo é o representante adequado para a proposição da ação civil coletiva foram indicados a partir

---

[447] GRINOVER, Ada Pellegrini. *O Processo* – II série: estudos e pareceres de processo civil. Brasília: Gazeta Jurídica, 2013, p. 96.

[448] Para maiores informações consultar a obra: GIDI, Antonio. *A class action como instrumento de tutela coletiva dos direitos*. São Paulo: Revista dos Tribunais, 2007, p. 104.

dos exemplos apresentados nos quatro projetos de códigos de processo coletivo trabalhados nesta pesquisa (Código Processo Coletivo Modelo para Países de Direito Escrito, de Antonio Gidi; Código Modelo de Processos Coletivos para a Ibero-América; Código Brasileiro de Processos Coletivos, do Instituto Brasileiro Direito Processual; e Anteprojeto de Código Brasileiro de Processo Coletivo da UERJ e UNESA).

Dessa forma, para a representação adequada da parte que propôs a ação, bem como do advogado da parte, propõe-se a seguinte redação de lei:

> Art. 3º Além dos requisitos da petição inicial, ao analisar a ação civil coletiva proposta por pessoa física, o magistrado deve verificar se o autor da ação e se o advogado da classe possuem representatividade adequada para tutelarem direitos individuais homogêneos dos membros ausentes do grupo representado.
> §1º Caso a representação seja inadequada, porém sanável, o magistrado concederá prazo de 15 (quinze) dias para que a parte e seu advogado possam sanar esse vício.
> §2º Caso a representação seja inadequada, porém insanável, o magistrado deverá determinar a substituição da parte ou de seu advogado no prazo de 15 (quinze) dias. Nesse prazo, além de outros indivíduos integrantes da classe representada, qualquer um dos legitimados indicados no art. 2º podem substituir a parte inadequada.
> §3º Para a análise da representatividade adequada do autor da ação, bem como de seu advogado, o magistrado deve observar, dentre outros requisitos, os seguintes:
> I – a capacidade e a experiência na tutela coletiva de direitos;
> II – o histórico de proteção judicial e extrajudicial de direitos difusos, coletivos e individuais homogêneos;
> III – a conduta em outros processos;
> IV – a concordância entre os interesses do legitimado e de seu advogado com os interesses dos demais indivíduos do grupo representado;
> V – a inexistência de conluio fraudulento entre o representante da classe, o advogado do grupo e a parte contrária.

6.4 A coisa julgada em sede de ação coletiva para a tutela de direitos individuais homogêneos

A coisa julgada, como já apresentado na presente obra, é a característica da imutabilidade que a decisão judicial obtém quando ela não pode mais ser alterada por qualquer recurso.

Conforme o atual Código de Processo Civil, a coisa julgada torna a decisão judicial imutável e indiscutível, não sendo, portanto, mais sujeita a recurso.[449]

Como explica Arenhart,[450] a eterna possibilidade de se rediscutir uma decisão, com todos os litígios podendo ser apresentados novamente ao Poder Judiciário, seria algo pernicioso para o Estado e para a sociedade como um todo.

Nesse ponto, o grande problema que se encontra no ordenamento jurídico brasileiro é a incompatibilidade desse ordenamento com a possibilidade de que a sentença coletiva desfavorável ao grupo em ação de tutela de direitos individuais homogêneos possa tornar-se indiscutível através da coisa julgada inclusive para aqueles indivíduos, integrantes do grupo, que não participaram diretamente da ação.

No atual Código de Defesa do Consumidor, para a tutela coletiva de direitos individuais homogêneos, a sentença fará coisa julgada sobre todos apenas no caso de a decisão ser favorável ao grupo de indivíduos substituído na ação coletiva.

Como observa Arenhart,[451] a parte contrária ao grupo de indivíduos no sistema de proteção consumerista jamais sairá vitoriosa, pois caso ela ganhe em uma ação coletiva, os indivíduos lesados poderão ingressar em juízo contra a mesma parte, levando a parte vitoriosa na ação coletiva ter que dispender recursos para sua defesa agora em diversas ações individuais.

Sublinhe-se, oportunamente, que, nesse sistema de tutela coletiva de direitos consumeristas individuais homogêneos, na prática, a decisão desfavorável aos consumidores em uma ação coletiva vai influenciar nas demandas individuais propostas em seguida para tentar obter aquilo que os consumidores não obtiveram através da referida ação coletiva.

Nesse sentido, explica o próprio Arenhart que a decisão da ação coletiva influenciará, de alguma maneira, o juízo quanto à ação individual.[452]

---

[449] Art. 502, do Novo CPC (BRASIL. *Lei nº 13.105, de 16 de março de 2015*. Código de Processo Civil. Brasília, DF: Presidência da República: 2015. Disponível em: https://www.planalto.gov.br/ccivil_03/_ato2015-2018/2015/lei/l13105.htm. Acesso em: 25 fev. 2019.)

[450] ARENAHRT, Sergio Cruz. *A tutela coletiva de interesses individuais*. São Paulo: Revista dos Tribunais, 2014. E-book.

[451] Ibid.

[452] Ibid.

É evidente que a decisão coletiva, mesmo que desfavorável aos consumidores, será utilizada como argumento contrário às pretensões individuais dos consumidores que pleitearem a proteção de seu direito de forma individual.

No ordenamento jurídico norte-americano, a solução dada para essa situação é a eficácia *erga omnes* da sentença prolatada no bojo de uma *class action*, independentemente dessa decisão ser favorável, ou não, aos interesses do grupo representado em juízo.

Para permitir essa extensão dos efeitos da decisão, nos Estados Unidos, deve-se verificar se o grupo foi representado de forma adequada em juízo. Assim, a representação adequada da classe através do representante e do seu advogado permite garantir que foram tomadas todas as medidas judiciais necessárias para a efetiva proteção dos direitos individuais homogêneos do grupo.

Como forma de adaptar a solução norte-americana da coisa julgada nas *class actions* com o ordenamento jurídico brasileiro, Arenhart propõe que haja uma presunção de aplicabilidade *erga omnes* da decisão coletiva sobre todos os integrantes do grupo, ainda que a sentença seja desfavorável a eles.[453]

Porém, nesse caso, Arenhart completa informando que pode-se propor ações individuais sobre a mesma questão desde que seja demonstrado que a conclusão tomada na ação coletiva não pode ser aplicada ao indivíduo em razão de ele estar em situação diferente daquela tratada na tutela coletiva ou pelo fato de o representante não ter defendido adequadamente seus interesses.[454]

A solução apresentada por Arenhart é louvável, pois permite que a sentença desfavorável ao grupo de indivíduos faça coisa julgada *erga omnes*, ou seja, torne-se indiscutível inclusive em face dos indivíduos que não atuaram diretamente na ação coletiva.

A solução apresentada também não impede que o Estado tutele lesões ou ameaças de lesões aos direitos individuais quando o indivíduo conseguir comprovar que sua situação é distinta daquela posta em juízo através da ação coletiva ou quando provar que o representante da coletividade não atuou de forma adequada na tutela de seu direito individual.

---

[453] Ibid.
[454] Ibid.

Corroborando com a solução apresentada, Arenhart[455] indica alguns benefícios decorrentes de sua ideia, os quais devem ser mencionados em razão de ser uma adequada solução ao tema encontrada na doutrina.

A solução de Arenhart confere estabilidade e força para a decisão coletiva em face daqueles que não participaram diretamente da demanda, sem ser necessário, para tanto, a ampliação do conceito de coisa julgada da forma como posta atualmente no ordenamento jurídico.

Outro benefício alegado por Arenhart consiste no fato de que a decisão coletiva desfavorável ao grupo representado fará coisa julgada sobre todos, evitando que a parte contrária ao grupo tenha que se preocupar com inúmeras ações individuais que viessem a discutir a mesma questão, o que ocorreria caso a decisão desfavorável não fosse indiscutível perante todos.

Além das vantagens indicadas por Arenhart, pode-se indicar outras, como o fato de que a solução apresentada por ele evita a proliferação de demandas individuais no âmbito do Poder Judiciário, uma vez que a decisão coletiva fará coisa julgada sobre todos independentemente do seu resultado.

Deve ser observado que, da forma como o código consumerista brasileiro dispõe sobre a tutela de direitos individuais homogêneos em sua atual redação, nunca se terá uma pacificação social decorrente da ação coletiva de tutela desses direitos quando ela for contrária ao grupo, pois sempre poder-se-á propor uma ação individual para rediscutir a questão.

Em razão de se compreender que a solução apresentada por Arenhart para a aplicabilidade da decisão judicial perante terceiros que não participaram da tutela coletiva de direitos individuais homogêneos é a que melhor consegue adequar as *class actions* norte-americanas aos ditames do ordenamento jurídico brasileiro, a proposta de lei apresentada nesta obra para o tema da coisa julgada será elaborada utilizando-se da solução de Arenhart com os mecanismos existentes para a disciplina da coisa julgada no Código de Defesa do Consumidor.

Dessa forma, para a coisa julgada das sentenças prolatadas no âmbito da tutela coletiva de direitos individuais homogêneos, propõe-se a seguinte redação para a proposta de *lege ferenda*:

---

[455] Ibid.

Art. 4º A sentença prolatada no âmbito da ação coletiva de tutela de direitos individuais homogêneos fará coisa julgada sobre todos, inclusive sobre os indivíduos que não participaram diretamente da ação, independentemente da procedência do pedido.

§1º A regra do *caput* pode ser excepcionada quando os indivíduos propuserem ação individual na qual seja provada uma das condições abaixo:

I – que a decisão coletiva não pode ser aplicada ao indivíduo em razão de sua situação ser diferente daquela analisada e julgada através da ação coletiva;

II – que a decisão coletiva não pode ser aplicada ao indivíduo em razão de o representante da classe na ação coletiva não ter tutelado de forma adequada seus interesses.

§2º A ação coletiva julgada improcedente por insuficiência de provas pode ser proposta novamente de forma coletiva utilizando-se de prova nova.

Art. 5º A ação coletiva de tutela de direitos individuais homogêneos não induz litispendência com as ações individuais propostas.

Parágrafo único. Os efeitos da coisa julgada da decisão prolatada no âmbito da ação coletiva indicada no *caput* não beneficiarão, nem prejudicarão, os autores das ações individuais, se não for requerida sua suspensão no prazo de trinta dias, a contar da ciência nos autos do ajuizamento da ação coletiva.

6.5 Dos efeitos territoriais das sentenças prolatadas em sede de ação coletiva para a tutela de direitos individuais homogêneos

O tema quanto aos efeitos territoriais das sentenças prolatadas no bojo de ações coletivas ganha importância, dentre outros elementos, pelo fato de como esse tema é tratado no art. 16 da Lei de Ação Civil Pública.[456]

O mencionado artigo teve sua redação alterada por força de medida provisória, a qual foi convertida em lei posteriormente. A modificação inserida teve o objetivo de limitar espacialmente os efeitos

---

[456] "Art. 16. A sentença civil fará *coisa julgada erga omnes, nos limites da competência territorial do órgão prolator*, exceto se o pedido for julgado improcedente por insuficiência de provas, hipótese em que qualquer legitimado poderá intentar outra ação com idêntico fundamento, valendo-se de nova prova. (Redação dada pela Lei nº 9.494, de 10.9.1997)" (BRASIL. *Lei nº 7.347, de 24 de julho de 1985*. Disciplina a ação civil pública de responsabilidade por danos causados ao meio-ambiente, ao consumidor, a bens e direitos de valor artístico, estético, histórico, turístico e paisagístico (VETADO) e dá outras providências. Brasília, DF: Presidência da República: 1985. Disponível em: http://www.planalto.gov.br/ccivil_03/LEIS/L7347orig. htm. Acesso em: 25 fev. 2019) (grifos do autor).

da sentença em ação civil pública apenas nos limites da competência territorial do órgão prolator da decisão.

Sobre o referido artigo, a doutrina[457] aponta que há uma impropriedade na redação do texto legal ao afirmar que a coisa julgada será limitada territorialmente. Na verdade, o que será limitado são os efeitos da sentença e não a coisa julgada, pois essa, como já apresentado, corresponde à característica da indiscutibilidade que alcança a sentença que não pode mais ser reformada por meio de recursos.

É evidente, porém, que os efeitos de todas as sentenças abrangem todo o território nacional, não se podendo falar, por exemplo, que a sentença que decretou a nulidade de um contrato somente surtirá efeitos no território do órgão prolator da decisão.[458]

No Superior Tribunal de Justiça, através de julgamento de recurso especial submetido à sistemática dos recursos repetitivos, a referida corte já analisou e decidiu pela impropriedade da limitação territorial dos efeitos da sentença prolatada em sede ação civil pública, como pretende limitar o atual art. 16 da Lei nº 7.347/85.[459]

---

[457] Nesse sentido, conferir artigo científico produzido sobre o tema. NASSAR, Marcos. Os efeitos da sentença coletiva e a restrição do art. 16 da Lei da Ação Civil Pública. Mudança de jurisprudência no STJ? *Boletim Científico Escola Superior do Ministério Público da União*, Brasília, a. 13, n. 42-43, p. 225-266, jan./dez. 2014. Disponível em: http://boletimcientifico.escola.mpu.mp.br/boletins/boletim-cientifico-n-42-43-janeiro-dezembro-2014/os-efeitos-da-sentenca-coletiva-e-a-restricao-do-art-16-da-lei-da-acao-civil-publica-mudanca-de-jurisprudencia-no-stj. Acesso em: 16 mai. 2020. p. 244.

[458] Ibid. p. 245.

[459] "DIREITO PROCESSUAL. RECURSO REPRESENTATIVO DE CONTROVÉRSIA (ART. 543-C, CPC). *DIREITOS METAINDIVIDUAIS. AÇÃO CIVIL PÚBLICA.* APADECO X BANESTADO. EXPURGOS INFLACIONÁRIOS. EXECUÇÃO/LIQUIDAÇÃO INDIVIDUAL. FORO COMPETENTE. *ALCANCE OBJETIVO E SUBJETIVO DOS EFEITOS DA SENTENÇA COLETIVA. LIMITAÇÃO TERRITORIAL. IMPROPRIEDADE. REVISÃO JURISPRUDENCIAL.* LIMITAÇÃO AOS ASSOCIADOS. INVIABILIDADE. OFENSA À COISA JULGADA. 1. Para efeitos do art. 543-C do CPC: 1.1. A liquidação e a execução individual de sentença genérica proferida em ação civil coletiva pode ser ajuizada no foro do domicílio do beneficiário, porquanto *os efeitos e a eficácia da sentença não estão circunscritos a lindes geográficos, mas aos limites objetivos e subjetivos do que foi decidido, levando-se em conta, para tanto, sempre a extensão do dano e a qualidade dos interesses metaindividuais postos em juízo* (arts. 468, 472 e 474, CPC e 93 e 103, CDC). 1.2. A sentença genérica proferida na ação civil coletiva ajuizada pela Apadeco, que condenou o Banestado ao pagamento dos chamados expurgos inflacionários sobre cadernetas de poupança, dispôs que seus efeitos alcançariam todos os poupadores da instituição financeira do Estado do Paraná. Por isso descabe a alteração do seu alcance em sede de liquidação/execução individual, sob pena de vulneração da coisa julgada. Assim, não se aplica ao caso a limitação contida no art. 2º-A, caput, da Lei n. 9.494/97. 2. Ressalva de fundamentação do Ministro Teori Albino Zavascki. 3. Recurso especial parcialmente conhecido e não provido" (BRASIL. Superior Tribunal de Justiça (Corte Especial) REsp 1243887/PR. Rel. Ministro Luis Felipe Salomão, 19 de outubro de 2011. Brasília: STJ, [2011]. Disponível em: https://processo.stj.jus.br/processo/revista/documento/mediado/?compone

A limitação territorial dos efeitos da sentença, como consta no mencionado artigo, de fato, mostra-se como uma atecnia do legislador, não sendo possível se falar em limitar a sentença a um determinado espaço geográfico, como se fosse possível que uma sentença prolatada, por exemplo, em face de uma filial de uma determinada empresa no Estado do Ceará não pudesse produzir efeitos no Estado de São Paulo, local de sua matriz.

Verifica-se, portanto, que há muito debate doutrinário e jurisprudencial quanto ao tema. Nesse contexto, sublinhe-se a existência de Recurso Extraordinário (RE) 1.101.937 com repercussão geral reconhecida pelo Supremo Tribunal Federal através do Tema nº 1075.

O referido tema de repercussão geral busca decidir se há inconstitucionalidade na regra do art. 16 da Lei de Ação Civil Pública que limita espacialmente os efeitos da sentença à competência territorial do órgão prolator da decisão.

Conforme pesquisas sobre o andamento processual desse tema, cujo Relator é o Ministro Alexandre de Moraes, esse processo encontrava-se em fase de julgamento, tendo o relator determinado, em 17 de abril de 2020, a suspensão nacional de todos os processos que versem sobre a mesma matéria conforme permissão legal do art. 1.035, §5º, do Código de Processo Civil.[460]

O referido tema, porém, teve seu mérito julgado em 08 de abril de 2021.

Ao analisar o parecer[461] datado de 15 de maio de 2020, assinado pelo Procurador Augusto Aras, Procurador-Geral da República, o

---

nte=ATC&sequencial=19259793&num_registro=201100534155&data=20111212&tipo=5&formato=PDF. Acesso em: 17 mai. 2020) (grifos do autor).

[460] ALEXANDRE suspende processos sobre limite de decisões em ACPs. *Revista Consultor Jurídico*. [S.l.], 20 de abril de 2020. Disponível em: https://www.conjur.com.br/2020-abr-20/alexandre-suspende-processos-limite-decisoes-acps. Acesso em: 22 abr. 2020.

[461] "RECURSOS EXTRAORDINÁRIOS. CONSTITUCIONAL. PROCESSUAL CIVIL. REPERCUSSÃO GERAL. TEMA 1075. AÇÃO CIVIL PÚBLICA. SENTENÇA. COISA JULGADA ERGA OMNES. LIMITES DA COMPETÊNCIA TERRITORIAL. ART. 16 DA LEI 7.347/1985. INCONSTITUCIONALIDADE. DESPROVIMENTO. 1. Recursos Extraordinários representativos do Tema 1075 da sistemática da Repercussão Geral: 'Constitucionalidade do art. 16 da Lei 7.347/1985, segundo o qual a sentença na ação civil pública fará coisa julgada *erga omnes*, nos limites da competência territorial do órgão prolator'. 2. A resolução da ação coletiva há de atender ao real e legítimo propósito constitucional de viabilizar um comando judicial célere e uniforme, em atenção à extensão do interesse metaindividual vindicado. 3. *A limitação territorial dos efeitos da coisa julgada, prevista no art. 16 da Lei 7.347/1985, dificulta o acesso à Justiça e impede a efetiva entrega da prestação jurisdicional*. 4. *Os efeitos e a eficácia da sentença não se balizam, a priori, por marcos territoriais: atêm-se aos limites objetivos e subjetivos do* decisum, *levando em consideração, para tanto, a extensão do dano e a qualidade dos interesses*

Ministério Público Federal se posiciona pela tese da inconstitucionalidade do art. 16 da Lei de Ação Civil Pública.

Da ementa do referido parecer, a qual encontra-se no rodapé em razão da didática com a qual o tema é explicado, pode-se extrair argumentos interessantes para a defesa da inconstitucionalidade da limitação territorial dos efeitos da sentença.

Dentre esses argumentos, o Ministério Público Federal aponta que essa limitação territorial dos efeitos da sentença fere os ditames constitucionais da tutela coletiva de direitos, especificamente violando o amplo acesso à Justiça e dificultando a efetiva e eficaz prestação jurisdicional.[462]

Com efeito, imaginar que uma sentença produza efeitos apenas no âmbito da competência territorial do órgão prolator da decisão torna a prestação jurisdicional ineficaz no resto do país, fazendo com que se tenha que buscar o Estado novamente para se obter outra decisão em outro local.

Um exemplo interessante encontrado na doutrina[463] e que mostra o absurdo da limitação territorial imposta pelo art. 16 da Lei de Ação Civil Pública é a seguinte: imaginando que, em sede de ação

---

transindividuais postos em juízo. 5. A restrição territorial estabelecida pelo art. 16 da Lei 7.347/1985 mostra-se imprópria para as ações civis públicas que versem sobre direitos difusos, coletivos strictu sensu *e individuais homogêneos, em face das características do processo coletivo de tratamento único e uniforme do litígio e da indivisibilidade do bem jurídico tutelado.* 6. Afastar a limitação territorial da coisa julgada erga omnes das ações civis públicas significa (i) dar primazia aos preceitos constitucionais pertinentes ao sistema de defesa coletiva; (ii) favorecer a administração da Justiça; (iii) proteger a vulnerabilidade dos titulares do interesse coletivo reivindicado; e (iv) conferir tratamento isonômico aos jurisdicionados. 7. *A constitucionalidade do disposto no art. 16 da Lei 7.347/1985, com a redação dada pela Lei 9.494/1997, há de ser analisada em paralelo com a evolução do próprio sistema de defesa coletiva,* a qual oferece alternativas que minoram o risco de uso abusivo das ações coletivas e evitam o chamado forum shopping. 8. *Proposta de tese de repercussão geral: É inconstitucional o art. 16 da Lei 7.347/1985, com a redação dada pela Lei 9.494/1997, segundo o qual a sentença na ação civil pública fará coisa julgada erga omnes nos limites da competência territorial do órgão prolator, por limitar indevidamente a ação civil pública e a coisa julgada como garantias constitucionais e implicar obstáculo ao acesso à Justiça e tratamento anti-isonômico aos jurisdicionados.* – Parecer pelo desprovimento dos recursos e fixação da tese sugerida. Ministério Público Federal" (BRASIL. Supremo Tribunal Federal. *Parecer ARESV/PGR nº 134610/2020 no Recurso Extraordinário 1.101.937/SP*. Antonio Augusto Brandao de Aras, Procurador-Geral da República. 15 de maio de 2020. Brasília: STJ, [2020]. Disponível em: http://redir.stf.jus.br/estfvisualizadorpub/jsp/consultarprocessoeletronico/ConsultarProcessoEletronico.jsf?seqobjetoincidente=5336275. Acesso em: 16 mai. 2020) (grifos do autor).

[462] Ibid. p. 18.
[463] NASSAR, Marcos. Os efeitos da sentença coletiva e a restrição do art. 16 da Lei da Ação Civil Pública. Mudança de jurisprudência no STJ? *Boletim Científico Escola Superior do Ministério Público da União*, Brasília, a. 13, n. 42-43, p. 225-266, jan./dez. 2014. Disponível em: http://boletimcientifico.escola.mpu.mp.br/boletins/

civil pública, uma pessoa jurídica tenha sido condenada a atuar na despoluição de um grande rio, o qual ultrapassa os limites territoriais da competência do órgão judicial prolator da decisão, tem-se que essa pessoa seria obrigada a despoluir o rio apenas no trecho em que ele se encontra dentro do âmbito da competência territorial do órgão judicial, o que mostra-se como um verdadeiro absurdo.

Observa-se que a jurisdição é expressão da soberania nacional, sendo, portanto, una. Dessa forma, tem-se que a distribuição da jurisdição em competências territoriais ocorre com a finalidade de organizar e distribuir o exercício da jurisdição através do país e não com o objetivo de repartir a jurisdição de forma isoladamente.[464]

Com efeito, no parecer do Ministério Público Federal relativo ao julgamento da tese quanto à constitucionalidade do art. 16 da Lei de Ação Civil Pública, afirma-se que, se a competência territorial for entendida como um critério de limitação da coisa julgada, como pretende o referido artigo, ocorrerá uma indevida repartição da jurisdição, pois essa deve ser una em todo o território nacional.[465]

Sublinhe-se que, no mencionado parecer do Ministério Público, o órgão ministerial observa, com muita propriedade, que a limitação territorial dos efeitos da sentença mostra-se inconstitucional não somente na tutela de direitos difusos e direitos coletivos *stricto sensu*, mas também na tutela de direitos individuais homogêneos.[466]

Em março de 2021, o Tema nº 1075 foi julgado,[467] tendo o relator do caso, Ministro Alexandre de Moraes, votado pela inconstitucionalidade da limitação territorial prevista no art. 16 da Lei de Ação Civil

---

boletim-cientifico-n-42-43-janeiro-dezembro-2014/os-efeitos-da-sentenca-coletiva-e-a-restricao-do-art-16-da-lei-da-acao-civil-publica-mudanca-de-jurisprudencia-no-stj. Acesso em: 16 mai. 20200. p. 247-248.

[464] Ibid. p. 250.

[465] BRASIL. Supremo Tribunal Federal. *Parecer ARESV/PGR nº 134610/2020 no Recurso Extraordinário 1.101.937/SP*. Antonio Augusto Brandao de Aras, Procurador-Geral da República. 15 de maio de 2020. Brasília: STJ, [2020]. Disponível em: http://redir.stf.jus.br/estfvisualizadorpub/jsp/consultarprocessoeletronico/ConsultarProcessoEletronico.jsf?seqobjetoincidente=5336275. Acesso em: 16 mai. 2020.

[466] Ibid. p.29.

[467] Foi fixada a seguinte tese: "I – É inconstitucional a redação do art. 16 da Lei 7.347/1985, alterada pela Lei 9.494/1997, sendo repristinada sua redação original. II – Em se tratando de ação civil pública de efeitos nacionais ou regionais, a competência deve observar o art. 93, II, da Lei 8.078/1990 (Código de Defesa do Consumidor). III – Ajuizadas múltiplas ações civis públicas de âmbito nacional ou regional e fixada a competência nos termos do item II, firma-se a prevenção do juízo que primeiro conheceu de uma delas, para o julgamento de todas as demandas conexas" (BRASIL. Supremo Tribunal Federal (Tribunal Pleno). *Recurso Extraordinário 1101937*, Relator: Min. Alexandre De Moraes, 08 de abril de 2021. Brasília:

Pública. Segundo dados do STF, o referido tema, ao ser julgado, será utilizado como parâmetro na solução de 2669 processos que tramitam no Brasil.[468]

No referido julgamento, os Ministros Nunes Marques, Edson Fachin, Rosa Weber, Cármen Lúcia, Ricardo Lewandowski, Luiz Fux e Gilmar Mendes acompanharam o voto do relator. O Ministro Marco Aurélio, porém, divergiu do relator. Por seu turno, o Ministro Roberto Barroso foi declarado suspeito e o Ministro Dias Toffoli impedido.

No voto do relator, o Ministro Alexandre de Moraes entende que a norma sob análise diminui a segurança jurídica e leva à proposição de diversas ações com o mesmo pedido no Brasil, o que se mostra ineficiente. Ademais, para o relator, o fracionamento dos efeitos da sentença no território brasileiro ignora o amadurecimento político construído para a proteção dos direitos coletivos.[469]

Ademais, corroborando com o que está sendo apresentado, uma sentença coletiva de tutela de direitos individuais homogêneos não pode ter seus efeitos limitados espacialmente, podendo, assim, ser executada pelos indivíduos que se beneficiem delas nos foros dos locais em que eles residem.[470]

Com base em todo o exposto, para a proposta de lei apresentada na presente obra, quanto aos efeitos territoriais da sentença prolatada em sede de ação coletiva para a tutela de direitos individuais homogêneos, defende-se que a decisão tenha efeito sobre todo o território nacional, sendo absurdo pensar em limitar, como pretende o art. 16 da Lei de Ação Civil Pública, os efeitos da decisão para o âmbito da competência territorial do órgão judicial sentenciante.

STF, [2021]. Disponível em: https://portal.stf.jus.br/processos/detalhe.asp?incidente=5336275. Acesso em: 16 jul. 2021).

[468] RELATOR considera inconstitucional limitação territorial de sentenças em ação civil pública. *Supremo Tribunal Federal*. Brasília, 04 mar. 2021, Imprensa do STF. Disponível em: http://portal.stf.jus.br/noticias/verNoticiaDetalhe.asp?idConteudo=461695&tip=UN. Acesso em: 05 mar. 2021.

[469] Ibid.

[470] "(...) Desponta como *consectário natural da eficácia territorial a possibilidade de titulares de direitos individuais homogêneos*, beneficiários do título executivo havido na respectiva ação civil pública, *promoverem a execução individual desse título em foro diverso do prolator da decisão*. (...)" (BRASIL. Supremo Tribunal Federal. *Parecer ARESV/PGR nº 134610/2020 no Recurso Extraordinário 1.101.937/SP*. Antonio Augusto Brandao de Aras, Procurador-Geral da República. 15 de maio de 2020. Brasília: STJ, [2020]. Disponível em: http://redir.stf.jus.br/estfvisualizadorpub/jsp/consultarprocessoeletronico/ConsultarProcessoEletronico.jsf?seqobjetoincidente=5336275. Acesso em: 16 mai. 2020) (grifos do autor).

Dessa forma, segue a proposta de artigo para fazer constar, de forma expressa e cristalina, a impropriedade da limitação territorial da sentença prolatada no bojo da ação coletiva para a tutela de direitos individuais homogêneos:

> Art. 6º A sentença prolatada em sede de ação coletiva para a tutela de direitos individuais homogêneos terá eficácia em todo o território nacional.
> Parágrafo único. A depender da situação, conforme juízo do magistrado, a sentença coletiva indicada no *caput* pode ser:
> I – genérica, cabendo a cada indivíduo integrante da classe ocupante do polo ativo da demanda a responsabilidade pela execução individual da sentença coletiva; ou
> II – específica, condenando o réu ao pagamento de um valor global de indenização, o qual deve ficar depositado em juízo, cabendo aos lesados pleitearem um valor de indenização proporcional aos danos sofridos individualmente.

6.6 Da notificação dos integrantes da classe

Como apresentado no decorrer desta obra e proposto na presente lei, a sentença da ação coletiva faz coisa julgada sobre todos os integrantes do grupo representado em juízo independentemente do resultado da ação.

Ocorre que, para garantir que sejam respeitados os princípios do processo civil, os integrantes da classe precisam ser notificados, ou seja, intimados da proposição de uma ação coletiva. A partir da notificação dos membros do grupo, a sentença poderá fazer coisa julgada sobre todos os que foram devidamente notificados.

Após a delimitação da classe representada em juízo, é um dever do Poder Judiciário determinar a notificação de todos os integrantes do grupo delimitado, o que deve ocorrer em linguagem clara e deve apresentar todas as informações que precisam ser do conhecimento dos membros da classe.

Dentre as informações iniciais obrigatórias, estão a vinculação dos integrantes da classe ao resultado da ação independentemente do resultado e a possibilidade do membro do grupo de pedir sua exclusão dessa classe a fim de não se vincular ao resultado da ação.

Ademais, no decorrer da ação, deve ser ordenada a notificação de todos os membros da classe a respeito de atos que interfiram no patrimônio individual de cada um dos integrantes do grupo.

Como exemplo desses atos, deve-se notificar os integrantes da classe sobre a realização de acordo para o encerramento do conflito coletivo, o que deve permitir que o indivíduo, caso não concorde com o acordo proposto, possa pedir sua exclusão do grupo representado em juízo.

Um outro exemplo de fato que deve ser comunicado aos integrantes da classe é a fixação de honorários advocatícios ao advogado da classe, os quais serão arbitrados pelo Poder Judiciário. Para a fixação de honorários advocatícios, devem ser observados os elementos indicados no atual Código de Processo Civil.

A função da notificação da classe quanto aos valores arbitrados em razão de honorários advocatícios é permitir que, caso haja motivo, o integrante da classe possa impugnar o valor arbitrado para esses honorários.

Quanto aos custos relativos à notificação da classe, esses devem ser suportados pelo autor da ação, sem impedimento de que o magistrado determine que a notificação corra às custas do réu da ação no caso desse já possuir meios mais eficientes e econômicos para a realização dessa notificação.

Como exemplo, caso o réu envie boletos mensais de cobrança por algum serviço contratado aos integrantes da classe representada em juízo, pode-se determinar que ele inclua as informações quanto à notificação da proposição da ação coletiva no próprio boleto.

Diante dessas informações, segue a proposta de lei para esse tópico:

> Art. 7º Com a delimitação da classe representada em juízo, o juiz deve ordenar a intimação de todos os integrantes da classe, devendo ser realizado um esforço razoável das partes para indicar todos os membros possíveis do grupo.
> §1º A notificação da proposição da ação coletiva interrompe a prescrição da ação individual para a tutela dos direitos individuais homogêneos.
> §2º A notificação pode ser realizada através de correio eletrônico, cartas, e outros meios que sejam capazes de atingir a finalidade de notificar os integrantes do grupo. Sempre que possível, deve-se determinar que a notificação seja realizada utilizando os meios mais econômicos.
> §3º Os custos com a notificação correrão por conta do autor da ação, podendo o juiz inverter o ônus dessa obrigação para a outra parte quando essa tiver meios mais econômicos e efetivos para realizar a notificação.

§4º A notificação deve ser realizada individualmente de forma clara, a qual deve indicar, além das informações que o juiz entender como necessárias, o seguinte:
I – os limites subjetivos da classe representada em juízo;
II – os pedidos e a causa de pedir da ação;
III – que o integrante da classe, caso não queira se submeter aos efeitos da decisão coletiva, pode requerer a sua exclusão do grupo no prazo de 15 (quinze) dias a contar da notificação;
IV – que a sentença coletiva fará coisa julgada sobre todos independentemente do resultado.
§5º No decorrer do processo coletivo, deve ser ordenada a notificação de todos os membros da classe a respeito de atos que possam influir no patrimônio individual deles.
§6º Caso seja proposta a realização de acordo para encerramento da ação coletiva, os integrantes da classe devem ser notificados sobre todos os termos do acordo, concedendo-lhes prazo de 15 (quinze) dias para manifestar interesse em ser excluído do grupo a fim de não se submeter ao acordo proposto.
§7º No prazo indicado no parágrafo anterior, caso o integrante da classe não apresente pedido de exclusão da classe, entende-se como tendo aceitado o acordo proposto.
§8º A fixação de honorários advocatícios arbitrados pelo Poder Judiciário, conforme determinado na Lei nº 13.105, de 16 de março de 2015, a serem suportados por toda a classe, deve ser notificada aos membros do grupo, concedendo-lhes prazo de 15 (quinze) dias para apresentar impugnação ao valor arbitrado.

6.7 Outros assuntos a serem incluídos na ação coletiva para a tutela de direitos individuais homogêneos

No presente tópico, pretende-se apresentar o regramento de outros assuntos para os quais se faz necessária sua regulamentação na proposta de lei desta obra. O primeiro desses assuntos corresponde aos acordos apresentados no curso da ação coletiva propondo o encerramento do litígio.

Como esse acordo envolve os interesses de todos os membros do grupo, deve ocorrer sua homologação através do Poder Judiciário, o qual deve verificar se os termos do acordo não estão prejudicando os demais integrantes da classe em favor do representante dessa mesma classe.

Ou seja, o Poder Judiciário deve intervir para evitar que sejam realizados acordos coletivos que privilegiem apenas o representante da classe ou o advogado da classe. Daí, a importância dessa homologação.

Outro tema que merece ser incluído na proposta de lei é o relativo à ação regressiva da qual o representante da classe possa utilizar para recuperar parte dos valores utilizados na proposição da ação coletiva ou na defesa da classe inserida no polo passivo da demanda.

Com efeito, a atuação do representante da classe gera benefícios para os integrantes da classe na medida em que gera economia a esses integrantes do grupo, pois eles não atuarão diretamente na defesa de seus direitos, mas obterão uma decisão coletiva que poderá ser aplicada para a solução de seus conflitos individuais.

Logo, como os integrantes da classe se beneficiam com a ação coletiva, enquanto o representante da classe fica com o ônus da defesa dos direitos próprios e dos direitos da classe, é necessário que haja meios para compensar esse desequilíbrio.

Um meio de recompensar esse desequilíbrio é através de uma ação regressiva em face dos integrantes do grupo a fim de obter o ressarcimento pelas despesas realizadas. Além disso, o próprio magistrado pode determinar meios para auxiliar economicamente na defesa da classe, como a intimação de integrantes da classe para formarem um fundo para auxiliar na atuação do representante da classe.

> Art. 8º O acordo proposto para encerramento do litígio coletivo deve ser homologado pelo Poder Judiciário para que possa produzir efeitos sobre todos os membros da classe.
> Art. 9º Para recompensar economicamente as despesas realizadas pelo representante da classe na defesa da própria classe, esse representante pode propor ação regressiva em face dos integrantes do grupo a fim de obter o ressarcimento dos gastos realizados.
> Parágrafo único. Através de petição na própria ação coletiva, o representante da classe pode requerer que o magistrado fixe alternativas ao patrocínio da tutela coletiva de direitos individuais homogêneos.
> Art. 10 Nos casos omissos dessa lei, aplica-se, naquilo em que não for conflitante, as seguintes leis: a Lei nº 7.347, de 24 de julho de 1985; a Lei nº 8.078, de 11 de setembro de 1990; e a Lei nº 13.105, de 16 de março de 2015.
> Art. 11 Esta lei entrará em vigor dentro de cento e oitenta dias a contar de sua publicação.

6.8 Consolidação da proposta de *lege ferenda*

Como observado e defendido neste livro, o Brasil possui sim mecanismos de tutela coletiva de direitos individuais homogêneos, mas o ordenamento jurídico brasileiro precisa ter um mecanismo geral de tutela coletiva desses direitos. Esse mecanismo geral deve abranger todos os direitos individuais homogêneos, e não apenas alguns, como os consumeristas ou os dos investidores no mercado de capitais.

Para tanto, neste livro, é apresentada uma proposta de *lege ferenda* que objetiva, justamente, inserir um meio de tutela coletiva de direitos individuais homogêneos tendo como base as *class actions* do ordenamento jurídico norte-americano.

Feita a abordagem dos principais pontos da proposta de *lege ferenda*, a qual representa a aplicação prática desta obra, segue o inteiro teor do texto da proposta de lei.

Lei nº XXXXXX, de XX de XXXXX de XXXX.

Dispõe sobre a ação civil coletiva para a tutela de direitos individuais homogêneos.

O PRESIDENTE DA REPÚBLICA, faço saber que o Congresso Nacional decreta e eu sanciono a seguinte lei:

Art. 1º A ação civil coletiva tutela direitos individuais homogêneos, os quais correspondem àqueles decorrentes de origem comum de fato ou de direito.

Parágrafo único. Através de um representante adequado, a coletividade também pode estar inserida no polo passivo da demanda. Nesse caso, os integrantes do grupo não podem, sem fundamento razoável, pedir para serem excluídos do polo passivo.

Art. 2º Para a proposição de ação civil coletiva para a tutela de direitos individuais homogêneos, são legitimados concorrentemente:

I – o Ministério Público;

II – a Defensoria Pública;

III – a União, os Estados, os Municípios e o Distrito Federal;

IV – as entidades e os órgãos da Administração Pública, direta ou indireta, ainda que sem personalidade jurídica, especificamente destinados à defesa dos direitos individuais homogêneos;

V – as associações legalmente constituídas há pelo menos um ano e que incluam entre seus fins institucionais a defesa dos interesses e direitos protegidos por esta lei, dispensada a autorização assemblear;

VI – os indivíduos, pessoas físicas, titulares do direito individual homogêneo tutelado pela ação civil coletiva disciplinada na presente lei, desde que cumpram com o requisito da representação adequada.

§1º O requisito da pré-constituição pode ser dispensado pelo juiz quando haja manifesto interesse social evidenciado pela dimensão ou característica do dano, ou pela relevância do bem jurídico a ser protegido

§2º O Ministério Público, quando não for parte, deve atuar no processo como fiscal da lei.

§3º Em caso de desistência infundada ou abandono da ação por seu autor, o Ministério Público ou outro legitimado assumirá a titularidade ativa.

Art. 3º Além dos requisitos da petição inicial, ao analisar a ação civil coletiva proposta por pessoa física, o magistrado deve verificar se o autor da ação e se o advogado da classe possuem representatividade adequada para tutelarem direitos individuais homogêneos dos membros ausentes do grupo representado.

§1º Caso a representação seja inadequada, porém sanável, o magistrado concederá prazo de 15 (quinze) dias para que a parte e seu advogado possam sanar esse vício.

§2º Caso a representação seja inadequada, porém insanável, o magistrado deverá determinar a substituição da parte ou de seu advogado no prazo de 15 (quinze) dias. Nesse prazo, além de outros indivíduos integrantes da classe representada, qualquer um dos legitimados indicados no art. 2º podem substituir a parte inadequada.

§3º Para a análise da representatividade adequada do autor da ação, bem como de seu advogado, o magistrado deve observar, dentre outros requisitos, os seguintes:

I – a capacidade e a experiência na tutela coletiva de direitos;
II – o histórico de proteção judicial e extrajudicial de direitos difusos, coletivos e individuais homogêneos;
III – a conduta em outros processos;
IV – a concordância entre os interesses do legitimado e de seu advogado com os interesses dos demais indivíduos do grupo representado;
V – a inexistência de conluio fraudulento entre o representante da classe, o advogado do grupo e a parte contrária.

Art. 4º A sentença prolatada no âmbito da ação coletiva de tutela de direitos individuais homogêneos fará coisa julgada sobre todos, inclusive sobre os indivíduos que não participaram diretamente da ação, independentemente da procedência do pedido.

§1º A regra do *caput* pode ser excepcionada quando os indivíduos propuserem ação individual na qual seja provada uma das condições abaixo:
I – que a decisão coletiva não pode ser aplicada ao indivíduo em razão de sua situação ser diferente daquela analisada e julgada através da ação coletiva;
II – que a decisão coletiva não pode ser aplicada ao indivíduo em razão de o representante da classe na ação coletiva não ter tutelado de forma adequada seus interesses.
§2º A ação coletiva julgada improcedente por insuficiência de provas pode ser proposta novamente de forma coletiva utilizando-se de prova nova.
Art. 5º A ação coletiva de tutela de direitos individuais homogêneos não induz litispendência com as ações individuais propostas.
Parágrafo único. Os efeitos da coisa julgada da decisão prolatada no âmbito da ação coletiva indicada no *caput* não beneficiarão, nem prejudicarão, os autores das ações individuais, se não for requerida sua suspensão no prazo de trinta dias, a contar da ciência nos autos do ajuizamento da ação coletiva.
Art. 6º A sentença prolatada em sede de ação coletiva para a tutela de direitos individuais homogêneos terá eficácia em todo o território nacional.
Parágrafo único. A depender da situação, conforme juízo do magistrado, a sentença coletiva indicada no *caput* pode ser:
I – genérica, cabendo a cada indivíduo integrante da classe ocupante do polo ativo da demanda a responsabilidade pela execução individual da sentença coletiva; ou
II – específica, condenando o réu ao pagamento de um valor global de indenização, o qual deve ficar depositado em juízo, cabendo aos lesados pleitearem um valor de indenização proporcional aos danos sofridos individualmente.
Art. 7º Com a delimitação da classe representada em juízo, o juiz deve ordenar a intimação de todos os integrantes da classe, devendo ser realizado um esforço razoável das partes para indicar todos os membros possíveis do grupo.
§1º A notificação da proposição da ação coletiva interrompe a prescrição da ação individual para a tutela dos direitos individuais homogêneos.
§2º A notificação pode ser realizada através de correio eletrônico, cartas, e outros meios que sejam capazes de atingir a finalidade de notificar os

integrantes do grupo. Sempre que possível, deve-se determinar que a notificação seja realizada utilizando os meios mais econômicos.

§3º Os custos com a notificação correrão por conta do autor da ação, podendo o juiz inverter o ônus dessa obrigação para a outra parte quando essa tiver meios mais econômicos e efetivos para realizar a notificação.

§4º A notificação deve ser realizada individualmente de forma clara, a qual deve indicar, além das informações que o juiz entender como necessárias, o seguinte:

I – os limites subjetivos da classe representada em juízo;
II – os pedidos e a causa de pedir da ação;
III – que o integrante da classe, caso não queira se submeter aos efeitos da decisão coletiva, pode requerer a sua exclusão do grupo no prazo de 15(quinze) dias a contar da notificação;
IV – que a sentença coletiva fará coisa julgada sobre todos independentemente do resultado.

§5º No decorrer do processo coletivo, deve ser ordenada a notificação de todos os membros da classe a respeito de atos que possam influir no patrimônio individual deles.

§6º Caso seja proposta a realização de acordo para encerramento da ação coletiva, os integrantes da classe devem ser notificados sobre todos os termos do acordo, concedendo-lhes prazo de 15 (quinze) dias para manifestar interesse em ser excluído do grupo a fim de não se submeter ao acordo proposto.

§7º No prazo indicado no parágrafo anterior, caso o integrante da classe não apresente pedido de exclusão da classe, entende-se como tendo aceitado o acordo proposto.

§8º A fixação de honorários advocatícios arbitrados pelo Poder Judiciário, conforme determinado na Lei nº 13.105, de 16 de março de 2015, a serem suportados por toda a classe, deve ser notificada aos membros do grupo, concedendo-lhes prazo de 15 (quinze) dias para apresentar impugnação ao valor arbitrado.

Art. 8º O acordo proposto para encerramento do litígio coletivo deve ser homologado pelo Poder Judiciário para que possa produzir efeitos sobre todos os membros da classe.

Art. 9º Para recompensar economicamente as despesas realizadas pelo representante da classe na defesa da própria classe, esse representante pode propor ação regressiva em face dos integrantes do grupo a fim de obter o ressarcimento dos gastos realizados.

Parágrafo único. Através de petição na própria ação coletiva, o representante da classe pode requerer que o magistrado fixe alternativas ao patrocínio da tutela coletiva de direitos individuais homogêneos.

Art. 10 Nos casos omissos dessa lei, aplica-se, naquilo em que não for conflitante, as seguintes leis: a Lei nº 7.347, de 24 de julho de 1985; a Lei nº 8.078, de 11 de setembro de 1990; e a Lei nº 13.105, de 16 de março de 2015.

Art. 11 Esta lei entrará em vigor dentro de cento e oitenta dias a contar de sua publicação.

CONCLUSÃO

A presente obra é fruto das pesquisas de doutorado realizadas no Programa de Pós-graduação em Direito Processual Civil da Faculdade de Direito da Universidade de São Paulo, tendo sido obtida aprovação unânime de toda a banca avaliadora. O êxito do referido trabalho consiste na aplicação prática das pesquisas realizadas, as quais levaram à proposição de uma lei que tem por objetivo melhorar o sistema de tutelas coletivas de direitos.

Considerando o êxito obtido nas pesquisas realizadas, pretende-se trazer ao conhecimento do maior número de pessoas todas as conclusões obtidas, bem como apresentar a todos a proposta de lei, a fim de que o tema continue sendo debatido na seara jurídica e possa, assim, chegar a produzir mudanças efetivas no ordenamento jurídico brasileiro.

As pesquisas iniciaram com a constatação de que o Brasil aprovou um novo Código de Processo Civil em 2015, o qual, porém, ainda é eminentemente voltado para a tutela individual de direitos, carecendo de organicidade quanto aos meios de tutela coletivas de direitos.

É claro, porém, que o Brasil possui sim meios para a tutela coletiva de direitos. No entanto, suas regras estão esparsas em diversas normas, das quais destacam-se o Código de Defesa do Consumidor e a Lei de Ação Civil Pública. A própria Constituição Federal de 1988 ganha destaque dentro da sistemática de tutelas coletivas ao alçar ao nível constitucional os direitos e garantias fundamentais individuais e coletivos.

Nesse contexto, o presente livro busca trazer ao ordenamento jurídico brasileiro uma solução processual a ser aplicada nos casos de conflitos que envolvam a coletividade, especificamente na defesa dos direitos individuais homogêneos, dando mais efetividade ao direito, satisfazendo, assim, os anseios de felicidade e de acesso à justiça da sociedade.

A proposta defendida é a introdução de instituto semelhante às *class actions* norte-americanas no ordenamento jurídico brasileiro, o que traz qualidade, tempestividade e efetividade à tutela jurisdicional coletiva de direitos. Esse trinômio, aliás, é fundamento para o moderno processo civil.

Para a defesa dos direitos individuais homogêneos de forma coletiva, o destaque fica com as *class actions* do ordenamento jurídico norte-americano. Isso não significa que o Brasil não possua meios para a sua tutela, mas as alternativas brasileiras não se amoldam a todo e qualquer direito individual homogêneo, nem permite que os próprios indivíduos lesados proponham diretamente esse tipo de tutela coletiva.

Os litígios coletivos e sua tutela não são novidades do mundo contemporâneo, mas, na verdade, encontram-se nas sociedades humanas desde os registros históricos do Império Romano, bem como são encontrados, para os países do *common law*, desde a Inglaterra medieval.

Os direitos coletivos *lato sensu* e os direitos individuais homogêneos são decorrentes do fenômeno social de coletivização, em que a sociedade passa por uma massificação das relações, o que produz também uma massificação de conflitos, fazendo-se necessário o reconhecimento de novos direitos.

Sublinhe-se que não devem ser extintas as atuais ações coletivas existentes no sistema jurídico brasileiro, pois essas ações, bem como a classificação entre os direitos coletivamente tutelados representam inúmeros anos de pesquisa e aprofundamento social sobre assuntos tratados na doutrina e na jurisprudência. No Brasil, existe um verdadeiro microssistema de tutela coletiva que deve ser organizado e aperfeiçoado para ter ainda mais efetividade, contribuindo, assim, com o acesso à justiça, objetivo atual principal do direito processual brasileiro.

Verifica-se que o microssistema brasileiro de tutelas coletivas está inserido no sistema principal do processo civil. Em linguagem figurada, é como se a tutela coletiva fosse uma lua a orbitar em torno de um planeta, em que o planeta representa o processo civil. Em complemento, esse planeta orbita em torno do sol, em que o sol, por sua vez, representa a constituição. Dessa forma, observa-se a constituição influenciando o processo civil com normas constitucionais, como o princípio do contraditório, e, por sua vez, o processo civil norteando os institutos presentes na tutela coletiva de direitos. Assim, alguns conceitos do direito processual civil ganham peculiaridades quando analisados no contexto das tutelas coletivas, como é o que se verifica quanto à legitimidade das partes para esse tipo de tutela e quanto à coisa julgada da sentença coletiva.

Oportunamente a *class action* é uma ação coletiva utilizada com bastante frequência nos Estados Unidos para a defesa coletiva dos denominados direitos individuais homogêneos. Sua origem remonta à Inglaterra medieval, tendo, porém, encontrado pleno desenvolvimento nos Estados Unidos.

Dentre as peculiaridade das *class actions* frente aos meios brasileiros de tutela coletiva de direitos individuais, estão: a coisa julgada *erga omnes* e independente do resultado para a sentença coletiva prolatada em uma *class action*, ao contrários da tutela brasileira que somente faz coisa julgada sobre todos se ela for favorável ao grupo; e a legitimidade para a proposição de uma *class action*, a qual inclui os próprios membros do grupo lesado, ao contrário da tutela coletiva brasileira que não inclui os próprios membros da classe lesada.

Nos Estados Unidos, a *class action* é um instituto bastante utilizado no cotidiano forense daquele país, envolvendo altas cifras, bem como sendo de comum utilização tanto nas justiças federais, quanto estaduais norte-americanas. Verifica-se que, no âmbito federal, as *class actions* são reguladas pela denominada *Rule 23*, a qual fixa todos os elementos necessários para a utilização, processamento e julgamento das *class actions*.

Os requisitos para a proposição de uma *class action* nos Estados Unidos são os seguintes: a) o grupo deve ser tão numeroso que torne impraticável a união de todos seus membros; b) devem existir questões de direitos ou de fato comuns entre os integrantes do grupo; c) os pedidos ou a defesa do representante do grupo devem ser típicos dos pedidos ou das defesas do grupo; d) o representante do grupo deve proteger com justiça e adequação os interesses do grupo.

A proposição de uma *class action* serve, portanto, para a união de forças, conhecimento e dinheiro que possibilitam a tutela de direitos, o que não ocorreria caso os indivíduos atuassem de forma isolada.

Quanto ao requisito da questão comum para a proposição de uma *class action*, tem-se que ele representa o núcleo, o "coração" do problema social coletivo apresentado ao Judiciário em busca de uma solução que permita o deslinde das diversas situações fáticas dos membros do grupo envolvido com o litígio.

O Brasil possui um ordenamento jurídico que traz diversas normas para a tutela coletiva de direitos, o que já se vislumbra desde meados do século passado, tendo destaque internacional por essa disciplina legal. Com efeito, existem sim mecanismos legais de tutela coletiva de direitos individuais homogêneos no Brasil. Entretanto, defende-se, na presente obra, que esses mecanismos podem ser melhorados com a inserção da chamada ação de classe, ou simplesmente ação civil coletiva, no sistema jurídico brasileiro, unindo as boas experiências brasileiras com as norte-americanas.

Com isso, observa-se que não há, no sistema jurídico brasileiro, legitimidade para que os indivíduos lesados possam utilizar-se da tutela coletiva dos direitos individuais homogêneos. Faz-se, necessário, como se propõe na presente pesquisa, a publicação de uma lei que, expressamente, conceda legitimidade para que os indivíduos possam tutelar coletivamente seus direitos.

Ora, não se deve esquecer de que o ordenamento jurídico brasileiro já permite que os cidadãos, individualmente, proponham ação popular, um meio de tutela coletiva de direitos, para a defesa de direitos difusos e coletivos.

Com mais razão, os indivíduos devem ter legitimidade para a tutela coletiva dos direitos individuais homogêneos, pois eles são os titulares desses direitos, possuindo mais aptidão para a defesa de seus próprios direitos. Com efeito, o sistema jurídico brasileiro já é capaz de avançar na tutela coletiva de direitos individuais homogêneos permitindo que, além dos atuais legitimados, os quais atuam como substitutos processuais, os próprios indivíduos possam pleitear diretamente a tutela de seu direito individual e de todo o grupo de indivíduos que tiveram seu direito atingido.

O Código de Processo Civil de 2015, Lei nº 13.105, de 16 de março de 2015, inovou o ordenamento jurídico brasileiro ao introduzir um sistema de precedentes judiciais, dando destaque à atividade do Poder Judiciário como meio de solucionar, através da interpretação das normas brasileiras, os conflitos sociais.

Com os mecanismos adotados para os precedentes judiciais no processo civil brasileiro, verifica-se uma aproximação do sistema do *civil law*, adotado no Brasil, com o do *common law*, característico dos países de tradição inglesa. Dessa forma, observa-se que, com o Código de Processo Civil de 2015, o Brasil deu novos passos na busca de soluções jurídicas para serem utilizadas frente ao aumento da demanda judicial verificada na sociedade, sendo o sistema de precedentes judiciais uma dessas soluções. Entretanto, apesar desse código possuir meios de tutela coletiva, como a tutela coletiva possessória, o CPC/15 não avançou na ordenação do sistema brasileiro de tutela coletiva, o que poderia ter sido feito já no atual código de processo como forma de unificação das leis processuais brasileiras.

O atual Código de Processo Civil trouxe uma novidade no que tange aos conflitos coletivos, trata-se de um procedimento específico para as tutelas possessórias coletivas de rito comum. Essas regras foram incluídas no ordenamento jurídico brasileiro por pressão dos parlamentares ligados aos movimentos sociais em razão da forma como costumam ser cumpridas as decisões judiciais que culminam na remoção de diversas pessoas e famílias de um imóvel que tenha sido invadido por um grupo de pessoas. Durante a remoção dos invasores, é comum o emprego de força policial, não sendo raro a ocorrência de violência física e, em alguns casos, até mortes, com a consequente marginalização dos ocupantes irregulares.

Verifica-se que alguns doutrinadores brasileiros defendem a ideia de criação de um estatuto codificado dos meios de tutela coletiva de direitos. Nesse sentido, destacam-se os seguintes projetos: i) Código de Processo Coletivo Modelo para Países de Direito Escrito, Projeto elaborado por Antonio Gidi; ii) Anteprojeto de Código Modelo de Processos Coletivos para a Ibero-América; iii) Anteprojeto de Código Brasileiro de Processos Coletivos do Instituto Brasileiro de Direito Processual, elaborado sob a coordenação de Ada Pellegrini Grinover e enviado ao Instituto Brasileiro de Direito Processual – IBDP; e iv) Anteprojeto de Código Brasileiro de Processos Coletivos, coordenado por Aluísio Gonçalves de Castro Mendes e elaborado pelas Universidades do Estado do Rio de Janeiro (UERJ) e Estácio de Sá (UNESA).

A proposta de unificar a tutela coletiva de direitos em um único código é salutar por permitir uma melhor compressão desse microssistema processual, encerrando com a insegurança jurídica que as leis esparsas causam na disciplina dessa matéria. No entanto, entende-se, na presente obra, que a inserção de um livro sobre tutela coletiva no Código de Processo Civil é uma solução ainda melhor para a consolidação da proteção jurídica coletiva de direitos. Essa conclusão pela introdução de um livro sobre a tutela coletiva dentro do próprio Código de Processo Civil decorre do entendimento de que a concentração de todas as leis processuais em um único código tende a organizar o sistema processual de um país.

Sublinhe-se que, em razão da inexistência de organicidade no microssistema de processos coletivos no Brasil, a proposta de lei deste livro não envolve a criação de um código ou de um capítulo relativo a toda a tutela coletiva no atual Código de Processo Civil, mas tem o objetivo de criar um mecanismo jurídico que possa tutelar todos os direitos individuais homogêneos, concedendo legitimidade para que os próprios indivíduos possam propor a ação civil coletiva de proteção desses direitos.

Na presente obra, verifica-se que existem muitos benefícios que a utilização das *class actions* traz ao ordenamento jurídico ao permitir que os próprios indivíduos possam propor essa ação para a defesa dos direitos individuais próprios e dos demais membros do grupo. Com base nisso, foram apresentados alguns exemplos de situações que já ocorreram no Brasil e, para as quais, poderia ter sido utilizado um mecanismo semelhante às *class actions* norte-americanas para pleitear a tutela coletiva dos direitos individuais envolvidos. Como exemplo, citem-se os casos de incêndio na Boate Kiss e no Centro de Treinamento "Ninho do Urubu".

No contexto da pandemia do COVID-19 pelo qual o mundo passou nos últimos anos, defende-se que as ações coletivas podem ter um papel fundamental para diminuir a demanda de ações propostas no pós-pandemia.

Com efeito, caso ocorra a aprovação de uma lei, como a proposta neste livro, criando uma ação coletiva para a tutela de direitos individuais homogêneos através de representantes, pode-se ganhar em efetividade e em tempo, pois uma única ação pode ser julgada e aplicada para resolver a situação de diversas pessoas que se encontrem na mesma classe.

O momento pós-pandemia exige que as instituições democráticas atuem na busca de soluções para os problemas que estão surgindo, buscando o bem-estar geral de todos os integrantes da nação. Esse momento se mostra como uma excelente oportunidade para a implementação de melhorias no sistema brasileiro de tutela coletivas, estando o projeto de lei desta obra inserido como uma possível melhoria para esse sistema.

O presente trabalho culmina com a apresentação de uma proposta de lei que acrescente ao microssistema de tutela coletiva brasileiro um mecanismo jurídico para a tutela de direitos individuais homogêneos por parte dos próprios indivíduos lesados. A inspiração para essa proposta de lei é o instituto norte-americano das *class actions*, as quais permitem que os próprios indivíduos, como representante da classe de indivíduos que tiveram seus direitos individuais homogêneos lesados, possam propor ação coletiva para tutela desses direitos.

Com isso, o representante da classe atua em nome próprio na defesa de direitos próprios e de direitos dos demais integrantes da classe. Sublinhe-se que o mecanismo de tutela coletiva de direitos individuais homogêneos proposto na presente obra é denominado de ação civil coletiva, cuja inspiração é norte-americana, porém não se trata de cópia simples do mecanismo de *class action* existente nos Estados Unidos. No caso, não se deve desconsiderar os vastos conhecimentos jurídicos produzidos no Brasil, bem como as leis já existentes no microssistema brasileiro de tutela coletiva de direitos.

Assim, a proposta apresentada no presente livro é fruto da união do que há de melhor no ordenamento jurídico brasileiro com o melhor do sistema jurídico norte-americano quando se trata de tutelar direitos individuais homogêneos.

REFERÊNCIAS

ALEXANDRE suspende processos sobre limite de decisões em ACPs. *Revista Consultor Jurídico*. [S.l.], 20 de abril de 2020. Disponível em: https://www.conjur.com.br/2020-abr-20/alexandre-suspende-processos-limite-decisoes-acps. Acesso em: 22 abr. 2020.

ALMEIDA, André de. *A maior ação do mundo*: a história da class action contra a Petrobras. São Paulo: SRS Editora, 2018.

ALMEIDA, Gregório Assagra de. *Direito processual coletivo brasileiro*. São Paulo: Saraiva, 2003.

ALMEIDA, Gregório Assagra de. O sistema jurídico nos Estados Unidos: common law e carreiras jurídicas (judges, prosecutors e lawyers): o que poderia ser útil para a reforma do sistema processual brasileiro? *Revista de Processo – RePro*, São Paulo, v. 41, n. 251, p. 523-560, jan. 2016. Disponível em: http://www.mpsp.mp.br/portal/page/portal/documentacao_e_divulgacao/doc_biblioteca/bibli_servicos_produtos/bibli_boletim/bibli_bol_2006/RPro_n.251.19.PDF. Acesso em: 10 jun. 2020.

ALMEIDA, Gregório Assagra de; MELLO NETO, Luiz Philippe Vieira de. Fundamentação constitucional do direito material coletivo e do direito processual coletivo: reflexões a partir da nova summa divisio adotada na CF/88 (Título II, Capítulo I). *Revista do Tribunal Superior do Trabalho*, São Paulo, v. 77, n. 3, p. 77-97, jul./set. 2011 Disponível em: https://juslaboris.tst.jus.br/bitstream/handle/20.500.12178/26900/004_almeida_mello_neto1.pdf?sequence=6&isAllowed=y. Acesso em: 25 abr. 2019.

BEDAQUE, José Roberto dos Santos. *Direito e processo*: influência do direito material sobre o processo. São Paulo: Malheiros, 1995.

BENJAMIN, Antônio Herman de Vasconcellos; MARQUES, Claudia Lima; BESSA, Leonardo Roscoe. *Manual de direito do consumidor*. 3. ed., rev., at. e ampl. São Paulo: Editora Revista dos Tribunais, 2010.

BOATE Kiss. *Ministério Público do Estado do Rio Grande do Sul*. Hotsite. Disponível em: https://www.mprs.mp.br/hotsite/boatekiss/#!/timeline. Acesso em: 03 jun. 2020.

BORTOLAI, Edson Cosac. *Da defesa do consumidor em juízo*: legitimidade do consumidor ou vítima para propor ação coletiva. São Paulo: Malheiros, 1997.

BRASIL. [Constituição (1824)]. *Constituição Política do Império do Brasil*. Rio de Janeiro, DF: Presidência da República. Disponível em: http://www.planalto.gov.br/ccivil_03/Constituicao/Constituicao24.htm. Acesso em: 02 abr. 2019.

BRASIL. [Constituição (1934)]. *Constituição da República dos Estados Unidos do Brasil, de 16 de julho de 1934*. Rio de Janeiro, DF: Presidência da República. Disponível em: http://www.planalto.gov.br/ccivil_03/Constituicao/Constituicao34.htm. Acesso em 02 de abril de 2019.

BRASIL. *Decreto-lei nº 5.452, de 1º de maio de 1943*. Aprova a Consolidação das Leis do Trabalho. Rio de Janeiro, DF: 1943. Disponível em: http://www.planalto.gov.br/ccivil_03/decreto-lei/Del5452compilado.htm. Acesso em: 04 abr. 2019.

BRASIL. [Constituição (1946)]. *Constituição dos Estados Unidos do Brasil (de 18 de setembro de 1946)*. Rio de Janeiro, DF: Presidência da República. Disponível em: http://www.planalto.gov.br/ccivil_03/Constituicao/Constituicao46.htm. Acesso em: 28 fev. 2019.

BRASIL. *Lei nº 4.215, de 27 de abril de 1963*. Dispõe sôbre o Estatuto da Ordem dos Advogados do Brasil. Brasília, DF: Presidência da República: 1963. Disponível em: http://www.planalto.gov.br/ccivil_03/LEIS/1950-1969/L4215.htm. Acesso em: 04 abr. 2019.

BRASIL. *Lei nº 4.717, de 29 de junho de 1965*. Regula a ação popular. Brasília, DF: Presidência da República: 1965. Disponível em: http://www.planalto.gov.br/CCIVIL_03/LEIS/L4717.htm. Acesso em: 28 fev. 2019.

BRASIL. *Lei nº 6.404, de 15 de dezembro de 1976*. Dispõe sobre as Sociedades por Ações. Brasília, DF: Presidência da República: 1976. Disponível em: http://www.planalto.gov.br/ccivil_03/leis/L6404compilada.htm. Acesso em: 30 mar. 2020.

BRASIL. *Projeto de Lei nº 3.034/1984*. Disciplina as ações de responsabilidade por danos causados ao meio ambiente, previstas no parágrafo primeiro do artigo 14 da Lei nº 6.938, de 31 de agosto de 1981 ou a valores artísticos, estéticos, históricos, turísticos e paisagísticos, e da outras providências. Brasília: Câmara dos Deputados, 1984. Disponível em: https://www.camara.leg.br/proposicoesWeb/fichadetramitacao?idProposicao=209036. Acesso em: 15 out. 2019.

BRASIL. *Lei nº 7.347, de 24 de julho de 1985*. Disciplina a ação civil pública de responsabilidade por danos causados ao meio-ambiente, ao consumidor, a bens e direitos de valor artístico, estético, histórico, turístico e paisagístico (VETADO) e dá outras providências. Brasília, DF: Presidência da República: 1985. Disponível em: http://www.planalto.gov.br/ccivil_03/LEIS/L7347orig.htm. Acesso em: 25 fev. 2019.

BRASIL. [Constituição (1988)]. *Constituição da República Federativa do Brasil de 1988*. Brasília, DF: Presidência da República, 1988. Disponível em: http://www.planalto.gov.br/ccivil_03/constituicao/constituicaocompilado.htm. Acesso em: 25 fev. 2019.

BRASIL. *Lei nº 7.853, de 24 de outubro de 1989*. Dispõe sobre o apoio às pessoas portadoras de deficiência, sua integração social, sobre a Coordenadoria Nacional para Integração da Pessoa Portadora de Deficiência – Corde, institui a tutela jurisdicional de interesses coletivos ou difusos dessas pessoas, disciplina a atuação do Ministério Público, define crimes, e dá outras providências. Brasília, DF: Presidência da República: 1989. Disponível em: http://www.planalto.gov.br/ccivil_03/LEIS/L7853.htm. Acesso em: 27 mar. 2019.

BRASIL. *Lei nº 7.913, de 7 de dezembro de 1989*. Dispõe sobre a ação civil pública de responsabilidade por danos causados aos investidores no mercado de valores mobiliários. Brasília, DF: Presidência da República: 1989. Disponível em: http://www.planalto.gov.br/CcIVIL_03/Leis/L7913.htm. Acesso em: 28 mar. 2019.

BRASIL. *Lei nº 8.069, de 13 de julho de 1990*. Dispõe sobre o Estatuto da Criança e do Adolescente e dá outras providências. Brasília, DF: Presidência da República: 1990. Disponível em: http://www.planalto.gov.br/ccivil_03/LEIS/L8069Compilado.htm. Acesso em: 27 mar. 2019.

BRASIL. *Lei nº 8.078, de 11 de setembro de 1990*. Dispõe sobre a proteção do consumidor e dá outras providências. Brasília, DF: Presidência da República: 1990. Disponível em: http://www.planalto.gov.br/ccivil_03/leis/l8078.htm. Acesso em: 25 fev. 2019.

BRASIL. *Lei nº 8.429, de 2 de junho de 1992*. Dispõe sobre as sanções aplicáveis em virtude da prática de atos de improbidade administrativa, de que trata o §4º do art. 37 da Constituição Federal; e dá outras providências. Brasília, DF: Presidência da República: 1992. Disponível em: http://www.planalto.gov.br/ccivil_03/leis/l8429.htm. Acesso em: 25 fev. 2019.

BRASIL. *Lei nº 8.884, de 11 de junho de 1994*. Transforma o Conselho Administrativo de Defesa Econômica (CADE) em Autarquia, dispõe sobre a prevenção e a repressão às infrações contra a ordem econômica e dá outras providências. Brasília, DF: Presidência da República: 1994. Disponível em: http://www.planalto.gov.br/ccivil_03/Leis/L8884.htm. Acesso em: 25 fev. 2019.

BRASIL. *Lei nº 8.906, de 4 de julho de 1994*. Dispõe sobre o Estatuto da Advocacia e a Ordem dos Advogados do Brasil (OAB). Brasília, DF: Presidência da República: 1994. Disponível em: http://www.planalto.gov.br/ccivil_03/leis/L8906.htm. Acesso em: 04 abr. 2019.

BRASIL. *Lei nº 9.494, de 10 de setembro de 1997*. Disciplina a aplicação da tutela antecipada contra a Fazenda Pública, altera a Lei nº 7.347, de 24 de julho de 1985, e dá outras providências. Brasília, DF: Presidência da República: 1997. Disponível em: http://www.planalto.gov.br/ccivil_03/leis/l9494.htm. Acesso em: 16 mai. 2019.

BRASIL. *Lei nº 10.741, de 1º de outubro de 2003*. Dispõe sobre o Estatuto da Pessoa Idosa e dá outras providências. Brasília, DF: Presidência da República: 2003. Disponível em: http://www.planalto.gov.br/ccivil_03/leis/2003/l10.741.htm. Acesso em: 16 abr. 2020.

BRASIL. *Lei nº 11.448, de 15 de janeiro de 2007*. Altera o art. 5º da Lei nº 7.347, de 24 de julho de 1985, que disciplina a ação civil pública, legitimando para sua propositura a Defensoria Pública. Brasília, DF: Presidência da República: 2007. Disponível em: https://www.planalto.gov.br/ccivil_03/_ato2007-2010/2007/lei/l11448.htm. Acesso em: 14 abr. 2020.

BRASIL. CÂMARA DOS DEPUTADOS. *Projeto de Lei nº 5.139/2009*. Disciplina a ação civil pública para a tutela de interesses difusos, coletivos ou individuais homogêneos, e dá outras providências. Brasília, DF: Câmara dos Deputados: 2009. Disponível em: https://www.camara.leg.br/proposicoesWeb/fichadetramitacao?idProposicao=432485. Acesso em: 14 mar. 2019.

BRASIL. *Lei nº 12.016, de 7 de agosto de 2009*. Disciplina o mandado de segurança individual e coletivo e dá outras providências. Brasília, DF: Presidência da República: 2009. Disponível em: http://www.planalto.gov.br/ccivil_03/_Ato2007-2010/2009/Lei/L12016.htm. Acesso em: 04 abr. 2019.

BRASIL. *Lei nº 12.529, de 30 de novembro de 2011*. Estrutura o Sistema Brasileiro de Defesa da Concorrência; dispõe sobre a prevenção e repressão às infrações contra a ordem econômica; altera a Lei nº 8.137, de 27 de dezembro de 1990, o Decreto-Lei nº 3.689, de 3 de outubro de 1941 – Código de Processo Penal, e a Lei nº 7.347, de 24 de julho de 1985; revoga dispositivos da Lei nº 8.884, de 11 de junho de 1994, e a Lei nº 9.781, de 19 de janeiro de 1999; e dá outras providências. Brasília, DF: Presidência da República: 2011. Disponível em: http://www.planalto.gov.br/ccivil_03/_Ato2011-2014/2011/Lei/L12529.htm#art127. Acesso em: 06 abr. 2020.

BRASIL. *Mensagem nº 56, de 16 de março de 2015*. Brasília, DF: Presidência da República, 2015a. Disponível em: http://www.planalto.gov.br/ccivil_03/_Ato2015-2018/2015/Msg/VEP-56.htm. Acesso em: 05 fev. 2019.

BRASIL. *Lei nº 13.105, de 16 de março de 2015*. Código de Processo Civil. Brasília, DF: Presidência da República: 2015. Disponível em: https://www.planalto.gov.br/ccivil_03/_ato2015-2018/2015/lei/l13105.htm. Acesso em: 25 fev. 2019.

BRASIL. *Lei nº 13.146, de 6 de julho de 2015*. Institui a Lei Brasileira de Inclusão da Pessoa com Deficiência (Estatuto da Pessoa com Deficiência). Brasília, DF: Presidência da República: 2015. Disponível em: http://www.planalto.gov.br/ccivil_03/_ato2015-2018/2015/lei/l13146.htm. Acesso em: 14 abr. 2020.

BRASIL. *Código de processo civil e normas correlatas*. 7. ed. Brasília: Senado Federal, Coordenação de Edições Técnicas, 2015. Disponível em: https://www2.senado.leg.br/bdsf/bitstream/handle/id/512422/001041135.pdf. Acesso em: 04 fev. 2019.

BRASIL. Superior Tribunal de Justiça (4. Turma). *Recurso Especial nº 105215/DF 1996/0053455-1*. Relator: Min. Salvio de Figueiredo Teixeira, 24 de julho de 1997, Brasília: STJ, [1997]. Disponível em: https://ww2.stj.jus.br/processo/pesquisa/?tipoPesquisa=tipoPesquisaNumeroRegistro&termo=199600534551&totalRegistrosPorPagina=40&aplicacao=processos.ea#. Acesso em: 08 mai. 2019.

BRASIL. Superior Tribunal de Justiça (3. Turma). *Recurso Especial nº 555.111 – RJ (2003/0116360-9)*. Rel. Ministro Castro Filho, 05 de setembro de 2006. Brasília: STJ, [2006]. Disponível em: https://processo.stj.jus.br/processo/revista/documento/mediado/?componente=ATC&sequencial=2201803&num_registro=200301163609&data=20061218&tipo=5&formato=PDF. Acesso em: 14 mai. 2019.

BRASIL. Superior Tribunal de Justiça (4. Turma). *Recurso Especial 1109335 – SE (2008/0276558-0)*. Rel. Ministro Luis Felipe Salomão, 21 de julho de 2011. Brasília: STJ, [2011]. Disponível em: https://processo.stj.jus.br/processo/revista/documento/mediado/?componente=ATC&sequencial=16370054&num_registro=200802765580&data=20110801&tipo=5&formato=PDF. Acesso em: 14 mai. 2019.

REFERÊNCIAS BIBLIOGRÁFICAS | 301

BRASIL. Superior Tribunal de Justiça (Corte Especial). *Recurso Especial 1243887/PR*. Rel. Ministro Luis Felipe Salomão, 19 de outubro de 2011. Brasília: STJ, [2011]. Disponível em: https://processo.stj.jus.br/processo/revista/documento/mediado/?componente=ATC&sequencial=19259793&num_registro=201100534155&data=20111212&tipo=5&formato=PDF. Acesso em: 17 mai. 2020.

BRASIL Superior Tribunal de Justiça (1. Turma). *AgRg no Agravo em Recurso Especial nº 368.285/DF (2013/0204690-3)*. Relator: Ministro Sérgio Kukina, 08 de maio de 2014. Brasília: STJ, [2014]. Disponível em: https://scon.stj.jus.br/SCON/GetInteiroTeorDoAcordao?num_registro=201302046903&dt_publicacao=16/05/2014http://www.stj.jus.br. Acesso em: 14 mai. 2019.

BRASIL. Superior Tribunal de Justiça (3. Turma). *AgRg no Recurso Especial nº 1213290 – PR (2010/0178757-8)*. Relator: Ministro Sidnei Beneti, 19 de agosto de 2014. Brasília: STJ, [2014]. Disponível em: https://processo.stj.jus.br/processo/revista/documento/mediado/?componente=ATC&sequencial=37876676&num_registro=201001787578&data=20140901&tipo=5&formato=PDF. Acesso em: 14 mai. 2019.

BRASIL. Superior Tribunal de Justiça (4. Turma). *AgInt no Recurso Especial nº 1.271.338/SC (2011/0188235-1)*. Rel. Ministra Maria Isabel Gallotti, 03 de agosto de 2017. Brasília: STJ, [2017]. Disponível em: https://scon.stj.jus.br/SCON/GetInteiroTeorDoAcordao?num_registro=201101882351&dt_publicacao=08/08/2017. Acesso em: 14 mai. 2019.

BRASIL. Superior Tribunal de Justiça (4. Turma). *AgInt no AREsp 1074382/RJ*. Relator: Ministro Luis Felipe Salomão. Relatora do Acórdão: Ministra Maria Isabel Gallotti, 18 de setembro de 2018. Brasília: STJ, [2018]. Disponível em: https://ww2.stj.jus.br/processo/pesquisa/?src=1.1.3&aplicacao=processos.ea&tipoPesquisa=tipoPesquisaGenerica&num_registro=201700635138. Acesso em: 06 mai. 2019.

BRASIL. Superior Tribunal de Justiça (2. Turma). *Recurso Especial nº 1.325.857/RS (2011/0236589-7)*. Relator: Min. Luis Felipe Salomão, 09 de novembro de 2018. Brasília: STJ, [2018]. Disponível em: https://ww2.stj.jus.br/processo/monocraticas/decisoes/?num_registro=201102365897&dt_publicacao=20/11/2018. Acesso em: 28 jun. 2019.

BRASIL. Superior Tribunal de Justiça (2. Turma). *Recurso Especial nº 1790616 – SP (2018/0338306-3)*. Relator: Ministro Herman Benjamin, 05 de setembro 2019. Brasília: STJ, [2019]. Disponível em: https://scon.stj.jus.br/SCON/GetInteiroTeorDoAcordao?num_registro=201803383063&dt_publicacao=11/10/2019. Acesso em: 13 out.2019.

BRASIL. Superior Tribunal de Justiça (2. Seção). *REsp nº 1799343 / SP (2018/0301672-7)*. Relator: Min. Paulo de Tarso Sanseverino, 11 de março de 2020. Brasília: STJ, [2020]. Disponível em: https://ww2.stj.jus.br/processo/pesquisa/?tipoPesquisa=tipoPesquisaNumeroRegistro&termo=201803016727. Acesso em: 30 mar. 2020.

BRASIL. Superior Tribunal de Justiça. *Repetitivos e IACS anotados*. Brasília: STJ, [2020]. Disponível em: https://scon.stj.jus.br/SCON/recrep/. Acesso em: 19 mar. 2020.

BRASIL. Supremo Tribunal Federal (Tribunal Pleno). *Ação Direta de Inconstitucionalidade 3.026/DF*. Relator: Min. Eros Grau, 08 de junho de 2006. Brasília: STF, [2006]. Disponível em: http://portal.stf.jus.br/processos/detalhe.asp?incidente=2178282. Acesso em: 16 abr. 2020.

BRASIL. Supremo Tribunal Federal. *Agravo de Instrumento743615*. Relator: Min. Gilmar Mendes, 18 de agosto de 2010. Brasília: STF, [2010]. Disponível em: http://portal.stf.jus.br/processos/detalhe.asp?incidente=2663562. Acesso em: 28 jun. 2019.

BRASIL. Supremo Tribunal Federal (Tribunal Pleno). *Recurso Extraordinário nº 573.232 Santa Catarina*. Relator: Min. Ricardo Lewandowski, Redator do Acórdão: Min. Marco Aurélio, 14 de maio de 2014. Brasília: STF, [2014]. Disponível em: https://redir.stf.jus.br/paginadorpub/paginador.jsp?docTP=AC&docID=630085. Acesso em: 14 mai. 2019.

BRASIL. Supremo Tribunal Federal (Tribunal Pleno). *Recurso Extraordinário 631.111 Goiás*. Relator: Min. Teori Zavascki, 07 de agosto de 2014. Brasília: STF, [2014]. Disponível em: http://redir.stf.jus.br/paginadorpub/paginador.jsp?docTP=TP&docID=7100794. Acesso em: 10 abr. 2019.

BRASIL. Supremo Tribunal Federal (Tribunal Pleno). *Ação Direta de Inconstitucionalidade 3.943 Distrito Federal*. Relatora: Min. Cármen Lúcia, 07 de maio de 2015. Brasília: STF, [2015]. Disponível em: http://portal.stf.jus.br/processos/detalhe.asp?incidente=2548440. Acesso em: 14 mai. 2019.

BRASIL. Supremo Tribunal Federal. *RE 643978 RG*. Relator: Min. Teori Zavascki, 17 de setembro de 2015. Brasília: STF, [2015]. Disponível em: https://redir.stf.jus.br/paginadorpub/paginador.jsp?docTP=TP&docID=9458403. Acesso em: 22 out. 2019.

BRASIL. Supremo Tribunal Federal (Tribunal Pleno). *Recurso Extraordinário 612.043 Paraná*. Relator: Min. Marco Aurélio, 10 de maio de 2017. Brasília: STF, [2017]. Disponível em: http://portal.stf.jus.br/processos/detalhe.asp?incidente=3864686. Acesso em: 16 mai. 2019.

BRASIL. Supremo Tribunal Federal. *Parecer ARESV/PGR nº 134610/2020 no Recurso Extraordinário 1.101.937/SP*. Antonio Augusto Brandao de Aras, Procurador-Geral da República. 15 de maio de 2020. Brasília: STF, [2020]. Disponível em: http://redir.stf.jus.br/estfvisualizadorpub/jsp/consultarprocessoeletronico/ConsultarProcessoEletronico.jsf?seqobjetoincidente=5336275. Acesso em: 16 mai. 2020.

BROWN v Vermuden. *David Swarbrick – swarb.co.uk*. Disponível em: https://swarb.co.uk/brown-v-vermuden-1676/. Acesso em: 18 mar. 2019.

BRUMADINHO: Vale é condenada a pagar indenização de R$ 5 milhões a vítima da tragédia. *G1*. Belo Horizonte, 08 maio 2020. Minas Gerais. Disponível em: https://g1.globo.com/mg/minas-gerais/noticia/2020/05/08/brumadinho-vale-e-condenada-a-pagar-indenizacao-de-r-5-milhoes-a-vitima-da-tragedia.ghtml. Acesso em: 03 jun. 2020.

BUENO, Cassio Scarpinella. As class actions norte-americanas e as ações coletivas brasileiras: pontos para uma reflexão conjunta. *Revista de Processo*, São Paulo, v. 82, 1996. Disponível em: http://scarpinellabueno.com/images/textos-pdf/004.pdf. Acesso em: 13 ago. 2019.

BURBANK, Stephen B., The Rules Enabling Act of 1934. *University of Pennsylvania Law Review*. v. 130, n. 5, p. 1015-1197, may, 1982. Disponível em: http://scholarship.law.upenn.edu/faculty_scholarship/1396. Acesso em: 21 mar. 2019.

CAPPELLETTI, Mauro; GARTH, Bryant. *Acesso à justiça.* Trad. Ellen Gracie Northfleet. Porto Alegre: Sérgio Antonio Fabris Editor, 1988.

CARLTON FIELDS JORDEN BURT, LLP. *The 2017 Carlton Fields Class Action Survey.* Disponível em: https://www.carltonfields.com/getmedia/4be4990e-aee2-4b55-88f3-3d61fc559653/2017-carlton-fields-class-action-survey.pdf. Acesso em: 14 set. 2017.

CARLTON FIELDS JORDEN BURT, LLP. *The 2019 Carlton Fields Class Action Survey.* Disponível em: https://www.carltonfields.com/getmedia/efc6c4a4-9460-4a9b-87d2-0afc214a9679/2019-carlton-fields-class-action-survey.pdf. Acesso em: 16 mai. 2019.

CARLTON FIELDS JORDEN BURT, LLP. *The 2020 Carlton Fields Class Action Survey.* Disponível em: https://www.carltonfields.com/getmedia/d179cb61-cc42-4e3f-871c-771fc13e4ee4/2020-carlton-fields-class-action-survey.pdf. Acesso em: 05 mar. 2021.

CEARÁ. Fundo de Defesa dos Direitos Difusos do Estado do Ceará – FDID. *Ministério Público do Estado do Ceará.* Disponível em: http://www.mpce.mp.br/fdid/. Acesso em: 07 jun. 2020.

CESÀRO, Ernesto; BOCCHINI, Fernando. *Azione collettiva risarcitoria (class action):* Legge n. 224/2007, art. 2 comma 445-449. Milão: Giuffrè Editore, 2008.

CHANCERY DIVISION. *In:* ENCYCLOPÆDIA BRITANNICA INC. [S.l.]: *Britannica Escola*, 2018. Disponível em: https://www.britannica.com/topic/Chancery-Division. Acesso em: 11 mar. 2019.

CONCEDIDAS indenizações a vítimas da Boate Kiss. *JusBrasil.* [S.n.t.]. Disponível em: https://ambito-juridico.jusbrasil.com.br/noticias/232260788/concedidas-indenizacoes-a-vitimas-da-boate-kiss. Acesso em: 03 jun. 2020.

DI GARBO, Gianfranco; FIORELLI, Gaetano Iorio. Italy. *In:* SWALLOW, Richard (Ed.) *The Class Actions Law Review.* 2. ed., London: The Law Reviews, 2018. p. 117-125. Disponível em: https://thelawreviews.co.uk/edition/1001170/the-class-actions-law-review-edition-2. Acesso em 19 mai. 2019.

DINAMARCO, Cândido Rangel. *Fundamentos do processo civil moderno.* 6. ed. São Paulo: Malheiros, 2010.

DINAMARCO, Cândido Rangel. *Instituições de Direito Processual Civil.* v. I. 9. ed. São Paulo: Malheiros, 2017.

DIREITO, Wanda Viana. A defesa dos interesses difusos. *Revista de Direito Administrativo*, v. 185, p. 26-40, 1991.

RAMOS, Luciana de Oliveira *et al. Relatório ICJBrasil.* São Paulo: Fundação Getulio Vargas, 2017. (FGV DIREITO SP – Índice de Confiança na Justiça Brasileira – ICJBrasil, v. 24). Disponível em: https://bibliotecadigital.fgv.br/dspace/bitstream/handle/10438/19034/Relatorio-ICJBrasil_1_sem_2017.pdf?sequence=1&isAllowed=y. Acesso em: 04 fev. 2019.

ESPANHA. *Ley 26/1984, de 19 de julio, General para la Defensa de los Consumidores y Usuarios.* Madrid, 1984. Disponível em: https://www.boe.es/buscar/doc.php?id=BOE-A-1984-16737. Acesso em: 13 mar. 2019.

ESPÍRITO SANTO. Tribunal de Justiça do Estado do Espírito Santo. *Declaratória de Constitucionalidade 0001969-13.2007.8.08.0000*. Relator: Samuel Meira Brasil Junior 12 de junho de 2008, Vitória: TJES, 2008. Disponível em: http://aplicativos.tjes.jus.br/sistemaspublicos/consulta_jurisprudencia/det_jurisp.cfm?edProcesso=00019691320078080000&Justica=Comum&CFID=64508649&CFTOKEN=31391737. Acesso em: 10 fev. 2020.

ESTADOS UNIDOS DA AMÉRICA. *Constituição dos Estados Unidos, de 17 de setembro de 1787*. Disponível em: https://www.senate.gov/civics/constitution_item/constitution.htm#a3. Acesso em: 19 mar. 2019.

ESTADOS UNIDOS DA AMÉRICA. *Federal Judicial Center*. Manual for Complex Litigation, *Fourth*, 2004. Disponível em: https://www.uscourts.gov/sites/default/files/mcl4.pdf. Acesso em: 28 nov. 2019.

ESTADOS UNIDOS DA AMÉRICA. Congresso. Class Action Fairness Act of 2005. *Weekly Compilation of Presidential Documents*, v. 41 (2005), February 18, 2005. Disponível em: https://www.congress.gov/109/plaws/publ2/PLAW-109publ2.pdf. Acesso em: 23 abr. 2019.

ESTADOS UNIDOS DA AMÉRICA. *Federal Rules of Civil Procedure, as amended to December 1, 2014*. Disponível em: https://www.uscourts.gov/sites/default/files/Rules%20of%20Civil%20Procedure. Acesso em: 21 mar. 2019.

ESTADOS UNIDOS DA AMÉRICA. *United States Code*. Washington: Office of the Law Revision Counsel, 2018. Disponível em: https://uscode.house.gov/. Acesso em: 07 abr. 2020.

FERRARESI, Eurico. O "Código de Processo Civil Coletivo" de Antonio Gidi. Disponível em: https://www.gidi.com.br/wp-content/uploads/2019/12/Resposta-de-Eurico-Ferraresi.pdf. Acesso em: 04 jun. 2019.

FIGUEIREDO, Lúcia Valle. Direitos difusos na Constituição de 1988. *Revista dos Tribunais – Doutrinas Essenciais de Direitos Humanos*, [S.l.], v. 5, p. 1277-1286, ago., 2011.

FRANÇA. *Loi nº 73-1193 du 27 décembre 1973 d'orientation du commerce et de l'artisanat*. Paris, 1973. Disponível em: https://www.legifrance.gouv.fr/affichTexte.do?cidTexte=LEGITEXT000006068459&dateTexte=20080707. Acesso em: 11 mar. 2019.

GAJARDONI, Fernando da Fonseca. Os conflitos coletivos pela posse de imóveis no novo CPC. *Jota*, [S.l.], 04 jul. 2016. Disponível em: https://www.jota.info/opiniao-e-analise/artigos/os-conflitos-coletivos-pela-posse-de-imoveis-no-novo-cpc-04072016. Acesso em: 20 abr. 2020.

GENTRY, Caroline H. A Primer On Class Certification Under Federal Rule 23. *In*: CORPORATE COUNSEL CLE SEMINAR, Califórnia, February, 2014. Disponível em: https://www.classactiondeclassified.com/wp-content/uploads/sites/26/2017/08/a_primer_class_certification_under_federal_rule.pdf. Acesso em: 07 ago. 2019.

GIDI, Antonio. Código de Processo Civil Coletivo: um modelo para países de direito escrito (The Class Action Code: A Model for Civil Law Countries). *Revista de Processo*. ano 28, v. 111, p. 192-208, jul./set., 2003. p. 192. Disponível em: https://papers.ssrn.com/sol3/papers.cfm?abstract_id=947207. Acesso em: 22 out. 2019.

GIDI, Antonio. *A class action como instrumento de tutela coletiva dos direitos*. São Paulo: Revista dos Tribunais, 2007.

GIDI, Antonio. *Código de Processo Civil Coletivo*. Um modelo para países de direito escrito. Disponível em: http://egov.ufsc.br/portal/sites/default/files/anexos/18368-18369-1-PB.pdf. Acesso em 04 jun. 2019.

GIUSSANI, Andrea. *Studi sulle "class actions"*. Padova: CEDAM, 1996.

GLENN, H. P.; The Dilemma of Class Action Reform, *Oxford Journal of Legal Studies*, Oxford, v. 6, Issue 2, p. 262-274, Jul. 1986.

GRINOVER, Ada Pellegrini. Mandado de segurança coletivo: legitimação, objeto e coisa julgada. *Revista de Processo*, São Paulo, v. 15, n. 58, p. 75-98, abr./jun. 1990.

GRINOVER, Ada Pellegrini. Direito processual coletivo. *In*: LUCON, Paulo Henrique dos Santos (Coord.) *Tutela coletiva*: 20 anos da Lei da ação civil pública e do fundo de defesa de direitos difusos, 15 anos do Código de defesa do consumidor. Atlas, 2006.

GRINOVER, Ada Pellegrini. *O Processo* – II série: estudos e pareceres de processo civil. Brasília: Gazeta Jurídica, 2013.

GRINOVER, Ada Pelegrini; MENDES, Aluisio Gonçalves de Castro; WATANABE, Kazuo (Coord.). *Direito processual coletivo e o anteprojeto de Código Brasileiro de Processos Coletivos*. São Paulo: Revista dos Tribunais, 2007.

INCÊNDIO no Ninho do Urubu faz um ano. *Agência Brasil*. Rio de Janeiro 07 fev. 2023. Esportes. Disponível em: https://agenciabrasil.ebc.com.br/esportes/noticia/2020-02/incendio-no-ninho-do-urubu-faz-um-ano-cpi-ouve-familiares-de-vitimas. Acesso em: 04 jun. 2020.

INSTITUTO BRASILEIRO DE DIREITO PROCESSUAL. Anteprojeto de Código Brasileiro de Processos Coletivos. São Paulo, dez. 2005. Disponível em: https://www.pucsp.br/tutelacoletiva/download/cpbc_versao24_02_2006.pdf. Acesso em: 22 out. 2019.

INSTITUTO IBERO-AMÉRICANO DE DIREITO PROCESSUAL. *Código Modelo de Processos Coletivos para Ibero-América*. Disponível em: http://www.politicaeprocesso.ufpr.br/wp-content/uploads/2017/02/CodigoModeloespanhol.pdf. Acesso em: 04 jun. 2019.

ITÁLIA. *Decreto Legislativo 6 settembre 2005, n. 206*. Codice del consumo, a norma dell'articolo 7 della legge 29 luglio 2003, n. 229. Disponível em: https://www.normattiva.it/atto/caricaDettaglioAtto?atto.dataPubblicazioneGazzetta=2005-10-08&atto.codiceRedazionale=005G0232&atto.articolo.numero=0&atto.articolo.sottoArticolo=1&atto.articolo.sottoArticolo1=10&qId=f75829a3-a57c-4461-970b-9cae537d69c8&tabID=0.7165428618176537&title=lbl.dettaglioAtto. Acesso em: 19 mai. 2019.

ITÁLIA. *Legge 24 dicembre 2007, n. 244*. Disposizioni per la formazione del bilancio annuale e pluriennale dello Stato (legge finanziaria 2008). Roma, 2007. Disponível em: https://www.normattiva.it/atto/caricaDettaglioAtto?atto.dataPubblicazioneGazzetta=2007-12-28&atto.codiceRedazionale=007G0264. Acesso em: 19 mai. 2019.

ITÁLIA. *Decreto Legislativo 20 dicembre 2009, n. 198*. Attuazione dell'articolo 4 della legge 4 marzo 2009, n. 15, in materia di ricorso per l'efficienza delle amministrazioni e dei concessionari di servizi pubblici. Roma, 2009. Disponível em: https://www.normattiva.it/atto/caricaDettaglioAtto?atto.dataPubblicazioneGazzetta=2009-12-31&atto.codiceRedazionale=009G0207. Acesso em: 19 mai. 2019.

ITÁLIA. *Legge 23 luglio 2009, n. 99*. Disposizioni per lo sviluppo e l'internazionalizzazione delle imprese, nonche' in materia di energia. Roma, 2009. Disponível em: https://www.normattiva.it/uri-res/N2Ls?urn:nir:stato:legge:2009;99. Acesso em: 19 mai. 2019.

ITÁLIA. *Legge 24 marzo 2012, n. 27*. Conversione in legge, con modificazioni, del decreto-legge 24 gennaio 2012, n. 1, recante disposizioni urgenti per la concorrenza, lo sviluppo delle infrastrutture e la competitivita. Roma, 2012. Disponível em: https://www.normattiva.it/atto/caricaDettaglioAtto?atto.dataPubblicazioneGazzetta=2012-03-24&atto.codiceRedazionale=012G0048. Acesso em 19 mai. 2019.

ITALIA. *Legge 20 maggio 1970, n. 300*. Norme sulla tutela della liberta' e dignita' dei lavoratori, della liberta' sindacale e dell'attivita' sindacale, nei luoghi di lavoro e norme sul collocamento. Roma, 1970. Disponível em: http://eur-lex.europa.eu/n-lex/legis_it/normattiva_form_pt. Acesso em: 11 mar. 2019.

ITÁLIA. *Legge 12 aprile 2019, n. 31*. Disposizioni in materia di azione di classe. Roma, 2019. Disponível em: https://www.normattiva.it/atto/caricaDettaglioAtto?atto.dataPubblicazioneGazzetta=2019-04-18&atto.codiceRedazionale=19G00038. Acesso em: 19 mai. 2019.

JOBIM, Marco Félix. Os recalls como tentativa de inibição das ações coletivas para o ressarcimento dos danos ao consumidor. *Revista Eletrônica de Direito Processual*. [S.l.], v. 7, n. 7, 2011.

JUSTIÇA em números. *Conselho Nacional de Justiça*. Disponível em: https://paineis.cnj.jus.br/QvAJAXZfc/opendoc.htm?document=qvw_l%2FPainelCNJ.qvw&host=QVS%40neodimio03&anonymous=true&sheet=shResumoDespFT. Acesso em: 03 abr. 2020.

LEAL, Márcio Flávio Mafra. *Ações coletivas*. São Paulo: Revista dos Tribunais, 2014.

LERNER, Renée Lettow; THOMAS, Suja A. The Seventh Amendment. *Interactive Constitution*. Disponível em: https://constitutioncenter.org/the-constitution/amendments/amendment-vii/interpretations/125#:~:text=The%20Seventh%20Amendment%20requires%20civil,to%20hold%20civil%20jury%20trials. Acesso em: 18 jun. 2021.

LIMA, Edilson Vitorelli Diniz. *O devido processo legal coletivo*: representação, participação e efetividade da tutela jurisdicional. 2015. 719 f. Tese (Doutorado em Direito das Relações Sociais) – Faculdade de Direito, Universidade Federal do Paraná, Curitiba, 2015. Disponível em: https://acervodigital.ufpr.br/handle/1884/40822. Acesso em: 24 set. 2019.

LIPTAK, Adam; NICAS, Jack. Supreme Court Allows Antitrust Lawsuit Against Apple to Proceed. *The New York Times*, Washington, 13 maio 2019. Disponível em: https://www.nytimes.com/2019/05/13/us/politics/supreme-court-antitrust-apple.html. Acesso em: 17 mai. 2019.

MARCIN, Raymond B. Searching for the Origin of the Class Action. *Catholic University Law Review*, [S.l.], v. 23, n. 3, p. 515-524, Spring 1974.

MELLO, Patrícia Perrone Campos; BARROSO, Luís Roberto. Trabalhando com uma nova lógica: a ascensão dos precedentes no direito brasileiro. *Revista Consultor Jurídico*, [S.l.], 28 out. 2016. Disponível em: https://www.conjur.com.br/2016-out-28/artigo-barroso-explica-precedentes-cpc-muda-direito. Acesso em: 10 mar. 2020.

MENDES, Aluisio Gonçalves de Castro. Construindo o Código Brasileiro de Processos Coletivos: o anteprojeto elaborado no âmbito dos programas de pós-graduação da UERJ e da UNESA. *Revista Eletrônica de Direito Processual*, v. 1, n. 1, p. 49-56, out./dez., 2007. Disponível em: https://www.e-publicacoes.uerj.br/index.php/redp/article/view/23659/0. Acesso em: 28 mai. 2019.

MENDES, Aluisio Gonçalves de Castro. Tendências das ações coletivas no Brasil. *Carta Forense*, v. 71, p. 42-42, 2009.

MENDES, Aluisio Gonçalves de Castro; OSNA, Gustavo. A Lei das Ações de Classe de Israel. *Revista de Processo*, v. 214, p. 175-198, 2012.

MENDES, Aluisio Gonçalves de Castro. *Ações coletivas e meios de resolução coletiva de conflitos no direito comparado e nacional*. São Paulo: Editora Revista dos Tribunais, 2014.

MENDES, Aluisio Gonçalves de Castro. *Processo Coletivo*: do surgimento à atualidade. São Paulo: Revista dos Tribunais, p. 1243-1255, 2014.

MENDES, Aluisio Gonçalves de Castro *et al.* (Org.). O Anteprojeto de Código Modelo de Processos Coletivos para os países ibero-americanos e a legislação brasileira. Gênesis. *Revista de Direito Processual Civil*, Curitiba, v. 31, p. 5-21, 2004.

MENDES, Aluisio Gonçalves de Castro; OSNA, Gustavo; ARENHART, Sergio. Cumprimento das sentenças coletivas: da pulverização à molecularização. *Revista de Processo*, v. 222, p. 41-64, 2013.

MENDES, Aluisio Gonçalves de Castro; ROQUE, Andre Vasconcelos. Resenha: Class actions – Ações coletivas nos Estados Unidos: o que podemos aprender com eles? *Revista de Processo*, v. 220, p. 485-488, 2013.

MENDES, Aluisio Gonçalves de Castro; SILVA, Bruno Freire e; MAZZEI, Rodrigo; ARENHART, Sergio. *Tutela Coletiva no Direito Pátrio e Estrangeiro*. Salvador: JusPodivm, 2017.

MENDES, Aluisio Gonçalves de Castro; SILVA, L. C. P. A Recomendação da União Européia, de 11.06.2013, sobre as ações coletivas. *Revista de Processo*, v. 239, p. 195-211, 2015.

MENDES, Aluisio Gonçalves de Castro; SILVA, L. C. P. A Suprema Corte canadense e as ações coletivas: a relevância do julgamento Western Canadian Shopping Centres Inc. V. Dutton. *Revista de Processo*, v. 240, p. 175-189, 2015.

MENDES, Aluisio Gonçalves de Castro; SILVA, L. C. P. Ações Coletivas e Incidente de Resolução de Demandas Repetitivas: algumas considerações sobre a solução coletiva de conflitos. *Revista Jurídica Luso Brasileira*, v. 1, p. 127-161, 2017.

MENDES, Aluisio Gonçalves de Castro; SILVA, L. C. P. Ações coletivas na jurisprudência do STJ. *In*: GALLOTTI, Isabel. et al. (Org.). *O Papel da Jurisprudência no STJ*. São Paulo: Revista dos Tribunais, 2014, v. 01, p. 1071-1088.

MULHERON, Rachael. *The Class Action in Common Law Legal Systems: A Comparative Perspective*. Oxford: Hart Publishing, 2004.

MURPHY, Frances. *et al*. Class/collective actions in the UK (England and Wales): overview. *Thomson Reuters Practical Law*. [S.l.], Jul. 2018. Disponível em: https://uk.practicallaw.thomsonreuters.com/6-618-0351?transitionType=Default&contextData=(sc.Default)&firstPage=true&comp=pluk&bhcp=1. Acesso em: 21 mai. 2019.

NASSAR, Marcos. Os efeitos da sentença coletiva e a restrição do art. 16 da Lei da Ação Civil Pública. Mudança de jurisprudência no STJ? *Boletim Científico Escola Superior do Ministério Público da União*, Brasília, a. 13, n. 42-43, p. 225-266, jan./dez. 2014. Disponível em: http://boletimcientifico.escola.mpu.mp.br/boletins/boletim-cientifico-n-42-43-janeiro-dezembro-2014/os-efeitos-da-sentenca-coletiva-e-a-restricao-do-art-16-da-lei-da-acao-civil-publica-mudanca-de-jurisprudencia-no-stj. Acesso em: 16 mai. 2020.

NEVES, Daniel Amorim Assumpção. *Manual de Processo Coletivo*, volume único. 2. ed., rev. e atual. Rio de Janeiro: Forense; São Paulo: Método, 2014.

NUNES, Rizzatto. As ações coletivas e as definições de direitos difusos, coletivos e individuais homogêneos no direito do consumidor. *Revista Luso-Brasileira de Direito do Consumo*, Curitiba, v. 6, n. 21, p. 187-200, mar. 2016. Disponível em: http://bdjur.stj.jus.br/jspui/handle/2011/98586. Acesso em: 30 abr. 2019.

PARÓQUIA. *In*: DICIONÁRIO Michaelis On-line. São Paulo: Melhoramentos, 2023. Disponível em: https://michaelis.uol.com.br/moderno-portugues/busca/portugues-brasileiro/paroquia/. Acesso em: 22 abr. 2019.

PASSOS, José Joaquim Calmon de. *Mandado de segurança coletivo, mandado de injunção, habeas data*: constituição e processo. Rio de Janeiro: Forense, 1989.

PORTUGAL. *Constituição da República Portuguesa, de 2 de abril de 1976*. Disponível em: https://www.parlamento.pt/Legislacao/Paginas/ConstituicaoRepublicaPortuguesa.aspx. Acesso em 13 de março de 2019.

PRIEST, Lauren. Do class actions exist in the United Kingdom? Not really! Should they? *Edmonds, Marshall, McMahon Ltd*. Disponível em: https://www.emmlegal.com/news/class-actions/#_edn5. Acesso em: 21 mai. 2019.

REINO UNIDO. *Civil Procedure Rules*. Disponível em: http://www.justice.gov.uk/courts/procedure-rules/civil/rules/part19#III. Acesso em: 21 mai. 2019.

REINO UNIDO. *Competition Appeal Tribunal*. Disponível em: https://www.catribunal.org.uk/. Acesso em 25 mai. 2019.

REINO UNIDO. *Consumer Rights Act 2015*. Disponível em: http://www.legislation.gov.uk/ukpga/2015/15/schedule/8/enacted. Acesso em: 23 mai. 2019.

REINO UNIDO. *Courts and Tribunals Judiciary*. Disponível em: https://www.judiciary.uk/. Acesso em: 10 mar. 2019.

REINO UNIDO. The High Court. *Courts and Tribunals Judiciary*. Disponível em: https://www.judiciary.uk/you-and-the-judiciary/going-to-court/high-court/. Acesso em: 27 mai. 2019.

RELATOR considera inconstitucional limitação territorial de sentenças em ação civil pública. *Supremo Tribunal Federal*. Brasília, 04 mar. 2021, Imprensa do STF. Disponível em: http://portal.stf.jus.br/noticias/verNoticiaDetalhe.asp?idConteudo=461695&tip=UN. Acesso em: 05 mar. 2021.

RIO DE JANEIRO. Tribunal de Justiça do Rio de Janeiro (9. Câmara Cível). *APL: 0412318-20.2015.8.19.0001*. Relator: Des(a). Adolpho Correa de Andrade Mello Junior, 28 de maio de 2019. Rio de Janeiro: TJRJ, 2019. Disponível em: http://www1.tjrj.jus.br/gedcacheweb/default.aspx?UZIP=1&GEDID=00040D207797EC37D5DA59ADE7DF9F8B7964C50A2D601C41. Acesso em: 31 mar. 2020.

RIO GRANDE DO SUL. Tribunal De Justiça Do Rio Grande Do Sul (3. Câmara Cível). *Apelação Cível nº 70069660645*. Relatora: Marlene Marlei de Souza, 14 de março de 2019. Disponível em: http://www1.tjrs.jus.br/site_php/consulta/consulta_processo.php?nome_comarca=Tribunal+de+Justi%E7a&versao=&versao_fonetica=1&tipo=1&id_comarca=700&num_processo_mask=70069660645&num_processo=70069660645&codEmenta=8145281&temIntTeor=true. Acesso em: 03 de mai. de 2019.

RUBENSTEIN, William B. *Understanding the Class Action Fairness Act of 2005*. Disponível em: https://www.classactionprofessor.com/cafa-analysis.pdf. Acesso em: 17 mar. 2019.

SÃO PAULO. Tribunal Regional Federal da 3ª Região (6. Turma). *Agravo Legal em Apelação Cível nº 0031571-95.2003.4.03.6100*. Relator: Desembargadora Federal Consuelo Yoshida, 10 de abril de 2014. São Paulo: TRF, [2014]. Disponível em: https://web.trf3.jus.br/acordaos/Acordao/BuscarDocumentoGedpro/3561336. Acesso em: 16 abr. 2020.

SOARES, Ana Luiza Mendonça; REZENDE, Naiara Rodrigues. A class action norte-americana e o Processo Coletivo Brasileiro. *Publicações da Escola da AGU*, Brasília, v. 2, n. 13, p. 83-104, nov./dez., 2011.

SORTOR, Emily. Apple Watch Class Action To Proceed, Court Rules. *Top Class Actions*. Jan. 3, 2020. Disponível em: https://topclassactions.com/lawsuit-settlements/consumer-products/electronics/apple-watch-class-action-proceed-court-rules. Acesso em: 30 mar. 2020.

SOUSA, Isabel Cristina Nunes de; CASTRO, Carolina Maria Pozzi de. Conflitos fundiários urbanos e a ocupação "Pinheirinho": acesso à moradia e remoção forçada. *Revista Brasileira de Gestão Urbana*, Curitiba, v. 11, fev. 2019. Disponível em: http://www.scielo.br/scielo.php?script=sci_arttext&pid=S2175-33692019000100227&lng=en&nrm=iso. Acesso em: 20 abr. 2020.

SWALLOW, Richard; WICKHAN, Peter. England & Wales. *The Class Actions Law Review*. 2. ed., p. 56-57, maio, 2018. Disponível em: https://thelawreviews.co.uk/edition/1001170/the-class-actions-law-review-edition-2. Acesso em: 19 mai. 2019.

TARUFFO, Michele. Modelli di tutela giurisdizionale degli interessi collettivi. *In*: LANFRANCHI, Lucio. *La tutela giurisdizionale delgi interessi collettivi e diffusi*. Torino: Giappichelli, 2003.

THE JUDICIARY ACT. *Yale Law School – Lillian Goldman Law Library*, [S.l.], September 24, 1789. The Avalon Project. Disponível em: http://avalon.law.yale.edu/18th_century/judiciary_act.asp. Acesso em: 20 mar. 2019.

UNIVERSIDADE DO ESTADO DO RIO DE JANEIRO (UERJ); UNIVERSIDADE ESTÁCIO DE SÁ (UNESA). *Anteprojeto de Código Brasileiro de Processos Coletivos*. [S.l.], ago. 2005. Disponível em: http://www.politicaeprocesso.ufpr.br/wp-content/uploads/2017/02/AnteprojetoUERJ.pdf. Acesso em: 28 mai. 2019.

UNIÃO EUROPEIA. *Tratado da União Europeia, de 7 de fevereiro de 1992*. Disponível em: https://eur-lex.europa.eu/legal-content/PT/TXT/?uri=CELEX:11992M/TXT. Acesso em: 13 mar. 2019.

THOMAS EGERTON, VISCOUNT BRACKLEY. *In*: ENCYCLOPÆDIA BRITANNICA INC. [S.l.]: *Britannica Escola*, 2014. Disponível em: https://www.britannica.com/biography/Thomas-Egerton-Viscount-Brackley. Acesso em: 11 mar. 2019.

VENTURI, Elton. *O Código Modelo de Processos Coletivos para Ibero-América*: aspectos conceituais. Disponível em: http://www.cidp.pt/revistas/ridb/2012/04/2012_04_2473_2496.pdf. Acesso em 04 jun. 2019.

VIGORITTI, Vicenzo. *Interesse collettivi e processo: la legittimazione ad agire*. Milano: Giuffrè, 1979.

VW DIESEL Settlement. *Class Action.com*. Nov. 16, 2017. Disponível em: https://www.classaction.com/volkswagen/settlement/. Acesso em: 31 mar. 2020.

WATANABE, Kazuo. *Da cognição no processo civil*. 4. ed. São Paulo: Saraiva, 2005.

WEBINAR O presente e o futuro do processo coletivo em tempos de pandemia. *Migalhas*. Participantes: Fernando Gajardoni, Luiz Manoel Gomes Júnior, Marco Felix Jobim e Sergio Arenhart. São Paulo, 15 abr. 2020. 1 vídeo (1h08min52). Publicado pelo canal Migalhas. Disponível em: https://www.migalhas.com.br/quentes/324587/migalhas-realiza-webinar--o-presente-e-o-futuro-do-processo-coletivo-em-tempos-de-pandemia. Acesso em: 15 abr. 2020.

WEINSTEIN, Jack B. *Individual Justice in Mass Tort Litigation*: The Effect of Class Actions, Consolidation, and other Multiparty Devices. Evanston: Northwestern Universtiy Press,1995.

WOLKMER, Antonio Carlos. Introdução aos fundamentos de uma teoria geral dos "novos" direitos. *Revista Jurídica*, v. 2, n. 31, p. 121-148, 2013.

YEAZELL, Stephen C. *From Medieval Group Litigation to the Modern Class Action*. New Haven: Yale University Press, 1987.

ZACLIS, Lionel. *Proteção coletiva dos investidores no mercado de capitais*. São Paulo: Revista dos Tribunais, 2007.

ZAVASCKI, Teori Albino. *Processo Coletivo:* tutela de direitos coletivos e tutela coletiva de direitos. 4. ed. São Paulo: Revista dos Tribunais, 2009.

Esta obra foi composta em fonte Palatino Linotype, corpo 10
e impressa em papel Pólen Bold 70g (miolo) e Supremo 250g
(capa) pela gráfica Star7.